David J. Barnes
et Michael Kölling

Conception objet en Java avec BlueJ

Une approche interactive

Coordination et validation technique :
Patrice Moreaux, université de Reims

Traduction : Nathalie Le Guillou de Penanros,
Chantal Kolb, Michaël Krajecki, Patrice Moreaux

PEARSON
Education

Le présent ouvrage est la traduction de *Objects First with Java*, de David J. Barnes et Michael Kölling, publié par Prentice Hall, © Pearson Education 2003.

Publié par Pearson Education France
47 bis, rue des Vinaigriers
75010 PARIS
Tél. : 01 72 74 90 00

Mise en pages : TyPAO

ISBN : 2-7440-7017-3

Table des matières

Avant-propos

par James Gosling, Sun Microsystems

Regarder ma fille Kate et ses camarades de collège se bagarrer avec un cours de Java en utilisant un environnement commercial a été une expérience pénible. La sophistication de l'outil augmentait sensiblement la difficulté de l'apprentissage. J'aurais souhaité comprendre cela plus tôt, mais je n'avais pas eu le temps de discuter de ce problème avec l'enseignant. C'est exactement le genre de situations où BlueJ est tout à fait adapté.

BlueJ est un environnement de développement interactif avec un objectif : il est conçu pour des étudiants qui apprennent à programmer. Il a été pensé par des enseignants confrontés au problème, dans leurs cours, tous les jours. Discuter avec les auteurs de BlueJ a été « rafraîchissant » : ils ont une idée bien précise de leurs objectifs. Les débats ont plus porté sur ce qu'il fallait omettre que sur ce qu'il fallait ajouter. BlueJ est très « propre » et très bien ciblé.

Néanmoins, ce livre n'est pas un livre sur BlueJ, c'est un livre sur la programmation.

En Java.

Depuis quelques années, Java est largement utilisé dans l'enseignement de la programmation. Il y a de nombreuses raisons à cela. L'une d'elles est que Java possède beaucoup de caractéristiques qui le rendent facile à enseigner : sa définition est relativement propre ; l'analyse statique par le compilateur informe l'étudiant des problèmes et erreurs, tôt dans le processus de programmation ; et il dispose d'un modèle mémoire très fiable qui élimine la plupart des erreurs « mystérieuses » lorsque les frontières d'objets ou le système de types est instable. Enfin, Java est devenu très important sur le plan commercial.

Ce livre aborde dès le début le concept le plus difficile à enseigner : les objets. Il guide les étudiants en partant des notions de base et en allant jusqu'à quelques-uns des concepts les plus avancés.

Il cherche à résoudre un des problèmes les plus délicats pour un livre sur la programmation : comment gérer tous les aspects techniques liés à la frappe du code et à son exécution ? La plupart des ouvrages passent cette difficulté sous silence ou l'abordent accessoirement, laissant l'enseignant régler le problème. Et ils laissent aussi à la charge de l'enseignant tous les problèmes de mise en œuvre du cours à travers les exercices. Ce livre, au contraire, s'appuie sur BlueJ et permet d'intégrer la compréhension des concepts et les aspects techniques nécessaires pour que les étudiants puissent les étudier concrètement.

J'aurais aimé qu'il soit disponible pour ma fille l'an dernier. Peut-être l'année prochaine…

Préface pour les enseignants

Ce livre est une introduction à la programmation orientée objet pour débutants. Il étudie principalement les concepts orientés objet et leur programmation sous l'angle du génie logiciel. Si les premiers chapitres sont destinés aux étudiants novices en programmation, les suivants sont aussi adaptés aux programmeurs confirmés et professionnels. En particulier, les programmeurs expérimentés dans un langage non orienté objet et qui veulent évoluer vers une approche objet tireront profit de ce livre. Tout au long de l'ouvrage, nous utiliserons deux outils pour mettre en pratique les concepts introduits : le langage de programmation Java et l'environnement de développement BlueJ.

Java

Le langage de programmation Java a été choisi pour deux raisons : sa conception et sa popularité. Ce langage est une mise en œuvre très « propre » de la plupart des concepts importants de l'approche objet, et il est bien adapté à l'enseignement d'un premier langage. Sa popularité assure par ailleurs l'existence d'une réserve considérable de ressources.

Il existe pléthore de livres, de tutoriels, d'exercices, d'environnements, etc., de tous types et de tous styles dont beaucoup sont accessibles en ligne et/ou librement. La grande quantité de ces supports et leur qualité satisfaisante font de Java un excellent choix pour une introduction à la programmation orientée objet.

Avec autant de documents disponibles sur Java, y a-t-il encore quelque chose à ajouter ? Nous pensons que oui et le deuxième outil que nous utilisons en est l'une des raisons.

BlueJ

C'est l'usage totalement intégré de l'environnement BlueJ qui fait toute l'originalité de cet ouvrage. BlueJ, développé à l'université de Monash, Australie, est un environnement de développement Java spécialement conçu pour enseigner les bases de la programmation orientée objet. Il est mieux adapté à cette tâche que d'autres environnements pour plusieurs raisons :

- L'interface utilisateur est beaucoup plus simple. En vingt minutes, les débutants savent utiliser efficacement BlueJ. On peut alors se concentrer sur l'enseignement des concepts importants — orientation objet et Java — sans perdre de temps à parler d'environnement, de systèmes de fichiers, de chemin de classes, de commandes DOS ou de conflits de DLL (*Dynamic Linking Library*, bibliothèque dynamique).

- L'environnement inclut des outils d'enseignement inexistant dans d'autres environnements, en particulier la visualisation de la structure des classes. BlueJ affiche automatiquement un diagramme de style UML (*Unified Modelling Language*, langage unifié de modélisation) qui représente les classes d'un projet et leurs relations. Visualiser ces concepts importants fournit une aide précieuse aux enseignants et aux étudiants. Il est difficile de comprendre le concept d'objet lorsque tout ce que vous voyez sur l'écran n'est que lignes de code ! La notation des diagrammes est un sous-ensemble de la notation UML, adaptée aux débutants. Plus facile à comprendre, elle permet cependant une migration ultérieure vers une version complète d'UML.
- Une des grandes forces de BlueJ est que l'utilisateur peut directement créer des objets de n'importe quelle classe et interagir avec leurs méthodes. On peut ainsi expérimenter avec les objets. Les étudiants perçoivent ce que signifie créer un objet, appeler une méthode, passer un paramètre ou recevoir une valeur de retour. Ils peuvent essayer une méthode juste après l'avoir créée sans devoir écrire de code de test (*test drivers*). Cette fonctionnalité apporte une aide inestimable dans la compréhension des concepts sous-jacents et des détails du langage.

BlueJ est un environnement Java complet et non pas une version dégradée ou simplifiée de Java. Il s'exécute au-dessus du kit de développement Java de Sun (*Java Development Kit*, JDK) et utilise le compilateur et la machine virtuelle standard. Cela garantit que BlueJ est toujours conforme aux spécifications Java officielles les plus récentes.

Les auteurs ont plusieurs années d'expérience d'enseignement avec BlueJ (et de nombreuses autres encore avant BlueJ !). Nous avons constaté tous les deux combien BlueJ permet d'accroître l'implication, la compréhension et l'activité des étudiants dans nos cours. L'un des auteurs est aussi un des développeurs de BlueJ.

De vrais objets d'abord

L'une des raisons du choix de BlueJ est qu'il permet à l'enseignant de traiter en premier les concepts importants. « Les objets d'abord » est le slogan de beaucoup d'auteurs de manuels et d'enseignants depuis un certain temps. Malheureusement, si ce but est louable, il n'est pas très facile à atteindre avec Java. Il faut surmonter une multitude d'obstacles syntaxiques et de détails avant la première expérience avec un objet « vivant ». L'écriture d'un programme Java minimal pour créer un objet et appeler une de ses méthodes inclut typiquement les étapes suivantes :

- écrire une classe ;
- écrire une méthode `main`, ce qui met en jeu les concepts de méthode statique, paramètres et tableau dans la signature ;

- une instruction pour créer l'objet (`new`) ;
- une affectation de variable ;
- la déclaration de la variable, y compris son type ;
- un appel de méthode en utilisant la notation pointée ;
- éventuellement une liste de paramètres.

En conséquence, les manuels ont le choix entre :

- traiter les différents points de cette liste et parler d'objets aux alentours du chapitre 4 ;
- utiliser un programme du genre « Hello world! » (« Bonjour le monde ! ») avec une seule méthode statique (`main`), donc sans aucun objet.

Avec BlueJ, pas de problème ! Dès le début, l'étudiant peut créer un objet et appeler une de ses méthodes ! Comme les utilisateurs peuvent créer et interagir avec des objets directement, il est possible d'étudier concrètement les concepts de classe, objet, méthode et paramètre sans même lire une ligne de code Java. Inutile d'en dire plus ici : nous conseillons au lecteur curieux de se plonger dans le chapitre 1, tout deviendra rapidement plus compréhensible.

Une approche itérative

Une autre caractéristique très importante de ce livre est qu'il suit une approche itérative. Il y a, dans la communauté enseignante en informatique, un principe selon lequel les concepts importants doivent être enseignés le plus tôt et le plus souvent possible dans un cursus[1]. D'un autre côté, il est tentant de tout exposer sur un sujet donné dès qu'il est introduit. Par exemple, quand on parle des types, on donne la liste complète des types de base, ou bien on détaille toutes les formes de boucles quand on aborde le concept de boucle. Ces deux approches sont antagonistes : on ne peut se concentrer sur les concepts importants tout en détaillant tous les sujets abordés. D'après notre expérience des manuels de formation, une bonne partie de ces détails sont initialement une source de distraction et masquent les concepts essentiels, les rendant plus difficiles à comprendre. Dans ce livre, nous abordons chaque concept important plusieurs fois, aussi bien au sein d'un chapitre que dans différents chapitres. Les concepts sont introduits à un niveau de précision suffisant pour la compréhension et la résolution de la tâche proposée. Ils sont revisités plus tard dans un contexte différent, et leur compréhension s'améliore au fil des chapitres. Cette approche permet aussi de mieux gérer les dépendances, fréquentes, entre concepts.

---

1. The « Early Bird pattern », dans J. Begin : « Fourteen pedagogical patterns for teaching computer "science" », *Proceedings of the Fifth European Conference on Pattern Languages of Programs* (EuroPLop 2000), Irsee, Allemagne, Juillet 2000.

Certains formateurs ne sont peut-être pas familiers de l'approche itérative. En étudiant les premiers chapitres, les enseignants habitués à une approche séquentielle seront étonnés du nombre de concepts déjà abordés. La courbe d'apprentissage peut sembler bien raide. En réalité, il faut bien comprendre que ce n'est qu'un aspect de la méthode.

Nous n'espérons pas que les étudiants comprennent tout tout de suite. De fait, ces concepts fondamentaux seront étudiés encore et encore tout au long du livre, permettant une compréhension de plus en plus profonde. De plus, comme le niveau de connaissance de l'apprenant augmente au fur et à mesure des chapitres, on améliore le niveau global de compréhension en revenant sur les points importants. Nous avons pratiqué cette démarche de nombreuses fois. Il semble que les étudiants aient moins de problèmes que certains enseignants de longue date. Enfin, souvenez-vous qu'une courbe d'apprentissage raide n'est pas un problème si vous faites en sorte que vos étudiants puissent la suivre !

Une étude non exhaustive du langage

La décision de ne pas traiter l'ensemble du langage Java est liée à notre approche itérative. Le but principal du livre est de faire acquérir les principes de la programmation orientée objet en général, et non les spécificités de Java. Les étudiants qui apprennent avec ce livre, travailleront encore pendant trente ou quarante ans comme professionnels du logiciel, et sans doute pas en Java pour l'essentiel. Tout ouvrage d'enseignement sérieux doit donc essayer de les préparer à quelque chose de plus fondamental qu'un langage à la mode. *A contrario*, de nombreux détails Java sont importants pour réaliser un travail effectif. Dans ce livre, nous couvrons les constructions Java d'une manière aussi détaillée que nécessaire pour illustrer les concepts rencontrés et implanter effectivement l'application demandée. Ainsi, certaines constructions spécifiques de Java ont-elles été délibérément passées sous silence. Nous sommes conscients que certains formateurs choisiront d'aborder des sujets que nous n'étudions pas ici en détail. Nous nous y attendons et c'est nécessaire. Cependant, au lieu de tout couvrir nous-même (ce qui donnerait un livre de plus de 1 500 pages), nous introduisons des *amorces*. Ce sont des endroits dans le texte, souvent sous forme de questions, qui conduisent à la notion à étudier et qui renvoient à une annexe ou à des documents complémentaires. Ces points de départ garantissent qu'une notion est abordée quand elle est pertinente, et laissent le lecteur ou l'enseignant libre de décider à quel niveau de détail il souhaite l'approfondir. Un enseignant peut décider d'utiliser le livre tel quel, dans l'ordre proposé, ou bien faire des digressions suggérées par les amorces. Les différents chapitres comprennent également souvent plusieurs exercices qui conduisent à l'étude d'une notion non présentée dans le livre. Nous espérons vivement que les enseignants en aborderont certaines en classe ou que les étudiants les traiteront en exercice personnel.

Une approche par projet

Dans tout le livre, l'introduction des notions est fondée sur des projets. L'ouvrage étudie de nombreux projets de programmation et propose quantité d'exercices. Au lieu d'introduire une nouvelle construction, puis de proposer un exercice d'application de cette construction à la réalisation d'une tâche, nous fournissons d'abord un problème et un but. L'analyse du problème détermine les types de solutions nécessaires. Les constructions du langage ne sont donc introduites que lorsqu'on en a besoin.

Les premiers chapitres incluent au moins deux études. Ces projets sont analysés en détail pour illustrer les concepts importants de chaque chapitre. Le recours à deux exemples très différents est cohérent avec la méthode itérative : chaque concept est revisité dans un contexte différent, après son introduction. En concevant ce livre, nous avons essayé d'utiliser beaucoup de projets et de les diversifier. Nous espérons que cela suscitera l'intérêt du lecteur. Mais cela permet aussi de montrer la diversité de mise en œuvre des concepts. Il n'est pas facile de trouver de bons exemples de projets. Nous espérons que nos projets seront des points de départ intéressants pour l'enseignant et des sources de devoirs personnels intéressants.

Le code de tous les projets exemples est écrit avec beaucoup de soin. On peut ainsi étudier des sujets connexes en lisant le code source. Nous croyons fermement à l'intérêt de la lecture et de l'imitation des bons exemples. Cela exige que les codes exemples que lisent les étudiants soient bien écrits, au point même de pouvoir les imiter avec profit. C'est ce que nous avons essayé de faire. Par ailleurs, tous les projets sont conçus pour pouvoir être prolongés. Une ou deux versions de chaque projet sont étudiées dans le livre, et des extensions peuvent faire l'objet de projets étudiants. Le code source de tous les projets est disponible. Une liste descriptive des projets est fournie plus loin.

Une progression par concept plutôt que par éléments du langage

Autre trait distinctif de ce livre, il est structuré par rapport aux activités fondamentales du développement logiciel et non par rapport aux constructions Java. Les titres des chapitres reflètent bien cette caractéristique. Dans ce livre, vous ne trouverez pas beaucoup de titres comme « types de données de base » ou « structures de contrôle ». Cette organisation permet d'introduire les concepts de manière beaucoup plus générale, débarrassés des détails techniques d'un langage de programmation donné. Nous pensons également que les étudiants peuvent adhérer plus facilement à cette approche qui est aussi beaucoup plus intéressante pour eux.

Avec une telle approche, l'usage de ce livre comme ouvrage de référence est moins évident. Les manuels pour débutants et les livres de référence ont des objectifs différents,voire contradictoires. Un livre peut essayer de remplir les deux fonctions jusqu'à un certain point, mais il faut faire des compromis. Notre livre est résolument un ouvrage pour débutants, et lorsque nous avons dû faire des choix, nous avons choisi le point de vue du livre d'apprentissage plutôt que celui du livre de référence.

Nous avons cependant fourni la liste des constructions Java en début de chaque chapitre et les informations de base sur Java dans les annexes B, C et D.

Contenu des chapitres

Le chapitre 1 aborde les concepts les plus fondamentaux de l'orientation objet : objets, classes et méthodes. Il fournit une solide introduction à ces concepts sans rentrer dans les détails de la syntaxe Java. Nous jetterons cependant un premier coup d'œil au code Java. Les deux exemples utilisés sont un ensemble de formes graphiques que l'on peut dessiner de manière interactive et un système élémentaire d'inscription sur un planning de TP.

Le chapitre 2 introduit la définition des classes et étudie le code source Java pour définir le comportement des objets. Nous analyserons comment créer des champs et des méthodes, et nous introduirons les premiers types d'instructions.

Le chapitre 3 élargit le cadre de réflexion pour étudier les interactions entre objets. Nous regarderons comment les objets peuvent collaborer pour réaliser une tâche commune en appelant les méthodes des uns et des autres. Nous étudierons aussi comment un objet crée d'autres objets. Nous travaillerons sur une horloge numérique qui affiche les heures et les minutes. Dans un deuxième exemple important nous étudierons la simulation d'un système de courrier électronique avec échanges de messages.

Au chapitre 4, nous poursuivrons par la construction de structures d'objets plus vastes, mais surtout nous commencerons à utiliser des collections d'objets. En même temps, nous étudierons les itérations sur des collections et donnerons un premier aperçu sur les boucles. La première collection rencontrée est une `ArrayList`. Dans la seconde partie du chapitre, les tableaux sont introduits comme cas particulier de collection ; comme l'est la boucle `for` (pour) par rapport à la boucle générale. Un analyseur de fichiers de comptes rendus (« logs ») sert d'exemple pour utiliser les tableaux.

Le chapitre 5 traite des bibliothèques et des interfaces. Nous introduirons la bibliothèque Java standard et quelques classes importantes. Plus fondamentalement, nous expliquerons comment lire et comprendre la documentation de la bibliothèque. Nous étudierons les répercussions de la rédaction de la documentation sur le développement de projets logiciels et nous terminerons en écrivant une documentation adaptée pour nos propres classes. Dans ce chapitre, nous rencontrerons en particulier les classes `Random`, `Set` et `Map`. Nous emploierons ces classes pour construire les exemples : un système de dialogue du type « Élisa » et une simulation graphique de balles qui rebondissent.

Le chapitre 6 s'intéresse à la production de classes correctes, compréhensibles et maintenables. Cela va de l'écriture de code clair et intelligible jusqu'au test et à la mise au point (débogage), en passant par les problèmes de style et de commentaires. Nous introduirons des stratégies de test, et plusieurs méthodes de mise au point seront étudiées en détail. Les exemples utilisés sont un agenda pour gérer des rendez-vous et une calculatrice électronique.

Au chapitre 7, nous analyserons la décomposition d'un problème en classes, avant l'implantation. Nous introduirons les problèmes de conception des classes, les notions de conception par délégation de responsabilité, de couplage, de cohésion et de réingénierie (*refactoring*). Nous utiliserons comme support un jeu d'aventures (*World of Zuul*, Le monde de Zuul) en mode texte. Nous réaliserons plusieurs itérations pour améliorer la structure interne de classes et étendre les fonctionnalités du jeu. Nous terminerons par un longue liste d'extensions possibles à réaliser, par exemple, comme projets d'étudiants.

Les chapitres 8 et 9 introduisent l'héritage, le polymorphisme et de nombreux détails connexes. Nous étudierons une base de données élémentaire pour CD et cassettes vidéo afin d'illustrer ces concepts. Nous analyserons en détail les notions d'héritage de code, de sous-typage, d'appel de méthode polymorphe et de surcharge.

Au chapitre 10, nous implanterons une simulation proie-prédateur. Cela nous permettra d'étudier les interfaces et les classes abstraites, autres mécanismes fondés sur l'héritage.

Le chapitre 11 aborde le difficile problème de la gestion des erreurs. Plusieurs problèmes seront analysés et diverses solutions seront proposées. Nous étudierons aussi en détail les mécanismes d'exception en Java. Nous illustrerons tous ces points avec une extension du carnet d'adresses.

Le chapitre 12 prend du recul pour analyser le niveau d'abstraction supérieur : comment structurer en classes et méthodes un problème dont la description est vague ? Dans les chapitres précédents, nous supposions que la structure générale de l'application existait déjà, et nous l'améliorions. Il s'agira là de voir comment on bâtit de solides fondations. Nous étudierons donc les classes qui composeront l'application, nous verrons leurs interactions et la répartition de leurs responsabilités. Nous utiliserons pour cela l'approche classe-responsabilité-collaboration (CRC, *Class, Responsability, Collaboration*) appliquée à la conception d'un système de réservation de spectacles.

Le chapitre 13 regroupe de nombreux points abordés dans le reste du livre. C'est une étude de cas complète, qui part de la conception de l'application et va jusqu'à l'étude de caractéristiques fonctionnelles ou non et de détails d'implantation, en passant par la conception des interfaces de class. Les sujets abordés dans les précédents chapitres (comme la fiabilité, les structures de données, la conception de classe, le test et la mise au point) seront à nouveau examinés.

Groupe de discussion

Les auteurs maintiennent un actif groupe de discussion par courrier électronique pour faciliter l'échange d'idées et l'entraide entre les lecteurs de ce livre et aussi avec les utilisateurs de BlueJ. Les messages envoyés à cette liste sont archivés et accessibles à tous. L'adresse de la liste est **bluej-discuss@bluej.org**. Les personnes intéressées peuvent s'abonner et consulter les archives sur la page suivante :

http://list-bluej.org/mailman/listinfo/bluej-discuss

Compléments

Ce livre est accompagné d'un CD qui contient tous les projets étudiés dans les différents chapitres. Le CD contient la version de BlueJ du livre original avec sa francisation, ainsi que la dernière version stable de BlueJ avant parution de ce livre en français. Vous trouverez aussi sur le CD la version française du tutoriel réalisée par le groupe SIGMA de l'ENSEEIHT (Toulouse). Consultez le site original de BlueJ pour télécharger la dernière version du logiciel, à la page suivante :

http://www.bluej.org/objects-first

Note des traducteurs

Dès la première lecture du livre de David J. Barnes et Michael Kölling, nous avons été séduits par l'approche pédagogique proposée. En tant qu'enseignants, il nous est aussi apparu indispensable que les étudiants de langue française puissent disposer d'un texte en français, en raison même de la démarche suivie par l'ouvrage.

La traduction d'un ouvrage informatique en français est toujours une activité délicate, en particulier pour ce qui concerne les termes techniques et les programmes présentés. Nous avons d'ailleurs été surpris par les difficultés spécifiques des textes sur Java, langage récent, dont l'immense majorité de la documentation est en anglais, et est utilisée telle quelle. Comme toujours en pareil cas, nous avons dû faire des choix, que nous avons fondés sur la dimension pédagogique du livre.

Nous avons, dans la mesure du possible et en fonction des usages en cours, traduit les termes techniques généraux comme « library » (bibliothèque), « field » (champ), etc. Certains d'entre eux n'ont pas une traduction stabilisée, nous avons alors choisi le terme le plus utilisé, en particulier dans la documentation française éditée par Sun Microsystems, comme « package » (paquetage), « unchecked exception » (exception hors contrôle).

Les exemples de programmes sont extrêmement importants dans ce livre : l'étudiant travaille en effet à partir des projets et découvre les notions nouvelles au fur et à mesure. Nous avons choisi de ne pas « traduire » les programmes des projets. Tous les noms des entités des programmes sont donc en anglais (classes, variables, méthodes, etc.) de même que les noms des projets eux-mêmes. Nous estimons en effet qu'un programmeur francophone ne peut ignorer l'anglais dans son activité de programmation. Il devra d'ailleurs maîtriser cette langue pour tirer pleinement profit de l'immense documentation concernant Java, ne serait-ce que celle du langage lui-même, rédigée par Sun Microsystems. En revanche, nous avons traduit tous les *commentaires des programmes* : ils sont en effet, dans le contexte de ce livre, d'abord destinés à l'étudiant. Nous avons également traduit les *messages émis par les programmes* (invites de saisie, résultats, etc.) et destinés à l'utilisateur. Nous nous sommes attachés à respecter le texte source original, et le lecteur retrouvera exactement les mêmes lignes dans les versions anglaise et française.

Enfin, nous avons francisé l'environnement du logiciel BlueJ. Une version française de la documentation d'installation est disponible sur le CD. La version française des menus, des messages, etc., du logiciel, que nous avons réalisée, est également fournie sur le CD ainsi que la traduction du tutoriel de BlueJ (réalisée par le groupe SIGMA de l'ENSEEIHT, que nous remercions ici). L'étudiant francophone peut ainsi travailler dans un cadre francisé, condition indispensable dans la phase initiale d'apprentissage.

Nous espérons que cette version française satisfera les étudiants francophones et leurs enseignants. Bien entendu, nous sommes à l'écoute de vos commentaires et suggestions pour améliorer ce travail.

Pour l'équipe de traduction,

Patrice Moreaux (patrice.moreaux@univ-reims.fr),

université de Reims Champagne-Ardenne, France.

Liste des projets

shapes (formes) **Chapitre 1**

Dessins simples avec des formes géométriques.

picture (dessin) **Chapitre 1**

Un exemple élémentaire de dessins utilisant des objets `shape`.

lab-classes **(Travaux Pratiques, TP)** **Chapitre 1, Chapitre 2, Chapitre 8**

Un exemple avec des classes (au sens de la programmation objet ! *N.D.T.*) d'étudiants. Cet exemple met en jeu des objets, des champs et des méthodes. Il est repris au chapitre 8, sur l'héritage.

ticket-machine **(billetterie automatique)** **Chapitre 2**

Simulation d'un distributeur de tickets de train. Ce projet permet d'approfondir les notions de champ, de constructeur, de méthode d'accès et de modification. Il introduit aussi quelques instructions élémentaires.

book (livre) **Chapitre 3**

Stockage des informations sur des livres. Nous revenons sur les constructions vues dans l'exemple du distributeur de tickets.

clock-display **(horloge)** **Chapitre 3**

Implantation de l'affichage d'une horloge numérique. Ce projet illustre les concepts d'abstraction, de modularisation et d'interactions entre objets.

mail system **(système de courrier électronique)** **Chapitre 3**

Simulation élémentaire d'un système de courrier électronique. Le projet illustre la création d'objets et leurs interactions.

notebook **(bloc-notes)** **Chapitre 4**

Implantation d'un bloc-notes simplifié. Nous introduisons les collections et les boucles avec ce projet.

auction (**enchères**) **Chapitre 4**

Un système d'enchères. Ce projet aborde les collections et les boucles de manière approfondie, avec des itérateurs.

weblog-analyser (**analyseur de logs Web**) **Chapitre 4**

Un programme pour analyser les fichiers de comptes rendus d'accès Web. Nous introduisons les tableaux et les boucles `for` (pour).

tech-support (**support technique**) **Chapitre 5**

Implantation d'un programme de dialogue du type Elisa pour fournir un support technique à des clients. Ce projet introduit l'emploi des classes de bibliothèques (*library*) en général et quelques classes spécifiques. Il aborde aussi les problèmes de lecture et d'écriture de la documentation.

balls (**balles**) **Chapitre 5**

Animation de balles qui rebondissent. Nous étudions la séparation interface/implantation des classes et des méthodes et nous introduisons les primitives graphiques simples.

diary (**agenda**) **Chapitre 6**

Premières étapes d'un agenda qui gère des rendez-vous. Ce projet est utilisé pour étudier les tests et la mise au point (débogage).

calculator (**calculatrice**) **Chapitre 6**

Une calculatrice de bureau. Nous revenons sur les notions vues précédemment et nous mettons en œuvre les tests et la mise au point.

bricks (**briques**) **Chapitre 6**

Remplissage de palettes de briques. Ce projet est un exercice simple de mise au point.

world-of-zuul (**le monde de zuul**) **Chapitre 7, Chapitre 9**

Un jeu d'aventures en mode texte. Largement extensible, ce projet constitue une bonne base de départ pour des projets étudiants. Il est utilisé pour étudier les « bonnes » méthodes de conception de classe, le couplage et la cohésion. Il est également utilisé au chapitre 9 comme exemple d'héritage.

dome (**base de données multimédia**) **Chapitre 8, Chapitre 9**

Une base de données de CD et cassettes vidéo. Le projet est d'abord analysé puis étendu de manière détaillée pour introduire les bases de l'héritage et du polymorphisme.

foxes-and-rabbits **(renards et lapins)** **Chapitre 10**

Une simulation classique proie-prédateur. Le projet revient sur le concept d'héritage et ajoute les classes abstraites et les interfaces.

address-book **(carnet d'adresses)** **Chapitre 11**

Implantation d'un carnet d'adresses avec, en option, une interface graphique. Dans ce projet, on peut chercher une entrée à partir d'un préfixe de nom ou de numéro de téléphone.

cinema-booking-system **(réservation)** **Chapitre 12**

Un système de réservation de places de cinéma. Avec ce projet nous étudions la découverte des classes et la conception d'applications. Ce projet ne contient pas de code puisque cet exemple constitue le développement d'une application à partir d'une feuille blanche.

taxi **(taxi)** **Chapitre 13**

Un système de réservation, un système de gestion et une simulation. Cette étude de cas met en jeu bon nombre des concepts et techniques rencontrés dans le livre.

Remerciements

Beaucoup de personnes ont participé de manières très diverses à ce livre. Sans elles, ce livre n'existerait pas.

Tout d'abord, il faut mentionner John Rosenberg, doyen de la Faculté des technologies de l'information de l'Université Monash, en Australie. Les circonstances ont fait qu'il n'est pas l'un des auteurs de ce livre, mais, depuis le début, il a été l'une des forces motrices dans le développement de BlueJ, des idées et de la pédagogie qui le sous-tendent, et nous parlions de la rédaction de cet ouvrage depuis plusieurs années. Une grande part du contenu de ce livre est issue de discussions avec lui. Les journées n'ayant que vingt-quatre heures, John Rosenberg a tout simplement manqué de temps. Néanmoins, sa contribution est présente tout au long de l'ouvrage, qu'il a amélioré de multiples façons. John Rosenberg est un fantastique ambassadeur de Monash et un hôte de grande qualité. Nous avons énormément apprécié son amitié et sa collaboration.

Bruce Quig et Andrew Patterson, tous deux de l'Université Monash, nous ont aidé à faire de BlueJ ce qu'il est. Ils ont travaillé sur BlueJ de nombreuses années, améliorant et étendant la conception et l'implantation, tout en écrivant leur thèse de doctorat. Sans leur travail, BlueJ n'aurait jamais atteint son niveau actuel de qualité et de popularité, et ce livre n'aurait peut-être jamais vu le jour.

Une autre participation importante est le soutien généreux de Sun Microsystems qui a rendu possible la création de BlueJ et l'écriture de ce livre. Emil Sarpa, travaillant pour Sun à Palo Alto (Californie) a cru au projet BlueJ depuis le tout début. Son appui et son étonnante capacité à collaborer de manière non bureaucratique nous ont énormément aidé tout au long de ce projet.

Tous ont travaillé dur chez Pearson Education pour tenir les délais très courts de réalisation de ce livre. Merci à Kate Brewin pour son soutien actif à ce projet, et merci aussi à toute l'équipe : Bridget Allen, Kevin Ancient, Tina Cadle-Bowman, Tim Parker, Veronique Seguin and Fiona Sharples.

Nos relecteurs ont eux aussi travaillé très dur sur le manuscrit, souvent à des périodes déjà très chargées de l'année. Nous voudrions remercier Michael Caspersen, Devdatt Dubhashi, Khalid Mughal and Richard Snow pour leurs encouragements et leurs propositions constructives.

David J. Barnes souhaite ajouter ses remerciements personnels à l'équipe enseignante et aux étudiants du département des sciences informatiques de l'université du Kent. Cela a toujours été un privilège d'enseigner aux étudiants du cours CO309. Ils ont suscité cette stimulation qui rend l'enseignement si agréable. Mes collègues m'ont apporté un soutien inestimable pour mes enseignements : Dick, Gift, John, Paul, Peter, Ralph, Rogerio et Tom. Je dois remercier particulièrement Ian Utting qui a assuré mes enseignements au cours de mon année sabbatique consacrée à ce livre. Ma gratitude aussi à Tim et à Maggie, dont la présence et la gaieté enrichissent le département. En dehors de la vie universitaire, de nombreuses personnes m'ont fourni de merveilleuses occasions de ne pas consacrer tout mon temps à l'écriture ce livre ; merci à mes amis d'escalade Paul Farrant, Judy Dunkley et en particulier à Chris Phillips dont j'apprécie l'amitié ; son obstination à poursuivre son chemin fait plaisir à voir. Merci aussi à Joe Rotchell, le style et la finesse de son français pendant nos balades à vélo en Belgique ont été une source d'inspiration !

Enfin, je voudrais remercier ma femme Helen, dont l'amour est unique, et mes enfants, dont l'amour est si précieux.

Michael Kölling souhaite remercier Andrew et Bruce pour leurs nombreuses heures d'intenses discussions. J'y ai pris un intense plaisir au-delà des aspects techniques. J'aime quand une idée est bien argumentée. Merci à John Rosenberg, qui a été mon mentor pendant de nombreuses années depuis le début de ma carrière académique. Sans son hospitalité et son soutien, je n'aurais jamais entrepris cette carrière en Australie, et sans sa présence comme directeur de thèse et collègue, je n'aurais jamais accompli autant de travail. C'est un plaisir de travailler avec lui et je lui dois beaucoup. Merci à Michael Caspersen, qui non seulement est un ami, mais a aussi influencé ma conception de l'enseignement à travers les différents ateliers que nous avons animés ensemble. Merci à mes collègues du groupe de génie logiciel de l'Institut Mærsk, au Danemark : Bent Bruun Kristensen, Palle Mowack, Bo Nørreagaard Jørgensen, Kasper Hallenborg Pedersen et Daniel May. Ils ont patiemment géré tous mes retards pendant que j'écrivais ce livre et m'ont en même temps initié à la vie danoise.

Pour terminer, je voudrais remercier ma femme Leah et mes deux petites filles Sophie et Feena. Elles ont souvent dû s'accommoder de mes longues heures de travail à tout moment de la journée pendant la rédaction de ce livre. Leur amour m'a donné la force de persévérer et d'achever ce travail.

I

Fondements et orientation objet

1

Objets et classes

Concepts clés de ce chapitre

- Objets
- Classes
- Méthodes
- Paramètres

Termes introduits dans ce chapitre

- Objet, classe, instance, méthode, signature, paramètre, type, état, code source, valeur de retour, compilateur

Ce chapitre débute votre voyage dans les contrées de la programmation orientée objet. Nous vous y présenterons les concepts essentiels de ce domaine, à savoir les *objets* et les *classes*. À la fin du chapitre, vous comprendrez ce dont il s'agit, leurs finalités et la manière de les faire interagir. Les chapitres à venir s'appuieront sur ce que vous aurez vu ici.

Objets et classes

> ***Concept***
>
> Les **objets** Java modélisent les objets d'un problème donné.

La rédaction d'un programme informatique dans un langage orienté objet permet de générer, sur un ordinateur, un modèle représentant une partie quelconque du monde. Les éléments constitutifs de ce modèle correspondent aux objets présents dans le domaine du problème. Ces objets doivent ensuite être représentés dans le modèle informatique qui est créé.

Il est alors possible de catégoriser les objets ; ainsi, une classe décrit, de manière abstraite, tous les objets d'une sorte particulière.

Pour préciser ces notions abstraites, étudions un exemple concret. Supposons que vous souhaitiez modéliser une simulation de circulation routière. Les entités que vous devrez gérer incluront forcément des voitures. La question se pose de savoir comment représenter une voiture : classe ou objet ? Quelques questions simples peuvent nous aider à choisir.

Quelle est la couleur habituelle d'une voiture ? Quelle est sa vitesse de pointe ? Où se trouve-t-elle à l'instant même ?

Or, nous ne pouvons répondre à ces questions que si nous parlons d'un véhicule en particulier. Lorsque nous traitons des voitures en général, et non d'une voiture particulière, nous faisons référence à la *classe* voiture.

L'affirmation : « Ma vieille voiture est garée à la maison, dans mon garage » permet de répondre aux questions qui précèdent : en effet, la voiture est rouge, elle ne va pas très vite et elle se trouve dans le garage de l'interlocuteur. Ici, nous désignons un objet, c'est-à-dire une voiture particulière.

Concept

Les objets sont créés à partir de **classes.** La classe décrit le type d'objet ; les objets représentent des items particuliers de la classe.

Un objet particulier est souvent désigné sous le terme d'*instance*, que nous emploierons à intervalles réguliers dans cet ouvrage. Une instance est quasiment synonyme d'objet : nous appelons les objets des instances lorsque nous souhaitons mettre l'accent sur le fait qu'ils appartiennent à une classe particulière (« cet objet est une instance de la classe voiture »).

Avant de poursuivre cette discussion plutôt théorique, nous allons l'illustrer par un exemple.

Création d'objets

Lancez BlueJ et ouvrez l'exemple intitulé *shapes*[1]. La fenêtre de la figure 1.1 apparaît.

La fenêtre contient un diagramme. Chacun des rectangles colorés représente une classe du projet : `Circle`, `Square`, `Triangle` et `Canvas`.

1. Tout au long de cet ouvrage, vous devrez exécuter diverses tâches et divers exercices. Nous supposons que vous savez démarrer BlueJ et ouvrir les projets exemples. Si ce n'est pas le cas, consultez l'annexe A.

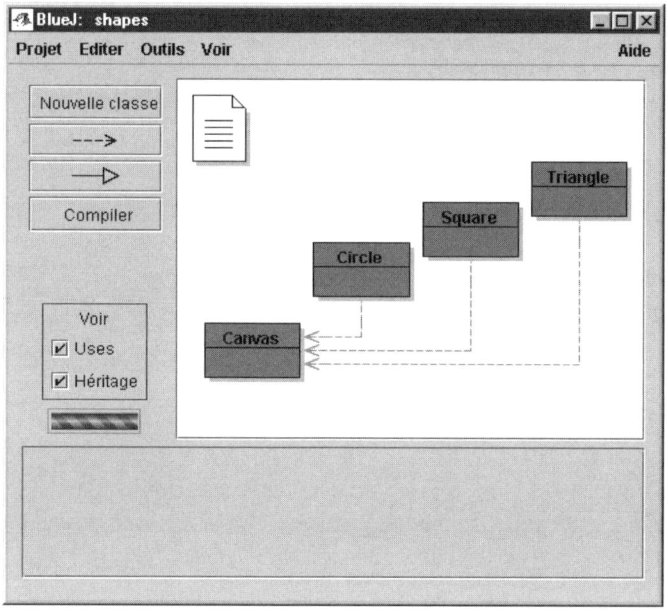

Figure 1.1 • Le projet *shapes* dans BlueJ.

Cliquez du bouton droit sur la classe `Circle`. Dans le menu déroulant qui s'affiche, choisissez :

```
new Circle()
```

Pour attribuer à l'instance le nom qui s'inscrit par défaut, cliquez sur OK. Un rectangle rouge apparaît au bas de l'écran, il est intitulé « circle_1 » (figure 1.2).

Vous venez de créer votre premier objet. L'icône rectangulaire de la figure 1.1, intitulée « Circle », représente la classe `Circle` ; `circle_1` représente un objet créé à partir de cette classe. La zone située au bas de l'écran et contenant l'objet s'intitule le *bureau des objets* (« object bench »).

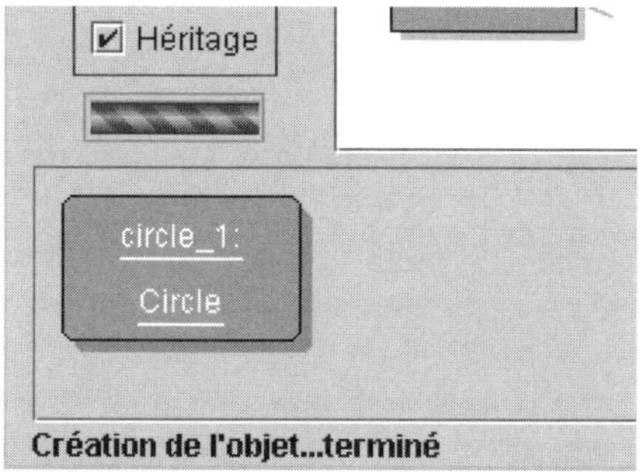

Figure 1.2 • Un objet sur le bureau des objets.

Convention

Les noms de classes commencent par une majuscule (comme `Circle`) et les noms d'objets par une minuscule (comme `circle_1`). Vous ferez ainsi la distinction entre les deux.

Exercice 1.1

Créez un autre cercle. Puis créez un carré.

Appel des méthodes

Cliquez du bouton droit sur l'un des objets cercle (et non sur la classe !). Un menu contextuel s'affiche, contenant diverses options. Choisissez `makeVisible` pour dessiner une représentation de ce cercle dans une nouvelle fenêtre (figure 1.3).

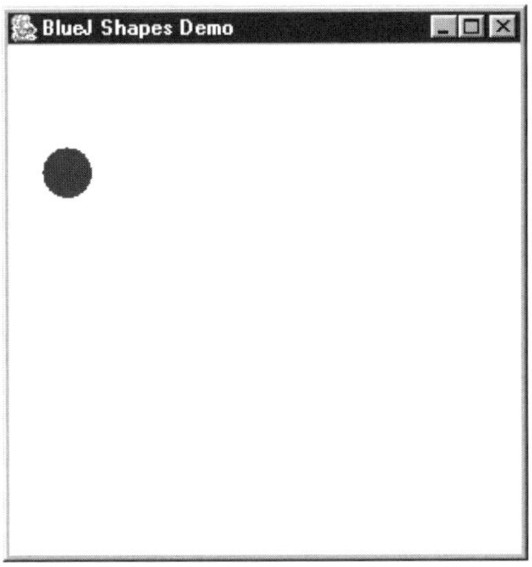

Figure 1.3 • Le dessin d'un cercle.

Concept
Il est possible de communiquer avec des objets en invoquant des **méthodes**. Cela amène généralement les objets à réaliser une action.

Le menu du cercle contient plusieurs autres opérations. Vous pouvez tester `moveRight` et `moveDown` à plusieurs reprises pour rapprocher le cercle du centre de la fenêtre. Essayez également `makeInvisible` et `makeVisible` pour masquer et afficher le cercle.

Exercice 1.2

Que se passe-t-il si nous appelons `moveDown` deux fois ? Trois fois ? Que se passe-t-il si nous appelons `makeInvisible` deux fois ?

Les choix du menu du cercle permettent de manipuler celui-ci. En langage Java, on les désigne sous le nom de *méthodes*. On dit communément que l'on *appelle* ou que l'on *invoque* ces méthodes. Ce sont les termes que nous emploierons par la suite. Ainsi, vous aurez parfois à « invoquer la méthode `moveRight` de `circle_1` ».

Paramètres

Concept

Les méthodes peuvent disposer de **paramètres** qui leur permettent de fournir des informations supplémentaires pour une tâche déterminée.

Invoquez maintenant la méthode `moveHorizontal`. Une boîte de dialogue vous demande de saisir certaines informations (figure 1.4). Tapez 50 et cliquez sur OK. Le cercle se déplacera de 50 pixels sur la droite[1].

Pour s'exécuter, la méthode `moveHorizontal` nécessite un complément d'informations. Il s'agit ici de la distance, c'est-à-dire du nombre de pixels dont le cercle doit être déplacé. Elle est donc plus souple que les méthodes `moveRight` ou `moveLeft` qui déplacent le cercle sur une distance prédéfinie.

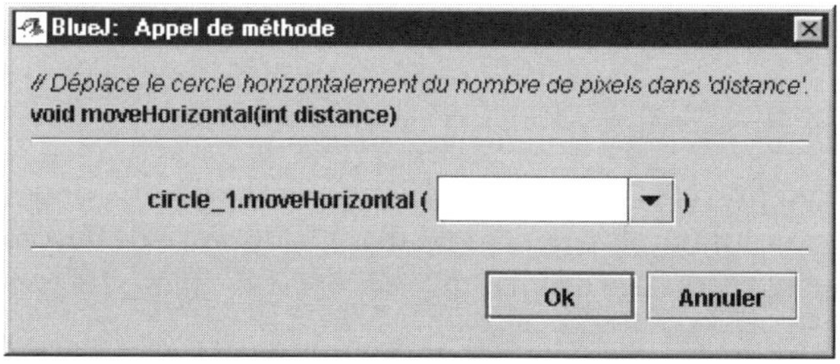

Figure 1.4 • Une boîte de dialogue d'appel de méthode.

Exercice 1.3

Invoquez les méthodes `moveVertical`, `slowMoveVertical` et `changeSize` avant de poursuivre votre lecture. Essayez de déplacer le cercle de 70 pixels sur la gauche en utilisant `moveHorizontal`.

---

1. Un pixel représente un point de votre écran. La totalité de l'écran est constituée d'une grille de pixels.

Les valeurs supplémentaires qu'exigent certaines méthodes sont désignées sous le nom de *paramètres*. Une méthode signale les types des paramètres dont elle a besoin. Lorsqu'on appelle, par exemple, la méthode `moveHorizontal`, comme dans la figure 1.4, la boîte de dialogue affiche la ligne suivante en haut de la fenêtre :

```
void moveHorizontal(int distance)
```

Il s'agit de la *signature* de la méthode. Elle fournit des informations sur la méthode en question. La partie qui se situe entre parenthèses `(int distance)` correspond aux informations relatives au paramètre obligatoire. Pour chaque paramètre, elle définit un *type* et un *nom*. La signature qui précède indique que la méthode exige un paramètre du type `int` nommé `distance`. Le nom fournit un indice sur la signification des données qu'on attend.

Concept
L'en-tête d'une méthode s'appelle une **signature**. Il apporte les informations nécessaires à l'appel de cette méthode.

Types de données

Concept
Les paramètres possèdent un **type**. Le type définit les catégories de valeurs qui peuvent être associées à un paramètre.

Un type spécifie la catégorie des données pouvant être transférées à un paramètre. Le type `int`, par exemple, désigne des nombres entiers (en anglais « integer », d'où l'abréviation « int »).

Dans l'exemple qui précède, la signature de la méthode `moveHorizontal` indique que nous devons fournir un nombre entier spécifiant la distance de déplacement avant de pouvoir exécuter la méthode. Le champ présenté à la figure 1.4 permet ensuite de saisir ce chiffre.

Dans les exemples présentés jusqu'à maintenant, nous n'avons rencontré que le type `int`. En effet, les paramètres des méthodes de déplacement et de la méthode `changeSize` sont tous de ce type.

Une étude plus poussée du menu déroulant de l'objet montre que les entrées de la méthode comprennent les types des paramètres. Lorsqu'une méthode ne possède pas de paramètre, son nom est suivi de parenthèses vides. Si elle possède un paramètre, son type est affiché. Dans la liste des méthodes d'un cercle, il existe une méthode contenant un autre type de paramètre : la méthode `changeColor`, dont le paramètre est de type `String`.

Le type `String` indique que le paramètre sera une portion de texte (un mot ou une phrase, par exemple). Les chaînes (strings) sont toujours incluses entre guillemets. Par exemple, pour entrer le mot *red* sous forme de chaîne, tapez :

```
"red"
```

La boîte de dialogue d'appel de méthode comprend une section de texte appelée *commentaire*, située au-dessus de la signature de la méthode. Ces commentaires apportent des informations au lecteur (humain). Vous trouverez leur description au chapitre 2. Le commentaire de la méthode `changeColor` indique les noms de couleur que connaît le système.

Exercice 1.4

Invoquez la méthode `changeColor` sur l'un des cercles et entrez la chaîne « red ». Le cercle change de couleur. Essayez d'autres couleurs.

Exercice 1.5

Cet exemple est très simple, il ne prend en charge que quelques couleurs. Essayez de spécifier une couleur inconnue et notez les conséquences.

Exercice 1.6

Invoquez la méthode `changeColor` et saisissez le nom de la couleur dans le champ de paramètre en *omettant* les guillemets. Que se passe-t-il ?

Attention

Les débutants commettent souvent l'erreur d'oublier les guillemets au moment de saisir une valeur de données du type `String`. Si vous tapez *green* (vert) au lieu de « *green* », un message d'erreur s'affiche, indiquant « Error : undefined variable » (ou un message de ce genre).

Java prend en charge de nombreux autres types de données comme les nombres décimaux et les caractères. Nous ne traiterons pas de ce sujet pour l'instant, mais nous y reviendrons un peu plus tard. Pour en savoir plus, consultez l'annexe B.

Instances multiples

Exercice 1.7

Créez plusieurs objets cercle sur votre bureau des objets. Pour cela, sélectionnez `new Circle()` dans le menu déroulant de la classe `Circle`. Affichez-les, puis déplacez-les à l'écran à l'aide des méthodes `move`. Augmentez la taille de l'un d'entre eux, que vous transformerez en jaune, réduisez-en un autre, que vous rendrez vert. Essayez également les autres formes : créez quelques triangles et quelques carrés. Modifiez leurs positions, leurs tailles et leurs couleurs.

> ***Concept***
> **Instances multiples.** Il est possible de créer plusieurs objets similaires à partir d'une classe unique.

Une fois la classe créée, vous pouvez construire autant d'objets (ou d'instances) de cette classe que vous le souhaitez. À partir de la classe `Circle`, vous pouvez créer de nombreux cercles. Idem pour les carrés à partir de la classe `Square`.

Chacun de ces objets possède sa propre position, sa couleur et sa taille. Pour modifier l'attribut d'un objet (comme sa taille), appelez une méthode sur cet objet. Cela affectera l'objet concerné, et non les autres.

D'autre part, étudiez la méthode `changeSize` du triangle. Sa signature est :

```
void changeSize(int newHeight, int newWidth)
```

Voici un exemple de méthode qui possède plusieurs paramètres. Celle-ci en a deux, séparés par une virgule dans la signature. Les méthodes peuvent en effet posséder n'importe quel nombre de paramètres.

État

> ***Concept***
> Les objets disposent d'un **état** représenté par les valeurs stockées dans les champs.

L'ensemble des valeurs de tous les attributs qui définissent un objet (comme la position *x*, la position *y*, la couleur, le diamètre et l'état de visibilité d'un cercle) est également appelé l'*état* d'un objet. le terme *état* est un nouvel exemple de la terminologie employée tout au long de cet ouvrage.

Dans BlueJ, pour connaître l'état d'un objet, sélectionnez la fonction Inspecter dans son menu déroulant. Lorsqu'on inspecte un objet, une fenêtre semblable à celle présentée à la figure 1.5 s'affiche. C'est ce qu'on appelle l'*inspecteur d'objet*.

Exercice 1.8

Assurez-vous que le bureau des objets contient plusieurs objets, puis étudiez-les tour à tour. Essayez de modifier l'état de l'un d'entre eux (par exemple en appelant la méthode `moveLeft`) lorsque l'inspecteur d'objets est ouvert. Remarquez que les valeurs changent dans l'inspecteur.

Certaines méthodes, lorsqu'elles sont appelées, modifient l'état d'un objet. Par exemple, `moveLeft` modifie l'attribut `xPosition`. Java nomme ces attributs d'objets des *champs*.

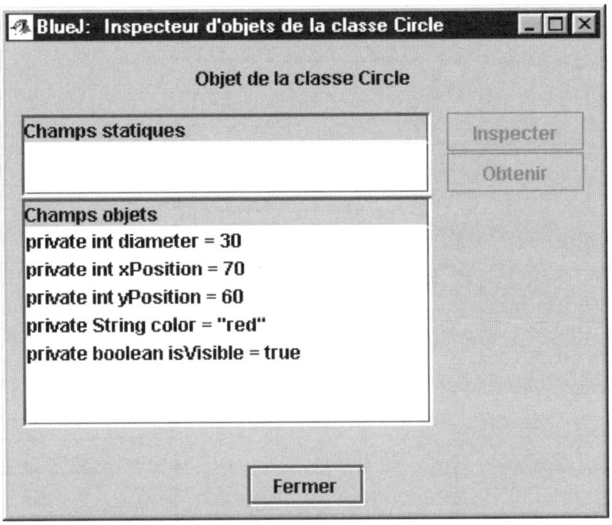

Figure 1.5 • Une boîte de dialogue d'inspection d'objets.

Définition d'un objet

En étudiant les différents objets, on remarque que les objets d'une *même* classe disposent tous des mêmes champs. En fait, le nombre, le type et les noms des champs sont identiques, mais la valeur numérique effective d'un champ donné peut différer pour chaque objet. Au contraire, les objets de classes *différentes* peuvent avoir des champs différents. Un cercle, par exemple, dispose d'un champ « diamètre » (`diameter`), tandis qu'un triangle possède des champs de largeur (`width`) et de hauteur (`height`).

En fait, les types et les noms des champs se définissent dans une classe, et non dans un objet. Ainsi, la classe `Circle` impose que chaque objet cercle dispose de cinq champs intitulés `diameter`, `xPosition`, `yPosition`, `color` et `isVisible`. Elle sous-entend également les types de ces champs. En effet, les trois premiers sont du type `int`, tandis que la couleur est du type `String` et que la balise `isVisible` est du type `boolean` (représenté par deux valeurs : `true` et `false`, ce que nous verrons par la suite).

Lorsqu'on crée un objet d'une classe `Circle`, il contient automatiquement ces champs. Leurs valeurs sont alors stockées dans l'objet. Ainsi, chaque cercle disposera d'une couleur différente pour chacun (figure 1.6).

La situation est identique pour les méthodes. Elles sont définies dans la classe de l'objet. En conséquence, tous les objets d'une classe donnée disposent des mêmes méthodes. Toutefois, les méthodes sont invoquées sur les objets. Cela permet de connaître avec certitude l'objet modifié par un appel à la méthode `moveRight`.

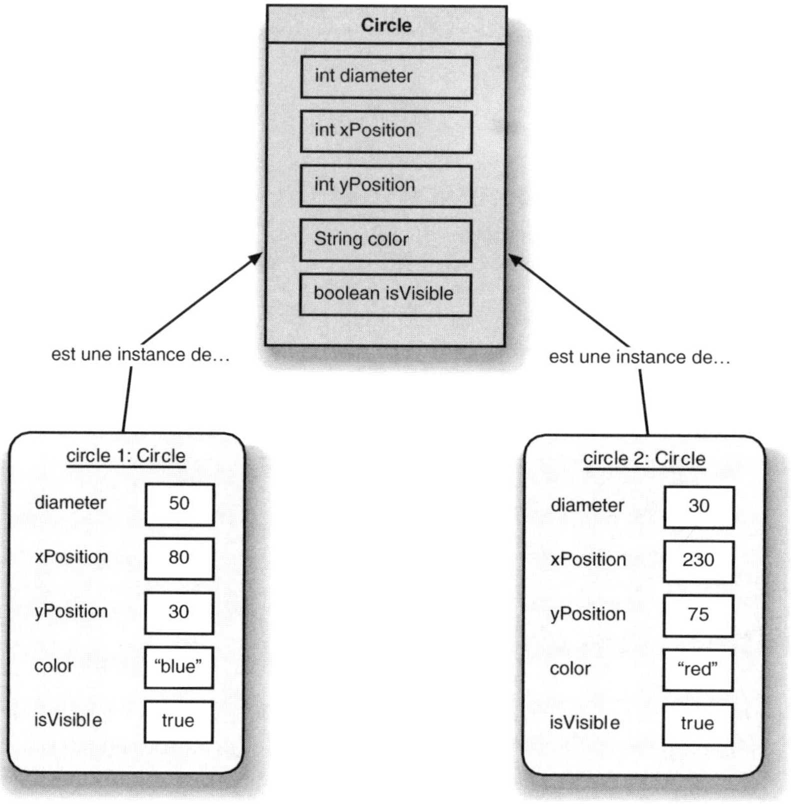

Figure 1.6 • Une classe et ses objets avec des champs et des valeurs.

Exercice 1.9

Utilisez les formes du projet *shapes* pour dessiner une maison et un soleil, à la manière de ceux qui sont présentés à la figure 1.7. Écrivez en même temps ce que vous devez faire pour y parvenir. Peut-on le faire de différentes façons ?

Interaction entre les objets

Dans la prochaine section, nous verrons un nouveau projet exemple. Fermez le projet *shapes* s'il est encore ouvert, et ouvrez le projet *picture*.

Exercice 1.10

Ouvrez le projet *picture*. Créez une instance de la classe `Picture` et invoquez sa méthode `draw`. Testez également les méthodes `setBlackAndWhite` et `setColor`.

Exercice 1.11

Selon vous, de quelle manière la classe `Picture` dessine-t-elle l'image ?

Quatre des classes du projet sont identiques aux classes du projet *shapes*. Mais il existe une classe supplémentaire appelée `Picture`. Cette classe est programmée de manière à réaliser exactement les opérations de l'exercice 1.9.

En pratique, pour réaliser une suite de tâches en Java, on ne procède pas manuellement, comme dans l'exercice 1.9. On crée plutôt une classe qui le fera à notre place. Ici, il s'agit de la classe `Picture`.

La classe `Picture` a été rédigée de telle sorte que lorsque vous créez une instance, cette instance crée deux objets carrés (un pour le mur, l'autre pour la fenêtre), un triangle et un cercle ; puis elle les déplace et modifie leur couleur et leur taille jusqu'à obtenir l'image de la figure 1.7.

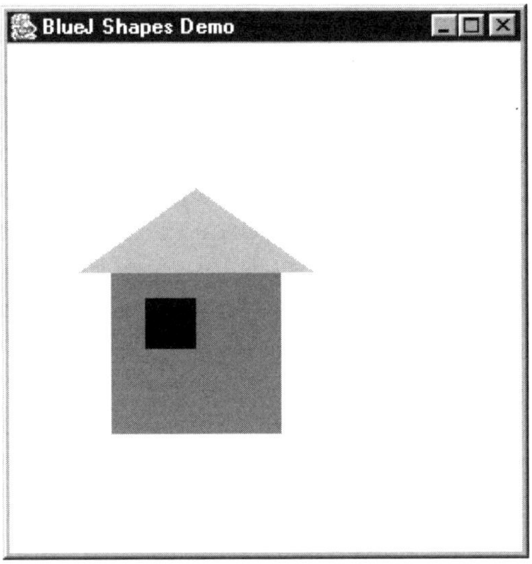

Figure 1.7 • Une image créée à partir d'un ensemble d'objets formes.

> ***Concept***
> **Appel de méthode.** Les objets peuvent communiquer en **appelant** les méthodes d'autres objets.

Le point important à retenir ici est que les objets peuvent créer d'autres objets et appeler leurs méthodes. Dans un programme Java traditionnel, on peut très bien trouver des centaines, voire des milliers d'objets. L'utilisateur démarre le programme, ce qui crée généralement un premier objet qui crée à son tour, directement ou indirectement, tous les autres objets.

Reste à savoir, maintenant, comment écrire la classe de cet objet…

Code source

Concept

Le **code source** d'une classe détermine la structure et le comportement (les champs et les méthodes) de chacun des objets de cette classe.

Chaque classe dispose d'un *code source* qui lui est associé. Il s'agit d'un texte qui précise les détails de la classe. Dans BlueJ, nous consultons le code source d'une classe avec la fonction Éditer dans le menu déroulant de la classe ou en double-cliquant sur l'icône de la classe.

Exercice 1.12

Étudiez à nouveau le menu déroulant de la classe `Picture`. Sélectionnez l'option *Editer*. Un éditeur de texte s'ouvre, affichant le code source de la classe.

Le code source correspond à un texte écrit dans le langage de programmation Java. Il définit les champs et les méthodes d'une classe, et ce qui se produit exactement lorsqu'on invoque une méthode. Au chapitre suivant, nous verrons ce que contient exactement le code source d'une classe et la manière dont il est structuré.

L'apprentissage de l'art de la programmation réside en grande partie dans l'apprentissage de l'écriture de ces définitions de classes. Pour cela, nous apprendrons à utiliser le langage Java (même si de nombreux autres langages permettent d'écrire du code).

Lors d'une modification d'un code source et de la fermeture de l'éditeur[1], l'icône de la classe contient deux barres diagonales dans le diagramme. Elles indiquent que le source (on parle *du* (code) source) a été modifié. Il faut alors compiler la classe en choisissant *Compiler*. Consultez l'encadré « À propos de la compilation » pour obtenir de plus amples informations sur les conséquences de la compilation d'une classe. Une fois la compilation réalisée, il est à nouveau possible de créer des objets et de tester les modifications.

Exercice 1.13

Dans le code source de la classe `Picture`, retrouvez la section permettant de dessiner l'image. Modifiez-la pour qu'elle dessine un soleil bleu et non jaune.

Exercice 1.14

Ajoutez un deuxième soleil à l'image. Attention aux définitions de champs situées en haut de la classe. Vous y trouverez le code :

```
private Square wall;
private Square window;
private Triangle roof;
private Circle sun;
```

1. Dans BlueJ, il est inutile d'enregistrer le texte dans l'éditeur de manière explicite avant de le fermer. Le code source est automatiquement enregistré losque l'on ferme l'éditeur.

À propos de la compilation

Les rédacteurs de programmes informatiques utilisent généralement un langage de programmation de haut niveau tel que Java. Or, un ordinateur est incapable d'exécuter directement le code source Java. Java a été conçu de manière à être raisonnablement lisible par une personne, mais pas par les ordinateurs. Ceux-ci fonctionnent, en interne, avec une représentation binaire d'un code machine, assez distinct de Java. Or, le code machine est si complexe que nous ne pouvons pas l'écrire directement. Il vaut donc mieux écrire en Java.

Pour résoudre ce problème de niveau de langage, on utilise un programme appelé *compilateur*. Il traduit le code Java en code machine. Il devient donc possible d'écrire en Java puis de lancer le compilateur qui génère le code machine que l'ordinateur est ensuite capable de lire. En conséquence, dès que le code source est modifié, il faut lancer le compilateur avant de pouvoir réutiliser la classe pour créer un objet. Le compilateur crée ainsi la version du code machine nécessaire à l'ordinateur.

Ajoutez une ligne ici pour le deuxième soleil, par exemple :

```
private Circle sun2;
```

Écrivez ensuite le code destiné à la création du deuxième soleil.

Exercice 1.15

Exercice Défi[1] – Ajoutez un coucher de soleil à la version de `Picture` qui ne contient qu'un soleil. Pour y parvenir, faites doucement glisser le soleil vers le bas. Rappel : le cercle possède une méthode `slowMoveVertical`.

Exercice 1.16

Exercice Défi – Si vous avez ajouté le coucher de soleil à la fin de la méthode `draw` (pour que le soleil descende automatiquement lors du dessin de l'image), modifiez-le. Placez maintenant le coucher de soleil dans une méthode séparée, afin que nous puissions appeler la méthode `draw` et voir l'image avec le soleil situé en haut, puis appelez `sunset` (une nouvelle méthode) pour faire descendre le soleil.

1. Cette mention « Exercice Défi » signifie que la solution de l'exercice n'est pas évidente. Tout le monde ne sera peut-être pas capable de le résoudre pour l'instant. Félicitations à ceux qui y parviendront. Pour les autres, aucune inquiétude à avoir, les chapitres à venir vous y aideront. Vous pourrez alors reprendre cet exercice.

Un autre exemple

Dans ce chapitre, nous avons déjà abordé un grand nombre de concepts nouveaux. Pour vous aider à mieux les cerner, nous allons les replacer dans un contexte différent, grâce à un nouvel exemple. Fermez le projet *picture* s'il est encore ouvert et ouvrez le projet *lab-classes*.

Il représente, de manière simplifiée, une base de données d'étudiants conçue pour assurer le suivi des étudiants en séances de Travaux Pratiques (TP) et imprimer les listes des classes.

Exercice 1.17

Créez un objet de la classe `Student`. Cette fois-ci, indiquez le nom de l'instance ainsi que d'autres paramètres. Saisissez les informations demandées et cliquez sur OK (les paramètres de type `String` doivent apparaître entre guillemets).

Valeurs de retour

Concept

Résultats. Les méthodes peuvent renvoyer des informations sur un objet par le biais d'une **valeur de retour**.

Comme précédemment, vous avez la possibilité de créer plusieurs objets. Une fois de plus, les objets disposent de méthodes qu'il est possible d'appeler à partir de leurs menus contextuels.

Exercice 1.18

Créez quelques objets `student`. Appelez la méthode `getName` sur chaque objet. Expliquez ce qui arrive.

Lorsque vous appelez la méthode `getName` de la classe `Student`, un élément nouveau apparaît : les méthodes peuvent renvoyer une valeur de résultat. En fait, la signature de chaque méthode nous indique si elle retourne ou non un résultat et le type du résultat éventuel. La signature de `getName` (elle apparaît dans le menu contextuel de l'objet) est la suivante :

```
String getName()
```

Le mot `String` placé avant le nom de méthode fournit le type du retour. Dans ce cas, il indique qu'un appel à cette méthode renverra un résultat du type `String`. La signature de `changeName` est :

```
void changeName(String)
```

Le mot `void` indique que cette méthode ne renvoie aucun résultat.

Les méthodes possédant des valeurs de retour permettent d'obtenir des informations sur un objet par un appel de méthode. Nous pouvons ainsi utiliser des méthodes pour changer l'état d'un objet ou pour en savoir plus sur son état.

Objets agissant comme paramètres

Exercice 1.19

Créez un objet de la classe `LabClass`. Comme l'indique la signature, vous devez spécifier le nombre maximal d'étudiants de cette classe (un nombre entier).

Exercice 1.20

Appelez la méthode `numberOfStudents` de cette classe. Que se passe-t-il ?

Exercice 1.21

Étudiez la signature de la méthode `enrollStudent`. Vous remarquerez que le type du paramètre attendu est `Student`. Vérifiez que vous disposez de deux ou trois étudiants et d'un objet `LabClass` sur le bureau des objets, puis appelez la méthode `enrollStudent` de l'objet `LabClass`. Le curseur étant placé dans le champ de la boîte de dialogue, cliquez sur l'un des objets étudiant : vous définissez ainsi le nom de l'objet étudiant dans le paramètre de la méthode `enrollStudent` (figure 1.8). Cliquez sur OK, l'étudiant est ajouté à la classe `LabClass`. Ajoutez un ou plusieurs étudiants supplémentaires.

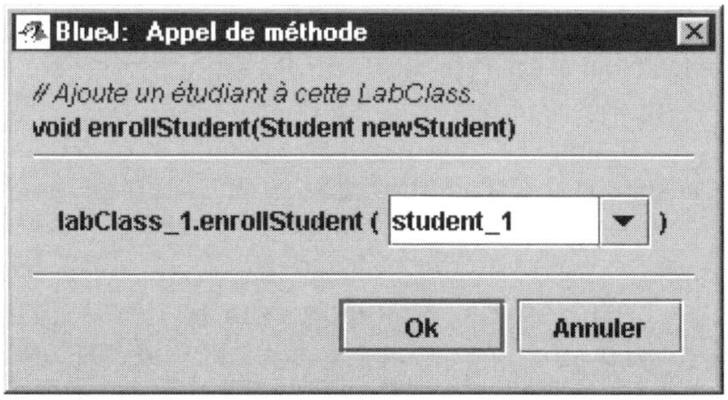

Figure 1.8 • Ajout d'un étudiant à une classe `LabClass`.

Exercice 1.22

Appelez la méthode `printList` de l'objet `LabClass`. Une liste des étudiants de cette classe s'affiche dans la fenêtre du terminal BlueJ (figure 1.9).

Comme le montrent les exercices, les objets peuvent être transférés sous forme de paramètres vers les méthodes d'autres objets. Lorsqu'une méthode attend un objet sous forme de paramètre, son nom de classe est spécifié par le type du paramètre dans la signature de la méthode.

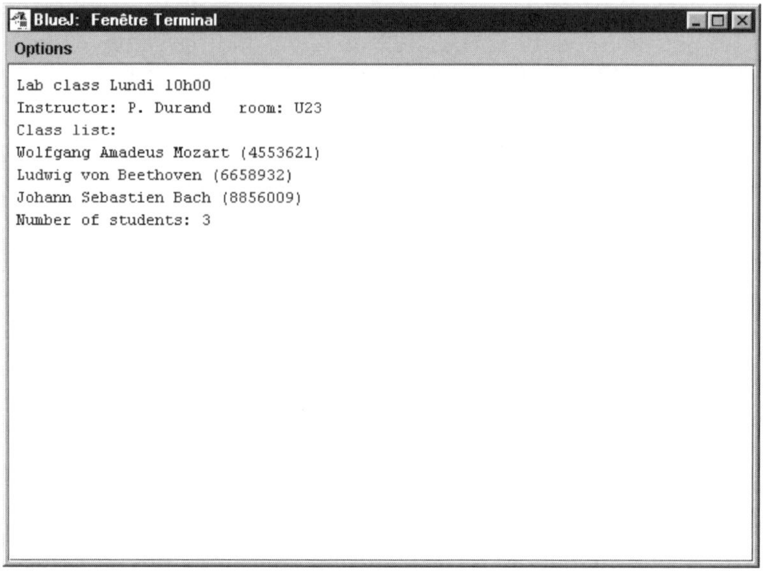

Figure 1.9 • Résultat du listage de la classe `LabClass`.

Exercice 1.23

Créez trois étudiants avec les informations suivantes :

– *Blanche Neige*, n° d'étudiante : *100234*, crédits : *24*

– *Lisa Simpson*, n° d'étudiante : *122044*, crédits 56

– *Charlie Brown*, n° d'étudiant : *12003P*, crédits : 6

Entrez ensuite les trois étudiants dans un TP et affichez la liste à l'écran.

Exercice 1.24

Utilisez l'inspecteur sur un objet `LabClass` pour découvrir les champs qu'il possède.

Exercice 1.25

Définissez l'enseignant, la salle et l'heure pour le TP, puis affichez la liste dans la fenêtre du terminal pour vérifier que ces nouvelles informations apparaissent bien.

Résumé

Dans ce chapitre, nous avons abordé les bases des classes et des objets. Nous avons discuté du fait que les objets sont spécifiés par le biais des classes. Les classes représentent le concept général d'une chose, tandis que les objets constituent des exemples concrets d'une classe. Toute classe peut posséder plusieurs objets.

Les objets disposent de méthodes qui nous permettent de communiquer avec eux. Une méthode peut servir à modifier l'objet ou à obtenir des informations sur l'objet. Les méthodes peuvent contenir des paramètres et les paramètres ont un type. Les méthodes disposent de valeurs de retour qui possèdent un type, celui des données qu'elles renvoient. Si le type de retour est *void*, cela signifie qu'elles ne renvoient rien.

Les objets stockent les données dans des champs (qui possèdent également un type). L'ensemble des valeurs des données d'un objet constitue l'état de l'objet.

Les objets sont créés à partir des définitions de classe qui ont été écrites dans un langage de programmation particulier. La majeure partie de la programmation en Java concerne l'écriture de définitions de classes. Un grand programme Java disposera de nombreuses classes, chacune contenant plusieurs méthodes qui s'appelleront entre elles de diverses manières.

Pour apprendre à développer des programmes Java, nous devons apprendre à écrire des définitions de classe, notamment des champs et des méthodes, et à les assembler. C'est ce que nous verrons dans la suite de cet ouvrage.

Résumé des concepts

Objet : Les objets Java modélisent les objets d'un problème donné.

Classe : Les objets sont créés à partir de classes. La classe décrit le type d'objet ; les objets représentent des items particuliers de la classe.

Methode : Il est possible de communiquer avec des objets en invoquant des méthodes. Cela amène généralement les objets à réaliser une action.

Paramètre : Les méthodes peuvent disposer de paramètres qui leur permettent de fournir des informations supplémentaires pour une tâche déterminée.

Signature : L'en-tête d'une méthode s'appelle une signature. Il apporte les informations nécessaires à l'appel de cette méthode.

Type : Les paramètres possèdent un type. Le type définit les catégories de valeurs qui peuvent être associées à un paramètre.

Instances multiples : Il est possible de créer plusieurs objets similaires à partir d'une classe unique.

État : Les objets disposent d'un état représenté par les valeurs stockées dans les champs.

Appel de méthode : Les objets peuvent communiquer en appelant les méthodes d'autres objets.

Code source : Le code source d'une classe détermine la structure et le comportement (les champs et les méthodes) de chacun des objets de cette classe.

Résultats : Les méthodes peuvent renvoyer des informations sur un objet par le biais d'une valeur de retour.

Exercice 1.26

Dans ce chapitre, nous avons mentionné les types de données `int` et `String`. Java possède d'autres types de données prédéfinies. Pour découvrir ce dont il s'agit et leur finalité, consultez l'annexe B, un autre ouvrage Java ou un manuel en ligne sur le langage Java. Vous en trouverez un (en langue anglaise) à l'adresse :

http://java.sun.com/docs/books/tutorial/java/nutsandbolts/datatypes.html

2

Comprendre les définitions de classes

Concepts clés de ce chapitre

- Champs
- Constructeurs
- Paramètres
- Méthodes (d'accès, de modification)
- Affectations et instructions conditionnelles

Notions Java

- Champ, constructeur, commentaire, paramètre, affectation (=), bloc, instruction de retour, `void`, opérateurs d'affectation composés (`+=`, `-=`), `if`

Termes introduits dans ce chapitre

- Champ, variable d'instance, constructeur, méthode, signature de méthode, corps de méthode, paramètre, méthode d'accès, méthode de modification, déclaration, initialisation, bloc, instruction, instruction d'affectation, instruction conditionnelle, instruction de retour, type de retour, commentaire, expression, opérateur, variable, variable locale, portée, durée de vie

Ce chapitre se concentre sur le code source d'une classe. Il aborde les principaux éléments des définitions de classe : les *champs*, les *constructeurs* et les *méthodes*. Les méthodes comprennent des instructions : pour commencer, nous considérerons que les méthodes ne contiennent que des opérations arithmétiques simples et des instructions d'affichage. Par la suite, nous introduirons les *instructions conditionnelles*, qui permettent de choisir entre différentes actions à effectuer dans les méthodes.

Nous verrons tout d'abord un nouveau projet en détail. Il s'agit de l'implantation élémentaire d'une billetterie automatique. Nous introduirons les fonctions de classe les plus basiques, puis nous découvrirons rapidement que cette implantation présente de nombreux défauts. Nous passerons alors à une version plus sophistiquée de la billetterie, qui sera nettement améliorée. Enfin, pour bien asseoir les concepts présentés dans ce chapitre, nous étudierons en détail l'exemple *lab-classes* du chapitre 1.

Une billetterie automatique

Les gares ferroviaires possèdent souvent des machines capables d'imprimer un billet dès que le client insère la somme voulue. Nous allons définir ici une classe qui modélise une machine de ce type. Pour l'heure, nous nous contenterons d'une simulation assez simple qui permettra d'étudier le fonctionnement de nos premières classes Java. Nous nous interrogerons également sur les différences qui existent entre ces modèles et les machines du monde réel, et sur les manières de modifier les classes pour que les objets qu'elles créent soient plus « réalistes ».

La machine fonctionne lorsque les clients « insèrent » de l'argent et demandent l'impression d'un billet. Elle assure le suivi du total de l'argent collecté au cours de son fonctionnement. Dans le monde réel, une billetterie propose fréquemment divers billets au choix des clients. Notre machine simplifiée ne propose qu'un type de billets, à prix unique. Programmer une classe capable d'émettre des billets de valeurs différentes se révèle beaucoup plus compliqué. Mais la programmation orientée objet permet de créer, simplement, plusieurs instances de la classe, chacune disposant de sa propre configuration de prix pour proposer différents types de billets.

Étudier le comportement d'une billetterie automatique

Ouvrez le projet *naive-ticket-machine* dans BlueJ. Il contient une classe unique, intitulée `TicketMachine`, que vous pourrez étudier comme les exemples du chapitre 1. Lorsque vous créez une instance de `TicketMachine`, vous devez saisir un nombre correspondant au prix des billets délivrés par cette billetterie. Le prix est indiqué en centimes, par un nombre entier positif ; 500 peut constituer une valeur adéquate pour commencer.

Exercice 2.1

Créez un objet `TicketMachine` sur le bureau des objets et étudiez ses méthodes. On y trouve : `getBalance`, `getPrice`, `insertMoney` et `printTicket`. Testez la méthode `getPrice`. Une valeur de retour s'affiche, précisant le prix des billets défini lors de la création de l'objet. Utilisez la méthode `insertMoney` pour simuler l'insertion d'une somme d'argent dans la billetterie, puis `getBalance` pour vérifier que la machine enregistre la somme insérée. Vous pouvez insérer plusieurs sommes d'argent, comme si vous utilisiez plusieurs pièces ou billets. Insérez le prix exact du billet. Il s'agit d'une billetterie très simple, elle ne délivrera donc pas le billet automatiquement. Lorsque vous avez inséré suffisamment d'argent, vous devez appeler la méthode `printTicket`. Un fac-similé de billet s'affiche dans la fenêtre du terminal BlueJ.

Exercice 2.2

Quelle est la valeur renvoyée lorsque vous vérifiez le solde de la machine après l'impression d'un billet ?

Exercice 2.3

Essayez d'insérer différentes sommes d'argent avant d'imprimer des billets. La billetterie réagit-elle de manière étrange ? Que se passe-t-il si vous insérez trop d'argent dans la machine ? Serez-vous remboursé ? Que se passe-t-il si vous n'en insérez pas suffisamment et que vous essayiez d'imprimer un billet ?

Exercice 2.4

Tentez de bien comprendre le comportement de la billetterie en interagissant avec elle sur le bureau des objets avant de passer à la section suivante, où nous verrons l'implantation de la classe `TicketMachine`.

Exercice 2.5

Créez une nouvelle billetterie qui propose des billets à un autre prix. Achetez-lui un billet. Le billet affiché est-il différent ?

Étude d'une définition de classe

L'étude du comportement des objets `TicketMachine` au sein de BlueJ révèle qu'ils n'agissent comme ils le devraient que si nous insérons le montant exact du billet. Nous en comprendrons les raisons en étudiant en détail les informations internes de la classe.

Étudiez le code source de la classe `TicketMachine` en double-cliquant sur son icône dans le diagramme de classe. Il est présenté à la figure 2.1.

Le texte complet de la classe est présenté au code 2.1. En étudiant la définition de classe élément par élément, nous pouvons mettre en évidence certains concepts orientés objet dont nous avons parlé au chapitre 1.

Code 2.1 • La classe TicketMachine.

```
/**
 * TicketMachine modélise une machine simplifiée qui délivre
 * des billets à prix unique.
 * Le prix d'un billet est spécifié par le biais du constructeur.
 * Cette billetterie est simplifiée au sens où elle fait confiance à
 * l'utilisateur pour qu'il insère suffisamment d'argent avant
 * d'imprimer un billet.
 * Elle suppose aussi que les utilisateurs entrent des sommes cohérentes.
 *
 * @author David J. Barnes et Michael Kolling
 * @version 2002.02.06
 */
public class TicketMachine
{
```

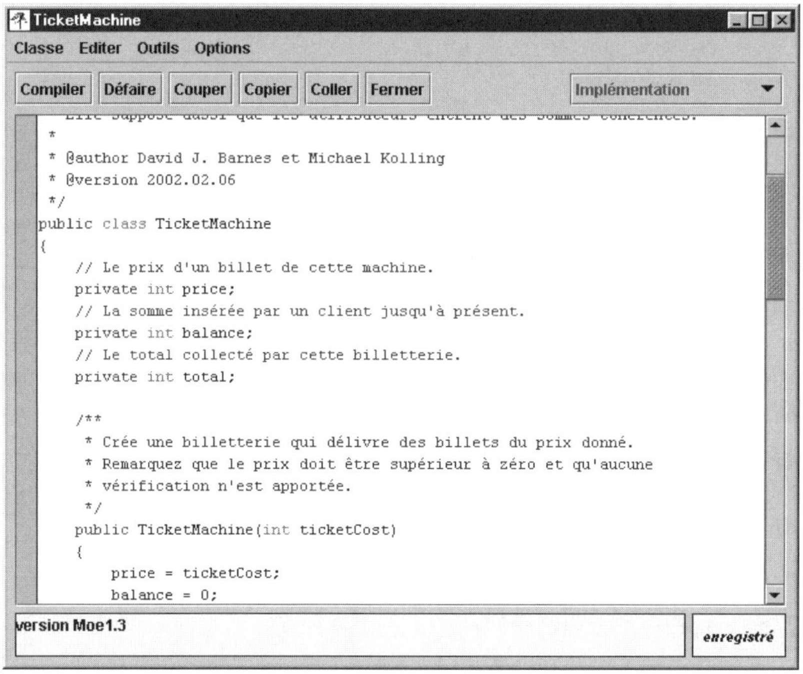

Figure 2.1 • La fenêtre de l'éditeur de BlueJ.

Code 2.1 • La classe TicketMachine *(suite)*.

```
    // Le prix d'un billet de cette machine.
    private int price;
    // La somme insérée par un client jusqu'à présent.
    private int balance;
    // Le total collecté par cette billetterie.
    private int total;

    /**
     * Crée une billetterie qui délivre des billets du prix donné.
     * Remarquez que le prix doit être supérieur à zéro et qu'aucune
     * vérification n'est apportée.
     */
    public TicketMachine(int ticketCost)
    {
        price = ticketCost;
        balance = 0;
        total = 0;
    }

    /**
     * Renvoie le prix d'un billet.
     */
    public int getPrice()
```

```
    {
        return price;
    }

    /**
     * Renvoie le montant déjà inséré pour le
     * prochain billet.
     */
    public int getBalance()
    {
        return balance;
    }

    /**
     * Reçoit une somme en centimes de la part d'un client.
     */
    public void insertMoney(int amount)
    {
        balance += amount;
    }

    /**
     * Imprime un billet.
     * Actualise le total collecté et
     * remet le solde à zéro.
     */
    public void printTicket()
    {
        // Simule l'impression d'un billet.
        System.out.println("##################");
        System.out.println("# La ligne BlueJ ");
        System.out.println("# Billet");
        System.out.println("# " + price + " centimes. ");
        System.out.println("##################");
        System.out.println();

        // Actualise le total collecté avec le solde.
        total += balance;
        // Efface le solde.
        balance = 0;
    }
}
```

Champs, constructeurs et méthodes

Le code source de la plupart des classes se divise en deux parties principales : une petite enveloppe externe qui permet de nommer la classe et une partie interne plus importante, qui réalise le travail.

Ici, l'enveloppe externe apparaît comme suit :

```
public class TicketMachine
{
//***    partie interne de la classe non reproduite.
}
```

Les enveloppes extérieures des différentes classes se ressemblent toutes ; leur objectif est d'indiquer le nom de la classe.

Exercice 2.6

Écrivez ce à quoi ressemblent, selon vous, les couches extérieures des classes `Student` et `LabClass` ; ne vous préoccupez pas de la partie interne.

La partie interne de la classe est l'emplacement où sont définis les *champs*, les *constructeurs* et les *méthodes* qui précisent les caractéristiques et le comportement particulier des objets de cette classe. Les fonctions essentielles de ces trois composants peuvent se résumer ainsi :

- Les champs stockent les données qu'utilisera chaque objet.
- Les constructeurs permettent de configurer correctement chaque objet lors de sa création.
- Les méthodes implantent le comportement des objets.

Java contient très peu de règles relatives à l'ordre de définition des champs, constructeurs et méthodes au sein d'une classe. Dans la classe `TicketMachine`, nous avons choisi de répertorier en premier les champs, suivis des constructeurs et des méthodes (code 2.2). C'est l'ordre que nous respecterons dans tous nos exemples. D'autres auteurs peuvent adopter des styles différents, tout cela étant principalement affaire de préférences. Notre style n'est pas forcément meilleur que d'autres, mais il est important de s'y tenir ; les classes seront ainsi plus lisibles et plus compréhensibles.

Code 2.2 • Notre ordonnancement des champs, constructeurs et méthodes.

```
public class NomClasse
{
   Champs
   Constructeurs
   Méthodes
}
```

Exercice 2.7

Du fait de vos précédentes expériences avec les objets de la billetterie dans BlueJ, vous connaissez les noms de certaines méthodes, comme `printTicket`. Étudiez la définition de classe du code 2.1 et servez-vous de ces connaissances ainsi que des informations que nous vous avons fournies sur l'ordre des éléments pour constituer une liste des noms des champs, constructeurs et méthodes de la classe `TicketMachine`. *Indice :* la classe ne contient qu'un constructeur.

Exercice 2.8

Y a-t-il des fonctions du constructeur qui le rendent très différent des autres méthodes de la classe ?

Champs

> ***Concept***
>
> Les **champs** stockent des données qui seront utilisées par un objet. Ils sont aussi appelés variables d'instance.

La classe `TicketMachine` dispose de trois champs : `price`, `balance` et `total`, que l'on appelle également des *variables d'instance*. Ici, ils sont définis au début de la définition de classe (code 2.3). Tous les champs sont associés à des éléments monétaires que l'objet billetterie doit traiter :

- Le champ `price` contient le prix fixé pour le billet.
- Le champ `balance` contient la somme d'argent insérée dans la billetterie par un utilisateur avant que celui-ci demande l'impression d'un billet.
- Le champ `total` contient le montant total inséré dans la billetterie par tous les utilisateurs depuis la création de cet objet.

Code 2.3 • Les champs de la classe `TicketMachine`.

```
public class TicketMachine
{
   private int price;
   private int balance;
   private int total;
//***    Constructeur et méthodes non reproduits.
}
```

Les champs représentent de petites quantités de mémoire situées à l'intérieur d'un objet et qui peuvent être utilisées pour stocker des valeurs. Chaque objet, dès sa création, dispose d'une certaine quantité de mémoire attribuée à chaque champ déclaré dans sa classe. La figure 2.2 représente un diagramme d'objet billetterie et de ses trois champs. Aucune valeur n'a encore été attribuée aux champs ; lorsque cela sera fait, nous pourrons saisir chaque valeur dans la case représentant le champ. La notation est semblable à celle qui est utilisée dans BlueJ pour présenter des objets sur le bureau des objets, mais les détails sont un peu plus précis ici. Dans BlueJ, pour des raisons de place, les champs ne sont pas affichés dans l'icône de l'objet. Nous pouvons toutefois les voir en ouvrant une fenêtre d'inspecteur.

Chaque champ dispose de sa propre déclaration dans le code source. Nous avons ajouté une seule ligne de texte, un *commentaire*, au bénéfice des lecteurs humains de la définition de classe sur la ligne située au-dessus de chacun d'eux, dans la définition de classe :

```
// Le prix d'un billet de cette machine.
private int price;
```

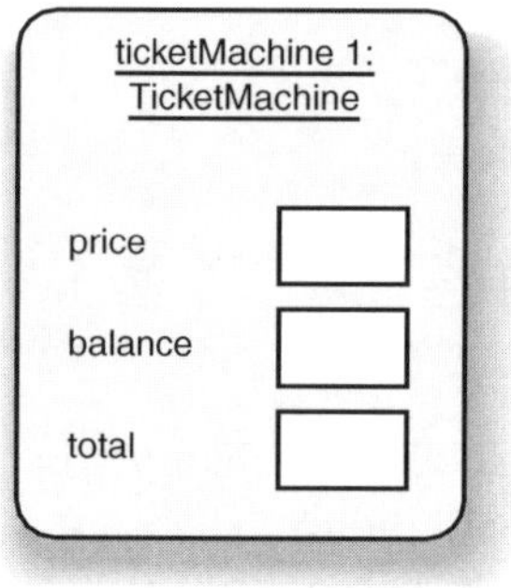

Figure 2.2 • Un objet de la classe `TicketMachine`.

> ***Concept***
> Des **commentaires** sont placés dans le code source d'une classe pour informer les lecteurs humains. Ils n'ont aucune conséquence sur le fonctionnement de la classe.

Lorsque le commentaire occupe une ligne, il est introduit par les deux caractères //, sans espaces. Les commentaires plus détaillés se prolongent parfois sur plusieurs lignes. Ils débutent par les caractères /* et se terminent par */. Un exemple figure au début de la classe du code 2.1.

Les définitions des trois champs sont assez identiques :

- Toutes les définitions indiquent que ce sont des champs *privés* (`private`) de l'objet ; nous préciserons ce sujet au chapitre 5. Pour l'heure, retenez que les champs sont toujours définis comme privés.
- Les trois champs sont du type `int`. Ainsi, chacun ne peut contenir qu'une valeur entière, ce qui nous convient puisque nous souhaitons qu'ils stockent des nombres représentant des sommes d'argent en centimes.

Étant donné que les champs peuvent contenir des valeurs qui risquent de varier dans le temps, ils sont aussi appelés *variables*. La valeur stockée pourra être modifiée selon les besoins. Par exemple, à mesure que de l'argent est inséré dans la billetterie, la valeur stockée dans le champ solde devra évoluer. Dans les sections à venir, nous rencontrerons, en plus des champs, d'autres types de variables.

Les champs `price`, `balance` et `total` représentent des données dont un objet billetterie a besoin pour remplir son rôle : destination de l'argent du client, affichage des billets et maintien à jour du solde. Dans les sections à venir, nous étudierons l'utilisation de ces champs par le constructeur et les méthodes pour implanter le comportement de billetteries simplifiées.

Constructeurs

> ***Concept***
> Les **constructeurs** permettent de configurer correctement chaque objet lors de sa création.

Les constructeurs d'une classe ont un rôle particulier à jouer : ils ont la responsabilité d'attribuer à chaque objet de cette classe un état adapté à son utilisation après sa création. C'est ce que l'on appelle aussi l'*initialisation*. Le constructeur initialise l'objet dans l'état qui convient. Le code 2.4 présente le constructeur de la classe `TicketMachine`.

L'une des caractéristiques des constructeurs réside dans le fait qu'ils portent le même nom que la classe dans laquelle ils sont définis, `TicketMachine` dans ce cas.

Code 2.4 • Le constructeur de la classe `TicketMachine`.

```
public class TicketMachine
{
//***    Champs non reproduits.
   /**
    * Crée une machine qui émet des billets du prix donné.
    * Le prix doit être supérieur à zéro ; aucune vérification ne
    * permet de s'en assurer.
    */
   public TicketMachine(int ticketCost)
   {
      price = ticketCost;
      balance = 0;
      total = 0;
   }
//***    Méthodes non reproduites.
}
```

Les champs de l'objet sont initialisés dans le constructeur. Certains, comme `balance` et `total`, peuvent être définis avec des valeurs initiales cohérentes en leur attribuant une constante, zéro dans ce cas. Pour d'autres, comme le prix du billet, la situation n'est pas aussi simple, puisque nous ne connaissons le prix des billets d'une billetterie particulière que lorsque cette billetterie est construite : si nous voulons créer plusieurs objets billetterie pour vendre des billets de différents prix, le prix initial ne conviendra donc pas pour tous. Lorsque nous avons créé des objets `TicketMachine` avec BlueJ, nous avons dû indiquer le prix des billets dès que l'on créait une nouvelle billetterie. Remarquons ici que le prix des billets est déterminé, à l'origine, *à l'extérieur* de la billetterie et qu'il doit ensuite être *transféré dans* l'objet billetterie. Dans BlueJ, lorsque vous avez choisi une valeur, vous l'entrez dans une boîte de dialogue. L'une des tâches du constructeur consiste à recevoir cette valeur et à la stocker dans le champ `price` de la nouvelle billetterie qui pourra alors s'en souvenir sans que vous ayez à la lui rappeler. Nous voyons donc que l'un des rôles les plus importants d'un champ consiste à se souvenir des informations, pour les mettre à la disposition d'un objet tout au long de sa durée de vie.

La figure 2.3 présente un objet billetterie après l'exécution de son constructeur. Des valeurs ont maintenant été attribuées aux champs. Ce diagramme montre que la billetterie a été créée suite au transfert de la valeur 500 (le prix du billet).

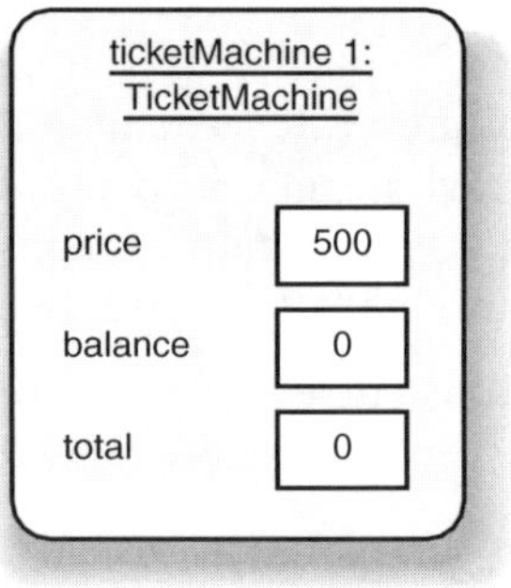

Figure 2.3 • Un objet `TicketMachine` après l'initialisation (créé pour des billets de 500 centimes)

Dans la section suivante, nous verrons comment un objet reçoit les valeurs de l'extérieur.

Info

Dans Java, lorsque cela n'est pas fait explicitement, tous les champs sont automatiquement initialisés à une valeur par défaut. Pour les champs d'entiers, cette valeur par défaut est 0. Nous aurions donc pu procéder sans définir `balance` et `total`, en utilisant la valeur par défaut, ce qui aurait donné le même résultat. Toutefois, il est recommandé d'écrire des affectations explicites. Cela ne présente aucun inconvénient et permet de préciser l'évolution du programme. Nous tenons pour acquis qu'un lecteur de la classe ne connaît pas la valeur par défaut ; il est important pour nous que cette valeur soit égale à zéro. De fait, cela montre que nous n'avons pas oublié de l'initialiser.

Transfert de données par le biais des paramètres

Les constructeurs et les méthodes reçoivent des valeurs *via* leurs *paramètres*. Nous avons brièvement évoqué ce concept au chapitre 1. Les paramètres sont définis dans l'en-tête du constructeur ou de la méthode :

```
public TicketMachine(int ticketCost)
```

Ce constructeur dispose d'un paramètre unique, intitulé `ticketCost`, du type `int`, le même que celui qui est utilisé par le champ `price`. La figure 2.4 montre le transfert des valeurs par le biais des paramètres. Ici, un utilisateur de BlueJ saisit une valeur dans la boîte de dialogue lorsqu'il crée une nouvelle billetterie (présentée à gauche). Cette valeur est ensuite copiée dans le paramètre `ticketCost` du constructeur de la nouvelle billetterie (flèche (A)). La case « TicketMachine (constructor) » de l'objet billetterie de la figure 2.4 constitue un espace mémoire supplémentaire destiné à l'objet et qui n'est créé que lorsque le constructeur est exécuté. Nous l'appellerons *l'espace (mémoire) constructeur* de l'objet (ou *espace méthode* lorsque nous parlerons de méthodes et non de constructeurs, la situation n'étant pas identique). L'espace constructeur offre un lieu de stockage des valeurs des paramètres du constructeur (et d'autres variables que nous rencontrerons par la suite).

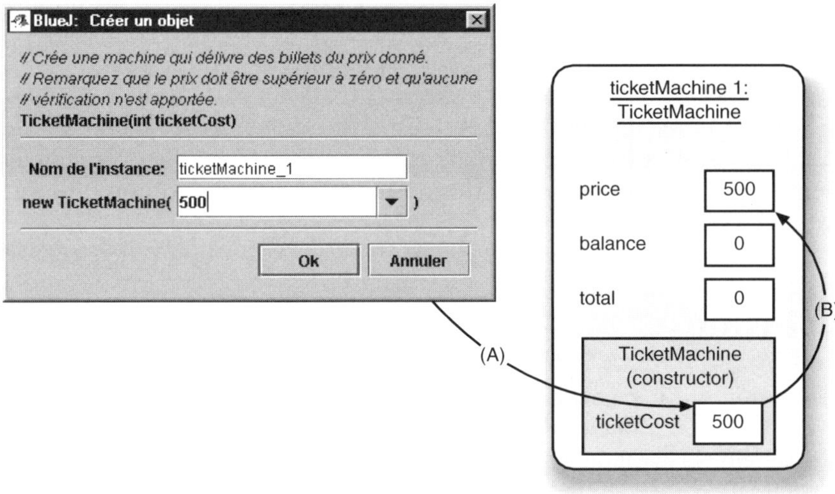

Figure 2.4 • Transfert de paramètres (A) et affectation (B)

Nous ferons la distinction entre les noms des paramètres à l'intérieur d'un constructeur ou d'une méthode et les valeurs des paramètres en dehors, en désignant les noms sous le terme de *paramètres formels* et les valeurs sous celui de *paramètres effectifs*. Ainsi, `ticketCost` est un paramètre formel ; une valeur fournie par l'utilisateur, comme 500, est un paramètre effectif. Puisqu'ils sont en mesure de stocker des valeurs, les paramètres formels constituent un autre type de variable. Dans nos diagrammes, toutes les variables sont représentées par des cases blanches.

> ***Concept***
> La **portée** d'une variable définit la partie du code source d'où l'on peut accéder à la variable.

Un paramètre formel n'est disponible pour un objet que dans le corps d'un constructeur ou d'une méthode qui le déclare. La *portée* d'un paramètre est limitée au corps du constructeur ou de la méthode dans laquelle il est déclaré. Au contraire, la portée d'un champ correspond à la totalité de la définition de classe : il est possible d'y accéder de n'importe où à l'intérieur de cette classe.

Autre concept lié à la portée de la variable : sa *durée de vie*. La durée de vie d'un paramètre est limitée à un seul appel provenant d'un constructeur ou d'une méthode. Une fois que cet appel est terminé, les paramètres formels disparaissent et les valeurs qu'ils contiennent sont perdues. En d'autres termes, lorsque le constructeur a fini son exécution, la totalité de l'espace constructeur (figure 2.4) est supprimée, de même que les variables paramètres qui y sont contenues.

> ***Concept***
> La **durée de vie** d'une variable correspond à la période pendant laquelle elle subsiste avant sa destruction.

En revanche, la durée de vie d'un champ est la même que celle de l'objet auquel il appartient. Donc, si nous voulons nous souvenir du prix des billets contenu dans le paramètre `ticketCost`, nous devons stocker la valeur dans un endroit plus durable, c'est-à-dire le champ `price`.

Affectation

Dans la section qui précède, nous avons vu qu'il convenait de stocker la valeur de courte durée d'un paramètre dans un endroit plus permanent, à savoir un champ. Afin d'y parvenir, le corps du constructeur contient l'*instruction d'affectation* suivante :

```
price = ticketCost;
```

> ***Concept***
> Les **instructions d'affectation** stockent la valeur présente du côté droit de l'instruction dans la variable de gauche.

Les instructions d'affectation se reconnaissent par la présence d'un opérateur d'affectation, comme « = » dans l'exemple qui précède. Elles copient la valeur qui apparaît à droite de l'opérateur dans la variable de gauche. Cela est illustré à la figure 2.4 par la flèche (B). Le côté droit est appelé une *expression* : ce sont des éléments qui représentent une valeur. Dans notre cas, l'expression est constituée d'une seule variable. Or, nous verrons dans ce chapitre des exemples d'expressions plus complexes contenant des opérations arithmétiques. Pour les instructions d'affectation, le type de l'expression doit correspondre au type de la variable à laquelle elle est affectée. Jusqu'à présent, nous en avons rencontré trois : `int`, `String` et (très brièvement) `boolean`. Cette règle signifie que nous ne sommes pas autorisés à stocker une expression de type entier dans une variable de type chaîne, par exemple. Cette règle s'applique également aux paramètres formels et aux paramètres effectifs : le type de l'expression du paramètre effectif doit correspondre au type de la variable du paramètre formel. Pour l'heure, disons que les deux types doivent être identiques, même si nous verrons dans les chapitres suivants que ce n'est pas tout à fait vrai.

Méthodes d'accès

La classe `TicketMachine` contient quatre méthodes : `getPrice`, `getBalance`, `insertMoney` et `printTicket`. Nous commencerons par étudier `getPrice` (code 2.5).

Code 2.5 • La méthode `getPrice`.

```
public class TicketMachine
{
//***   Champs non reproduits.
//***   Constructeur non reproduit.
    /**
     * Renvoie le prix d'un billet.
     */
    public int getPrice()
    {
        return price;
    }
//***   Autres méthodes non reproduites.
}
```

Concept

Les **méthodes** sont constituées de deux parties : un en-tête et un corps.

Les méthodes sont constituées de deux parties : un *en-tête* et un *corps*. Voici l'en-tête de la méthode `getPrice` :

```
/**
 * Renvoie le prix d'un billet.
 */
public int getPrice()
```

Les trois premières lignes constituent un commentaire sur l'action de la méthode. La quatrième est aussi connue sous le nom de *signature de méthode*[1]. Il convient de distinguer les signatures de méthodes des déclarations de champs qui peuvent être assez similaires. Nous pouvons dire que `getPrice` est une méthode et non un champ, car il est suivi d'une paire de parenthèses (et). Remarquez également qu'il n'y a pas de point-virgule à la fin de la signature.

1. Cette définition diffère légèrement de la définition plus formelle de la spécification du langage Java dans laquelle la signature n'inclut ni le modificateur d'accès ni le type de retour.

Le corps de la méthode correspond au reste de la méthode, venant après l'en-tête. Il est toujours présenté dans une paire d'accolades : { et }. Les corps de méthode contiennent les *déclarations* et les *instructions* qui indiquent ce qui se passe à l'intérieur d'un objet lorsque cette méthode est appelée. Dans l'exemple qui précède, le corps de la méthode ne contient qu'une seule instruction, mais nous verrons d'autres exemples où il est constitué de nombreuses lignes de déclarations et d'instructions.

Tout ensemble de déclarations et d'instructions entre accolades est connu sous le nom de *bloc*. Ainsi, le corps de la classe `TicketMachine` et ceux de toutes les méthodes dans la classe sont des blocs.

Il existe au moins deux différences significatives entre les signatures du constructeur `TicketMachine` et celles de la méthode `getPrice` :

```
public TicketMachine(int ticketCost)
public int getPrice()
```

- La méthode possède un *type de retour* `int`, mais le constructeur n'en possède pas. Le type de retour figure juste avant le nom de la méthode.
- Le constructeur possède un seul paramètre formel, `ticketCost`, la méthode n'en a pas, elle ne possède qu'une paire de parenthèses vides.

Dans Java, un constructeur peut ne pas avoir de type de retour. D'autre part, les constructeurs et les méthodes peuvent avoir n'importe quel nombre de paramètres formels, y compris aucun.

Le corps de `getPrice` contient une seule instruction :

```
return price;
```

Il s'agit d'une *instruction de retour*. Elle renvoie une valeur entière qui correspondra au type de retour `int` dans la signature de la méthode. Lorsqu'une méthode contient une instruction de retour, il s'agit toujours de l'instruction finale de cette méthode, car aucune autre instruction de la méthode ne sera exécutée après elle.

Le type de retour `int` de `getPrice` est une sorte de promesse que le corps de la méthode réalisera une action qui se concrétisera par le calcul et le renvoi d'une valeur entière sous la forme du résultat de la méthode. Un appel de méthode ressemble un peu à une question posée à un objet, la valeur de retour de la méthode correspondant à la réponse de l'objet à cette question. Ici, lorsque la méthode `getPrice` est appelée sur une billetterie, la question est : « Combien coûtent les billets ? » La machine n'a pas à réaliser de calculs pour y répondre, car la réponse est stockée dans son champ `price`. Ainsi, il suffit à la méthode de renvoyer la valeur de cette variable. À mesure que nous développerons des classes de plus en plus complexes, nous rencontrerons inévitablement des questions plus complexes, dont la réponse demandera plus de travail.

Concept

Les **méthodes d'accès** renvoient des informations sur l'état d'un objet.

Nous qualifions souvent les deux méthodes `get` de `TicketMachine` (`getPrice` et `getBalance`) de *méthodes d'accès* (ou simplement *accesseurs*). Cela est dû au fait qu'elles renvoient des informations à l'appelant concernant l'état d'un objet ; elles offrent un accès à cet état. Une méthode d'accès contient généralement une instruction de retour pour renvoyer ces informations sous forme de valeur particulière, mais ce n'est pas toujours le cas. Une méthode qui affiche des informations sur l'état d'un objet peut aussi être classée comme accesseur.

Exercice 2.9

Comparez la méthode `getBalance` avec la méthode `getPrice`. Quelles sont les différences ?

Exercice 2.10

Si un appel à `getPrice` peut être traduit par « Combien coûtent les billets ? », comment traduiriez-vous un appel à `getBalance` ?

Exercice 2.11

Si l'on transforme le nom `getBalance` en `getAmount`, faut-il modifier l'instruction de retour du corps de la méthode ? Essayez dans BlueJ.

Exercice 2.12

Définissez une méthode d'accès, `getTotal`, qui renvoie la valeur du champ `total`.

Exercice 2.13

Essayez d'ôter l'instruction de retour du corps de `getPrice`. Quel est le message d'erreur qui apparaît lorsque vous essayez de compiler la classe ?

Exercice 2.14

Comparez les signatures des méthodes `getPrice` et `printTicket` du code 2.1. À part leurs noms, quelle est la principale différence entre elles ?

Exercice 2.15

Les méthodes `insertMoney` et `printTicket` ont-elles des instructions de retour ? Pourquoi, selon vous ? Y a-t-il quelque chose de particulier au niveau de leurs en-têtes qui pourrait suggérer la raison pour laquelle elles ne nécessitent pas d'instruction de retour ?

Méthodes de modification

Concept

Les **méthodes de modification** modifient l'état d'un objet.

Les méthodes `get` d'une billetterie accomplissent des tâches similaires, en renvoyant la valeur de l'un des champs d'objet. Les autres méthodes, `insertMoney` et `printTicket`, ont un rôle bien plus important, principalement parce qu'elles *modifient* la valeur de un ou plusieurs champs d'un objet billetterie chaque fois qu'elles sont appelées. Les méthodes qui modifient l'état de leur objet sont désignées sous le nom de *méthodes de modification* (ou *modificateurs*).

Comme nous avons qualifié les méthodes d'accès de requêtes d'informations (questions), nous pouvons qualifier les méthodes de modification de requêtes de modification d'un objet.

Autre effet des méthodes de modification, un objet affichera souvent un comportement légèrement différent avant d'avoir été appelé et après. L'exercice suivant en présente un exemple.

Exercice 2.16

Créez une billetterie avec un prix de votre choix. Appelez d'abord la méthode `getBalance`. Appelez ensuite la méthode `insertMoney` (code 2.6) et attribuez une valeur positive, différente de zéro, comme paramètre effectif. Appelez de nouveau `getBalance`. Les deux appels à `getBalance` doivent fournir des résultats différents puisque l'appel à `insertMoney` a eu pour effet de modifier l'état de la billetterie par le biais de son champ `balance`.

La signature de `insertMoney` possède un type de retour `void` ainsi qu'un seul paramètre formel, `amount`, de type `int`. Un type de retour `void` signifie que la méthode ne renvoie en fait aucune valeur à son appelant. Cela diffère considérablement de tous les autres types de retour. Dans BlueJ, la différence se remarque au fait qu'aucune boîte de dialogue de valeur de retour ne s'affiche après un appel à une méthode `void`. Dans le corps d'une méthode `void`, il n'existe pas d'instruction de retour[1].

Code 2.6 • La méthode `insertMoney`.

```
/**
 * Récupère une somme d'argent en centimes, insérée par un client.
 */
public void insertMoney(int amount)
{
    balance += amount;
}
```

On trouve, dans le corps de `insertMoney`, une instruction unique qui diffère de celles que nous avons vues jusqu'à présent. Il s'agit d'un autre type d'instruction d'affectation qui a pour effet d'*ajouter* la valeur du paramètre `amount` à la valeur existante du champ `balance`. Pour mieux comprendre la différence entre l'opérateur d'affectation « `+=` » et l'opérateur d'affectation « `=` », étudiez les trois affectations suivantes :

1. En fait, Java permet aux méthodes `void` de contenir une forme particulière d'instruction de retour dans laquelle il n'y ait pas de valeur de retour. On écrit `return;` et la méthode se termine sans exécuter d'autre code.

```
balance = 10;
balance = 20;
balance = 40;
```

Au final, la valeur de `balance` est de 40, car chaque affectation écrase toute valeur existant précédemment. Mais dans :

```
balance = 10;
balance += 20;
balance += 40;
```

la valeur finale est de 70, car les deuxième et troisième affectations ajoutent la valeur qui se trouve du côté droit à la valeur existante.

Pour vous entraîner, faites les exercices suivants.

Exercice 2.17

Créez une billetterie et appelez sa méthode `insertMoney`. Vérifiez le solde par un appel à `getBalance`. Appelez maintenant de nouveau `insertMoney` et `getBalance` pour vérifier que le nouveau solde correspond à la somme des deux montants transférés lors des deux appels à `insertMoney`.

Exercice 2.18

Apportez maintenant une légère modification à la méthode `insertMoney` *via* l'éditeur de BlueJ. Transformez l'opérateur « += » en « = ». Compilez la classe et lancez de nouveau ces appels de méthode sur une nouvelle billetterie. À combien se monte le solde ? (n'oubliez pas de rétablir l'opérateur « += » lorsque vous avez terminé).

L'opérateur « += » constitue en fait un raccourci pour l'ajout de la valeur d'une expression à une variable :

```
variable = variable + expression;
```

Par exemple :

```
balance = balance + amount;
```

Impression à partir de méthodes

Le code 2.7 présente la méthode la plus complexe de la classe `printTicket`. Pour vous aider à comprendre les explications à venir, appelez cette méthode sur une billetterie. Vous devriez voir un texte semblable à celui qui s'affiche dans la fenêtre du terminal BlueJ :

```
####################
# La ligne BlueJ
# Billet
# 500 centimes.
####################
```

Code 2.7 • La méthode `printTicket`.

```
/**
 * Affiche un billet et remet le
 * solde courant à zéro.
 */
public void printTicket()
{
    // Simule l'impression d'un billet
    System.out.println("########################");
    System.out.println("# La ligne BlueJ ");
    System.out.println("# Billet");
    System.out.println("#" + price + " centimes. ");
    System.out.println("########################");
    System.out.println();

    // Actualise le total collecté avec le solde.
    total += balance;
    // Efface le solde.
    balance = 0;
}
```

Il s'agit de la méthode la plus longue que nous ayons vue jusqu'à présent, nous allons donc la diviser en plusieurs morceaux plus facilement gérables :

- La signature indique que la méthode dispose d'un type de retour `void` et qu'elle ne prend pas de paramètres.
- Le corps comprend huit instructions ainsi que les commentaires associés.
- Les six premières instructions sont responsables de l'affichage dans la fenêtre du terminal BlueJ.
- La septième instruction utilise l'opérateur « `+=` » pour ajouter le solde inséré par le client (par le biais des appels précédents à `insertMoney`) au total actuel de tout l'argent collecté jusqu'à présent par la billetterie.
- La huitième instruction remet le solde à zéro avec une instruction d'affectation de base ; la billetterie est prête pour que le prochain client insère de l'argent.

Concept

La méthode `System.out.println` affiche ses paramètres sur le terminal.

En comparant le résultat qui apparaît avec les instructions qui l'ont produit, on voit bien qu'une instruction comme :

```
System.out.println("# La ligne BlueJ#");
```

affiche la chaîne qui apparaît entre guillemets. Toutes ces instructions d'affichage constituent des appels à la méthode `println` de l'objet `System.out` intégré dans le langage Java.

Dans la quatrième instruction, le paramètre effectif de `println` est un peu plus complexe :

```
System.out.println("# " + price + " centimes.");
```

Les deux opérateurs « + » permettent de construire un seul paramètre chaîne à partir de trois composants :

- La chaîne de texte : "# " (remarquez l'espace après le dièse).
- La valeur du champ `price` (remarquez qu'il n'y pas de guillemets autour du nom de champ).
- La chaîne de texte : " `centimes.`" (remarquez l'espace avant le mot centimes).

Lorsqu'il est utilisé entre une chaîne et un autre élément, « + » représente un opérateur de concaténation (il concatène, c'est-à-dire qu'il assemble des chaînes) et non un opérateur d'addition arithmétique.

Vous remarquerez que l'appel final à `println` ne contient pas de paramètre de chaîne. Cela est autorisé et aura pour conséquence de laisser une ligne blanche entre ce résultat et tout ce qui suit. Vous verrez aisément la ligne blanche si vous imprimez un deuxième billet.

Exercice 2.19

Ajoutez une méthode appelée `prompt` à la classe `TicketMachine`. Elle doit avoir un type de retour `void` et ne pas prendre de paramètres. Le corps de la méthode doit afficher une ligne qui ressemble à ceci :

```
Veuillez insérer le montant exact.
```

Exercice 2.20

Ajoutez une méthode `showPrice` à la classe `TicketMachine`. Elle doit avoir un type de retour `void` et ne pas prendre de paramètres. Le corps de la méthode doit afficher une ligne qui ressemble à ceci :

```
Le billet coûte xyz centimes.
```

où `xyz` sera remplacé par la valeur contenue dans le champ `price` lorsque la méthode sera appelée.

Exercice 2.21

Créez deux billetteries avec deux prix différents. Les appels aux méthodes `showPrice` donnent-ils le même résultat ou des résultats différents ? Comment expliquez-vous cela ?

Exercice 2.22

Selon vous, que va-t-il s'afficher si vous modifiez la quatrième instruction de `printTicket` afin que `price` soit aussi entouré de guillemets, comme suit ?

```
System.out.println("# " + "prix" + " centimes.");
```

Exercice 2.23

Que pensez-vous de la version suivante ?

```
System.out.println("# prix centimes.");
```

Exercice 2.24

L'une ou l'autre des deux versions qui précèdent pourrait-elle être utilisée pour afficher le prix des billets dans plusieurs billetteries ? Expliquez votre réponse.

À propos de la billetterie élémentaire

Nous venons d'étudier en détail la structure interne de la classe d'une billetterie automatique élémentaire. La classe possède une petite enveloppe extérieure qui permet de la nommer, et une partie interne plus substantielle contenant des champs, un constructeur et plusieurs méthodes. Les champs servent à stocker des données autorisant les objets à conserver un état. Les constructeurs permettent de configurer un état initial lors de la création d'un objet. Le fait de disposer d'un état initial valide permettra à un objet de répondre correctement aux appels de méthode immédiatement après sa création. Les méthodes implantent le comportement défini pour les objets de la classe. Les méthodes d'accès fournissent des informations sur l'état d'un objet et les méthodes de modification modifient cet état.

Nous avons vu que les constructeurs se distinguent des méthodes par le fait qu'ils possèdent le nom de la classe dans laquelle ils sont définis. Les constructeurs et les méthodes peuvent prendre des paramètres, mais seules les méthodes peuvent avoir un type de retour. Les types de retour autres que `void` permettent de transmettre un résultat à partir d'une méthode. Une méthode disposant d'un type de retour autre que `void` aura, dans son corps, une instruction de retour comme instruction finale. Les instructions de retour ne s'appliquent qu'aux méthodes, car les constructeurs n'ont pas de type de retour, pas même `void`.

Avant de vous essayer à ces exercices, vous devez avoir compris comment fonctionnent les billetteries et avoir assimilé l'implantation de leur comportement par le biais des champs, du constructeur et des méthodes de classe.

Exercice 2.25

Modifiez le constructeur de `TicketMachine` afin qu'il n'ait plus de paramètre. Fixez le prix des billets à 1 000 centimes. Quel effet cela a-t-il lorsque vous construisez des objets billetterie dans BlueJ ?

Exercice 2.26

Implantez une méthode `empty`, qui simule l'effet du retrait complet de l'argent de la billetterie. Cette méthode doit avoir un type de retour `void` et son corps doit simplement mettre le champ `total` à zéro. Cette méthode a-t-elle besoin de prendre des paramètres ? Testez-la en créant une machine, en insérant de l'argent, en imprimant des billets, en vérifiant le total, puis en vidant la machine. Cette méthode est-elle un accesseur ou un modificateur ?

Exercice 2.27

Implantez une méthode de nom `setPrice`, capable d'attribuer une nouvelle valeur au prix des billets. Le nouveau prix est transmis à la méthode par la valeur d'un paramètre. Testez votre méthode en créant une machine, en affichant le prix des billets, en modifiant le prix, puis en affichant le nouveau prix. Cette méthode est-elle un modificateur ?

Exercice 2.28

Attribuez deux constructeurs à la classe. L'un doit prendre un paramètre unique qui spécifie le prix, l'autre ne doit pas prendre de paramètre et doit définir le prix à une valeur par défaut de votre choix. Testez votre implantation en créant des machines par le biais des deux constructeurs différents.

Réflexions sur la conception de la billetterie

Dans les prochaines sections, nous verrons l'implantation d'une classe de billetterie améliorée qui tentera de corriger certaines des inexactitudes de l'implantation élémentaire.

Ayant étudié les parties internes de la classe `TicketMachine`, vous noterez probablement son manque d'adéquation avec le monde réel. Elle est déficiente à plusieurs égards.

- Elle ne vérifie pas que le client a entré suffisamment d'argent pour le billet.
- Elle ne rend pas la monnaie si le client donne trop d'argent.
- Elle ne s'assure pas que le client insère des sommes d'argent cohérentes : essayez d'entrer une somme négative, par exemple.
- Elle ne vérifie pas que le prix du billet transmis à son constructeur est cohérent.

Si nous parvenions à résoudre ces problèmes, le logiciel serait plus fonctionnel ; il pourrait servir de base pour une véritable billetterie. Pour vérifier que nous pouvons améliorer la version existante, ouvrez le projet *better-ticket-machine*. Comme précédemment, ce projet contient une classe unique, `TicketMachine`. Avant d'étudier ses détails internes, testez-la en créant plusieurs instances et essayez de déterminer les différences de comportement entre cette version et la précédente. Notez que la nouvelle version possède une méthode supplémentaire, intitulée `refundBalance`. Plus loin dans ce chapitre, nous utiliserons cette méthode pour introduire une nouvelle fonctionnalité de Java. Regardez le résultat lorsque vous l'appelez.

Les choix : l'instruction conditionnelle

Le code 2.8 présente les détails internes de la définition de la classe d'une billetterie améliorée. La majeure partie de cette définition devrait vous être familière, elle provient de la billetterie élémentaire. Ainsi, l'enveloppe extérieure qui nomme la classe est identique car nous avons choisi de lui donner le même nom. En outre, elle contient les trois champs que nous avons vus pour stocker l'état de l'objet ; ils ont été déclarés de la même manière. Le constructeur et les deux méthodes get sont également semblables.

Code 2.8 • Une billetterie plus sophistiquée.

```
/**
 * TicketMachine modélise une billetterie qui émet
 * des billets à prix unique.
 * Le prix d'un billet est spécifié par le biais du constructeur.
 * Les instances s'assureront qu'un utilisateur entre uniquement des
 * montants cohérents et n'imprimera le billet que
 * si la somme entrée est suffisante.
 *
 * @author David J. Barnes et Michael Kolling
 * @version 2002.02.06
 */
public class TicketMachine
{
    // Le prix d'un billet de cette billetterie.
    private int price;
    // La somme d'argent entrée par un client jusqu'à maintenant.
    private int balance;
    // Le total de l'argent collecté par cette machine.
    private int total;

    /**
     * Crée une machine qui émet des billets du prix donné.
     */
    public TicketMachine(int ticketCost)
    {
        price = ticketCost;
        balance = 0;
        total = 0;
    }

    /**
     * @Return Le prix d'un billet.
     */
    public int getPrice()
    {
        return price;
    }

    /**
     * Renvoie la somme d'argent déjà insérée pour le
     * prochain billet.
     */
    public int getBalance()
    {
        return balance;
    }
```

```
    /**
     * Reçoit une somme d'argent d'un client, en centimes.
     * Vérifie que la somme est cohérente.
     */
    public void insertMoney(int amount)
    {
        if(amount > 0) {
            balance += amount;
        }
        else {
            System.out.println("Introduisez une somme positive : " +
                               amount);
        }
    }

    /**
     * Imprime un billet lorsqu'une somme suffisante a été insérée et
     * réduit le solde courant du prix du billet. Affiche
     * un message d'erreur si le montant n'est pas suffisant.
     */
    public void printTicket()
    {
        if(balance >= price) {
            // Simule l'affichage d'un billet.
            System.out.println("##################");
            System.out.println("# La ligne BlueJ ");
            System.out.println("# Billet");
            System.out.println("#" + price + " centimes. ");
            System.out.println("##################");
            System.out.println();

            // Actualise le total collecté avec le prix.
            total += price;
            // Réduit le solde du prix.
            balance -= price;
        }
        else {
            System.out.println("Vous devez insérer au moins : " +
                               (price - balance) + " centimes. ");

        }
    }

    /**
     * Renvoie l'argent dans le solde.
     * Le solde est effacé.
     */
    public int refundBalance()
    {
        int amountToRefund;
        amountToRefund = balance;
```

Code 2.8 • Une billetterie plus sophistiquée *(suite).*

```
        balance = 0;
        return amountToRefund;
    }
}
```

Le premier changement significatif se constate dans la méthode `insertMoney`. Le principal problème de la billetterie était son incapacité à vérifier certaines conditions, notamment le montant inséré par un client qui pouvait tout à fait insérer une somme négative. Nous avons remédié à ce défaut en utilisant une *instruction conditionnelle* pour vérifier que la somme insérée a une valeur supérieure à zéro :

```
        if(amount > 0) {
            balance += amount;
        }
        else {
            System.out.println("Introduisez une somme positive : " +
                               amount);
        }
```

Concept

Une **instruction conditionnelle** réalise une action possible sur les deux qui sont proposées, suite aux résultats d'un test.

Les instructions conditionnelles sont également connues sous le nom d'*instructions si* (« *if* », du mot utilisé dans la plupart des langages de programmation pour les introduire). Elles permettent de réaliser l'une des deux actions possibles, en fonction du résultat d'une vérification ou d'un test. Si le test est vrai, l'instruction réalise une action, et une autre dans le cas contraire. Une instruction conditionnelle prend la forme décrite dans le *pseudo-code* suivant :

```
if (réaliser un test qui donne un résultat vrai ou faux) {
   Réaliser ces instructions si le test a donné un résultat vrai
}
else {
   Réaliser ces instructions si le test a donné un résultat faux
}
```

Il est important de comprendre qu'un seul des jeux d'instructions sera exécuté à l'issue du test. Dans l'exemple de la méthode `insertMoney`, après l'évaluation de la somme insérée, le montant du solde est ajouté ou un message d'erreur est affiché. Le test utilise l'*opérateur supérieur à*, « > », pour comparer la valeur contenue dans `amount` à zéro. Si la valeur est supérieure à zéro, elle est ajoutée au solde. Dans le cas contraire, un message d'erreur s'affiche. En utilisant une instruction conditionnelle, nous avons protégé `balance` dans le cas où le paramètre ne constituerait pas une somme valable.

Concept

Les **expressions booléennes** ne prennent que deux valeurs : `true` (vrai) et `false` (faux). Elles permettent de choisir entre deux solutions dans une instruction conditionnelle.

Le test utilisé dans une instruction conditionnelle est un exemple d'*expression booléenne*. Plus avant dans ce chapitre, nous avons introduit les expressions arithmétiques qui produisaient des résultats numériques. Une expression booléenne ne possède que deux valeurs possibles, `true` ou `false` : soit la valeur de `amount` est supérieure à zéro (`true`), soit elle ne l'est pas (`false`). Une instruction conditionnelle fait usage de ces deux valeurs pour choisir entre deux actions différentes.

Exercice 2.29

Vérifiez que le comportement dont nous avons parlé ici est correct en créant une instance `TicketMachine` et en appelant `insertMoney` avec diverses valeurs de paramètres effectifs. Vérifiez le solde avant et après avoir appelé `insertMoney`. Le solde change-t-il en cas d'apparition d'un message d'erreur ? Essayez de prévoir ce qui arrivera si vous entrez la valeur zéro comme paramètre, puis vérifiez si vous aviez raison.

Exercice 2.30

Que se passera-t-il si vous modifiez le test dans `insertMoney` en utilisant *l'opérateur supérieur ou égal à :*

```
if(amount >= 0)
```

Vérifiez si vous aviez raison en réalisant quelques tests. Quelle différence cela produit-il dans le comportement de la méthode ?

Exercice 2.31

Dans le projet *shapes* du chapitre 1, nous avons utilisé un champ `boolean` pour contrôler une fonction des objets cercle. Quelle était cette fonction ? Était-elle adaptée à un contrôle par un type ne possédant que deux valeurs différentes ?

Autre exemple d'instruction conditionnelle

La méthode `printTicket` contient un autre exemple d'instruction conditionnelle. En voici un extrait :

```
if(balance >= price) {
//***    détails de l'affichage non reproduits.
    // Actualise le total collecté avec le prix.
    total += price;
    // Déduit le prix du solde.
    balance -= price;
}
```

```
else {
   System.out.println("Vous devez insérer au moins : " +
      (price - balance) + " centimes supplémentaires.");
}
```

Nous souhaitons pallier le fait que la version simplifiée ne vérifie pas que le client a inséré suffisamment d'argent pour se voir remettre un billet. Cette version vérifie que la valeur du champ `field` est au moins égale à celle du champ `price`. Si c'est le cas, l'impression du billet est autorisée. Dans le cas contraire, un message d'erreur s'affiche.

Exercice 2.32

Dans cette version de `printTicket`, nous opérons également une action légèrement différente avec les champs `total` et `balance`. Comparez l'implantation de la méthode dans le code 2.1 avec celle du code 2.8 en cherchant les différences. Vérifiez ensuite que vous avez bien compris en vous entraînant avec BlueJ.

La méthode `printTicket` illustre d'autres fonctionnalités du langage Java. Dans l'instruction :

```
balance -= price;
```

nous voyons l'opérateur d'affectation « `-=` », identique dans l'idée à l'opérateur « `+=` ». Il a pour effet de soustraire la valeur de l'expression du côté droit à celle de la variable du côté gauche. Cette instruction déduit la valeur de `price` du champ `balance`. En conséquence, si un client insère plus d'argent que le prix du billet, il restera de l'argent dans le solde, qui pourra être utilisé pour acheter un deuxième billet. Sinon, le client pourra demander le remboursement du surplus, la tâche de la méthode `refundBalance`, comme nous le verrons dans la section suivante.

Exercice 2.33

Lorsqu'un un billet a été imprimé, la valeur du champ `balance` pourrait-elle devenir une valeur négative en lui soustrayant `price` ? Justifiez votre réponse.

Variables locales

La méthode `refundBalance` contient trois instructions et une déclaration. La déclaration illustre un nouveau type de variable :

```
public int refundBalance()
{
   int amountToRefund;
   amountToRefund = balance;
   balance = 0;
   return amountToRefund;
}
```

Concept

Une **variable locale** est une variable déclarée et utilisée dans une seule méthode. Sa portée et sa durée de vie sont limitées à celles de la méthode.

Quelle sorte de variable est `amountToRefund` ? Nous savons qu'il ne s'agit pas d'un champ, car les champs sont définis à l'extérieur des méthodes. Il ne s'agit pas non plus d'un paramètre, car ceux-ci sont toujours définis dans l'en-tête de la méthode. La variable `amountToRefund` est ce que l'on appelle une *variable locale* car elle est définie à l'*intérieur* d'une méthode. Généralement, les variables locales sont initialisées dans leur déclaration. Nous pourrions donc abréger les deux premières instructions de `refundBalance` sous la forme :

```
int amountToRefund = balance;
```

Les déclarations de variables locales ressemblent à des déclarations de champs, mais elles ne contiennent jamais l'indicateur `private` ou `public`. À l'instar des paramètres formels, les variables locales ont une portée limitée aux instructions de la méthode à laquelle elles appartiennent. Leur durée de vie correspond au temps de l'exécution de la méthode : elles sont créées lors de l'appel d'une méthode et détruites lorsque la méthode se termine. Les constructeurs peuvent aussi contenir des variables locales.

Les variables locales servent souvent d'emplacements de stockage temporaire pour aider une méthode à effectuer son travail. Ici, `amountToRefund` permet de mémoriser la valeur du solde immédiatement avant qu'il soit remis à zéro. La méthode renvoie ensuite l'ancienne valeur du solde. Les exercices qui suivent vous aideront à comprendre pourquoi une variable locale est nécessaire ici, alors que nous essaierons d'écrire la méthode `refundBalance` sans en utiliser.

Exercice 2.34

Pourquoi la version suivante de `refundBalance` ne donne-t-elle pas les mêmes résultats que l'originale ?

```
public int refundBalance()
{
    balance = 0;
    return balance;
}
```

Quels sont les tests que vous pouvez réaliser pour montrer que ce n'est pas le cas ?

Exercice 2.35

Que se passe-t-il si vous essayez de compiler la classe `TicketMachine` avec la version suivante de `refundBalance` ?

```
public int refundBalance()
{
    return balance;
    balance = 0;
}
```

Que savez-vous sur les instructions de retour qui pourrait expliquer les raisons pour lesquelles cette version ne se compile pas ?

Champs, paramètres et variables locales

Avec l'introduction de `amountToRefund` dans la méthode `refundBalance`, nous avons maintenant abordé trois sortes de variables : les champs, les paramètres formels et les variables locales. Il est important de comprendre les ressemblances et les différences entre ces trois types. Voici un résumé de leurs fonctions :

- Les trois types de variables peuvent stocker une valeur qui est adaptée au type qui leur est associé. Par exemple, un type `int` permet à une variable de stocker une valeur entière.
- Les champs sont définis en dehors des constructeurs et des méthodes.
- Les champs sont utilisés pour stocker des données qui persistent tout au long de la durée de vie d'un objet. En tant que tels, ils conservent l'état courant d'un objet. Ils ont une durée de vie égale à celle de leur objet.
- Les champs ont la portée de la classe : leur accessibilité se prolonge tout au long de la classe ; ils peuvent donc être utilisés dans n'importe quel constructeur ou n'importe quelle méthode de la classe dans laquelle ils sont définis.
- Quand ils sont définis comme `private`, il est impossible d'accéder aux champs à partir de l'extérieur de leur classe de définition.
- Les paramètres formels et les variables locales ne durent que pendant l'exécution d'un constructeur ou d'une méthode. Leur durée de vie est limitée à celle de chaque appel, leurs valeurs sont donc perdues entre les appels. Ils agissent à la manière d'emplacements de stockage temporaire et non permanent.
- Les paramètres formels sont définis dans l'en-tête d'un constructeur ou d'une méthode. Ils reçoivent leurs valeurs de l'extérieur, fournies par les valeurs du paramètre effectif intégré dans l'appel du constructeur ou de la méthode.
- La portée des paramètres formels est limitée à leur méthode ou à leur constructeur de définition.
- Les variables locales sont définies à l'intérieur du corps d'un constructeur ou d'une méthode. Elles ne peuvent être initialisées et utilisées que dans le corps de leur constructeur ou méthode de définition. Les variables locales doivent être initialisées avant d'être utilisées dans une expression, et ne possèdent pas de valeur par défaut.
- La portée des variables locales est limitée au bloc dans lequel elles sont définies. Elles ne sont pas accessibles en dehors de ce bloc.

Exercice 2.36

Ajoutez une nouvelle méthode, intitulée `emptyMachine`, qui a pour but de simuler le ramassage de l'argent de la billetterie. Elle doit renvoyer la valeur de `total` et réinitialiser `total` à zéro.

Exercice 2.37

`emptyMachine` est-il un accesseur, un modificateur ou les deux ?

Exercice 2.38

Réécrivez la méthode `printTicket` afin qu'elle déclare une variable locale, `amount LeftToPay`. Cette variable devra ensuite être initialisée pour stocker la différence entre `price` et `balance`. Réécrivez le test de l'instruction conditionnelle pour vérifier la valeur de `amountLefttoPay`. Si sa valeur est inférieure ou égale à zéro, elle doit imprimer un billet, si ce n'est pas le cas, elle affichera un message d'erreur précisant la somme manquante. Testez votre version pour vous assurer qu'elle se comporte exactement comme la version d'origine.

À propos de la billetterie améliorée

En développant une version plus sophistiquée de la classe `TicketMachine`, nous avons pu corriger les principales inexactitudes de la version simplifiée. Ce faisant, nous avons introduit deux nouvelles constructions du langage de programmation : l'instruction conditionnelle et les variables locales.

- Une instruction conditionnelle permet de réaliser un test puis, sur la base des résultats, d'entreprendre l'une ou l'autre de deux actions distinctes.
- Les variables locales permettent de calculer et de stocker des valeurs temporaires dans un constructeur ou une méthode. Elles contribuent au comportement implanté par leur méthode de définition, mais leurs valeurs sont perdues à la fin d'une exécution de ce constructeur ou de cette méthode.

Vous trouverez de plus amples détails sur les instructions conditionnelles et la forme que peuvent prendre leurs tests à l'annexe C.

Un exemple familier

À ce niveau du chapitre, nous avons rencontré de nombreux concepts nouveaux. Pour vous aider à mieux les comprendre, nous allons maintenant les replacer dans un contexte certes différent, mais qui vous sera familier. Ouvrez le projet *lab-classes* (Travaux Pratiques) présenté au chapitre 1, puis étudiez la classe `Student` dans l'éditeur (code 2.9).

Code 2.9 • La classe Student.

```
/**
 * La classe Student représente un étudiant
 * d'une classe de Travaux Pratiques.
 * Elle contient des informations sur les étudiants.
 *
 * @author Michael Kolling et David Barnes
 * @version 2001.05.24
 */
public class Student
{
    // nom complet de l'étudiant
    private String name;
    // numéro d'identité de l'étudiant
    private String id;
    // nombre de crédits obtenus jusqu'à présent
    private int credits;

    /**
     * Crée un nouvel étudiant avec le nom et le numéro d'identité donnés.
     */
    public Student(String fullName, String studentID)
    {
        name = fullName;
        id = studentID;
        credits = 0;
    }

    /**
     * Renvoie le nom complet de l'étudiant.
     */
    public String getName()
    {
        return name;
    }

    /**
     * Définit un nouveau nom pour cet étudiant.
     */
    public void changeName(String replacementName)
    {
        name = replacementName;
    }

    /**
     * Renvoie le numéro d'identité de cet étudiant.
     */
    public String getStudentID()
    {
        return id;
    }
```

```
    /**
     * Ajoute des crédits à ceux accumulés par l'étudiant.
     */
    public void addCredits(int additionalPoints)
    {
        credits += additionalPoints;
    }

    /**
     * Renvoie le nombre de crédits accumulés par cet étudiant.
     */
    public int getCredits()
    {
        return credits;
    }

    /**
     * Renvoie l'identifiant de cet étudiant.
     * Il s'agit d'une combinaison
     * des quatre premiers caractères
     * de son nom et des trois premiers
     * de son numéro d'identité.
     */
    public String getLoginName()
    {
        return name.substring(0,4) + id.substring(0,3);
    }

    /**
     * Affiche le nom de l'étudiant et son numéro d'identité sur le
     * terminal.
     */
    public void print()
    {
        System.out.println(name + " (" + id + ")");
    }
}
```

La classe contient trois champs : `name`, `id` et `credits`. Chacun est initialisé dans un constructeur unique. Les valeurs initiales des deux premiers sont définies à partir des valeurs des paramètres fournies au constructeur. Une méthode d'accès `get` est associée à chacun des champs, mais seuls `name` et `credits` possèdent des méthodes de modification. Cela signifie que la valeur d'un champ `id` n'est plus modifiée une fois que l'objet a été construit.

La méthode `getLoginName` utilise une nouvelle fonction qu'il est utile d'expliquer :

```
public String getLoginName()
{
    return name.substring(0,4) +
        id.substring(0,3);
}
```

`name` et `id` sont tous deux des chaînes (string) et la classe `String` possède une méthode d'accès, `substring`, présentant la signature suivante :

```
/**
  * Renvoie une nouvelle chaîne contenant les caractères de
  * beginIndex à (endIndex-1) de cette chaîne.
  */
public String substring(int beginIndex, int endIndex)
```

La valeur d'index zéro représente le premier caractère d'une chaîne, `getLoginName` prend donc les quatre premiers caractères de la chaîne `name`, les trois premiers de la chaîne `id` et les concatène pour former une nouvelle chaîne. Cette nouvelle chaîne est renvoyée sous forme de résultat de méthode. Par exemple, si `name` correspond à la chaîne « `Léonard de Vinci` » et `id` à la chaîne « `468366` », la méthode renverra la chaîne « `Léon468` ».

Exercice 2.39

Dessinez une image identique à celle de la figure 2.3 qui représente l'état initial d'un objet `Student` suite à sa construction avec les valeurs de paramètres effectifs suivants :

```
new Student("Benjamin Chevalier", "738321")
```

Exercice 2.40

Que renverrait `getLoginName` pour un étudiant nommé "`Henri Martin`", dont le numéro d'identité serait "`557214`" ?

Exercice 2.41

Créez un étudiant avec le nom "`sam`" et l'identité "`859012`". Que se passe-t-il lorsqu'on appelle `getLoginName` sur cet étudiant ? Pourquoi ?

Exercice 2.42

La classe `String` définit une méthode d'accès `length` avec la signature suivante :

```
/**
  * Renvoie le nombre de caractères de cette chaîne.
  */
public int length()
```

Ajoutez des instructions conditionnelles au constructeur de `Student` pour afficher un message d'erreur si la longueur du paramètre `fullName` est inférieure à quatre caractères ou si celle du paramètre `studentId` est inférieure à trois caractères. Toutefois, le constructeur doit toujours utiliser ces paramètres pour définir les champs `name` et `id`, même si le message d'erreur est affiché. Astuce : utilisez les instructions `if` de la forme suivante (c'est-à-dire sans partie `else`) pour afficher les messages d'erreur.

```
if(réalise un test sur l'un des paramètres) {
    Affiche un message d'erreur si le test a donné un résultat vrai
}
```

Si nécessaire, voir l'annexe C pour plus de détails sur les différents types d'instructions `if`.

Exercice 2.43

Exercice Défi – Modifiez la méthode `getLoginName` de `Student` pour qu'elle génère un identifiant dans tous les cas, même si les champs `name` ou `id` ne sont pas assez longs. Pour les chaînes trop courtes, utilisez la chaîne complète.

Résumé

Dans ce chapitre, nous avons traité des bases de la création d'une définition de classe. Les classes contiennent des champs, des constructeurs et des méthodes qui définissent l'état et le comportement des objets. Au sein des constructeurs et des méthodes, une suite d'instructions définit la manière dont un objet accomplit les tâches qui lui sont propres. Nous avons parlé des instructions d'affectation et des instructions conditionnelles ; nous verrons d'autres types d'instructions dans les chapitres suivants.

Résumé des concepts

Champ : Les champs stockent des données qui seront utilisées par un objet. Ils sont aussi appelés variables d'instance.

Commentaire : Des commentaires sont placés dans le code source d'une classe pour informer les lecteurs humains. Ils n'ont aucune conséquence sur le fonctionnement de la classe.

Constructeur : Les constructeurs permettent de configurer correctement chaque objet lors de sa création.

Portée : La portée d'une variable définit la partie du code source d'où l'on peut accéder à la variable.

Durée de vie : La durée de vie d'une variable correspond à la période pendant laquelle elle subsiste avant sa destruction.

Instruction d'affectation : Les instructions d'affectation stockent la valeur présente du côté droit de l'instruction dans la variable de gauche.

Méthode : Les méthodes sont constituées de deux parties : un en-tête et un corps.

Méthode d'accès : Les méthodes d'accès renvoient des informations sur l'état d'un objet.

Méthode de modification : Les méthodes de modification modifient l'état d'un objet.

System.out.println : La méthode `System.out.println` affiche ses paramètres sur le terminal.

Instruction conditionnelle : Une instruction conditionnelle réalise une action possible sur les deux qui sont proposées, suite aux résultats d'un test.

Expression booléenne : Les expressions booléennes ne prennent que deux valeurs : true (vrai) et false (faux). Elles permettent de choisir entre deux solutions dans une instruction conditionnelle.

Variable locale : Une variable locale est une variable déclarée et utilisée dans une seule méthode. Sa portée et sa durée de vie sont limitées à celles de la méthode.

Les exercices suivants ont été conçus pour vous aider à tester les concepts Java introduits dans ce chapitre. Vous allez créer vos propres classes contenant des éléments comme des champs, des constructeurs, des méthodes, des instructions d'affectation et des instructions conditionnelles.

Exercice 2.44

Vous trouverez ci-après une partie d'une classe `Book`, qui se trouve dans le projet d'exercice *book*. Elle définit deux champs et un constructeur pour initialiser les champs. Dans cet exercice et les suivants, vous ajouterez d'autres fonctions à la classe.

Ajoutez deux méthodes d'accès à la classe, nommées `getAuthor` et `getTitle`, qui renvoient respectivement les champs `author` et `title`. Testez votre classe en créant des instances et en appelant les méthodes.

```
/**
 * Une classe qui contient des informations sur un livre.
 * Ceci pourrait faire partie d'une application plus importante,
 * un système de bibliothèque par exemple.
 *
 * @author (Insérez votre nom ici.)
 * @version (Insérez la date d'aujourd'hui.)
 */
public class Book
{
    // Les champs.
    private String author;
    private String title;

    /**
     * Définit les champs author et title lors de la construction
     * de cet objet.
     */
    public Book(String bookAuthor, String bookTitle)
    {
        author = bookAuthor;
        title = bookTitle;
    }

    // Ajoutez les méthodes ici ...
}
```

Exercice 2.45

Ajoutez deux méthodes, nommées `printAuthor` et `printTitle`, à l'extrait de la classe `Book`. Elles doivent afficher respectivement les champs `author` et `title` dans la fenêtre du terminal.

Exercice 2.46

Ajoutez un autre champ, nommé `pages`, à la classe `Book` pour y stocker le nombre de pages. Il peut être du type `int` et sa valeur initiale doit être fournie à l'unique constructeur, de même que les chaînes `author` et `title`. Ajoutez une méthode d'accès `getPages` adaptée à ce champ.

Exercice 2.47

Ajoutez une méthode intitulée `printDetails` à la classe `Book`. Elle doit afficher le nom de l'auteur, le titre et le nombre de pages dans la fenêtre du terminal. Vous choisirez la présentation des informations. Les trois éléments pourraient par exemple être affichés sur une seule ligne, mais vous pouvez également les placer chacun sur une ligne distincte. Vous pouvez aussi choisir d'inclure un texte d'explication pour aider l'utilisateur à savoir où est le nom de l'auteur et où est le titre, par exemple :

```
Titre : Robinson Crusoë, Auteur : Daniel Defoe, Pages : 232
```

Exercice 2.48

Ajoutez un autre champ, nommé `refNumber`, à la classe `Book`. Ce champ contiendra le numéro de référence destiné à une bibliothèque. Il doit être du type `String` et initialisé à une chaîne de longueur zéro (`""`) dans le constructeur, car sa valeur initiale n'est pas transmise au constructeur par un paramètre. Pour définir cette référence, créez une méthode de modification avec la signature suivante :

```
public void setRefNumber(String ref)
```

Le corps de cette méthode doit attribuer la valeur du paramètre au champ `refNumber`. Ajoutez une méthode d'accès `getRefNumber` correspondante pour vérifier que la méthode de modification fonctionne correctement.

Exercice 2.49

Modifiez la méthode `printDetails` pour y inclure l'affichage du numéro de référence. La méthode ne devra afficher le numéro de référence que s'il a été défini, c'est-à-dire si la chaîne `refNumber` possède une longueur différente de zéro. S'il n'a pas été défini, affichez la chaîne `"zzz"`. *Astuce :* utilisez une instruction conditionnelle dont le test appelle la méthode `length` sur la chaîne `refNumber`.

Exercice 2.50

Transformez votre méthode de modification `setRefNumber` pour qu'elle définisse le champ `refNumber` uniquement si le paramètre est une chaîne d'au moins trois caractères. Si la longueur est inférieure à trois, affichez un message d'erreur et laissez le champ tel quel.

Exercice 2.51

Ajoutez un autre champ entier, nommé `borrowed` (emprunté), à la classe `Book`. Il comptabilisera le nombre de fois où un livre a été emprunté. Ajoutez une méthode de modification, nommée `borrow`, à la classe. Elle devra incrémenter le champ de 1 chaque fois qu'elle sera appelée. Incluez un accesseur, nommé `getBorrowed`, qui renvoie la valeur de ce nouveau champ comme résultat. Modifiez `printDetails` afin qu'elle inclue la valeur de ce champ avec un texte d'explication.

Exercice 2.52

Exercice Défi – Créez un nouveau projet, *heater exercise* (chaleur), dans BlueJ. Modifiez les informations de la description du projet, c'est-à-dire le court texte visible dans le diagramme. Créez une classe intitulée `Heater` qui contiendra un seul champ entier, `temperature`. Définissez un constructeur sans paramètres. La valeur initiale du champ `temperature` doit être fixée à 15 dans le constructeur. Définissez les méthodes de modification `warmer` et `cooler`, dont l'effet sera respectivement d'augmenter et de diminuer la valeur de la température de 5°. Définissez une méthode d'accès pour renvoyer la valeur de `temperature`.

Exercice 2.53

Exercice Défi – Modifiez votre classe `Heater` pour définir trois nouveaux champs entiers : `min`, `max` et `increment`. Les valeurs de `min` et `max` doivent être définies par les paramètres fournis au constructeur. La valeur de `increment` doit être fixée à 5 dans le constructeur. Modifiez les définitions de `warmer` et `cooler` afin qu'elles utilisent la valeur de `increment` plutôt qu'une valeur explicite de 5. Avant de poursuivre cet exercice, vérifiez que tout fonctionne comme auparavant. Modifiez maintenant la méthode `warmer` pour qu'elle n'autorise pas la définition d'une température supérieure à `max`. De même, modifiez `cooler` afin qu'il n'autorise pas une valeur de `temperature` inférieure à `min`. Vérifiez que la classe fonctionne correctement. Ajoutez maintenant une méthode nommée `setIncrement` à un seul paramètre entier qui fixe la valeur de `increment`. Une fois de plus, vérifiez que la classe fonctionne normalement en créant des objets `Heater` dans BlueJ. Cela fonctionne-t-il comme vous le pensiez si vous transmettez une valeur négative à la méthode `setIncrement` ? Ajoutez une vérification à cette méthode pour éviter qu'une valeur négative ne soit attribuée à `increment`.

3

Interactions entre objets

Concepts clés de ce chapitre

- Abstraction
- Modularité
- Création d'objets
- Diagrammes d'objets
- Appels de méthode
- Débogueurs

Notions Java

- Types de classe, opérateurs logiques (`&&`, `||`), concaténation, opérateur modulo (`%`), construction d'objets (`new`), appels de méthode (notation pointée), `this`

Termes introduits dans ce chapitre

- Abstraction, modularité, diviser pour régner, diagramme de classes, diagramme d'objets, référence à l'objet, surcharge, appel de méthode interne, appel de méthode externe, notation pointée, débogueur, point d'arrêt

Dans les chapitres qui précèdent, nous avons découvert les objets et la manière de les implanter. Nous avons vu, en particulier, ce que sont les champs, les constructeurs et les méthodes dans les définitions de classes.

Nous allons maintenant progresser dans notre étude. Pour élaborer des applications intéressantes, il ne suffit pas de construire des objets individuels qui fonctionnent. Ces objets doivent être combinés de manière à coopérer pour effectuer une tâche commune. Dans ce chapitre, nous mettrons au point une petite application à partir de trois objets et agencerons des méthodes qui en appelleront d'autres pour atteindre leur objectif.

L'exemple de l'horloge

Le projet que nous utiliserons pour traiter de l'interaction entre les objets concerne l'affichage d'une horloge digitale. Le cadran présente les heures et les minutes, séparées par deux points (figure 3.1). Pour cet exercice, nous devons d'abord élaborer une horloge affichant l'heure à la manière européenne, c'est-à-dire sur 24 heures entre 0:00 (minuit) et 23:59 (une minute avant minuit). En effet, la création d'une horloge de 12 heures est légèrement plus difficile, nous laisserons donc cela pour la fin du chapitre.

Figure 3.1 • L'affichage d'une horloge digitale.

Abstraction et modularité

Nous pourrions commencer par implanter la totalité de l'affichage de l'horloge dans une classe unique, puisque c'est ce que nous savons faire : élaborer des classes pour effectuer une tâche.

Toutefois, nous aborderons ce sujet quelque peu différemment. Nous tenterons d'identifier des sous-composants du problème que nous pourrions transformer en classes distinctes, et ce, pour des raisons de *complexité*. À mesure que nous progressons dans cet ouvrage, les exemples utilisés et les programmes élaborés deviennent de plus en plus complexes. Des tâches basiques comme celle de la billetterie automatique peuvent être résolues en toute simplicité. Vous étudiez l'ensemble de la tâche et parvenez à une solution à l'aide d'une classe unique. Pour des problèmes plus complexes, cette solution est trop simpliste. Les situations allant en se compliquant au fil du livre, il deviendra de plus en plus difficile de suivre, au même moment, l'évolution de tous les branches d'un problème donné.

> ***Concept***
> L'**abstraction** correspond à la capacité d'ignorer les détails pour se concentrer sur un niveau supérieur du problème.

Pour réduire la complexité, nous emploierons la méthode d'*abstraction*. Nous divisons le problème en sous-problèmes, puis en sous-sous-problèmes, etc., jusqu'à ce que chaque partie soit assez simple pour être résolue facilement. Lorsqu'un des sous-problèmes sera résolu, nous le laisserons de côté et considérerons la solution comme un bloc fondateur pour résoudre le problème suivant. Cette technique est quelquefois appelée *diviser pour régner.*

Expliquons cela par un exemple. Imaginez les ingénieurs d'un constructeur automobile qui conçoivent une nouvelle voiture. Ils divisent la voiture en diverses parties : la forme de la carrosserie, la taille et l'emplacement du moteur, le nombre et la taille des sièges passagers, l'espacement exact entre les roues, etc. Un autre ingénieur, dont la tâche consiste à concevoir le moteur (même si, dans la réalité, cela demande le travail de toute une équipe, nous simplifions pour l'exemple), réfléchit aux nombreuses pièces d'un moteur : les cylindres, le mécanisme d'injection, le carburateur, le système électronique, etc. Il considérera le moteur non comme une entité simple, mais comme un ensemble complexe de pièces, l'une d'entre elles pouvant être une bougie.

On trouve ensuite un ingénieur (qui pourra travailler pour une autre société) dont la tâche consiste à concevoir les bougies. Pour lui, une bougie est un ensemble complexe de pièces. Il aura mené des études poussées pour choisir le type de métal qu'il convient d'employer pour les contacteurs ou le matériel et le processus de production à utiliser pour l'isolation.

Cela vaut également pour de nombreuses autres pièces. Un concepteur situé plus haut dans la chaîne considérera une roue en tant que pièce unique. Un autre, situé plus bas dans la chaîne, pourra passer ses journées à penser à la composition chimique des matériels permettant de fabriquer des pneumatiques. Pour lui, le pneu est une chose complexe. Or, le constructeur automobile se contentera d'acheter le pneu à sa société, il le considérera comme une entité complète. Voilà donc illustré le concept d'abstraction.

L'ingénieur du constructeur automobile fait abstraction des détails de la fabrication du pneu et se concentre sur les détails de la construction de la roue, par exemple. Le concepteur de la carrosserie fait abstraction des détails techniques des roues et du moteur et se concentre sur la conception de la carrosserie (il devra simplement connaître la taille du moteur et celle des roues).

Encore une fois, cela vaut pour toutes les autres pièces. Lorsqu'une personne sera concernée par la conception de l'espace passager intérieur, une autre travaillera au développement du tissu utilisé pour recouvrir les sièges.

Ainsi, parce qu'une voiture est constituée d'un nombre de pièces très important, il est impossible à une seule personne de les connaître toutes en détail à un instant T. Ou alors, plus aucune voiture ne pourrait être construite !

Concept

La **modularité** est le processus de division d'un tout en parties bien définies, qui peuvent être élaborées et étudiées séparément, et qui interagissent de façons bien définies.

Pour construire efficacement des voitures, les ingénieurs font appel aux concepts de *modularité* et d'abstraction. Ils divisent la voiture en modules indépendants (roue, moteur, boîte de vitesses, siège, direction, etc.) et affectent des personnes distinctes à chacun. Ils emploient l'abstraction pour élaborer un module considéré comme un composant unique, puis pour construire des composants plus complexes.

La modularité et l'abstraction se complètent donc l'une l'autre. La modularité permet de diviser de grands ensembles (les problèmes) en parties plus petites, tandis que l'abstraction est la capacité à ignorer des détails pour se concentrer sur un problème plus global.

L'abstraction dans les logiciels

Les mêmes principes de modularité et d'abstraction sont utilisés dans le développement des logiciels. Pour conserver une vue d'ensemble sur les programmes complexes, nous tentons d'identifier des sous-composants pouvant être programmés sous forme d'entités indépendantes. Nous essayons ensuite d'utiliser ces sous-composants comme s'il s'agissait d'éléments simples, sans nous attarder sur leurs complexités internes.

Dans la programmation orientée objet, ces composants et sous-composants sont représentés par les objets. Pour construire une voiture dans un logiciel en utilisant un langage orienté objet, il faudrait procéder comme le font les ingénieurs automobiles. Au lieu d'implanter la voiture dans un objet simple et monolithique, nous commencerions par construire des objets distincts pour le moteur, la boîte de vitesses, la roue, le siège, etc., puis nous assemblerions l'objet voiture à partir de ces petits objets.

L'identification des types d'objets (et avec eux, des classes) à placer dans un logiciel pour tout problème donné n'est pas toujours facile et nous y reviendrons plus loin dans cet ouvrage. Pour l'instant, nous commencerons par un exemple assez simple. Revenons à notre horloge digitale.

La modularité dans l'exemple de l'horloge

Étudions de plus près l'exemple de l'horloge. Grâce au concept d'abstraction, nous allons essayer de trouver la meilleure manière de traiter cet exemple et d'écrire des classes pour l'implanter. Imaginons qu'elle soit constituée d'un affichage unique à quatre chiffres (deux pour les heures, deux pour les minutes). Or, si nous faisons abstraction de cette idée généraliste, nous pouvons aussi la considérer comme constituée de deux affichages à deux chiffres (une paire pour les heures et une paire pour les minutes). L'une d'elles commence à zéro, est incrémentée de 1 à chaque heure et revient à zéro après avoir atteint sa limite de 23. L'autre revient à zéro après avoir atteint sa limite de 59. La similarité de comportement entre ces deux affichages pourrait nous permettre d'avancer dans l'abstraction : imaginons qu'il s'agisse d'objets capables d'afficher des valeurs allant de 0 à une limite donnée. La valeur sera incrémentée, mais si elle atteint sa limite, elle revient à zéro. Nous avons abouti à un niveau d'abstraction convenable pouvant être représenté sous forme de classe : une classe d'affichage à deux chiffres.

Nous allons programmer une classe pour un affichage à deux chiffres (figure 3.2) et lui donner une méthode d'accès, qui récupérera sa valeur, ainsi que deux méthodes de modification qui définiront sa valeur et l'augmenteront. Nous créerons ensuite deux objets de cette classe présentant des limites différentes.

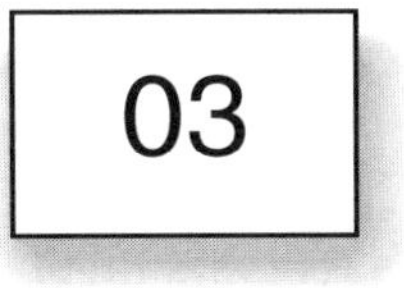

Figure 3.2 • Un affichage de nombre à deux chiffres.

Implantation de l'affichage de l'horloge

Comme nous l'avons vu précédemment, pour construire l'affichage de l'horloge, nous allons élaborer un premier affichage à deux chiffres. Cette méthode doit stocker deux valeurs. L'une correspond à la limite jusqu'à laquelle aller avant de revenir à zéro. L'autre correspond à la valeur courante. Nous les représenterons sous forme de champs entiers dans notre classe (code 3.1).

Code 3.1 • Classe d'affichage d'un nombre à deux chiffres.

```
public class NumberDisplay
{
   private int limit;
   private int value;
//***   Codes du constructeur et des méthodes non reproduits.
}
```

Concept

Les classes définissent des types. Un nom de classe peut être utilisé comme type pour une variable. Les variables qui disposent d'une classe en guise de type peuvent stocker des objets de cette classe.

Nous étudierons les autres détails de cette classe par la suite. Supposons d'abord que nous puissions élaborer la classe `NumberDisplay` et pensons à l'horloge complète. Nous pourrions construire un affichage d'horloge complet avec un objet qui possède, en interne, deux affichages de nombres (un pour les heures, l'autre pour les minutes). Chacun serait représenté par un champ dans l'affichage de l'horloge (code 3.2). Aspect nouveau ici, nous découvrons que les classes définissent des types.

Code 3.2 • La classe `ClockDisplay` contenant deux `NumberDisplay`.

```
public class ClockDisplay
{
   private NumberDisplay hours;
   private NumberDisplay minutes;
//***   Codes du constructeur et des méthodes non reproduits.
}
```

Lors de notre étude des champs au chapitre 2, nous avons vu que le mot `private` de la déclaration de champ est suivi d'un type et d'un nom. Ici, la classe `NumberDisplay` sert de type pour les champs nommés `hours` et `minutes`.

Le type d'un champ précise le genre de valeurs qui peuvent y être stockées. S'il s'agit d'une classe, le champ peut contenir des objets de cette classe.

Diagrammes de classes et diagrammes d'objets

La structure décrite dans la section précédente (un objet `ClockDisplay` contenant deux objets `NumberDisplay`) peut être dessinée dans un *diagramme d'objets*, tel qu'il est présenté à la figure 3.3a. Ce diagramme contient trois objets. La figure 3.3b montre le *diagramme de classes* de la même situation.

Concept

Le **diagramme de classes** présente les classes d'une application et leurs relations. Il fournit des informations sur le code source. Il présente la vue statique d'un programme.

Vous remarquerez que le diagramme de classes ne contient que deux classes, tandis que le diagramme d'objets contient trois objets. Cela est dû au fait qu'il est possible de créer plusieurs objets à partir de la même classe. Ici, deux objets `NumberDisplay` ont été créés à partir de la classe `NumberDisplay` (code 3.3).

Ces deux diagrammes proposent des vues différentes de la même application. Le diagramme de classes montre la vue *statique*, c'est la situation au moment où nous rédigeons le programme : il existe deux classes et la flèche indique que la classe `ClockDisplay` utilise la classe `NumberDisplay` (`NumberDisplay` est mentionné dans le source de `ClockDisplay`). Nous disons également que `ClockDisplay` *dépend* de `NumberDisplay`.

Pour lancer le programme, nous allons créer un objet de la classe `ClockDisplay`. Nous programmerons l'affichage de l'horloge afin qu'elle crée d'elle-même et automatiquement deux objets `NumberDisplay`. Le diagramme d'objets, quant à lui, montre la situation au *moment de l'exécution* (lorsque l'application fonctionne). Cela s'appelle également une *vue dynamique*.

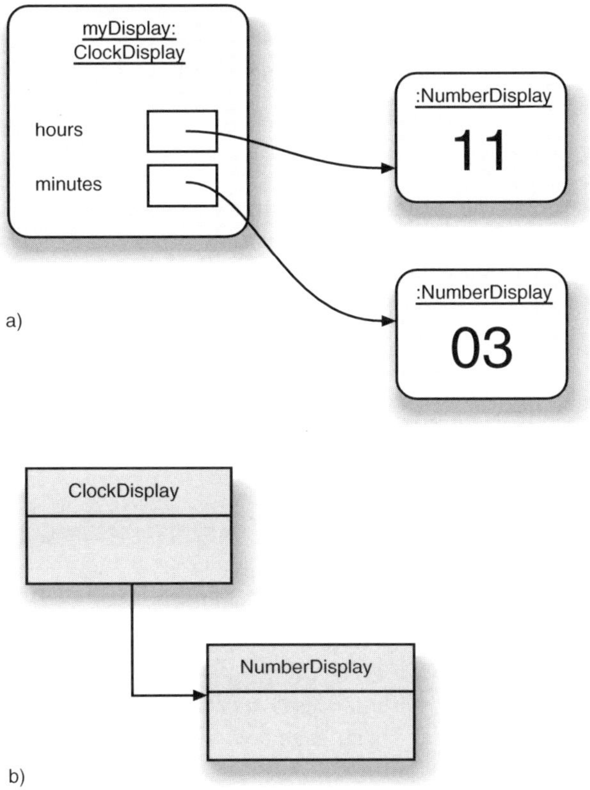

Figure 3.3 • Diagramme d'objets et diagramme de classes pour `ClockDisplay`.

> ***Concept***
> Le **diagramme d'objets** montre les objets et leurs relations à un moment donné au cours de l'exécution d'une application. Il présente la vue dynamique d'un programme.

Le diagramme d'objets présente un autre détail important : lorsqu'une variable stocke un objet, ce dernier n'est pas conservé directement dans la variable. La variable mémorise plutôt une *référence à l'objet*. Dans le diagramme, la variable est présentée sous forme de case blanche et la référence à l'objet sous forme de flèche. L'objet référencé est stocké en dehors de l'objet référant et la *référence à l'objet* lie les deux.

Il est très important de comprendre ces deux diagrammes ainsi que les différentes vues. BlueJ n'affiche que la vue statique, par le biais du diagramme de classes présenté dans sa fenêtre principale. Pour prévoir et comprendre les programmes Java, il faut savoir construire des diagrammes d'objets sur papier ou mentalement. Lorsque nous pensons aux actions d'un programme, nous pensons aux structures d'objets qu'il crée et à la manière dont ces objets interagissent. Il est essentiel de pouvoir visualiser ces structures d'objets.

> ***Concept***
> **Référence aux objets**. Les variables de **type objet** stockent des références aux objets.

Exercice 3.1

Reprenez le projet `lab-classes` que nous avons vu au chapitre 1 et au chapitre 2. Imaginez que nous créions un objet `LabClass` et trois objets `Student`. Nous inscrivons les trois étudiants à cette séance de TP. Essayez de dessiner un diagramme de classes et un diagramme d'objets pour cette situation. Identifiez et expliquez les différences entre les deux.

Types primitifs et types d'objets

> ***Concept***
> Les **types primitifs** dans Java correspondent aux types qui ne sont pas des objets. `int`, `boolean`, `char`, `double` et `long` sont les plus communs. Les types primitifs n'ont pas de méthodes.

Java contient deux types très différents : les *types primitifs* et les *types objets*. Les types primitifs sont tous prédéfinis dans le langage Java. Ils incluent `int` et `boolean`. Vous en trouverez une liste complète à l'annexe B. Les types objets sont ceux qui sont définis par les classes. Certaines classes sont définies par le système Java standard (comme `String`) ; d'autres correspondent aux classes que nous écrivons nous-mêmes. Les types primitifs et les types objets peuvent servir de types, mais ils peuvent quelquefois se comporter différemment, par exemple dans la manière de stocker les valeurs. Comme nous le voyons dans les diagrammes, les valeurs primitives sont stockées directement dans une variable (la valeur est directement inscrite dans la case de la variable, voir chapitre 2, figure 2.3). Les objets, quant à eux, ne sont pas stockés directement dans la variable, c'est plutôt une référence à l'objet qui y est stockée (dessinée sous forme de flèche dans nos diagrammes, voir précédemment la figure 3.3a).

Nous verrons par la suite qu'il existe d'autres différences entre les types primitifs et les types objets.

Code 3.3 • Implantation de la classe `NumberDisplay`.

```
/**
 * La classe NumberDisplay représente un affichage numérique digital qui
 * peut contenir des valeurs allant de zéro à une limite donnée. La
 * limite peut être spécifiée à la création de l'affichage. Les valeurs
 * vont de zéro (inclus) à limite-1. Si elle est utilisée par exemple
 * pour les secondes sur une horloge digitale, la limite serait 60,
 * pour des valeurs d'affichage allant de 0 à 59. Lorsqu'on
 * l'augmente, l'affichage revient automatiquement à zéro après
```

```
 *  avoir atteint la limite.
 *
 * @author Michael Kolling et David J. Barnes
 * @version 2001.05.26
 */
public class NumberDisplay
{
    private int limit;
    private int value;

    /**
     * Constructeur pour les objets de la classe Display
     */
    public NumberDisplay(int rollOverLimit)
    {
        limit = rollOverLimit;
        value = 0;
    }

    /**
     * Renvoie la valeur courante.
     */
    public int getValue()
    {
        return value;
    }

    /**
     * Renvoie la valeur d'affichage (la valeur actuelle sous forme
     * de chaîne à deux chiffres). Si la valeur est inférieure à dix,
     * elle sera complétée par un premier zéro).
     */
    public String getDisplayValue()
    {
        if(value < 10)
            return "0" + value;
        else
            return "" + value;
    }

    /**
     * Définit l'affichage sur la nouvelle valeur spécifiée.
    * Si la nouvelle valeur est inférieure à zéro ou dépasse la limite,
     * ne fait rien.
     */
    public void setValue(int replacementValue)
    {
        if((replacementValue >= 0) && (replacementValue < limit))
            value = replacementValue;
    }
```

Code 3.3 • Implantation de la classe `NumberDisplay` *(suite).*

```
    /**
     * Incrémente la valeur d'affichage de un et revient à zéro si
     * la limite est atteinte.
     */
    public void increment()
    {
        value = (value + 1) % limit;
    }
}
```

Le code source de `ClockDisplay`

Avant de pouvoir analyser le code source, examinons l'exemple.

Exercice 3.2

Lancez BlueJ, ouvrez l'exemple *clock-display* et testez-le. Créez un objet `ClockDisplay`, puis ouvrez une fenêtre d'inspecteur pour cet objet. L'inspecteur ouvert, appelez les méthodes des objets. Regardez le champ `displayString` dans l'inspecteur. Lisez le commentaire du projet (en double-cliquant sur l'icône de note de texte de l'écran principal) pour obtenir de plus amples informations.

La classe `NumberDisplay`

Nous allons analyser une implantation complète de cette tâche. Le projet *clock-display* de ce livre contient la solution. Nous étudierons tout d'abord l'implantation de la classe `NumberDisplay`. Le code 3.3 présente la totalité du code source. Cette classe est assez simple. Elle possède deux champs que nous avons vus (voir la section « Implantation de l'affichage de l'horloge »), un constructeur et quatre méthodes (`getValue`, `setValue`, `getDisplayValue` et `increment`).

La limite est passée au constructeur en paramètre. S'il s'agit, par exemple, du chiffre 24, l'affichage revient à zéro lorsqu'il atteint cette valeur. La plage des valeurs d'affichage sera de 0 à 23. Cette classe permet donc d'afficher les heures et les minutes. Pour afficher les heures, créons un `NumberDisplay` de limite 24 ; pour afficher les minutes, créons-en un de limite 60.

Le constructeur mémorise alors la limite dans un champ et définit la valeur actuelle de l'affichage avec zéro.

Vient ensuite une méthode d'accès simple pour la valeur d'affichage actuelle (`getValue`). Elle permet à d'autres objets de lire la valeur actuelle de l'affichage.

La méthode de modification suivante, `setValue`, est plus intéressante. Elle indique :

```
public void setValue(int replacementValue)
{
    if((replacementValue >= 0) && (replacementValue < limit))
        value = replacementValue;
}
```

Ici, nous transmettons à la méthode la nouvelle valeur d'affichage en paramètre. Toutefois, nous devons vérifier au préalable si cette valeur est autorisée. La plage légale des valeurs, comme indiqué précédemment, va de zéro à la limite moins un. Utilisons donc une instruction si (`if`) pour cette vérification. Le symbole `&&` est un opérateur « et » logique. La condition de l'instruction sera vraie si les conditions figurant de chaque côté du symbole `&&` sont vraies. Pour plus de détails, voir l'encadré suivant « Opérateurs logiques ». L'annexe D contient un tableau qui reprend tous les opérateurs logiques de Java.

Opérateurs logiques

Les opérateurs logiques utilisent des valeurs booléennes (`true` ou `false`) pour produire une nouvelle valeur booléenne. Les trois opérateurs logiques les plus importants sont *et*, *ou* et *non*. Ils s'écrivent en Java comme suit :

`&&` (et)
`||` (ou)
`!` (non)

L'expression
`a && b`
est vraie si `a` et `b` sont vrais tous les deux et fausse dans tous les autres cas.

L'expression
`a || b`
est vraie si `a` ou `b` ou les deux sont vrais et fausse s'ils sont tous les deux faux.

L'expression
`!a`
est vraie si `a` est faux et fausse si `a` est vrai.

Exercice 3.3

Que se passe-t-il lorsqu'on appelle la méthode `setValue` avec une valeur interdite ? Est-ce un bon choix ? Voyez-vous une meilleure solution ?

Exercice 3.4

Que se passe-t-il si vous remplacez l'opérateur « >= » dans le test par « > » comme suit ?

```
if((replacementValue > 0) && (replacementValue < limit))
```

Exercice 3.5

Que se passe-t-il si vous remplacez l'opérateur && dans le test par || comme suit ?

```
if((replacementValue >= 0) || (replacementValue < limit))
```

La méthode suivante, `getDisplayValue`, renvoie également la valeur d'affichage, mais dans un format différent. Nous voulons en effet l'afficher sous la forme d'une chaîne à deux chiffres. Si l'heure actuelle est 3:05, nous voulons voir 03:05 et non 3:5. Pour y parvenir facilement, nous avons implanté la méthode `getDisplayValue` qui renvoie la valeur actuelle sous forme de chaîne et ajoute un zéro au début si la valeur est inférieure à 10. Voici la section concernée du code :

```
if(value < 10)
    return "0" + value;
else
    return "" + value;
```

Vous remarquerez que le zéro (« 0 ») est écrit entre guillemets. Nous avons donc écrit la *chaîne* 0, et non le *nombre entier* 0. Donc l'expression :

```
"0" + value
```

« ajoute » une chaîne et un entier (puisque le type de `value` est un entier). L'opérateur plus (+) représente donc à nouveau la concaténation, comme nous l'avons vu dans la section « Impression à partir de méthodes » au chapitre 2. Avant de poursuivre, voyons maintenant la concaténation d'un peu plus près.

La concaténation

L'opérateur plus (+) peut avoir diverses significations en fonction du type de ses opérandes. Si les deux sont des chiffres, il désigne logiquement une addition. Ainsi :

```
42 + 12
```

donne le résultat 54. Lorsque les opérandes sont des chaînes, le signe plus désigne une concaténation et il en résulte une chaîne simple, constituée des deux opérandes collés ensemble. Par exemple, le résultat de l'expression :

```
"Java" + "avec BlueJ"
```

donne la chaîne simple :

```
"Javaavec BlueJ"
```

Vous remarquerez que le système n'ajoute pas automatiquement d'espace entre les chaînes. Si vous souhaitez en ajouter un, vous devez l'inclure dans l'une des chaînes.

Si l'un des opérandes est une chaîne et que l'autre ne le soit pas, ce dernier est automatiquement transformé en chaîne, puis concaténé. Ainsi :

```
"réponse : " + 42
```

entraîne la chaîne :

```
"réponse : 42"
```

Cela fonctionne pour tous les types. Quel que soit le type ajouté à une chaîne, il est automatiquement transformé en chaîne, puis concaténé.

Revenons au code de la méthode `getDisplayValue`. Si `value` contient 3, par exemple, l'instruction :

```
return "0" + value;
```

renverra la chaîne « 03 ». Si la valeur est supérieure à 9, nous employons une petite astuce :

```
return "" + value;
```

Ici, nous concaténons `value` avec une chaîne vide. La valeur sera transformée en chaîne et aucun autre caractère ne lui sera attribué en préfixe. Nous utilisons l'opérateur plus dans le seul but d'obliger la conversion de la valeur de l'entier en une valeur du type `String`.

Exercice 3.6

La méthode `getDisplayValue` fonctionne-t-elle correctement dans tous les cas ? Quelles hypothèses y sont faites ? Que se passe-t-il si vous créez un affichage de limite 800, par exemple ?

Exercice 3.7

Y a-t-il une différence dans le résultat entre l'écriture :

```
return value + "";
```

et :

```
return "" + value;
```

dans la méthode `getDisplayValue` ?

L'opérateur modulo

La dernière méthode de la classe `NumberDisplay` incrémente la valeur d'affichage de 1. Elle s'assure que la valeur est redéfinie avec zéro une fois la limite atteinte :

```
public void increment()
{
    value = (value + 1) % limit;
}
```

Cette méthode utilise l'opérateur *modulo* (`%`), qui calcule le reste d'une division d'entiers. Par exemple, le résultat de la division :

```
27 / 4
```

peut s'exprimer en nombres entiers sous la forme :

```
result = 6, remainder = 3
```

L'opérateur modulo renvoie simplement le reste d'une division de ce type. Le résultat de l'expression (`27 % 4`) serait `3`.

Exercice 3.8

Expliquez l'opérateur modulo. Consultez d'autres documents (ressources en ligne sur le langage Java, autres ouvrages sur Java, etc.) si vous souhaitez obtenir de plus amples détails.

Exercice 3.9

Quel est le résultat de l'expression (`8 % 3`) ?

Exercice 3.10

Quels sont les résultats possibles de l'expression (`n % 5`) où `n` représente une variable entière ?

Exercice 3.11

Quels sont les résultats possibles de l'expression (`n % m`) où `n` et `m` représentent des variables entières ?

Exercice 3.12

Expliquez en détail le fonctionnement de la méthode d'incrémentation.

Exercice 3.13

Réécrivez la méthode `increment` sans l'opérateur modulo, à l'aide d'une instruction si. Quelle est la meilleure solution ?

Exercice 3.14

En utilisant le projet *clock-display* dans BlueJ, testez la classe `NumberDisplay` en créant quelques objets `NumberDisplay` et en appelant leurs méthodes.

La classe `ClockDisplay`

Maintenant que nous savons construire une classe qui définit un affichage de nombres à deux chiffres, nous allons nous pencher sur la classe `ClockDisplay` : elle créera deux affichages numériques pour la totalité de l'heure. Le code 3.4 reprend le source de la classe `ClockDisplay`.

Comme pour la classe `NumberDisplay`, nous verrons brièvement tous les champs, constructeurs et méthodes.

Code 3.4 • Implantation de la classe `ClockDisplay`.

```
/**
 * La classe ClockDisplay implante une horloge numérique dans le
 * style européen, sur 24 heures. L'horloge présente les heures et les
 * minutes.
```

```
 * Elle va de 00:00 (minuit) à 23:59 (une minute avant
 * minuit).
 *
 * L'horloge reçoit des pulsations (via la méthode timeTick) toutes les
 * minutes et réagit en incrémentant l'affichage.
 * Ceci fonctionne comme dans les horloges ordinaires : l'heure
 * avance lorsque les minutes reviennent à zéro.
 *
 * @author Michael Kolling et David J. Barnes
 * @version 2001.05.26
 */
public class ClockDisplay
{
    private NumberDisplay hours;
    private NumberDisplay minutes;
    private String displayString;    // simule l'affichage réel

    /**
     * Constructeur des objets ClockDisplay. Ce constructeur
     * crée une nouvelle horloge définie avec 00:00.
     */
    public ClockDisplay()
    {
        hours = new NumberDisplay(24);
        minutes = new NumberDisplay(60);
        updateDisplay();
    }

    /**
     * Constructeur pour les objets ClockDisplay. Ce constructeur
     * crée une nouvelle horloge à l'heure spécifiée par les
     * paramètres.
     */
    public ClockDisplay(int hour, int minute)
    {
        hours = new NumberDisplay(24);
        minutes = new NumberDisplay(60);
        setTime(hour, minute);
    }

    /**
     * Cette méthode doit être appelée une fois par minute, pour faire
     * avancer l'horloge.
     */
    public void timeTick()
    {
        minutes.increment();
        if(minutes.getValue() == 0) {  // remise à zéro !
            hours.increment();
        }
        updateDisplay();
    }
```

Code 3.4 • Implantation de la classe `ClockDisplay` *(suite).*

```
    /**
     * Règle l'affichage sur l'heure et la minute
     * spécifiées.
     */
    public void setTime(int hour, int minute)
    {
        hours.setValue(hour);
        minutes.setValue(minute);
        updateDisplay();
    }

    /**
     * Renvoie l'heure actuelle de cet affichage au format
     * HH:MM.
     */
    public String getTime()
    {
        return displayString;
    }

    /**
     * Actualise la chaîne interne qui représente
     * l'affichage.
     */
    private void updateDisplay()
    {
        displayString = hours.getDisplayValue() + ":" +
                        minutes.getDisplayValue();
    }
}
```

Dans ce projet, nous utilisons le champ `displayString` pour simuler l'affichage de l'horloge (comme vous avez pu le voir à l'exercice 3.2). Si ce logiciel devait fonctionner dans une véritable horloge, nous présenterions le résultat sur le cadran. Cette chaîne sert donc de simulation du cadran de l'horloge.

Pour y parvenir, nous utilisons un champ de type `String` (chaîne) et une méthode :

```
public class ClockDisplay
{
   private String displayString;
//***   Code des autres champs et des méthodes non reproduit.
   /**
    * Actualise la chaîne interne qui représente l'affichage.
    */
   private void updateDisplay()
   {
//***      Implantation de méthode non reproduite.
   }
}
```

Pour modifier l'affichage de l'horloge, nous appellerons la méthode interne `updateDisplay`. Dans cette simulation, elle modifiera la chaîne d'affichage (nous en verrons le code source ci-après). Dans une véritable horloge, cette méthode permettrait de modifier l'affichage au cadran.

À l'exception de la chaîne d'affichage, la classe `ClockDisplay` n'a que deux champs supplémentaires : `hours` et `minutes`. Chacun peut contenir un objet du type `NumberDisplay`. La valeur logique de l'affichage de l'horloge (l'heure actuelle) est stockée dans ces objets `NumberDisplay`. La figure 3.4 montre un diagramme d'objets de cette application à 15:23.

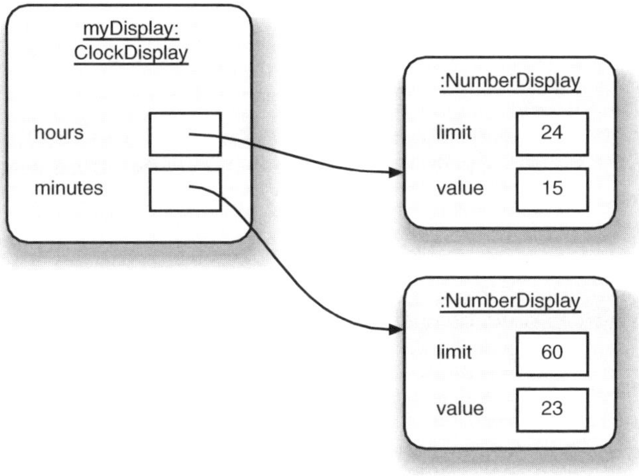

Figure 3.4 • Un diagramme d'objets de l'affichage de l'horloge.

Objets créateurs d'autres objets

Notre première interrogation concerne la provenance de ces trois objets. Pour afficher l'heure, nous pourrions créer un objet `ClockDisplay`. Nous supposons que notre horloge possède des heures et des minutes. En créant l'affichage de l'horloge, nous pensons aboutir à deux affichages numériques, l'un pour les heures, l'autre pour les minutes.

En tant que rédacteurs de la classe `ClockDisplay`, nous écrivons simplement, dans le constructeur de `ClockDisplay`, le code qui crée et stocke deux objets `NumberDisplay`. Puisque le constructeur s'exécute automatiquement à la création d'un objet `ClockDisplay`, les objets `NumberDisplay` seront automatiquement créés au même moment.

> ***Concept***
>
> **Création d'objet.** Les objets peuvent **créer** d'autres **objets** à l'aide de l'opérateur new.

Voici le code du constructeur `ClockDisplay` qui le permet :

```
public class ClockDisplay
{
   private NumberDisplay hours;
   private NumberDisplay minutes;
//***    Autres champs non reproduits.
   public ClockDisplay()
   {
      hours = new NumberDisplay(24);
      minutes = new NumberDisplay(60);
      updateDisplay();
   }
//***   Méthodes non reproduites.
}
```

Chacune des deux premières lignes du constructeur crée un nouvel objet `NumberDisplay` et l'attribue à une variable. La syntaxe de la création d'un nouvel objet est :

```
new NomClasse ( liste-paramètres )
```

L'exécution de `new` a deux conséquences :

1. Elle crée un nouvel objet de la classe nommée (ici : `NumberDisplay`).
2. Elle exécute le constructeur de cette classe.

Si la définition de ce constructeur indique qu'il a des paramètres, les paramètres effectifs doivent être fournis à l'opérateur `new`. Par exemple, la définition du constructeur de la classe `NumberDisplay` indique qu'il attend un paramètre entier :

```
public NumberDisplay(int rollOverLimit)
```

paramètre formel

Ainsi, l'opérateur `new` pour la classe `NumberDisplay`, qui appelle ce constructeur, doit fournir un paramètre effectif du type `int` qui correspondra à l'en-tête du constructeur défini :

```
new NumberDisplay(24);
```

paramètre effectif

Cela vaut également pour les méthodes que nous avons vues dans la section « Transfert de données par le biais des paramètres » au chapitre 2. Ce constructeur a permis de réaliser ce que nous voulions : lorsqu'une personne crée un objet `ClockDisplay`, le constructeur `ClockDisplay` exécute et crée automatiquement deux objets `NumberDisplay`. L'affichage de l'horloge peut maintenant fonctionner.

Exercice 3.15

Créez un objet `ClockDisplay` en sélectionnant le constructeur suivant :

```
new ClockDisplay()
```

Appelez sa méthode `getTime` pour obtenir l'heure initiale. Pourquoi `getTime` démarre-t-elle à cette heure particulière ?

Exercice 3.16

Combien de fois faut-il appeler la méthode `tick` sur un objet `ClockDisplay` nouvellement créé pour qu'il atteigne 01:00 ? De quelle autre manière pourriez-vous afficher cette heure ?

Constructeurs multiples

Concept

Surcharge. Une classe peut contenir **plusieurs constructeurs** ou plusieurs méthodes du même nom, à condition que chacun possède un ensemble distinct de types de paramètres.

Vous aurez peut-être remarqué, en créant un objet `ClockDisplay`, que le menu contextuel vous proposait deux méthodes :

```
new ClockDisplay()
new ClockDisplay(hour, minute)
```

Cela est dû au fait que la classe `ClockDisplay` contient deux constructeurs. Ils proposent des alternatives à l'initialisation de l'objet `ClockDisplay`. Si l'on utilise le constructeur qui n'a pas de paramètres, l'heure de départ affichée sur l'horloge sera 00:00. Par contre, si vous souhaitez changer l'heure de départ, vous la définirez en utilisant le deuxième constructeur. Souvent, les définitions de classes contiennent des alternatives aux constructeurs ou aux méthodes, proposant ainsi diverses manières de réaliser une tâche particulière *via* un autre jeu de paramètres. C'est ce qu'on appelle la *surcharge* d'un constructeur ou d'une méthode.

Exercice 3.17

Étudiez le deuxième constructeur du code source de `ClockDisplay`. Expliquez ce qu'il fait et comment.

Exercice 3.18

Identifiez les similitudes et les différences entre les deux constructeurs. Pourquoi n'y a-t-il pas d'appel à `updateDisplay` dans le deuxième constructeur, par exemple ?

Appels de méthodes

Appels de méthodes internes

La dernière ligne du premier constructeur `ClockDisplay` est constituée de l'instruction :

```
updateDisplay();
```

Il s'agit d'un *appel de méthode*. Comme nous l'avons vu précédemment, la classe `ClockDisplay` possède une méthode avec la signature suivante :

```
private void updateDisplay()
```

> ***Concept***
> Les méthodes peuvent appeler d'autres méthodes de la même classe, du même objet. Il s'agit d'un **appel de méthode interne**.

L'appel de méthode qui précède invoque cette méthode. Étant donné qu'elle se trouve dans la même classe que l'appel de la méthode et concerne le même objet, il s'agit d'un *appel de méthode interne*. Les appels de méthodes internes respectent la syntaxe suivante :

```
NomMéthode ( liste-paramètres )
```

Dans notre exemple, la méthode n'a pas de paramètres, la liste est donc vide. Cela est signifié par la paire de parenthèses vides.

Lors d'un appel de méthodes, la méthode correspondante est exécutée. L'exécution revient à l'appel de méthode et passe ensuite à l'instruction suivante. Pour qu'une signature de méthode corresponde à un appel de méthode, le nom et la liste de paramètres de la méthode doivent correspondre. Ici, les deux listes de paramètres sont vides, donc elles correspondent. Ce besoin de correspondance entre le nom de méthode et les listes de paramètres est important, car il permet à plusieurs méthodes du même nom de coexister dans une classe si cette méthode est surchargée.

Dans notre exemple, l'appel de méthode va actualiser la chaîne d'affichage. Une fois les affichages à deux chiffres créés, la chaîne doit afficher l'heure indiquée par les objets d'affichage numérique. L'implantation de la méthode `updateDisplay` sera traitée plus loin.

Appels de méthodes externes

Étudions maintenant la méthode suivante, appelée `timeTick`. Sa définition est :

```
public void timeTick()
{
   minutes.increment();
   if(minutes.getValue() == 0) { // vient d'être remis à zéro !
      hours.increment();
   }
}
```

> ***Concept***
> Les méthodes peuvent appeler les méthodes d'autres objets à l'aide de la notation pointée. Il s'agit d'un **appel de méthode externe**.

Si cet affichage était relié à une véritable horloge, la méthode serait appelée une fois toutes les 60 secondes par le minuteur électronique. Pour l'instant, nous l'appelons nous-mêmes pour tester l'affichage.

Lorsque la méthode `timeTick` est appelée, elle exécute d'abord l'instruction :

```
minutes.increment();
```

qui, elle-même, appelle la méthode `increment` de l'objet `minutes`. Ainsi, lorsque l'une des méthodes de l'objet `ClockDisplay` est appelée, elle appelle à son tour une méthode d'un autre objet pour réaliser une partie de la tâche. Un appel de méthode à un méthode d'un autre objet est dit *appel de méthode externe*. Sa syntaxe est la suivante :

```
Objet.NomMéthode ( liste-paramètres )
```

Cette syntaxe est connue sous le nom de *notation pointée*. Elle est constituée d'un nom d'objet, d'un point, du nom de la méthode et des paramètres d'appel. Il est particulièrement important de comprendre que nous utilisons ici le nom d'un *objet* et non le nom d'une classe. Nous utilisons le nom `minutes` et non `NumberDisplay`.

La méthode `timeTick` possède ensuite une instruction si pour vérifier s'il convient aussi d'incrémenter les heures. Dans cette instruction, elle appelle une autre méthode de l'objet `minutes` : `getValue`. Cette méthode renvoie la valeur actuelle des minutes. Si elle est égale à zéro, cela signifie que l'affichage vient d'être remis à zéro et qu'il faut incrémenter les heures. C'est exactement ce que fait le code.

Si la valeur des minutes n'est pas égale à zéro, la tâche est terminée : inutile de modifier les heures dans ce cas. L'instruction si n'a pas besoin de partie `else`.

Vous comprenez maintenant les trois autres méthodes de la classe `ClockDisplay` (voir précédemment le code 3.4). La méthode `setTime` prend deux paramètres (l'heure et la minute) et règle l'horloge sur l'heure spécifiée. À partir du corps de la méthode, nous voyons qu'elle y parvient en appelant les méthodes `setValue` des deux affichages numériques, celle des heures et celle des minutes. Elle appelle ensuite `updateDisplay` pour mettre à jour la chaîne d'affichage en conséquence, comme le fait le constructeur.

La méthode `getTime` est triviale, elle se contente de renvoyer la chaîne d'affichage en cours. Cette chaîne devant constamment être mise à jour, il n'y a rien d'autre à faire.

Enfin, la méthode `updateDisplay` est responsable de la mise à jour de la chaîne d'affichage, qui devra indiquer l'heure représentée par les deux objets de l'affichage numérique. Elle est appelée chaque fois que l'heure de l'horloge change. Elle appelle les méthodes `getDisplay` de chacun des objets `NumberDisplay`. Celles-ci renvoient la valeur de chaque affichage numérique. Elle emploie ensuite la concaténation pour rassembler ces deux valeurs et les séparer par deux points, le tout en une seule chaîne.

À propos de l'affichage de l'horloge

Voyons un instant comment cet exemple emploie l'abstraction pour diviser le problème en parties plus petites. Regardons le code source de la classe `ClockDisplay` ; nous venons de créer un objet `NumberDisplay` sans nous intéresser particulièrement à son apparence interne. Nous pouvons appeler des méthodes de cet objet (`increment`, `getValue`) pour les faire travailler. Nous supposons simplement que `increment` augmentera correctement la valeur de l'affichage sans pour l'instant nous interroger sur la manière dont il le fait.

Dans des projets du monde réel, ces différentes classes sont souvent rédigées par des personnes distinctes qui devront s'entendre sur les signatures de méthode de la classe et sur ce qu'elles doivent faire. Une personne peut ensuite se concentrer sur l'implantation des méthodes, tandis que l'autre se contentera de les utiliser.

L'ensemble des méthodes qu'un objet met à la disposition des autres s'appelle son *interface*. Nous verrons ce sujet plus loin dans ce livre.

Exercice 3.19

Exercice Défi – Faites passer l'horloge à un système de 12 heures. Attention : ce n'est pas aussi simple qu'on pourrait le croire. Dans une horloge de 12 heures, les heures après minuit et après midi n'indiquent pas 00:30 mais 12:30. Ainsi, l'affichage des minutes contient des valeurs de 0 à 59 tandis que celui des heures présente des valeurs de 1 à 12 !

Exercice 3.20

Il existe (au moins) deux manières de créer une horloge sur 12 heures. L'une d'elles consiste à stocker des valeurs de 1 à 12 pour les heures. L'autre consiste à laisser fonctionner l'horloge en interne comme une horloge de 24 heures, mais à changer la chaîne d'affichage pour écrire `4:23` ou `4:23 pm` lorsque la valeur interne est `16:23`. Implantez les deux versions. Quelle est la plus simple ? Quelle est la meilleure ? Pourquoi ?

Autre exemple d'interaction entre les objets

Nous allons maintenant examiner ces mêmes concepts dans un autre exemple, à l'aide d'outils différents. Nous voulons toujours comprendre la manière dont certains objets en créent d'autres et la manière dont ils appellent les méthodes des autres. Dans la première partie de ce chapitre, nous avons utilisé la technique la plus fondamentale pour analyser un programme donné : la lecture du code. Savoir lire et comprendre le code source est l'une des compétences les plus essentielles pour un développeur de logiciels et nous l'appliquerons dans chaque projet à venir. Toutefois, d'autres outils peuvent nous aider à mieux comprendre l'exécution d'un programme. Celui que nous étudierons ici s'appelle un *débogueur*.

Concept

Un **débogueur** est un outil logiciel qui permet d'étudier l'exécution d'une application. Il peut permettre de retrouver des erreurs.

Un débogueur permet aux programmeurs d'exécuter une application pas à pas. Il propose généralement des fonctions permettant d'arrêter et de démarrer un programme à certains points du code source et ainsi d'étudier les valeurs des variables.

Le nom « débogueur »

Les erreurs présentes dans les logiciels sont communément appelées « bogues » (en anglais « bug », qui signifie « insecte »). Les programmes qui permettent de supprimer ces erreurs sont appelés des « débogueurs ».

Pour l'anecdote, nous ne savons pas véritablement d'où vient le mot « bug ». On cite souvent l'histoire du premier bogue informatique qui aurait impliqué un véritable insecte (une mite) retrouvé à l'intérieur de l'ordinateur Mark II par Grace Murray Hopper, l'un des pionniers de l'informatique, en 1945. Un journal de bord subsiste au National Museum of American History de l'institut Smithsonian, où la mite est conservée sous la remarque « premier véritable cas de bogue informatique ». L'énoncé suggère toutefois que le terme « bug » avait déjà été employé pour Mark II.

Pour en savoir plus à ce sujet, effectuez une recherche sur le Web en tapant « premier bug informatique » (*first computer bug*), vous trouverez même des photos de la mite !

La complexité des débogueurs varie beaucoup. Ceux qui sont destinés aux développeurs professionnels disposent d'un grand nombre de fonctions utiles à un examen approfondi des nombreuses facettes d'une application. Celui qui est intégré à BlueJ est bien plus simple. Il permet d'arrêter un programme, de vérifier chaque ligne de code, puis d'étudier les valeurs des variables. Malgré son manque de sophistication apparent, il donne accès à une certaine quantité d'informations.

Avant de commencer à tester le débogueur, voyons l'exemple qui nous servira par la suite : la simulation d'un système de messagerie électronique.

Exemple du système de messagerie

Commençons par étudier les fonctionnalités du projet *mail-system*. Pour l'instant, la lecture de son source n'est pas très importante, nous allons exécuter le projet pour bien comprendre son fonctionnement.

Exercice 3.21

Ouvrez le projet *mail-system*, que vous trouverez dans les projets du livre. Créez un objet `MailServer`. Créez deux objets `MailClient`. Pour cela, vous devez fournir en paramètre l'instance `MailServer` que vous venez de créer. Vous devez aussi spécifier un nom d'utilisateur pour le client de la messagerie (un client de messagerie est un programme permettant de lire et d'écrire des messages. Chaque instance que vous créez représente le programme de messagerie d'un autre utilisateur).

Testez les objets `MailClient`. Ils peuvent servir à envoyer des messages d'un client à un autre (à l'aide de la méthode `sendMessage`) et à recevoir des messages (à l'aide des méthodes `getNextMailItem` ou `printNextMailItem`).

En étudiant le projet du système de messagerie, nous voyons que :

- Il possède trois classes : `MailServer`, `MailClient` et `MailItem`.
- Il faut créer un objet serveur de messagerie qui sera utilisé par tous les clients. Il gère l'échange des messages.
- Il est possible de créer plusieurs objets client de messagerie. Chacun se voit associer un nom d'utilisateur.
- Les messages peuvent être envoyés d'un client de messagerie à un autre *via* une méthode située dans la classe du client de messagerie.
- Les messages peuvent être reçus un par un par un client de messagerie du serveur, à l'aide d'une méthode présente dans le client de messagerie.
- La classe `MailItem` n'est jamais instanciée explicitement par l'utilisateur. Elle est utilisée en interne dans les clients et le serveur de messagerie, pour stocker et échanger des messages.

Exercice 3.22

Dessinez un diagramme d'objets de la situation obtenue après la création d'un serveur de messagerie et de trois clients de messagerie. Les diagrammes d'objets ont été traités à la section « Diagrammes de classes et diagrammes d'objets ».

Les trois classes présentent des degrés de complexité divers. `MailItem` est assez simple. Nous n'en verrons qu'une partie et nous laisserons au lecteur le soin de se documenter. `MailServer` est assez complexe pour l'instant, elle utilise des concepts traités plus loin dans cet ouvrage. Nous ne l'étudierons pas en détail ici. Nous supposons simplement qu'elle fait son travail ; voici donc un autre exemple de l'utilisation de l'abstraction pour masquer des détails que nous n'avons pas besoin de connaître. La classe `MailClient` est la plus intéressante et nous allons la voir en détail.

Le mot clé `this`

La seule section de la classe `MailItem` que nous verrons est le constructeur. Celui-ci utilise une construction Java que nous n'avons pas encore rencontrée. Son code source est présenté au code 3.5.

Code 3.5 • Les champs et le constructeur de la classe `MailItem`.

```
public class MailItem
{
    // L'expéditeur de l'élément.
    private String from;
```

```
    // Le destinataire souhaité.
    private String to;
    // Le texte du message.
    private String message;

    /**
     * Crée un courrier de l'expéditeur au destinataire donné,
     * contenant le message donné.
     * @param from L'expéditeur de ce courrier.
     * @param to Le destinataire souhaité du courrier.
     * @param message Le texte du message à envoyer.
     */
    public MailItem(String from, String to, String message)
    {
        this.from = from;
        this.to = to;
        this.message = message;
//***   Méthodes non reproduites.
}
```

La nouvelle fonctionnalité Java de ce fragment de code est l'utilisation du mot clé `this` :

```
this.from = from;
```

Cette ligne est une instruction d'affectation. Elle affecte la valeur située du côté droit (`from`) à la variable de gauche (`this.from`).

Son utilisation vient du fait que nous avons une situation connue sous le nom de *surcharge de nom* (le même nom étant utilisé pour deux entités différentes). La classe contient trois champs nommés `from`, `to` et `message`. Le constructeur possède trois paramètres, également appelés `from`, `to` et `message` !

Ainsi, lorsque nous exécutons le constructeur, il existe six variables : trois champs et trois paramètres. Attention, les champs et les paramètres constituent des variables séparées qui existent indépendamment les uns des autres, même s'ils partagent des noms similaires. Un paramètre et un champ du même nom ne posent pas vraiment de problème dans Java.

Le problème que nous rencontrons cependant réside dans la manière de référencer les six variables pour faire la distinction entre les deux ensembles. Si nous utilisons simplement le nom de variable « `from` » dans le constructeur (par exemple dans une instruction `System.out.println(from)`), quelle sera la variable utilisée : le paramètre ou le champ ?

La spécification Java répond à cette question. Elle indique que l'on utilisera toujours la définition du bloc englobant le plus proche. Puisque le paramètre `from` est défini dans le constructeur et que le champ `from` est défini dans la classe, ce sera le paramètre qui sera utilisé. Sa définition est « plus proche » de l'instruction qui l'utilise.

Il nous faut maintenant un mécanisme pour accéder à un champ lorsqu'une variable décrite avec le même nom est plus proche. C'est à cela que sert le mot clé `this`.

L'expression `this` fait référence à l'objet en cours. Écrire `this.from` fait référence au champ `from` dans l'objet en cours. Cette construction nous permet donc de faire référence au champ plutôt qu'au paramètre portant le même nom. Nous pouvons maintenant lire à nouveau l'instruction d'affectation :

```
this.from = from;
```

Cette instruction, comme nous le voyons, a l'effet suivant :

```
champ nommé "from" = paramètre nommé "from";
```

En d'autres termes, elle attribue la valeur du paramètre au champ ayant le même nom. C'est exactement ce dont nous avons besoin pour initialiser correctement l'objet.

Une dernière question demeure : Pourquoi faire cela ? Tout le problème pourrait être évité en attribuant des noms différents aux champs et aux paramètres. Mais cela facilite la lisibilité du code source.

Parfois, un nom décrit parfaitement l'utilisation d'une variable. Il convient si bien qu'il serait inadéquat d'en inventer un autre. Il servira donc pour le paramètre et fournira un indice à l'appelant en lui indiquant ce qui doit être transféré. Il servira aussi pour le champ, où il fournira un rappel utile à la personne qui implante la classe, en indiquant le rôle du champ. Si un nom convient parfaitement, l'appeler aux deux occasions est tout à fait raisonnable. Il suffira d'utiliser le mot clé `this` dans l'affectation pour résoudre le conflit de noms.

Le débogueur

La classe la plus intéressante de l'exemple du système de messagerie est celle du client. Voyons-la plus en détail à l'aide du débogueur. Le client de messagerie possède trois méthodes : `getNextMailItem`, `printNextMailItem` et `sendMessage`. Attardons-nous d'abord sur la méthode `printNextMailItem`.

Avant de lancer le débogueur, préparez le scénario de l'exercice 3.23.

Exercice 3.23

Établissez le scénario d'étude : créez un serveur de messagerie, deux clients de messagerie pour les utilisateurs "Sophie" et "Jean" (nommez également les instances "Sophie" et "Jean" afin de mieux les distinguer sur le bureau des objets. Utilisez ensuite la méthode `sendMessage` de Sophie pour envoyer un message à Jean. Ne lisez pas encore le message.

Une fois l'exercice 3.23 réalisé, la situation est la suivante : un élément de courrier est stocké sur le serveur de Jean, attendant d'être collecté. La méthode `printNextMailItem` collecte cet élément de messagerie et l'affiche sur le terminal. Étudions son fonctionnement en détail.

Définition de points d'arrêt

Pour commencer notre étude, nous définissons un point d'arrêt (exercice 3.24). Il s'agit d'une balise attachée à une ligne du source qui stoppera l'exécution d'une méthode au moment précis où elle l'atteint. Il est représenté dans l'éditeur BlueJ par un petit signe stop (figure 3.5).

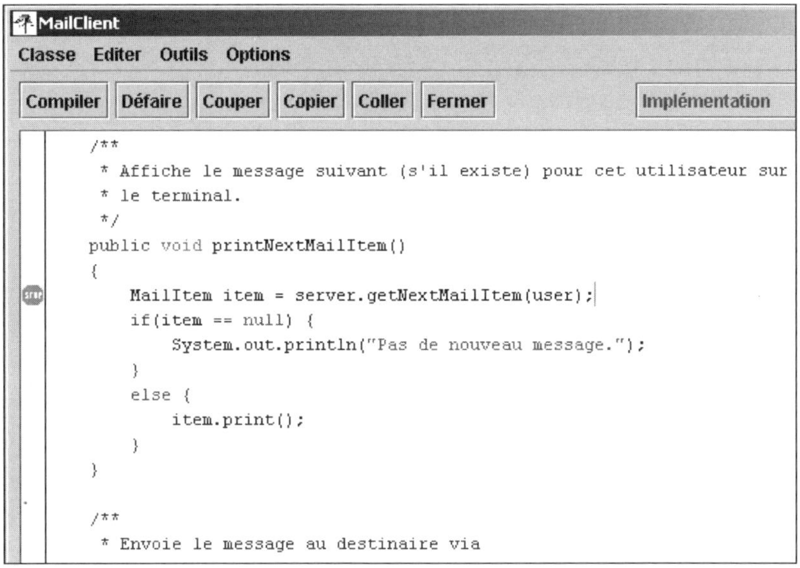

Figure 3.5 • Un point d'arrêt dans l'éditeur BlueJ.

Pour définir un point d'arrêt, ouvrez l'éditeur BlueJ, sélectionnez la ligne voulue (ici, la première ligne de la méthode `printNextMailItem`) et ouvrez le menu Outils, puis choisissez Poser/Supprimer un point d'arrêt. Vous pouvez aussi cliquer dans la zone située près de la ligne de code où apparaît le symbole du point d'arrêt pour définir ou supprimer des points. Pour y parvenir, compilez la classe ; la compilation supprimera tous les points d'arrêt.

Exercice 3.24

Ouvrez l'éditeur pour la classe `MailClient` et définissez un point d'arrêt à la première ligne de la méthode `printNextMailItem`, comme indiqué dans la figure 3.5.

Une fois le point d'arrêt défini, invoquez la méthode `printNextMailItem` sur le client de messagerie de Jean. La fenêtre d'éditeur s'ouvre pour la classe `MailClient`, de même qu'une fenêtre de débogueur (figure 3.6).

Au bas de la fenêtre du débogueur se trouvent quelques boutons de contrôle. Ils permettent de poursuivre ou d'interrompre l'exécution du programme (reportez-vous à l'annexe A pour obtenir une explication détaillée des commandes du débogueur).

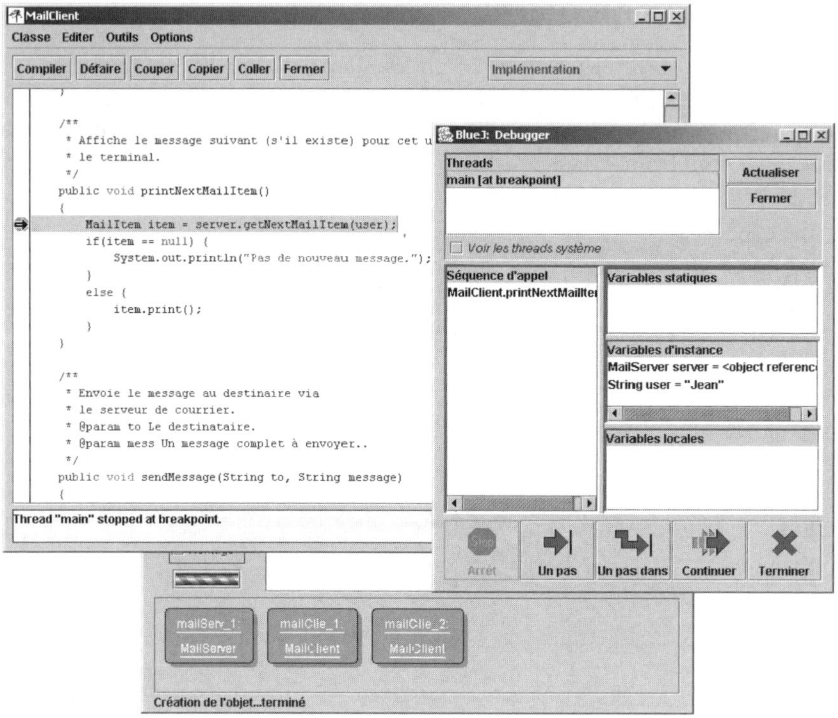

Figure 3.6 • La fenêtre du débogueur, dont l'exécution est arrêtée à un point donné.

À droite dans la fenêtre du débogueur se trouvent trois zones pour l'affichage des variables, intitulées *variables statiques*, *variables d'instance* et *variables locales*. Nous ignorerons la zone des variables statiques pour l'instant. Nous verrons ce sujet par la suite et cette classe n'en a pas.

Cet objet a deux variables d'instance (ou champs), `server` et `user`, et nous voyons les valeurs actuelles. La variable `user` stocke la chaîne « `Jean` » et la variable `server` stocke une référence à un autre objet. La référence à l'objet est représentée par des flèches dans les diagrammes d'objets.

Vous remarquerez qu'il n'y a pas encore de variable locale. Cela est dû au fait que l'exécution s'arrête *avant que* la ligne contenant le point d'arrêt ne soit exécutée. Puisque cette ligne contient la déclaration de la seule variable locale et qu'elle n'a pas encore été exécutée, il n'existe aucune variable locale pour l'instant.

Le débogueur permet non seulement d'interrompre l'exécution du programme et d'étudier la variable, mais il nous permet aussi d'avancer lentement.

Pas à pas

Lorsqu'il est arrêté à un point d'arrêt, le fait de cliquer sur le bouton Un pas exécute une seule ligne de code, puis arrête de nouveau le programme.

Exercice 3.25

Avancez d'une ligne dans l'exécution de la méthode `printNextMailItem` en cliquant sur le bouton Un pas.

Le résultat de l'exécution de la première ligne de la méthode `printNextMailItem` est présenté à la figure 3.7. Nous voyons que l'exécution s'est déplacée d'une ligne (une petite flèche noire située près de la ligne du code source indique la position actuelle), et la liste de variables locale dans la fenêtre du débogueur indique qu'une variable locale a été créée et qu'un objet lui a été attribué.

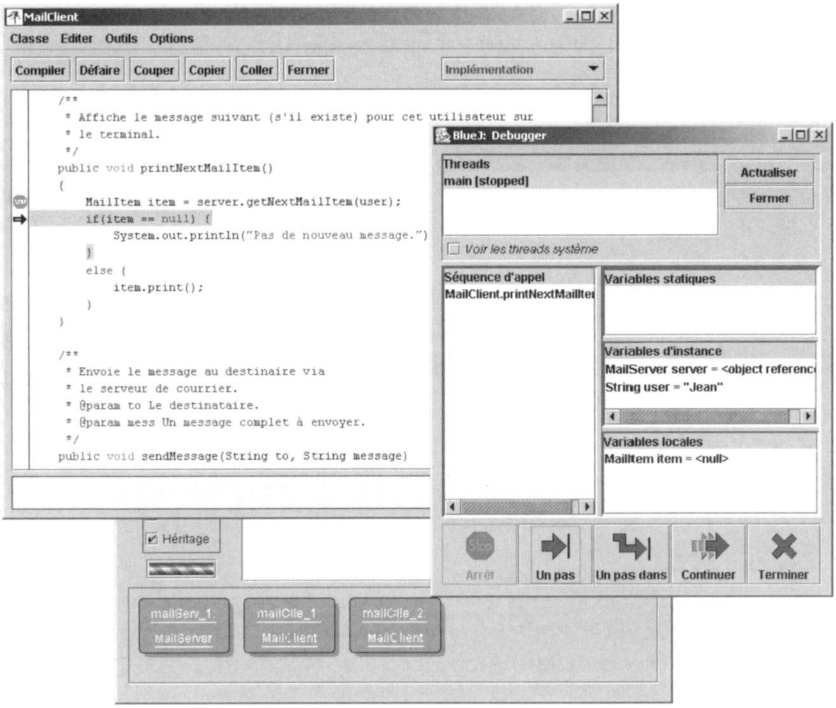

Figure 3.7 • Arrêté une nouvelle fois après une seule étape.

Exercice 3.26

Quelle sera, selon vous, la prochaine ligne marquée comme ligne à exécuter après l'étape suivante ? Avancez ensuite d'une ligne et vérifiez si vous aviez raison. Expliquez ce qui est arrivé et pourquoi.

Nous pouvons maintenant utiliser à plusieurs reprises le bouton Un pas pour mettre fin à la méthode. Cela nous permet de suivre le chemin de l'exécution, ce qui est particulièrement intéressant dans les instructions conditionnelles : nous voyons clairement l'exécution d'une branche d'une instruction si et il est possible de vérifier si cela correspond à nos attentes.

Exercice 3.27

Appelez la même méthode (`printNextMailItem`). Avancez de nouveau ligne par ligne. Qu'observez-vous ? Expliquez-en les raisons.

Avancer dans les méthodes

En avançant dans la méthode `printNextMailItem`, nous avons vu deux appels de méthodes aux objets de nos propres classes. La ligne :

```
MailItem item = server.getNextMailItem(user);
```

comprend un appel à la méthode `getNextMailItem` de l'objet `server`. Vérifiez les déclarations de la variable d'instance ; l'objet `server` est déclaré à partir de la classe `MailServer`.

La ligne :

```
item.print();
```

appelle la méthode `print` de l'objet `item`. Dans la première ligne de la méthode `printNextMailItem`, `item` est déclaré comme étant de la classe `MailItem`.

La commande *Un pas* du débogueur a fait appel à l'abstraction : nous avons consulté la méthode `print` de la classe `item` comme instruction unique. Elle a pour effet d'afficher les détails (expéditeur, destinataire et message) de l'élément message.

Pour obtenir plus de détails, avancez dans le processus ; vous verrez que la méthode `print` elle-même s'exécute pas à pas. Pour cela, utilisez la commande *Un pas dans* du débogueur, au lieu de la commande *Un pas*. Elle permet d'avancer dans la méthode appelée et de s'arrêter à la première ligne de cette méthode.

Exercice 3.28

Rétablissez la situation de test que nous avons vue précédemment. Envoyez un message de Sophie à Jean. Invoquez ensuite le message `printNextMailItem` de la messagerie cliente de Jean. Avancez comme précédemment. Cette fois-ci, lorsque vous atteignez la ligne :

```
item.print()
```

utilisez la commande *Un pas dans* au lieu de la commande *Un pas*. Observez la fenêtre du terminal de texte pendant l'opération. Qu'observez-vous ? Expliquez.

Nouvelle expérience de l'appel de méthodes

Dans la section précédente, nous avons étudié un nouvel exemple d'interaction entre les objets, identique à celui que nous avions vu précédemment : des objets appelant les méthodes d'autres objets. Dans la méthode `printNextMailItem`, l'objet `MailClient` a fait appel à un objet `MailServer` pour récupérer le courrier suivant. Cette méthode (`getNextMailItem`) a renvoyé une valeur, un objet de type `MailItem`. Il y a ensuite eu un appel à la méthode `print` de l'élément courrier. Grâce à l'abstraction, nous considérons la méthode d'impression comme une commande unique. Pour en savoir plus, nous pouvons descendre dans l'abstraction et étudier l'intérieur de la méthode `print`.

De même, nous pouvons utiliser le débogueur pour observer un objet qui en crée un autre. La méthode `sendMessage` de la classe `MailClient` en constitue un bon exemple. Ici, la première ligne de code crée un objet `MailItem` :

```
MailItem mess = newMailItem(user, to, message);
```

L'élément de courrier est utilisé pour encapsuler un message. Il contient des informations sur l'expéditeur, le destinataire et le message lui-même. Lorsqu'on envoie un message, le client de messagerie crée un élément courrier contenant toutes ces informations, puis le stocke sur le serveur de messagerie. Il peut ensuite y être collecté par le client de messagerie du destinataire.

Dans la ligne de code qui précède, le mot clé `new` a permis de créer le nouvel objet ; nous voyons les paramètres transférés au constructeur (attention, la construction d'un objet entraîne deux actions : l'objet est créé et le constructeur est exécuté). L'appel du constructeur fonctionne presque de la même manière que les appels de méthodes, ce qu'illustre l'utilisation de la commande *Un pas dans* sur la ligne de construction de l'objet.

Exercice 3.29

Définissez un point d'arrêt dans la première ligne de la méthode `sendMessage` de la classe `MailClient`. Invoquez ensuite cette méthode. Utilisez la fonction *Un pas dans* pour avancer dans le constructeur de l'élément courrier. Dans la fenêtre du débogueur de l'objet `MailItem`, vous voyez des variables d'instance et des variables locales qui ont des noms identiques, comme nous l'indiquions précédemment. Avancez encore pour voir l'initialisation des variables d'instance.

Exercice 3.30

Faites appel à la lecture de code, à l'exécution de méthodes, de points d'arrêt et à l'avancement pas à pas pour vous familiariser avec les classes `MailItem` et `Mail-Client`. Vous remarquerez que nous n'avons pas détaillé l'implantation de la classe `MailServer`, vous pouvez donc l'ignorer pour l'instant (vous pouvez, bien sûr, l'étudier si vous vous en sentez le courage, mais ne soyez pas surpris si elle vous paraît un peu étrange...). Expliquez par écrit l'interaction entre les classes `MailClient` et `MailItem`. Dessinez des diagrammes d'objets pour illustrer vos explications.

Résumé

Dans ce chapitre, nous avons décrit la manière de diviser un problème en sous-problèmes. Nous pouvons essayer d'identifier des sous-composants des objets que nous voulons modéliser et implanter des sous-composants sous forme de classes indépendantes. Cela permet de réduire la complexité liée à l'implantation d'applications de plus grande taille, puisque nous pouvons ainsi implanter, tester et entretenir des classes individuelles séparément.

Nous avons vu la création des structures d'objets qui collaborent pour résoudre une tâche commune. Les objets peuvent créer d'autres objets, ils peuvent aussi invoquer les méthodes des autres. Comprendre les interactions entre ces objets est essentiel pour planifier, implanter et mettre au point des applications.

Nous pouvons utiliser des diagrammes sur papier, lire le code et le débogueur pour étudier l'exécution d'une application ou effectuer le suivi des erreurs.

Résumé des concepts

Abstraction : L'abstraction correspond à la capacité d'ignorer les détails pour se concentrer sur un niveau supérieur du problème.

Modularité : La modularité est le processus de division d'un tout en parties bien définies, qui peuvent être élaborées et étudiées séparément, et qui interagissent de façons bien définies.

Les classes définissent des types : Un nom de classe peut être utilisé comme type pour une variable. Les variables qui disposent d'une classe en guise de type peuvent stocker des objets de cette classe.

Diagramme de classes : Le diagramme de classes présente les classes d'une application et leurs relations. Il fournit des informations sur le code source. Il présente la vue statique d'un programme.

Diagramme d'objets : Le diagramme d'objets montre les objets et leurs relations à un moment donné au cours de l'exécution d'une application. Il présente la vue dynamique d'un programme.

Référence aux objets : Les variables de type objet stockent des références aux objets.

Type primitif : Les types primitifs dans Java correspondent aux types qui ne sont pas des objets. int, boolean, char, double et long sont les plus communs. Les types primitifs n'ont pas de méthodes.

Création d'objet : Les objets peuvent créer d'autres objets à l'aide de l'opérateur new.

Surcharge : Une classe peut contenir plusieurs constructeurs ou plusieurs méthodes du même nom, à condition que chacun possède un ensemble distinct de types de paramètres.

Appel de méthode interne : Les méthodes peuvent appeler d'autres méthodes de la même classe, du même objet. Il s'agit d'un appel de méthode interne.

Appel de méthode externe : Les méthodes peuvent appeler les méthodes d'autres objets à l'aide de la notation pointée. Il s'agit d'un appel de méthode externe.

Débogueur : Un débogueur est un outil logiciel qui permet d'étudier l'exécution d'une application. Il peut permettre de retrouver des erreurs.

Exercice 3.31

Utilisez le débogueur pour étudier le projet *clock-display*. Définissez les points d'arrêt dans le constructeur `ClockDisplay` et dans chacune des méthodes, puis évoluez pas à pas dans chacune d'entre elles. Se comporte-t-il comme vous l'attendiez ? Cela vous ouvre-t-il de nouveaux horizons ? Si oui, lesquels ?

Exercice 3.32

Utilisez le débogueur pour étudier la méthode `insertMoney` du projet *better-ticket-machine* du chapitre 2. Réalisez des tests qui permettront d'exécuter les deux branches de l'instruction si.

Exercice 3.33

Ajoutez une ligne d'objet aux éléments de courrier du projet *mail-system*. Vérifiez que l'affichage des messages affiche aussi la ligne d'objet. Modifiez le client de messagerie en conséquence.

4

Groupement d'objets

Concepts clés de ce chapitre

- Collections
- Boucles
- Itérateurs
- Tableaux

Notions Java

- `ArrayList`, `Iterator`, boucle `while`, `null`, transtypage, tableau, boucle `for`

Termes introduits dans ce chapitre

- Collection, tableau, itérateur, boucle `while`, boucle `for`, index, instruction d'import, bibliothèque, paquetage (« package »), transtypage

L'objectif principal de ce chapitre est d'introduire des méthodes qui permettent de regrouper des objets en collections. Nous verrons en particulier la classe `ArrayList`, un exemple de collections de taille variable et l'utilisation d'objets tableaux pour des collections de taille fixe. Pour parcourir les éléments que contiennent les collections, nous aborderons deux nouvelles structures de contrôle : la boucle `while` et la boucle `for`.

Groupement d'objets dans des collections de taille variable

Lors de l'écriture de programmes, il est souvent nécessaire de grouper des objets dans des collections. Par exemple :

- Les organiseurs électroniques mémorisent des notes pour des rendez-vous, des réunions, des anniversaires, etc.

- Les bibliothèques conservent des informations sur les livres et les journaux qu'elles possèdent.
- Les universités conservent des dossiers sur leurs étudiants actuels et précédents.

Généralement, le nombre d'éléments stockés dans ces situations varie dans le temps. Dans le cas d'un organiseur électronique, par exemple, l'utilisateur ajoute de nouvelles notes à mesure qu'il organise des événements et supprime les anciennes notes lorsque ces événements sont passés. Dans une bibliothèque, l'inventaire change à l'achat de nouveaux livres et lorsque les anciens sont mis au stock ou jetés.

Jusqu'à présent, nous n'avons rencontré aucune fonction de Java qui nous permettrait de grouper des quantités arbitraires d'éléments. Nous pourrions définir une classe contenant de nombreux champs pour couvrir un très grand nombre d'éléments fixes, mais les programmes ont souvent besoin d'une solution plus générale. En outre, nous ne connaissons pas toujours à l'avance le nombre d'éléments à regrouper, et nous ne pouvons pas toujours fixer de limite supérieure à ce nombre.

Dans les prochaines sections, nous verrons l'exemple d'un agenda électronique et apprendrons à grouper un nombre arbitraire d'objets dans un seul objet conteneur.

Un agenda électronique

Nous allons modéliser l'application d'un agenda électronique qui propose les fonctions de base suivantes :

- Il permet de stocker des notes.
- Le nombre de notes qu'il peut stocker n'est pas limité.
- Il affichera chacune des notes.
- Il indiquera le nombre de notes qu'il contient à un instant T.

Nous verrons comment prendre en charge l'ensemble de ces fonctions très facilement si nous disposons d'une classe capable de stocker une quantité arbitraire d'objets (les notes). Cette classe est déjà disponible dans l'une des *bibliothèques* incluses en standard dans un environnement Java.

Avant d'analyser le code source nécessaire pour utiliser cette classe, voyons le comportement de l'exemple de l'agenda.

Exercice 4.1

Ouvrez le projet *notebook1* dans BlueJ et créez un objet `Notebook`. Stockez-y quelques notes (des chaînes simples), puis vérifiez que le nombre de notes renvoyées par `numberOfNotes` correspond au nombre que vous avez stocké. Pour utiliser la méthode `showNote`, employez une valeur de paramètre de `0` (zéro) pour afficher la première note, 1 (un) pour la deuxième, etc. Nous en expliquerons les raisons par la suite.

Un premier aperçu des classes de bibliothèques

Concept

Collections. Les objets collections sont des objets qui peuvent stocker des quantités arbitraires d'autres objets.

L'un des avantages des langages orientés objet réside dans la présence de *bibliothèques de classes*. Ces bibliothèques contiennent généralement plusieurs centaines ou milliers de classes différentes qui ont été utiles aux développeurs pour tout un éventail de projets différents. Java en possède plusieurs parmi lesquelles nous choisirons tout au long de cet ouvrage. Java appelle ses bibliothèques des *paquetages* ; nous les verrons plus en détail dans les chapitres à venir. Les classes de bibliothèques fonctionnent exactement à la manière de nos propres classes : les instances sont construites à l'aide de `new` et les classes possèdent des champs, des constructeurs et des méthodes. Pour la classe `Notebook`, nous utiliserons la classe `ArrayList`, définie dans le paquetage `java.util`. Vous verrez comment procéder dans la prochaine section. `ArrayList` est un exemple de classe de collection. Les collections peuvent stocker une quantité arbitraire d'éléments, chacun représentant un autre objet.

Exemple d'utilisation d'une bibliothèque

Le code 4.1 montre la définition complète de notre classe `Notebook`, qui fait usage de la classe de bibliothèque `ArrayList`.

Code 4.1 • La classe `Notebook`.

```
import java.util.ArrayList;

/**
 * Une classe stockant une liste arbitrairement longue de notes.
 * Les notes sont numérotées pour référence externe par un utilisateur.
 * Dans cette version, les numéros des notes commencent à 0.
 *
 * @author David J. Barnes et Michael Kolling.
 * @version 2001.06.08
 */
public class Notebook
{
    // Stockage d'un nombre arbitraire de notes.
    private ArrayList notes;

    /**
     * Réalise toute initialisation nécessaire à
     * l'agenda.
     */
```

Code 4.1 • La classe `Notebook` *(suite)*.

```
    public Notebook()
    {
        notes = new ArrayList();
    }

    /**
     * Stocke une nouvelle note dans l'agenda.
     * @param note La note à stocker.
     */
    public void storeNote(String note)
    {
        notes.add(note);
    }

    /**
     * @return Le nombre de notes actuellement dans l'agenda.
     */
    public int numberOfNotes()
    {
        return notes.size();
    }

    /**
     * Affiche une note.
     * @param noteNumber Le numéro de la note à afficher.
     */
    public void showNote(int noteNumber)
    {
        if(noteNumber < 0) {
            // Ceci n'est pas un numéro de note valable, ne rien faire.
        }
        else if(noteNumber < numberOfNotes()) {
            // Ceci est un numéro de note valable, à afficher.
            System.out.println(notes.get(noteNumber));
        }
        else {
            // Ceci n'est pas un numéro de note valable, ne rien faire.
        }
    }
}
```

La première ligne du fichier de classe illustre la manière qui permet d'accéder à une classe de bibliothèque dans Java, *via* une *déclaration d'import* :

```
import java.util.ArrayList;
```

Cela met à disposition la classe `ArrayList` du paquetage `java.util` pour notre définition de classe. Les instructions d'import doivent toujours être placées avant les définitions de classe dans un fichier. Une fois qu'un nom de classe a ainsi été importé d'un paquetage, nous pouvons utiliser cette classe comme s'il s'agissait de l'une des nôtres. Nous utilisons donc `ArrayList` en tête de la classe `Notebook` pour définir un champ `notes` :

```
private ArrayList notes;
```

Cela nous servira à stocker des notes. Dans le constructeur de l'agenda, nous créons un objet `ArrayList` et nous le stockons dans le champ `notes` :

```
notes = new ArrayList();
```

La classe `ArrayList` définit un certain nombre de méthodes, mais nous n'en utiliserons que trois pour l'instant, afin de prendre en charge la fonctionnalité dont nous avons besoin : `add`, `size` et `get`.

Les deux premières sont illustrées dans les méthodes simples `storeNote` et `numberOfNotes` respectivement. La méthode `add` d'un `ArrayList` stocke un objet dans la liste et la méthode `size` renvoie le nombre d'éléments qui y sont actuellement stockés.

Structures d'objets et collections

Pour comprendre le fonctionnement d'un objet de collection comme `ArrayList`, il est utile d'étudier un diagramme d'objets. La figure 4.1 montre l'apparence d'un objet `Notebook` s'il contenait deux notes. Comparez la figure 4.1 et la figure 4.2, où une troisième note a été ajoutée.

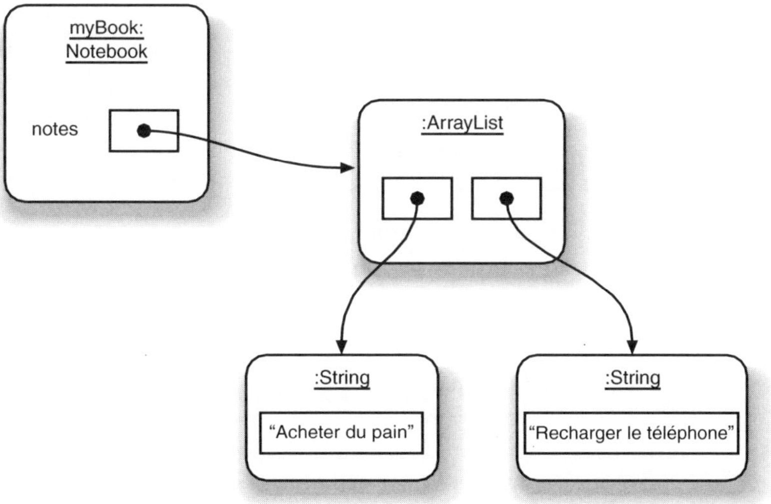

Figure 4.1 • Un agenda contenant deux notes.

La classe `ArrayList` comprend au moins trois fonctions importantes à observer :

- Elle peut augmenter sa capacité interne selon les besoins : à mesure que d'autres éléments lui sont ajoutés, elle crée de la place pour les mémoriser.
- Elle assure le compte du nombre d'éléments qui lui sont ajoutés. Sa méthode `size` renvoie le nombre d'objets qui y sont actuellement stockés.

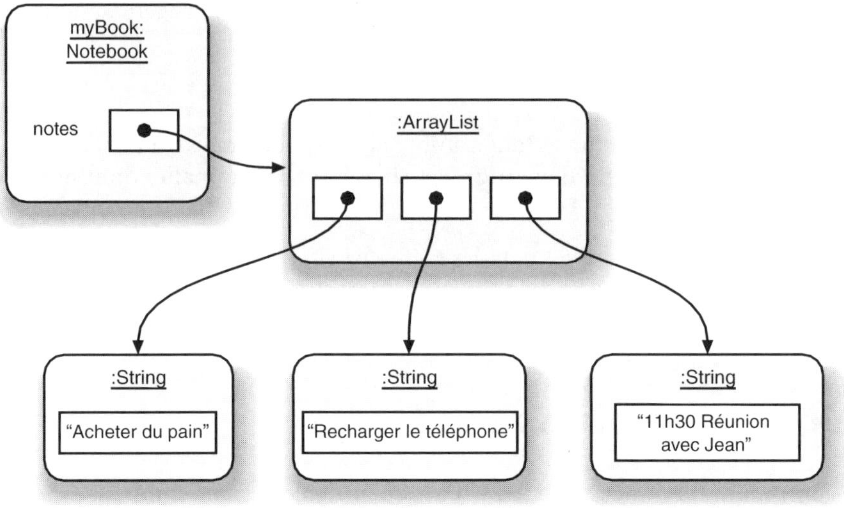

Figure 4.2 • Un agenda contenant trois notes.

- Elle mémorise l'ordre des éléments insérés. Vous pourrez ensuite les récupérer dans le même ordre.

L'objet `Notebook` est assez simple : il ne possède qu'un champ qui stocke un objet `ArrayList`. Le travail difficile semble être réalisé dans l'objet `ArrayList`. C'est l'un des grands avantages à utiliser les classes de bibliothèques : une autre personne a investi du temps et des efforts pour implanter un élément utile et nous avons accès à cette fonctionnalité presque gratuitement en utilisant cette classe.

Pour l'heure, ne nous inquiétons pas de la *manière* dont un `ArrayList` est capable de prendre en charge ces fonctions. Il suffit de comprendre l'utilité de cette caractéristique. Nous pouvons l'utiliser pour écrire autant de classes différentes que voulu pour stocker une quantité arbitraire d'objets.

La deuxième fonction, celle par laquelle l'objet `ArrayList` compte les objets insérés, a des conséquences importantes sur l'implantation de la classe `Notebook`. Même si un agenda possède une méthode `numberOfItems`, nous n'avons pas véritablement défini de champ spécifique pour enregistrer ces informations. L'agenda déléguera la responsabilité du suivi du nombre des éléments à son objet `ArrayList`. Ainsi, il ne duplique pas les informations qui sont disponibles ailleurs. Si un utilisateur lui demande des informations sur le nombre de notes qu'il contient, il transfère la question à l'objet `notes`, puis renvoie la réponse qu'il obtient.

La duplication des informations ou du comportement est à éviter. Elle est synonyme de perte de temps et peut générer des incohérences lorsque deux éléments qui doivent être identiques ne le sont pas du fait d'une erreur.

Numérotation au sein des collections

Si l'on regarde le projet de l'agenda dans l'exercice 4.1, nous voyons qu'il faut utiliser des valeurs de paramètres commençant à zéro pour afficher les notes. En effet, la numérotation ou le positionnement implicite des éléments stockés dans les collections démarre à zéro. La position d'un objet dans une collection est plus généralement connue sous le nom *index*. Le premier élément ajouté à une collection a le numéro d'index 0, le deuxième le numéro d'index 1, etc. La figure 4.3 illustre la même situation que précédemment, mais les numéros d'index sont présentés dans l'objet `ArrayList`.

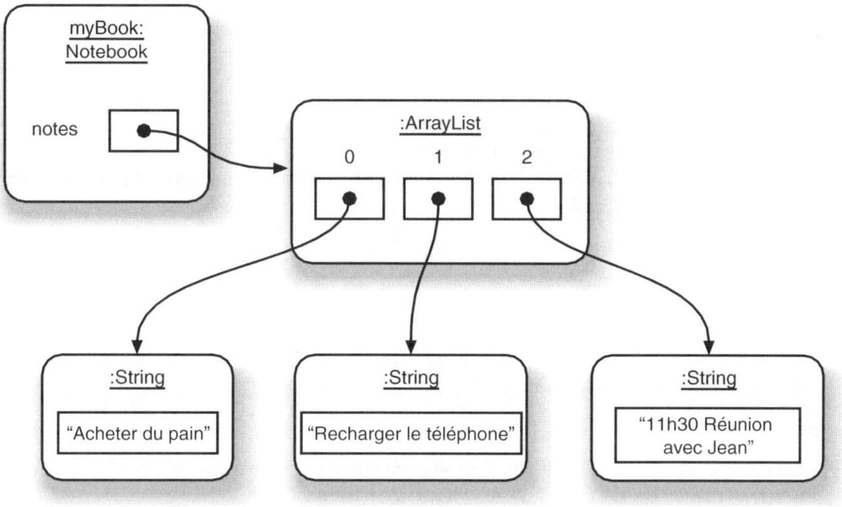

Figure 4.3 • Les numéros d'index des éléments d'une collection.

La méthode `showNote` du code 4.1 montre l'utilisation d'un numéro d'index pour récupérer un élément de `ArrayList` *via* sa méthode `get`. Le code de la méthode `showNote` doit s'assurer que la valeur du paramètre est comprise dans la plage de valeurs valides `[0 … (size-1)]` avant que `get` ne soit appelé (attention, `get` ne supprime pas un élément de la collection).

Attention

Soyez attentif, sinon vous risquez d'essayer d'accéder à un élément de collection qui se trouve en dehors des valeurs d'index valides de `ArrayList`. Dans ce cas, vous recevrez un message d'erreur. Cette erreur est appelée *index-out-of-bounds* (index hors limites). Dans Java, le message signalera une exception `IndexOutOfBoundsException`.

Suppression d'un élément d'une collection

Il peut parfois être utile de supprimer de vieilles notes de `Notebook` lorsqu'elles deviennent obsolètes. En principe, cela ne pose pas de problème, car la classe `ArrayList` dispose d'une méthode `remove` qui retrouve l'index de la note à supprimer. Lorsqu'un utilisateur veut supprimer une note de l'agenda, il suffit d'invoquer la méthode `remove` de l'objet notes. Le code 4.2 montre une méthode `removeNote` que nous pourrions ajouter à la classe `Notebook`.

Code 4.2 • Supprimer une note de l'agenda.

```
public void removeNote(int noteNumber)
{
    if(noteNumber < 0) {
        // Ceci n'est pas un numéro de note valable, ne rien faire.
    }
    else if (noteNumber < numberOfNotes()) {
        // Ceci est un numéro de note valable, nous pouvons la supprimer.
        notes.remove(noteNumber);
    }
    else {
        // Ceci n'est pas un numéro de note valable, ne rien faire.
    }
}
```

Or, l'opération de suppression peut modifier les valeurs d'index d'autres notes de la collection. Si l'on supprime un élément ayant un numéro d'index parmi les premiers, tous les éléments suivants dans la collection sont déplacés d'un rang pour remplir l'espace. Leurs numéros d'index sont ainsi diminués de 1.

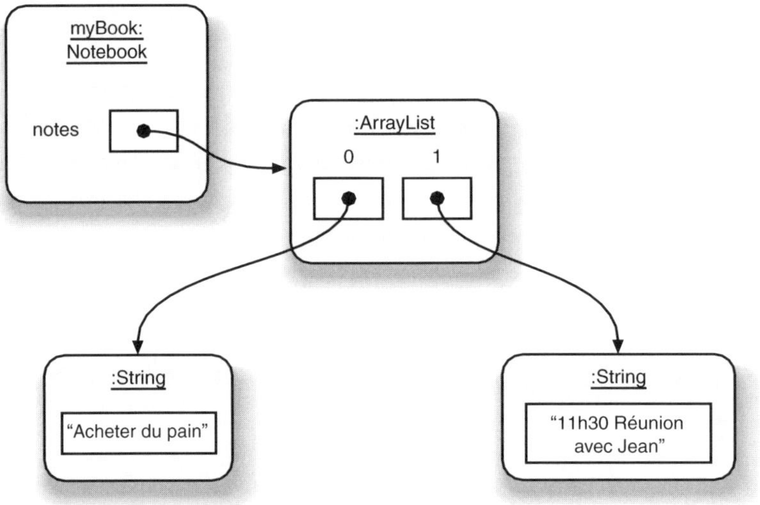

Figure 4.4 • Le numéro d'index change suite au retrait d'un élément.

La figure 4.4 montre la modification de certaines des valeurs d'index des éléments d'un `ArrayList` lorsqu'on supprime un élément au milieu de la liste. Pour reprendre la situation décrite à la figure 4.3, la note numéro 1 (« Recharger le téléphone ») a été supprimée. Donc, l'index de la note qui était à l'origine au numéro 2 (« 11 h 30 Réunion avec Jean ») est passée au numéro 1, tandis que la note qui était à la position d'index 0 ne bouge pas.

De plus, nous verrons qu'il est également possible d'insérer des éléments dans un `ArrayList` ailleurs qu'à la fin. Ceux qui se trouvent déjà dans la liste peuvent donc voir leurs numéros d'index augmenter. Sachez que ces types de changements sont possibles.

Exercice 4.2

Implantez une méthode `removeNote` dans votre agenda.

Traitement de l'ensemble d'une collection

Si l'ajout ou le retrait des notes signifie que les numéros d'index peuvent changer de temps à autre, il pourrait être utile de disposer d'une méthode dans la classe `Notebook` qui recenserait l'ensemble des notes, ainsi que leurs numéros d'index actuels. Elle prendrait chaque numéro d'index valide et afficherait la note correspondant à ce nombre. Avant de poursuivre votre lecture, testez les exercices suivants pour voir si cette méthode peut être facilement écrite avec le langage Java que nous connaissons.

Exercice 4.3

Quel pourrait être l'en-tête de la méthode `listAllNotes` ? Quel type de retour doit-elle avoir ? A-t-elle besoin de prendre des paramètres ?

Exercice 4.4

Nous savons que la première note est stockée à l'index zéro dans `ArrayList`. Pourrions-nous écrire le corps de `listAllNotes` avec les lignes suivantes ?

```
System.out.println(notes.get(0));
System.out.println(notes.get(1));
System.out.println(notes.get(2));
```

Etc.

Combien faudrait-il d'instructions `println` pour terminer la version de `listAllNotes` décrite à l'exercice 4.4 ?

Vous avez probablement compris qu'il n'est pas vraiment possible de répondre à cette question, car cela dépend du nombre de notes contenues dans l'agenda au moment où elles sont affichées. S'il y a trois notes, il faudra trois instructions `println` ; s'il y en a quatre, il faudra quatre instructions, etc. Les méthodes `showNote` et `removeNote` montrent que la plage des numéros d'index valides à tout moment est `[0…(size-1)]`. Ainsi, une méthode `listAllNotes` doit aussi prendre en compte cette taille dynamique pour effectuer sa tâche.

Ici, l'opération doit être répétée plusieurs fois, mais le nombre de fois dépend des circonstances. Nous rencontrerons ce type de problèmes dans de nombreux programmes, et la plupart des langages de programmation proposent diverses manières de résoudre ces problèmes. La solution que nous choisirons pour l'heure consiste à introduire l'une des *instructions de boucle* de Java : la *boucle* `while`.

La boucle `while`

Concept

Une **boucle** peut être utilisée pour exécuter un bloc d'instructions à plusieurs reprises sans qu'il soit utile de l'écrire plusieurs fois.

Une *boucle* `while` permet de réaliser un ensemble d'actions à plusieurs reprises, sans avoir à les réécrire plusieurs fois. La structure d'une boucle `while` se résume avec le pseudo-code suivant :

```
while(condition de la boucle) {
    corps de la boucle
}
```

L'élément nouveau de Java est le mot `while`. Une boucle `while` comprend deux parties : une condition présentée entre parenthèses qui suit `while`, et le corps de la boucle qui suit la condition. Le corps contient les instructions à réaliser à plusieurs reprises. La condition est une expression booléenne, qui permet de savoir s'il faut exécuter le corps au moins une fois de plus. Si la condition donne `true`, le corps est exécuté. Après chaque exécution du corps, elle est à nouveau vérifiée. Ce processus se répète jusqu'à ce que la condition donne `false`, auquel cas le corps de la boucle est ignoré et l'exécution passe à l'élément qui suit immédiatement le corps de la boucle.

Voici un résumé à l'aide d'un pseudo-code qui permet d'énumérer toutes les notes de l'agenda :

```
while(il y a au moins une autre note à imprimer) {
    affiche la note suivante
}
```

Le code 4.3 montre une implantation de la méthode `listNotes` qui énumère toutes les notes présentes dans l'agenda à l'aide d'une boucle `while`.

Code 4.3 • Utilisation d'une boucle `while` pour énumérer les notes.

```
/**
 * Énumère toutes les notes de l'agenda.
 */
public void listNotes()
{
    int index = 0;
    while(index < notes.size()) {
```

```
        System.out.println(notes.get(index));
        index++;
    }
}
```

Dans cette boucle `while`, une variable entière permet de parcourir toutes les notes stockées dans l'agenda. L'index est tout d'abord initialisé sur zéro pour vérifier que nous commençons bien à la première note, puis toutes les notes sont affichées grâce à un accès répété de la note à `index` ; `index` est incrémenté et l'on vérifie à nouveau si la fin est atteinte.

La dernière instruction du corps de la boucle `while` montre un opérateur particulier qui incrémente une variable numérique de 1 :

```
index++
```

Cela équivaut à :

```
index += 1
```

Prenez garde à ne pas confondre la boucle `while` avec l'instruction si. Même si elles se ressemblent, leur fonctionnement est très différent. En effet, lorsque le corps de la boucle `while` est exécuté pour la première fois, on revient au test pour voir s'il doit être exécuté une nouvelle fois.

Réalisez les exercices suivants pour bien comprendre le fonctionnement des diverses parties d'une boucle `while`.

Exercice 4.5

Implantez la méthode `listNotes` dans votre version du projet de l'agenda (la version *notebook2* de ce projet contient une solution avec l'implantation de cette méthode, mais nous vous recommandons de l'écrire vous-même pour bien comprendre le sujet).

Exercice 4.6

Créez un `Notebook` et stockez-y quelques notes. Utilisez la méthode `listNotes` pour les afficher et vérifier qu'elles fonctionnent correctement.

Exercice 4.7

Si vous le souhaitez, utilisez le débogueur pour comprendre la répétition des instructions du corps de la boucle `while`. Définissez un point d'arrêt juste avant la boucle et avancez pas à pas dans la méthode jusqu'à ce que la condition de la boucle se révèle `false`.

Exercice 4.8

Modifiez `showNote` et `removeNote` pour afficher un message d'erreur si le numéro de la note saisi n'est pas valide.

Exercice 4.9

Modifiez la méthode `listNotes` afin qu'elle affiche la valeur de la variable locale `index` devant chaque note. Par exemple :

```
0: Acheter du pain.
1: Recharger le téléphone.
2: 11h30 Réunion avec Jean.
```

Cela permet de fournir facilement l'index adapté pour effacer une note.

Exercice 4.10

Lors d'une seule exécution de la méthode `listNotes`, la collection `notes` est interrogée à plusieurs reprises sur le nombre de notes qu'elle contient. Cela survient chaque fois que la condition de la boucle se vérifie. La valeur renvoyée par `size` varie-t-elle entre une vérification et l'autre ? Si vous pensez que la réponse est non, réécrivez la méthode `listNotes` afin que la taille de la collection `notes` soit déterminée une fois seulement et stockée dans une variable locale avant l'exécution de la boucle. Utilisez ensuite la variable locale dans la condition de la boucle plutôt que dans l'appel à `size`. Vérifiez que cette version donne les mêmes résultats. Si vous rencontrez des difficultés, essayez d'utiliser le débogueur pour retrouver les endroits qui posent problème.

Exercice 4.11

Modifiez votre agenda afin que les notes soient numérotées à partir de 1, plutôt que de 0. Souvenez-vous, l'objet `ArrayList` utilisera toujours les index à partir de zéro, mais les notes peuvent être numérotées à partir de 1 dans votre listage. N'oubliez pas de modifier `showNote` et `removeNote` en conséquence.

Parcourir une collection

Concept

Un **itérateur** est un objet qui permet de parcourir tous les éléments d'une collection.

Étudier chaque élément d'une collection est une activité commune. À tel point qu'un `ArrayList` propose une méthode particulière pour *parcourir* son contenu. La méthode `iterator` d'un `ArrayList` renvoie un objet `Iterator`[1]. `Iterator` est aussi défini dans le paquetage `java.util`, il faut donc ajouter une deuxième instruction d'import au fichier de classe pour l'utiliser :

```
import java.util.ArrayList;
import java.util.Iterator;
```

1. Attention à bien faire la distinction entre les différentes casses des premières lettres de la méthode `iterator` et du type `Iterator`.

Un `Iterator` propose deux méthodes pour parcourir une collection : `hasNext` et `next`. Son utilisation habituelle peut être décrite dans le pseudo-code comme suit :

```
Iterator it = myCollection.iterator();
while(it.hasNext()) {
   appelle it.next() pour obtenir le prochain objet
   faire quelque chose avec cet objet
}
```

Dans ce fragment de code, nous utilisons tout d'abord la méthode `iterator` de la classe `ArrayList` pour obtenir un objet itérateur. Puis nous utiliserons cet itérateur pour vérifier à plusieurs reprises s'il y a encore des objets (`it.hasNext()`) et pour obtenir l'objet suivant (`it.next()`). À noter que c'est à l'itérateur que nous demandons de renvoyer l'élément suivant, et non à la collection.

À l'aide d'un itérateur, nous pouvons écrire une méthode qui énumérera les notes, comme indiqué au code 4.4. En effet, l'itérateur démarre au début de la collection et avance progressivement, objet par objet, chaque fois que nous appelons sa méthode `next`.

Code 4.4 • Utiliser un `Iterator` pour énumérer les notes.

```
/**
 * Énumère toutes les notes de l'agenda.
 */
public void listNotes()
{
   Iterator it = notes.iterator();
   while(it.hasNext()) {
      System.out.println(it.next());
   }
}
```

Prenez le temps de comparer les deux versions de `listNotes` présentées au code 4.3 et au code 4.4. Remarquez, dans la dernière version, que la variable locale `index` n'a plus d'utilité. Cela est dû au fait que `Iterator` effectue le suivi de la distance parcourue dans la collection, il sait donc s'il reste des éléments (`hasNext`) et connaît ceux qu'il faut renvoyer (`next`) le cas échéant.

Accès à l'index ou itérateurs

Nous avons vu, dans les deux dernières sections, qu'il existe au moins deux manières différentes de parcourir un `ArrayList` : nous pouvons utiliser la méthode `get` avec un index (comme nous l'avons vu à la section « La boucle `while` ») ou utiliser un objet `Iterator` (section « Parcourir une collection »).

D'après ce que nous savons, les deux approches semblent de même qualité, la première étant légèrement plus simple à comprendre.

Pour un `ArrayList`, les deux méthodes conviennent. Or, ce n'est pas toujours le cas. Outre `ArrayList`, Java propose plusieurs autres classes de collection. Nous en verrons plusieurs dans les chapitres suivants. Pour certaines, il est soit impossible, soit très inefficace d'accéder à chaque élément à l'aide d'un index. Notre première version de la boucle est donc spécifique à la collection `ArrayList` et risque de ne pas fonctionner pour d'autres types de collections.

La deuxième solution, qui utilise un itérateur, est disponible pour toutes les collections de la bibliothèque de classes Java, et est donc un modèle de code important que nous utiliserons à nouveau dans les projets suivants.

À propos de l'exemple de l'agenda

Dans l'exemple de l'agenda, nous avons vu comment utiliser un objet `ArrayList` créé à partir d'une classe, elle-même issue d'une bibliothèque de classes, et ce, pour stocker un nombre arbitraire d'objets dans une collection. Nous n'avons pas à connaître à l'avance le nombre d'objets à stocker, l'objet `ArrayList` le fait automatiquement.

Nous avons vu comment utiliser une boucle pour parcourir tous les éléments de la collection. Java possède plusieurs constructions de boucles : celle que nous avons utilisée ici s'appelle une *boucle* `while`.

Avec un `ArrayList`, nous pouvons soit accéder aux éléments en fonction de l'index, soit parcourir tous les éléments à l'aide d'un objet `Iterator`.

Autre exemple : un système d'enchères

Dans cette section, nous reverrons certaines des idées introduites dans ce chapitre en les replaçant dans un contexte différent.

Le projet *auction* modélise une partie d'un système d'enchères en ligne. Il contient les classes suivantes : `Auction`, `Bid`, `Lot` et `Person`. Ici, une enchère est constituée d'un ensemble d'articles à vendre. Ces articles sont appelés des « lots ». Les personnes font des offres pour les lots, et l'offre la mieux-disante remporte le lot à la fin de l'enchère. Ni la classe `Person` ni la classe `Bid` ne génèrent d'activité dans le système d'enchères, nous n'en discuterons donc pas en détail : `Person` stocke simplement le nom d'un enchérisseur et `Bid` mémorise la valeur de cette offre et l'identité de l'enchérisseur. L'étude de ces classes est laissée au choix du lecteur. Nous nous concentrerons sur les classes `Lot` et `Auction`.

La classe `Lot`

La classe `Lot` mémorise une description du lot, un numéro de lot et les détails de l'offre la mieux-disante reçue jusqu'à présent. Sa partie la plus complexe est la méthode `bidFor` (code 4.5). Elle gère l'arrivée d'une offre pour le lot. Elle doit vérifier que la nouvelle offre est supérieure en valeur à celle qui existe pour ce lot. Si c'est le cas, la nouvelle offre est enregistrée comme offre la mieux-disante.

Code 4.5 • Gestion d'une offre pour un lot.

```
public class Lot
{
    //*** Code des champs et du constructeur non reproduit.
    /**
     * Tentative d'enchérir sur ce lot. Une offre gagnante
     * doit avoir une valeur supérieure à toute offre précédente.
     * @param bidder L'enchérisseur.
     * @param value La valeur de l'offre.
     */
    public void bidFor(Person bidder, long value)
    {
        // Nous admettons que le lot est authentique. Rien n'empêchera
        // la présence d'une offre pour un faux lot, mais cela
        // n'apparaîtra pas dans la liste des enchères.
        if((highestBid == null) ||
               (highestBid.getValue() < value)) {
            // Cette offre est la mieux-disante jusqu'à maintenant.
            setHighestBid(new Bid(bidder, value));
        }
        else {
            System.out.println("Numéro du lot : " + getNumber() +
                               " (" + getDescription() + ")" +
                                 " a déjà une offre de : " +
                                 highestBid.getValue());
        }
    }
    //*** Code des autres méthodes non reproduit.
}
```

Ici, nous vérifions en premier si cette offre est la mieux-disante. Ce sera le cas s'il n'y a pas eu d'offre précédente ou si l'offre la plus haute est inférieure à l'offre actuelle. Cette première partie de la vérification inclut le test suivant :

```
highestBid == null
```

> ***Concept***
>
> Le mot clé Java **`null`** signifie « aucun objet » lorsqu'une variable objet ne fait pas référence à un objet particulier. Un champ qui n'a pas été explicitement initialisé contiendra la valeur `null` par défaut.

Cela teste si la variable `highestBid` fait actuellement référence à un objet. Le mot clé `null` correspond à une valeur Java particulière qui signifie « aucun objet ». Si vous vérifiez le constructeur de la classe `Lot`, vous verrez qu'aucune valeur initiale explicite n'a été attribuée à ce champ. Il contient donc la valeur par défaut des variables de référence d'objet, qui est `null`. Si ce lot n'a pas encore reçu d'offre, le champ `highestBid` contiendra toujours la valeur `null`.

Vous remarquerez que nous utilisons le type `long` pour la valeur de l'offre, pour pouvoir traiter de grands nombres entiers représentant des sommes d'argent importantes.

Une autre ligne à expliquer est la suivante :

```
setHighestBid(new Bid(bidder, value));
```

Ici, nous faisons deux choses :

- Nous créons un nouvel objet `Bid`.
- Nous transférons ce nouvel objet à la méthode `setHighestBid`.

Pour que ce soit plus explicite, nous pourrions l'étaler sur deux lignes :

```
Bid freshBid = new Bid(bidder, value)
setHighestBid(freshBid);
```

Les deux versions sont équivalentes, mais si la variable `freshBid` n'est plus utilisée par la suite, la première version évite d'avoir à définir une variable qui sera si peu employée.

La classe `Auction`

La classe `Auction` (code 4.6) illustre à nouveau les concepts de `ArrayList`, `Iterator` et de boucle `while` que nous avons vus précédemment dans ce chapitre.

Code 4.6 • La classe `Auction`.

```
import java.util.ArrayList;
import java.util.Iterator;

/**
 * Un modèle d'enchères simple.
 * L'enchère conserve une liste des lots de longueur arbitraire.
 * @author David J. Barnes et Michael Kolling.
 * @version 2001.06.08
 */
public class Auction
{
    // La liste des lots de cette enchère.
    private ArrayList lots;
    // Le numéro qui sera attribué au prochain lot entré
    // dans cette vente aux enchères.
    private int nextLotNumber;

    /**
     * Crée une nouvelle vente aux enchères.
     */
    public Auction()
    {
        lots = new ArrayList();
        nextLotNumber = 1;
    }

```

```
/**
 * Entre un nouveau lot dans les enchères.
 * Les lots ne peuvent être entrés que par un
 * objet Auction.
 * @param description Une description du lot.
 */
public void enterLot(String description)
{
    lots.add(new Lot(nextLotNumber, description));
    nextLotNumber++;
}

/**
 * Affiche la lite complète des numéros et descriptions de lots dans
 * cette enchère. Inclut les détails des offres les mieux-disantes.
 */
public void showLots()
{
    Iterator it = lots.iterator();
    while(it.hasNext()) {
        Lot lot = (Lot) it.next();
        System.out.println(lot.getNumber() + ": " +
                           lot.getDescription());
        // Inclut les détails de l'offre la mieux-disante.
        Bid highestBid = lot.getHighestBid();
        if(highestBid != null) {
            System.out.println("    Offre : " +
                               highestBid.getValue());
        }
        else {
            System.out.println("    (Pas d'offre)");
        }
    }
}

/**
 * Renvoie le lot avec le numéro donné. Renvoie 'null'
 * s'il n'existe pas de lot avec ce numéro.
 * @param number Le numéro du lot à renvoyer.
 */
public Lot getLot(int number)
{
    if((number >= 1) && (number < nextLotNumber)) {
        // Le numéro semble raisonnable.
        Lot selectedLot = (Lot) lots.get(number-1);
        // Inclut une vérification de confiance pour être sûrs que
        // nous avons le bon lot.
        if(selectedLot.getNumber() != number) {
            System.out.println("Erreur interne : " +
                               "Lot renvoyé erroné. " +
                               "Numéro : " + number);
        }
```

Code 4.6 • La classe Auction *(suite)*.

```
                return selectedLot;
            }
            else {
                System.out.println("Le numéro de lot : " + number +
                                   " n'existe pas.");
                return null;
            }
        }
    }
```

Le champ `lots` est un `ArrayList`, utilisé pour stocker les lots proposés dans cette enchère. Les lots sont entrés dans l'enchère par le transfert d'une description simple à la méthode `enterLot`. Pour qu'un nouveau lot soit créé, sa description et son numéro unique sont transférés au constructeur de `Lot`. Le nouvel objet `Lot` est ajouté à la collection.

Le transtypage

La méthode `showLots` illustre l'utilisation d'un `Iterator` pour présenter les lots d'une enchère. La première instruction du corps de la boucle `while` illustre une nouvelle fonction importante, le *transtypage*.

```
Lot lot = (Lot) it.next();
```

Un transtypage est constitué du nom d'un type écrit seul entre parenthèses :

```
(Lot)
```

Le transtypage se retrouve généralement lorsque l'on récupère des objets d'une collection. Il est obligatoire puisqu'une collection peut contenir *n'importe quel* type d'objet. Il faut donc préciser au compilateur le type d'objet que nous récupérons dans chaque cas, à la fois lorsqu'on utilise la méthode `next` d'un itérateur et la méthode `get` d'une collection.

Exercice 4.12

Trouvez un autre exemple de transtypage dans la méthode `getLot` de la classe `Auction`.

Exercice 4.13

Que se passe-t-il si vous essayez de compiler la classe `Auction` sans aucun `transtypage` ? Par exemple, modifiez la méthode `showLots` afin que la première instruction du corps de la boucle `while` indique :

```
Lot lot = it.next();
```

Exercice 4.14

Ajoutez une méthode `close` à la classe `Auction`. Elle doit parcourir la collection de lots et afficher les détails de tous les lots. Pour les lots qui ont été vendus, les détails doivent inclure le nom du mieux-disant et la valeur de l'offre gagnante. Pour les lots qui n'ont pas été vendus, affichez un message l'indiquant.

Exercice 4.15

Ajoutez une méthode `getUnsold` à la classe `Auction` avec la signature suivante :

```
public ArrayList getUnsold()
```

Cette méthode doit parcourir le champ `lots`, en stockant les lots invendus dans une nouvelle variable locale `ArrayList`. À la fin de la méthode, renvoyez la liste de lots invendus.

Exercice 4.16

Supposez que la classe `Auction` inclut une méthode qui permette de supprimer un lot des enchères. En supposant que les champs `lotNumber` des lots restants ne soient pas modifiés lorsqu'un lot est supprimé, quelle conséquence aurait la possibilité de supprimer des lots sur la méthode `getLot` ?

Exercice 4.17

Réécrivez `getLot` afin qu'il ne se fie pas à un lot présentant un nombre particulier stocké à l'index `(number-1)` dans la collection. Vous pouvez supposer que les lots sont toujours stockés par ordre croissant, en fonction de leur numéro.

Exercice 4.18

Ajoutez une méthode `removeLot` à la classe `Auction`, avec la signature suivante :

```
/**
 * Supprime le lot portant le numéro donné.
 * @param number Le numéro du lot à supprimer.
 * @return Le lot portant le numéro donné ou null si
 * ce lot n'existe pas.
 */
public Lot removeLot(int number)
```

Cette méthode ne doit pas supposer qu'un lot portant un numéro donné est stocké à un emplacement particulier dans la collection.

Collections de taille fixe

Nous avons vu que des classes comme `ArrayList` permettent, en toute commodité, de créer des collections contenant une quantité arbitraire d'objets. La bibliothèque Java contient d'autres collections de ce genre ; nous en verrons certaines au chapitre suivant. Ces collections sont performantes, car nous n'avons pas à connaître à l'avance le nombre d'éléments qui y seront stockés et parce qu'il est possible de modifier le nombre d'éléments qu'elles contiennent. Toutefois, pour certaines applications, nous *connaissons* par avance le nombre d'éléments que nous souhaitons y stocker ; ce nombre n'est généralement pas modifié pendant la durée de vie de la collection. Dans ce cas, nous pouvons choisir l'utilisation d'un objet collection spécialisé, de taille fixe.

Concept
Un **tableau** est un type spécial de collection capable de stocker un nombre déterminé d'éléments.

Une collection de taille fixe est appelée *tableau*. Même si la taille fixe peut constituer un inconvénient notable dans de nombreux cas, elle présente au moins deux avantages par rapport aux classes de collections de taille variable :

- L'accès aux éléments contenus dans un tableau est souvent plus efficace que l'accès aux éléments d'une collection comparable de taille variable.
- Les tableaux peuvent stocker des objets de valeurs de type primitif. Les collections de taille variable ne peuvent stocker que des objets.

Autre trait caractéristique des tableaux, leur prise en charge syntaxique particulière dans Java (on utilise, pour y accéder, une syntaxe différente de celle des appels de méthodes traditionnels). La raison est à chercher dans l'histoire : les tableaux sont la plus ancienne structure de collection des langages de programmation ; la syntaxe qui permet de les gérer a été développée il y a plusieurs dizaines d'années. Java emploie la syntaxe établie dans d'autres langages de programmation qui facilite la tâche des programmeurs déjà habitués aux tableaux, et ce, même si elle n'est pas cohérente avec le reste de la syntaxe du langage.

Dans les sections suivantes, nous présenterons les tableaux utilisés pour stocker des collections de taille fixe. Nous introduirons également une nouvelle structure de boucle souvent associée aux tableaux, la *boucle* `for`.

L'analyseur de fichier journal

Les serveurs Web conservent généralement des fichiers journaux consignant les accès client aux pages Web qu'ils contiennent. Grâce à des outils adaptés, ces journaux permettent aux directeurs des services Web d'extraire et d'analyser des informations utiles comme :

- les pages les plus populaires ;
- la présence de liens rompus sur d'autres sites vers les pages de leur site ;
- la quantité de données transmises aux clients ;
- les périodes les plus occupées pendant la journée, la semaine ou le mois.

Ces informations peuvent les aider à savoir, par exemple, s'ils doivent se tourner vers des serveurs plus puissants ou à connaître les périodes les plus calmes pour prévoir les activités de maintenance.

Le projet *weblog-analyzer* contient une application qui procède à une analyse des données d'un serveur Web de ce type. Le serveur écrit une ligne du journal dans un fichier lors de chaque accès. Un fichier d'exemple, nommé *weblog.txt* figure dans le dossier du projet. Chaque ligne précise la date et l'heure de l'accès au format suivant :

```
année mois jour heure minute
```

Par exemple, la ligne ci-après enregistre un accès réalisé à 3 h 45, le 7 juin 2002 :

```
2002 06 07 03 45
```

Le projet est constitué de quatre classes : `LogAnalyzer`, `LogReader`, `LogEntry` et `Logline Tokenizer`. Nous passerons la majeure partie de cette section à étudier la classe `Log Analyzer`, car elle contient des exemples de création et d'utilisation d'un tableau (code 4.7). Les exercices suivants vous encourageront à étudier et à modifier `LogEntry` qui utilise aussi un tableau. Les classes `LogReader` et `LogLineTokenizer` utilisent des fonctions du langage Java que nous n'avons pas encore vues, nous ne les traiterons pas en détail.

Code 4.7 • Un analyseur de fichier journal.

```
/**
 * Lit les données du serveur Web et analyse
 * les motifs d'accès horaires.
 *
 * @author David J. Barnes et Michael Kolling.
 * @version 2001.12.31
 */
public class LogAnalyzer
{
    // Où calculer les comptes d'accès horaires.
    private int[] hourCounts;
    // Utilise un LogfileReader pour accéder aux données.
    private LogfileReader reader;

    /**
     * Crée un objet pour analyser les accès Web chaque heure.
     */
    public LogAnalyzer()
    {
        // Crée l'objet tableau pour contenir les comptes
        // d'accès horaires.
        hourCounts = new int[24];
        // Crée le lecteur pour obtenir les données.
        reader = new LogfileReader();
    }

    /**
     * Analyse les données d'accès horaire depuis le fichier journal.
     */
```

Code 4.7 • Un analyseur de fichier journal *(suite).*

```
    public void analyzeHourlyData()
    {
        while(reader.hasMoreEntries()) {
            LogEntry entry = reader.nextEntry();
            int hour = entry.getHour();
            hourCounts[hour]++;
        }
    }

    /**
     * Affiche les comptes horaires.
     * Ils doivent avoir été définis avec un appel préalable
     * à analyzeHourlyData.
     */
    public void printHourlyCounts()
    {
        System.out.println("Hr : Compte");
        for(int hour = 0; hour < hourCounts.length; hour++) {
            System.out.println(hour + ": " + hourCounts[hour]);
        }
    }

    /**
     * Affiche les lignes de données lues par le LogfileReader.
     */
    public void printData()
    {
        reader.printData();
    }
}
```

L'analyseur n'utilise actuellement qu'une partie des données stockées dans la ligne de journal du serveur. Il fournit des informations qui nous permettraient de déterminer les heures du jour, en moyenne, qui ont tendance à être les plus occupées ou les plus calmes pour le serveur. Il y parvient en comptant le nombre d'accès réalisés au cours de chaque période d'une heure pendant la durée traitée par le journal.

Exercice 4.19

Parcourez le projet *weblog-analyzer* en créant un objet `LogAnalyzer` et en appelant sa méthode `analyzeHourlyData`. Suivez-le avec un appel à sa méthode `printHourlyCounts`, qui affichera les résultats de l'analyse. Quelles sont les heures les plus occupées de la journée ?

Dans les sections suivantes, nous verrons cette classe utiliser un tableau pour accomplir cette tâche.

Déclarer des variables de tableau

La classe `LogAnalyzer` contient un champ du type tableau :

```
private int[] hourCounts;
```

La caractéristique d'une déclaration de variable tableau est une paire de crochets qui fait partie du nom du type : `int[]`. Cela indique que la variable `hourCounts` est de type *tableau d'entiers*. `int` est le *type de base* de ce tableau particulier. Il est important de faire la distinction entre une déclaration de variable tableau et une déclaration de variable simple, dont l'aspect est assez identique :

```
int hour;
int[] hourCounts;
```

Ici, la variable `hour` ne peut stocker qu'une valeur entière, tandis que `hourCounts` sera utilisé pour faire référence à un objet tableau une fois cet objet créé. Une déclaration de variable tableau ne crée pas d'elle-même l'objet tableau. La création a lieu dans une étape séparée, à l'aide de l'opérateur `new`, comme pour les autres objets.

La déclaration d'une variable tableau illustre une distinction importante à faire entre les variables tableau et d'autres types de variables de collection. La déclaration d'une variable tableau inclut des détails sur le type d'élément qui sera stocké dans la collection (des entiers dans ce cas), tandis qu'une déclaration `ArrayList` ne contient pas d'informations sur le type d'éléments.

Exercice 4.20

Écrivez une déclaration pour une variable tableau `people` qui pourrait être utilisée pour faire référence à un tableau d'objets `Person`.

Exercice 4.21

Écrivez une déclaration pour une variable tableau `vacant` qui pourrait être utilisée pour faire référence à un tableau de valeurs `boolean`.

Exercice 4.22

Lisez la classe `LogAnalyzer` et identifiez tous les endroits où la variable `hourCounts` est utilisée. Pour l'instant, ne vous inquiétez pas de tous les `uses`, nous les expliquerons dans les sections suivantes. Notez la fréquence d'utilisation d'une paire de crochets avec la variable.

Créer des objets tableau

Le prochain point que nous étudierons est l'association d'une variable tableau à un objet tableau.

Le constructeur de la classe `LogAnalyzer` inclut une instruction pour créer un tableau d'entiers :

```
hourCounts = new int[24];
```

Cela crée un objet tableau capable de mémoriser 24 valeurs d'entiers séparées et amène la variable tableau `hourCounts` à faire référence à cet objet. La figure 4.5 montre le résultat de cette affectation.

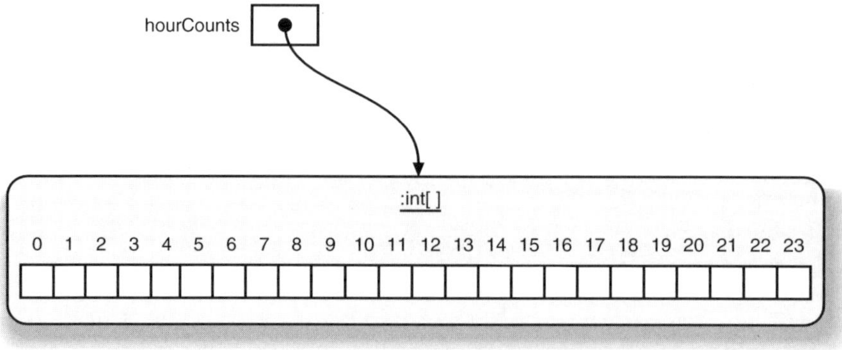

Figure 4.5 • Un tableau de 24 entiers.

La forme générale d'une construction d'objet tableau est :

```
new type[entier-expression]
```

Le choix de `type` spécifie le type d'éléments à mémoriser dans le tableau. Le terme *entier-expression* précise la taille du tableau, c'est-à-dire le nombre fixe d'éléments pouvant y être conservés.

Lorsqu'un objet tableau est affecté à une variable tableau, son type doit correspondre au type déclaré de la variable. L'affectation à `hourCounts` est autorisée, car l'objet tableau est un tableau d'entiers, et `hourCounts` est une variable tableau d'entiers. Ci-après la déclaration d'une variable tableau de chaînes avec référence à un tableau ayant une capacité de 10 chaînes :

```
String[] names = new String[10];
```

Il est important de remarquer que la création du tableau affecté à `names` ne crée pas véritablement 10 chaînes, mais bien une collection de taille fixe capable de stocker 10 chaînes. Ces chaînes seront probablement créées à un autre endroit de la classe à laquelle appartient `names`. Immédiatement après sa création, un objet tableau peut être considéré comme vide. Dans la prochaine section, nous étudierons le stockage des éléments dans des tableaux (et leur récupération).

Exercice 4.23

Étant donné les déclarations de variables suivantes :

```
double[] readings;
String[] urls;
TicketMachine[] machines;
```

écrivez des affectations qui accomplissent les tâches suivantes : (a) amener la variable `readings` à faire référence à un tableau capable de contenir 60 valeurs `double` ; (b) amener la variable `urls` à faire référence à un tableau capable de contenir 90 objets `String` ; (c) amener la variable `machines` à faire référence à un tableau capable de stocker 5 objets `TicketMachine`.

Exercice 4.24

Combien d'objets `String` sont créés par la déclaration suivante ?

```
String[] labels = new String[20];
```

Utiliser des objets tableau

Il est possible d'accéder à chaque élément d'un tableau grâce à l'*indexation*. Un index est une expression entière écrite entre crochets, d'après le nom d'une variable tableau. Par exemple :

```
labels[6]
machines[0]
people[x + 10 - y]
```

Les valeurs acceptées dans les expressions d'index dépendent de la longueur du tableau avec lequel elles sont utilisées. Les index de tableau commencent à zéro et augmentent jusqu'à atteindre la longueur du tableau moins un. Ainsi, les index valides pour le tableau `hourCounts` vont de 0 à 23 inclus.

Attention

Deux erreurs très communes consistent d'une part à penser que les index valides d'un tableau commencent à 1 et d'autre part à utiliser la valeur de longueur du tableau comme index. Utiliser des index en dehors des limites d'un tableau générera une erreur d'exécution appelée une exception `ArrayOutOfBoundsException`.

Les expressions qui sélectionnent un élément à partir d'un tableau peuvent être utilisées n'importe où lorsqu'une valeur du type de base du tableau pourrait être utilisée. Nous pouvons nous en servir des deux côtés des affectations. Voici quelques exemples qui font appel aux expressions de tableau à différents endroits :

```
labels[5] = "Quitter";
double half = readings[0] / 2;
System.out.println(people[3].getName());
Machines[0] = new TicketMachine(500);
```

Utiliser un index de tableau du côté gauche d'une affectation équivaut, sous forme de tableau, à une méthode de modification (ou méthode *set*) car le contenu du tableau sera modifié. Utiliser un index n'importe où ailleurs équivaut à une méthode d'accès (ou méthode *get*).

Analyser le fichier journal

Le tableau hourCounts créé dans le constructeur de LogAnalyzer permet de stocker une analyse des données d'accès. Elles sont stockées dans la méthode analyzeHourlyData et affichées dans les méthodes printHourlyCounts. La tâche de la méthode d'analyse étant de compter le nombre d'accès réalisés au cours de chaque période horaire, le tableau a besoin de 24 emplacements : un pour chaque heure de la journée. L'analyseur délègue la tâche de lecture de son fichier journal à un LogfileReader.

La classe LogfileReader est assez complexe et nous vous suggérons de ne pas passer trop de temps à étudier son implantation. Elle doit gérer la tâche de division de chaque ligne du journal en valeurs de données séparées ; toutefois, nous pouvons faire abstraction des détails de son implantation en étudiant simplement les en-têtes de deux de ses méthodes :

```
public boolean hasMoreEntries()
public LogEntry nextEntry()
```

La méthode hasMoreEntries indique à l'analyseur s'il existe au moins une entrée supplémentaire dans le fichier journal et la méthode nextEntry renvoie ensuite un objet LogEntry contenant la valeur de la ligne de journal suivante. Ces deux méthodes imitent le style des méthodes hasNext et next d'Iterator, car tout fichier journal pourrait contenir une quantité arbitraire d'entrées.

À partir de chaque LogEntry, la méthode analyzeHourlyData de l'analyseur récupère la valeur du champ hour :

```
int hour = entry.getHour();
```

Nous savons que la valeur stockée dans la variable locale hour sera toujours comprise dans une plage de 0 à 23, ce qui correspond exactement à la plage valide des index pour le tableau hourCounts. Chaque emplacement du tableau représente un compte des accès pour l'heure correspondante. Ainsi, chaque fois qu'une valeur hour est lue, le compte de cette heure doit être actualisé par 1. Nous l'écrivons ainsi :

```
hourCounts[hour]++;
```

L'alternative suivante est équivalente, car nous pouvons utiliser un élément de tableau exactement comme avec une variable ordinaire :

```
hourCounts[hour] = hourCounts[hour] + 1;
hourCounts[hour] += 1;
```

À la fin de la méthode analyzeHourlyData, nous disposons d'un ensemble complet de comptes cumulatifs pour chaque heure de la période du journal.

Dans la prochaine section, nous étudierons la méthode printHourlyCounts, qui introduit une nouvelle structure de contrôle adaptée à l'itération sur un tableau.

La boucle `for`

Dans la section « La boucle `while` », nous avons introduit une boucle qui parcourt une collection de taille variable. La *boucle `for`* constitue une structure de contrôle itérative alternative particulièrement adaptée lorsque :

- Nous souhaitons exécuter certaines instructions un nombre de fois déterminé.
- Nous avons besoin d'une variable à l'intérieur d'une boucle dont les valeurs changent par rapport à une somme donnée (généralement augmentée de 1) à chaque itération.

Par exemple, les boucles `for` conviennent pour réaliser une action sur chaque élément d'un tableau, comme l'affichage de leur contenu. Les critères sont respectés, puisque le nombre de fois déterminé correspond à la longueur du tableau et la variable est nécessaire pour fournir un index d'incrémentation dans le tableau.

Une boucle `for` a généralement la forme suivante :

```
for(initialisation; condition; action après le corps) {
   /// instructions à répéter
}
```

L'exemple qui suit est tiré de la méthode `printHourlyCounts` de l'analyseur du journal :

```
for(int hour = 0; hour < hourCounts.length; hour++) {
   System.out.println(hour + ": " + hourCounts[hour]);
```

Après cela, la valeur de chaque élément du tableau est affichée, précédée du numéro d'heure correspondant. Par exemple :

```
0: 149
1: 149
2: 148
…
23: 166
```

Nous pouvons illustrer l'exécution d'une boucle en réécrivant sa forme générale avec une boucle `while` équivalente :

```
/// initialisation;
while(condition) {
   /// instructions à répéter
   /// action après le corps
}
```

Ainsi, l'autre forme pour le corps de `printHourlyCounts` serait :

```
int hour = 0;
while(hour < hourCounts.length) {
   System.out.println(hour + ": " + hourCounts[hour]);
   hour++;
}
```

À partir de cette version réécrite, nous voyons que l'action venant après le corps ne s'exécute vraiment qu'après les instructions du corps de la boucle, malgré la position de l'action dans l'en-tête de la boucle. En outre, nous voyons que la partie initialisation n'est exécutée qu'une fois, immédiatement avant que la condition ne soit testée pour la première fois.

Dans les deux versions, notez en particulier la condition :

```
hour < hourCounts.length
```

Cela illustre deux points importants :

- Tous les tableaux contiennent un champ `length` qui stocke la valeur de la taille fixe de ce tableau. Cette valeur correspondra toujours à la valeur de l'expression entière utilisée pour créer l'objet tableau. Ainsi la valeur de `length` sera ici de 24.
- La condition utilise l'opérateur inférieur à « < » pour vérifier la valeur de `hour` par rapport à la longueur du tableau. Dans ce cas, la boucle se poursuivra tant que `hour` est inférieur à 24. En général, lorsque nous souhaitons accéder à chaque élément d'un tableau, un en-tête de boucle `for` aura la forme suivante :

  ```
  for(int index = 0; index < array.length; index++)
  ```

  C'est correct car nous ne souhaitons pas utiliser de valeur d'index égale à la longueur du tableau : cet élément n'existera jamais.

Exercice 4.25

Vérifiez ce qui arrive si la condition de la boucle `for` n'est pas correctement écrite à l'aide de l'opérateur « <= » dans `printHourlyCounts` :

```
for(int hour = 0; hour <= hourCounts.length; hour++)
```

Exercice 4.26

Réécrivez le corps de `printHourlyCounts` afin que la boucle `for` soit remplacée par une boucle `while` équivalente. Appelez la méthode réécrite pour vérifier qu'elle affiche les mêmes résultats que précédemment.

Exercice 4.27

Réécrivez la méthode suivante à partir de la classe `Notebook` dans le projet *notebook2* afin qu'elle utilise une boucle `for` plutôt qu'une boucle `while` :

```
/**
 * Énumère les notes de l'agenda.
 */
public void listNotes()
{
   int index = 0;
   while (index < notes.size()) {
      System.out.println(notes.get(index));
      index++;
   }
}
```

Exercice 4.28

Complétez la méthode `numberOfAccesses`, ci-après, pour compter le nombre total d'accès enregistrés dans le fichier journal. Complétez-la en utilisant une boucle `for` pour parcourir `hourCounts` :

```
/**
 * Renvoie le nombre d'accès enregistrés dans le fichier
 * journal.
 */
public int numberOfAccesses()
{
    int total = 0;
    // Ajoute la valeur de chaque élément de hourCounts
    // au total.
    ...
    return total;
}
```

Exercice 4.29

Ajoutez votre méthode `numberOfAccesses` à la classe `LogAnalyzer` et vérifiez qu'elle donne le résultat correct. *Astuce :* Vous pouvez simplifier votre vérification en amenant l'analyseur à lire les fichiers journaux ne contenant que quelques lignes de données. De cette manière, savoir si votre méthode donne ou non la réponse correcte sera plus facile. La classe `LogfileReader` possède un constructeur avec la signature suivante pour lire à partir d'un fichier particulier :

```
/**
 * Crée un LogfileReader qui fournira des données
 * à partir d'un fichier journal particulier.
 * @param filename Le fichier des données du journal.
 */
public LogfileReader(String filename)
```

Exercice 4.30

Ajoutez une méthode `busiestHour` à `LogAnalyzer` qui renvoie l'heure la plus occupée. Vous pouvez le faire en étudiant le tableau `hourCounts` pour trouver l'élément présentant le compte le plus important. *Astuce :* devez-vous vérifier tous les éléments pour voir si vous avez trouvé l'heure la plus occupée ? Si oui, utilisez une boucle `for`.

Exercice 4.31

Ajoutez une méthode `quietestHour` à `LogAnalyzer` qui renvoie le numéro de l'heure la moins occupée.[1]

---

1. Cela semble presque identique à l'exercice précédent, mais il y a un petit piège. N'oubliez pas de vérifier votre méthode avec des données dans lesquelles chaque heure possède un compte différent de zéro.

Exercice 4.32

Quelle heure est renvoyée par votre méthode `busiestHour` si plusieurs heures présentent le compte le plus élevé ?

Exercice 4.33

Ajoutez une méthode à `LogAnalyzer` qui trouve les périodes de deux heures les plus occupées. Renvoyez la valeur de la première heure de cette période.

Exercice 4.34

Exercice Défi – Enregistrez le projet *weblog-analyzer* sous un nom différent, afin de développer une nouvelle version qui effectue une analyse plus étendue des données disponibles. Par exemple, il serait utile de connaître les jours qui ont tendance à être plus calmes que d'autres : y a-t-il des motifs cycliques de sept jours, par exemple ? Pour réaliser l'analyse des données quotidiennes, mensuelles ou annuelles, vous devrez apporter des modifications à la classe `LogEntry`. Elle stocke déjà toutes les valeurs à partir d'une seule ligne de journal, mais seules les valeurs heure et minute sont disponibles *via* les méthodes d'accès. Ajoutez d'autres méthodes qui mettent à disposition les champs restants de la même manière. Ajoutez ensuite une plage de méthodes d'analyse supplémentaires pour l'analyseur.

Exercice 4.35

Exercice Défi – Si vous avez terminé l'exercice précédent, vous pouvez prolonger le format du fichier journal avec d'autres champs numériques. Par exemple, les serveurs conservent souvent un code numérique qui indique si un accès a réussi ou non : la valeur 200 représente un accès réussi, 403 signifie que l'accès au document a été interdit et 404 que le document n'a pas pu être trouvé. Amenez l'analyseur à fournir des informations sur le nombre d'accès réussis et sur ceux qui ont échoué. Cet exercice est probablement très difficile, car il demande de modifier chaque classe du projet.

Résumé

Dans ce chapitre, nous avons traité des mécanismes qui permettent de stocker des collections d'objets, plutôt que des objets simples dans des champs séparés. Nous avons étudié deux collections différentes en détail : `ArrayList` comme exemple d'une collection de taille variable et les tableaux comme exemple de collection de taille fixe.

Utiliser des collections comme celles-ci sera très important dans les projets suivants. Quasiment toutes les applications ont au moins une fois besoin d'une forme quelconque de collection. Elles sont essentielles à l'écriture des programmes.

Lorsqu'on utilise des collections, il faut parcourir tous leurs éléments pour utiliser les objets qui y sont stockés. Dans ce but, nous avons fait appel aux boucles et aux itérateurs.

Les boucles sont un autre concept fondamental de l'informatique que vous utiliserez dans tous les projets suivants. Familiarisez-vous suffisamment avec leur écriture : vous ne parviendrez à rien sans elles.

De plus, nous avons mentionné la bibliothèque de classes Java : une grande collection de classes utiles que nous pouvons utiliser pour améliorer nos propres classes. Nous devrons étudier la bibliothèque plus en détail pour savoir ce qu'elle contient qui peut nous être utile. Ce sera le sujet du prochain chapitre.

Résumé des concepts

Collections : Les objets collections sont des objets qui peuvent stocker des quantités arbitraires d'autres objets.

Boucle : Une boucle peut être utilisée pour exécuter un bloc d'instructions à plusieurs reprises sans qu'il soit utile de l'écrire plusieurs fois.

Itérateur : Un itérateur est un objet qui permet de parcourir tous les éléments d'une collection.

null : Le mot clé Java `null` signifie « aucun objet » lorsqu'une variable objet ne fait pas référence à un objet particulier. Un champ qui n'a pas été explicitement initialisé contiendra la valeur null par défaut.

Tableau : Un tableau est un type spécial de collection capable de stocker un nombre déterminé d'éléments.

Exercice 4.36

Dans le projet *`lab-classes`* étudié dans les chapitres précédents, la classe `LabClass` comprend un champ `students` pour stocker une collection d'objets `Student`. Lisez la classe `LabClass` afin de renforcer certains concepts vus dans ce chapitre.

Exercice 4.37

La classe `LabClass` applique une limite au nombre d'étudiants qui peuvent être inscrits dans un groupe de TP particulier. Dans ce sens, pensez-vous qu'il serait plus adapté d'utiliser un tableau de taille fixe à la place d'une collection de taille variable pour le champ `students` ? Donnez les raisons pour et contre.

Exercice 4.38

Java fournit un autre type de boucle : la boucle *`do-while`*. Comment cette boucle fonctionne-t-elle ? Décrivez-la. Écrivez un exemple de boucle `do-while` qui affiche les numéros de 1 à 10. Pour en savoir plus sur cette boucle, trouvez une description du langage Java, par exemple à l'adresse suivante (page en anglais) dans la section *Control Flow Statements* :

http://java.sun.com/docs/books/tutorial/java/nutsandbolts/

Exercice 4.39

Réécrivez la méthode `listNotes` de `notebook` à l'aide d'une boucle `do-while`.

Exercice 4.40

Découvrez l'instruction *switch-case* de Java. Quel est son but ? Comment est-elle utilisée ? Écrivez-en un exemple (c'est aussi une *instruction du flux de contrôle*, pour que vous trouviez des informations dans des lieux comparables à ceux de la boucle `do-while`).

5

Comportements complexes

Concepts clés de ce chapitre

- Utilisation des classes de bibliothèques
- Rédaction de la documentation
- Lecture de la documentation

Notions Java

- `String`, `ArrayList`, `Random`, `HashMap`, `HashSet`, `Iterator`, `StringTokenizer`, `static`, `final`

Termes introduits dans ce chapitre

- Interface, implantation, association, ensemble, `javadoc`, modificateur d'accès, masquage d'informations, couplage, variable de classe, statique, constante, `final`

Au chapitre 4, nous avons introduit la classe `ArrayList` de la bibliothèque de classes Java. Nous avons vu qu'elle nous permettait de stocker une quantité arbitraire d'objets, chose qui aurait été compliquée à faire sans elle.

Ce n'était qu'un exemple de classe utile de la bibliothèque Java qui en contient des milliers, beaucoup se révélant précieuses pour les travaux de programmation (mais il en existe aussi un grand nombre que l'on n'utilise jamais).

Un bon programmeur Java doit savoir travailler avec la bibliothèque Java et prendre des décisions en connaissance de cause sur les classes à utiliser. Lorsque vous aurez commencé à travailler avec la bibliothèque, vous découvrirez rapidement qu'elle permet d'effectuer facilement de nombreuses tâches. Apprendre à travailler avec les classes de la bibliothèque est le sujet principal de ce chapitre.

Nous introduirons et expliquerons plusieurs classes de bibliothèques différentes. Tout au long de ce chapitre, nous travaillerons à la construction d'une application (le système *TechSupport*), qui en utilise de nombreuses. Son implantation complète, qui contient toutes les idées et le code source traités ici, ainsi que plusieurs versions intermédiaires sont enregistrées sur le CD et sur le site Web de cet ouvrage. Même si elles permettent d'étudier la solution, nous vous recommandons de suivre le parcours tracé par les exercices de ce chapitre. Il débutera, après une courte étude du programme complet, par une version initiale très simple du projet, puis se développera graduellement jusqu'à implanter la solution complète.

L'application emploie de nombreuses classes et techniques des bibliothèques qui doivent chacune faire l'objet d'une étude à part, comme les nombres aléatoires, les associations par hachage, les ensembles et la transformation des chaînes en suite de mots (« tokenisation »). Sachez que ce chapitre n'a pas à être lu et compris en un seul jour ; il contient de nombreuses sections qui méritent d'être étudiées chacune pendant quelques jours. Lorsque vous atteindrez la fin et que vous aurez abouti à l'implantation suggérée dans les exercices, vous aurez acquis tout un éventail de connaissances importantes.

Documentation pour les classes de bibliothèques

Concept

Bibliothèque Java. La **bibliothèque de classes standard Java** contient de nombreuses classes très utiles. Il est important de savoir l'utiliser.

La bibliothèque Java est de taille considérable. Elle est constituée de milliers de classes, chacune disposant de nombreuses méthodes, à la fois avec et sans paramètres, et avec et sans types de retour. Il est impossible de les mémoriser toutes, ainsi que les détails qui les composent. Un bon programmeur Java doit plutôt connaître :

- le nom des classes les plus importantes de la bibliothèque (`ArrayList` est l'une des plus importantes) ;
- la manière de s'informer sur les autres classes et de rechercher des détails (comme les méthodes et les paramètres).

Dans ce chapitre, nous introduirons certaines des classes les plus importantes de la bibliothèque ; d'autres seront présentées tout au long de cet ouvrage. Nous vous montrerons surtout comment explorer et comprendre la bibliothèque par vous-même. Cela vous permettra d'écrire des programmes beaucoup plus intéressants. Heureusement, la bibliothèque Java est assez bien documentée. Sa documentation est disponible au format HTML (le format d'affichage des navigateurs Web). Elle nous aidera à nous renseigner sur les classes de bibliothèques.

Lire et comprendre la documentation constituera la première partie de notre introduction. Nous préciserons cette approche et verrons également comment préparer nos classes pour que d'autres puissent les utiliser (classes de bibliothèques standard). Cet aspect est très important pour le développement de véritables logiciels professionnels, lorsque des équipes s'occupent de grands projets et gèrent l'évolution des logiciels dans le temps.

Nous avons utilisé la classe `ArrayList` sans jamais étudier son code source. Nous n'avons pas non plus consulté son implantation, car ce n'était pas nécessaire pour utiliser sa fonctionnalité. Il nous suffisait de connaître le nom de la classe, les noms des méthodes, les paramètres et les types de retour de ces méthodes ainsi que leurs actions concrètes. Nous ne nous sommes pas préoccupés de la *manière* dont le travail était effectué. C'est ce qui arrive généralement lorsqu'on utilise des classes de bibliothèques.

Cela vaut également pour d'autres classes dans des projets logiciels plus importants. Généralement, plusieurs personnes collaborent sur un même projet, en travaillant chacune sur des éléments différents. Chaque programmeur doit se concentrer sur son propre domaine, et n'a pas besoin de comprendre les détails des autres parties (nous avons vu cela à la section « Abstraction et modularité » au chapitre 3). Chaque programmeur doit pouvoir utiliser les classes des autres membres de l'équipe comme s'il s'agissait de classes de bibliothèques, en en faisant une utilisation en connaissance de cause et sans avoir à connaître leur fonctionnement interne.

Pour que cela fonctionne, chaque membre de l'équipe doit écrire une documentation pour sa classe, identique à celle de la bibliothèque standard de Java, et qui permette à des tiers de l'utiliser sans avoir à lire le code. Ce sujet sera également traité dans ce chapitre.

Le système TechSupport

Nous étudierons ces sujets à l'aide d'un exemple. Cette fois, nous ferons appel à l'application *TechSupport*. Vous la trouverez sur le CD ou sur le site Web dans un projet nommé *tech-support1*.

TechSupport est un programme qui propose une assistance technique aux clients de la société informatique fictive DodgySoft. Il y a quelque temps, DodgySoft disposait encore d'un service d'assistance technique : le personnel répondait aux requêtes téléphoniques des clients relatives aux problèmes techniques des logiciels DodgySoft. Récemment, cependant, les affaires n'allant plus très bien, DodgySoft a décidé, par souci d'économie, de se débarrasser de ce service. La société veut maintenant développer le système *TechSupport* pour donner l'impression que le service fonctionne toujours. Le système est supposé imiter les réponses du personnel d'assistance. Les clients peuvent communiquer avec lui en ligne.

Explorer le système TechSupport

Exercice 5.1

Ouvrez et lancez le projet *tech-support-complete*. Pour cela, créez un objet de la classe `SupportSystem` et appelez sa méthode `start`. Entrez quelques questions relatives à votre logiciel pour tester le système. Voyez comment il réagit. Tapez « bye » lorsque vous avez terminé. Inutile d'examiner le source pour l'instant, ce projet correspond à la solution que nous aurons développée à la fin de ce chapitre.

L'objectif de cet exercice est uniquement de vous donner une idée de ce à quoi nous voulons parvenir.

Eliza

L'idée du projet *TechSupport* provient du programme d'intelligence artificielle Eliza, développé par Joseph Weizenbaum au MIT (*Massachusetts Institute of Technology*) dans les années soixante. Vous en saurez plus sur le programme original en recherchant les mots « Eliza » et « Weizenbaum » sur le Web.

Nous allons maintenant commencer une étude plus détaillée en utilisant le projet *tech-support1*. Il s'agit d'une première implantation rudimentaire de notre système. Nous l'améliorerons tout au long de ce chapitre. De cette manière, nous parviendrons à mieux comprendre l'ensemble du système.

Dans l'exercice 5.1, vous avez vu que le programme dialogue avec l'utilisateur. Ce dernier tape une question et le système répond. Essayez la même chose avec notre version prototype du projet, *tech-support1*.

Dans la version complète, le système parvient à produire des réponses assez variées. Quelquefois, elles semblent même logiques ! Dans la version que nous allons développer, les réponses sont bien plus restreintes (figure 5.1). Vous remarquerez très rapidement que la réponse est toujours la même : « *Cela semble intéressant. Dites-m'en plus...* ».

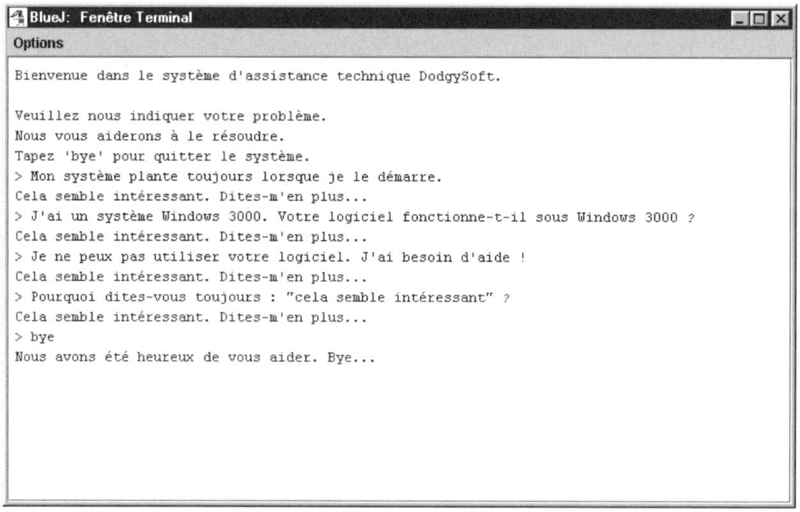

Figure 5.1 • Une première boîte de dialogue de TechSupport.

Ce n'est ni très intéressant ni très convaincant lorsqu'on veut faire croire qu'un employé de l'assistance technique se trouve à l'autre bout de la ligne. Nous allons essayer d'améliorer cela. Mais avant de commencer, détaillons ce que nous avons déjà vu.

Le diagramme du projet montre trois classes : `SupportSystem`, `InputReader` et `Responder` (figure 5.2). `SupportSystem` est la classe principale, qui utilise `InputReader` pour récupérer la saisie à partir du terminal et `Responder` pour générer une réponse.

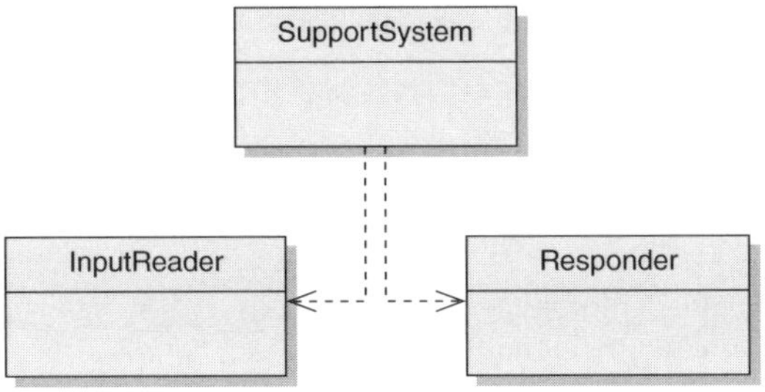

Figure 5.2 • Diagramme de classe TechSupport.

Étudiez `InputReader` plus avant en créant un objet de cette classe, puis en étudiant les méthodes de cet objet. Il n'a qu'une seule méthode disponible, appelée `getInput`, qui renvoie une chaîne. Essayez. Cette méthode permet de taper une ligne sur le terminal, puis renvoie ce que vous avez saisi sous forme de résultat de méthode. Nous n'étudierons pas son fonctionnement interne ici, nous remarquerons simplement que `InputReader` dispose d'une méthode `getInput` qui renvoie une chaîne.

Faites la même chose avec la classe `Responder`. Vous verrez qu'elle a une méthode `generateResponse` qui renvoie toujours la chaîne : « *Cela semble intéressant. Dites-m'en plus...* » Cela explique ce que nous avons déjà vu.

Regardons maintenant la classe `SupportSystem` d'un peu plus près.

Lire le code

La totalité du code source de la classe `SupportSystem` est présentée au code 5.1. Le code 5.2 montre le code source de la classe `Responder`.

Si l'on étudie le code 5.2, nous voyons que la classe `Responder` est triviale. Elle n'a qu'une méthode qui renvoie toujours la même chaîne. Nous l'améliorerons par la suite. Pour l'heure, nous nous concentrerons sur la classe `SupportSystem`.

`SupportSystem` déclare deux champs d'instance pour contenir un `InputReader` et un objet `Responder` et crée et affecte ces deux objets aux deux champs dans son constructeur.

Code 5.1 • Le code source `SupportSystem`.

```
/**
 * Cette classe implante un système d'assistance technique. C'est la
 * classe de haut niveau de ce projet. Le système d'assistance communique
 * via les saisies/réponses de texte sur le terminal.
 *
 * Cette classe utilise un objet de classe InputReader pour lire une
 * saisie de l'utilisateur et un objet de classe Responder pour générer
   des réponses.
 * Elle contient une boucle qui lit les saisies à plusieurs reprises et
 * génère une réponse jusqu'à ce que l'utilisateur veuille partir.
 *
 * @author     Michael Kolling et David J. Barnes
 * @version    0.1 (1.fév.2002)
 */
public class SupportSystem
{
    private InputReader reader;
    private Responder responder;

    /**
     * Crée un système d'assistance technique.
     */
    public SupportSystem()
    {
        reader = new InputReader();
        responder = new Responder();
    }

    /**
     * Démarre le système d'assistance technique. Affiche un message
     * de bienvenue et entame un dialogue avec l'utilisateur, jusqu'à ce
     * que celui-ci y mette fin.
     */
    public void start()
    {
        boolean finished = false;

        printWelcome();

        while(!finished) {
            String input = reader.getInput();

            if(input.startsWith("bye")) {
                finished = true;
            }
            else {
                String response = responder.generateResponse();
                System.out.println(response);
            }
        }
        printGoodbye();
```

```
    }

    /**
     * Affiche un message de bienvenue à l'écran.
     */
    private void printWelcome()
    {
        System.out.println("Bienvenue dans le système d'assistance
        ➥technique DodgySoft.");
        System.out.println();
        System.out.println("Veuillez nous indiquer votre problème.");
        System.out.println("Nous vous aiderons à le résoudre.");
        System.out.println("Tapez 'bye' pour quitter le système.");
    }

    /**
     * Affiche un message d'au revoir à l'écran.
     */
    private void printGoodbye()
    {
        System.out.println("Nous avons été heureux de vous aider. Bye...");
    }
}
```

Code 5.2 • Le code source Responder.

```
/**
 * La classe responder représente un objet générateur de réponses. Elle
 * permet de générer une réponse automatique.
 *
 * @author     Michael Kolling et David J. Barnes
 * @version    0.1  (1.fév.2002)
 */
public class Responder
{
    /**
     * Construit un Responder - rien à faire
     */
    public Responder()
    {
    }

    /**
     * Génère une réponse.
     * @return   Une chaîne à afficher en réponse
     */
    public String generateResponse()
    {
        return "Cela semble intéressant. Dites-m'en plus...";
    }
}
```

À la fin, il possède deux méthodes appelées `printWelcome` et `printGoodbye`. Celles-ci se contentent d'afficher du texte, respectivement un message d'accueil et un message d'au revoir.

L'élément de code le plus intéressant est la méthode du milieu : `start`. Nous la verrons plus en détail par la suite.

En haut de la méthode, se trouve un appel à la méthode `printWelcome` et, à la fin, un appel à `printGoodbye`. Ces deux appels affichent les sections de texte concernées aux moments qu'il convient. Le reste de la méthode est constitué d'une déclaration d'une variable booléenne et d'une boucle `while`. La structure est :

```
boolean finished = false;
while(!finished) {
   faire quelque chose
    if(condition de sortie) {
       finished = true;
    }
    else {
      faire autre chose
    }
}
```

Ce modèle de code constitue une variation sur la boucle `while` vue à la section « Traitement de l'ensemble d'une collection ». Ici, `finished` sert de balise qui devient vraie lorsque nous voulons terminer la boucle (et avec cela, l'ensemble du programme). Nous vérifions qu'elle est initialement fausse (souvenez-vous que le point d'exclamation n'est *pas* un opérateur !).

La partie principale de la boucle (celle qui est réalisée à plusieurs reprises tant que nous n'avons pas fini) est constituée de trois instructions si nous l'extrayons de la vérification de la condition de sortie :

```
String input = reader.getInput();
...
String response = responder.generateResponse();
System.out.println(response);
```

Ainsi, la boucle effectue ceci à plusieurs reprises :

- Elle lit des saisies d'utilisateur.
- Elle demande à l'objet `responder` de générer une réponse.
- Elle affiche cette réponse.

Vous aurez peut-être remarqué que la réponse ne dépend pas du tout de la question ! Nous devrons l'améliorer par la suite.

La dernière partie à étudier est la vérification de la condition de sortie. Le programme doit se terminer lorsque l'utilisateur tape le mot « bye ».

La section concernée du code source dans la classe indique :

```
String input = reader.getInput();

if(input.startsWith("bye")) {
   finished = true;
}
```

Si vous comprenez ces éléments isolés, étudiez à nouveau la totalité de la méthode `start` du code 5.1 et voyez si vous la maîtrisez.

Dans le dernier fragment de code qui précède, une méthode appelée `startsWith` (« commence par ») est utilisée. La méthode étant appelée sur la variable `input`, qui contient un objet `String`, il doit s'agir d'une méthode de la classe `String`. Mais que fait cette méthode ? Et comment pouvons-nous le savoir ?

Nous pouvons deviner, simplement en voyant le nom de la méthode, qu'elle teste si la chaîne entrée commence par le mot « bye ». Vérifions par un test. Lancez de nouveau le système *TechSupport* et tapez « bye bye » ou « bye, à bientôt ». Vous remarquerez que les deux versions ferment le système. Toutefois, si l'on tape « Bye » ou « bye » (avec une majuscule ou un espace devant le mot), le système ne reconnaît pas cela comme une chaîne commençant par « bye ». Cela pourrait être ennuyeux pour l'utilisateur, mais nous pouvons résoudre ces problèmes en nous documentant sur la classe `String`.

Nous allons maintenant voir comment trouver des informations sur la méthode `startsWith` ou sur d'autres méthodes de la classe `String`.

Lecture de la documentation des classes

> ***Concept***
> La **documentation de la bibliothèque standard** Java présente les détails de toutes les classes de la bibliothèque. Utiliser cette documentation est essentiel pour faire un bon usage des classes de bibliothèques.

La classe `String` est l'une des classes de la bibliothèque standard Java. Nous en saurons plus en lisant sa documentation.

Ouvrez le menu Aide de BlueJ et choisissez Bibliothèques de classes Java. Un navigateur Web s'ouvre, il affiche la page principale de la documentation de l'API Java (Interface de programmation).[1]

1. Par défaut, cette fonction accède à la documentation par Internet. Cela ne fonctionnera pas si votre ordinateur ne dispose pas d'un accès au Web. BlueJ peut être configuré de manière à utiliser une copie locale de la documentation de l'API Java. Nous recommandons cette solution qui accélère l'accès et peut fonctionner sans connexion Internet. Pour plus d'informations, consultez l'annexe F.

Le navigateur contient trois cadres. En haut à gauche, se trouve une liste de paquetages suivie d'une liste de toutes les classes de la bibliothèque Java. Le grand cadre de droite permet d'afficher les détails des paquetages ou des classes sélectionnés.

Dans la liste des classes présentée à gauche, retrouvez et sélectionnez la classe `String`. Le cadre de droite affiche sa documentation.

Exercice 5.2

Étudiez la documentation de `String`. Étudiez ensuite la documentation d'autres classes. Quelle est la structure de la documentation des classes ? Quelles sont les sections communes à toutes les descriptions de classes ? Quel est leur objectif ?

Exercice 5.3

Étudiez la méthode `startsWith` dans la documentation de `String`. Décrivez son action avec vos propres mots.

Exercice 5.4

Existe-t-il une méthode de la classe `String` qui teste si une chaîne se termine par un suffixe donné ? Si oui, quel est son nom et quels sont ses paramètres et son type de retour ?

Exercice 5.5

Existe-t-il une méthode de la classe `String` qui renvoie le nombre de caractères d'une chaîne ? Si oui, quel est son nom et quels sont ses paramètres ?

Exercice 5.6

Si vous avez trouvé des méthodes pour les deux exercices précédents, comment avez-vous fait ? Est-ce facile de trouver les méthodes que vous cherchez ? Pourquoi ?

Interfaces ou implantation

Concept
L'**interface** d'une classe décrit ce que fait la classe et la manière de l'utiliser sans montrer l'implantation.

Vous verrez que la documentation inclut différents éléments d'informations. Il s'agit, entre autres choses :

- du nom de la classe ;
- d'une description générale de son objectif ;
- d'une liste de ses constructeurs et méthodes ;
- des paramètres et types de retour pour chaque constructeur et méthode ;
- d'une description de l'objectif de chaque constructeur et méthode.

Ces informations, une fois rassemblées, sont appelées l'*interface* de la classe. L'interface ne montre *pas* le code source de la classe. Si cette dernière est bien décrite (c'est-à-dire si son interface est bien écrite), un programmeur n'a pas à voir le code source pour pouvoir utiliser la classe. L'interface fournit toutes les informations nécessaires. C'est un nouvel exemple d'abstraction.

> ***Concept***
> La totalité du code source qui définit une classe s'appelle l'**implantation** de la classe.

Le code source qui œuvre en coulisses pour faire fonctionner la classe s'appelle l'*implantation* de la classe. Généralement, un programmeur travaille sur l'implantation d'une classe à la fois, tout en faisant usage de plusieurs autres classes *via* leurs interfaces.

Cette distinction entre l'interface et l'implantation est un concept très important, qui refera surface à plusieurs reprises dans ce chapitre et les suivants.

> **Info**
>
> Le mot *interface* a plusieurs significations dans le contexte de la programmation et de Java. Il permet certes de décrire la partie d'une classe visible au public (ce que nous venons de voir), mais il a d'autres sens. L'interface utilisateur (souvent une interface graphique) est quelquefois aussi simplement appelée *interface* ; enfin, Java dispose d'une construction de langage appelée *interface* (traitée au chapitre 10) liée à la signification que nous venons de voir, avec quelques différences.
>
> Il est important de pouvoir distinguer entre les différentes significations du mot *interface* dans un contexte particulier.

Le terme interface est également utilisé pour chaque méthode. Par exemple, la documentation `String` nous montre l'interface de la méthode `length` :

```
public int length()

   Renvoie la longueur de cette chaîne. La longueur est égale au
   nombre de caractères Unicode 16 bits dans la chaîne.

Renvoie :
   la longueur de la suite de caractères représentée par cet objet.
```

L'interface d'une méthode est constituée de la *signature* de cette méthode et d'un commentaire (présenté ici après les signes ///).

La signature d'une méthode inclut (dans cet ordre) :

- un modificateur d'accès (ici `public`) que nous verrons plus loin ;
- le type de retour de la méthode (ici `int`) ;
- le nom de la méthode ;
- une liste de paramètres (vide dans cet exemple).

L'interface fournit tout ce dont nous avons besoin pour utiliser cette méthode.

Utiliser des méthodes de classe de bibliothèque

Concept

Objets inaltérables. Un objet est dit inaltérable si son contenu ou son état ne peuvent être modifiés une fois qu'il a été créé. Les chaînes sont un exemple d'objet inaltérable.

Si l'on en revient au système *TechSupport*, nous pouvons tenter d'améliorer un peu le traitement de la saisie. Nous avons vu que notre système n'est pas très tolérant, par exemple lorsque nous tapons « Bye » ou « bye » (précédé d'un espace) au lieu de « bye ». Il faut y remédier en ajustant le texte lu par un utilisateur. Attention, un objet chaîne ne peut pas être modifié une fois qu'il a été créé. Nous devons plutôt accéder à la chaîne d'origine et créer un nouvel objet chaîne.

La documentation de la classe `String` indique qu'elle possède une méthode appelée `trim` qui permet de supprimer les espaces situés au début et à la fin de la chaîne. Nous pouvons l'utiliser pour résoudre le deuxième problème.

Exercice 5.7

Retrouvez la méthode `trim` dans la documentation de la classe `String`. Écrivez la signature de cette méthode. Rédigez un exemple d'appel à cette méthode sur une variable de chaîne appelée `text`. Que dit la documentation sur les caractères de contrôle situés au début de la chaîne ?

Après avoir étudié l'interface de la méthode `trim`, nous voyons que nous pouvons supprimer les espaces d'une chaîne de saisie avec une ligne de code comparable à celle-ci :

```
input = input.trim();
```

Ce code amènera l'objet `String` stocké dans la variable `input` à créer une nouvelle chaîne similaire, qui ne contiendra pas les espaces de début et de fin. La nouvelle chaîne est ensuite stockée dans la variable `input`, car l'ancienne ne nous sera plus d'aucune utilité. Ainsi, après cette ligne de code, `input` fait référence à une chaîne ne contenant pas d'espaces à ses extrémités.

Nous pouvons maintenant insérer cette ligne dans notre code source :

```
String input = reader.getInput();
input = input.trim();

if(input.startsWith("bye")) {
   finished = true;
}
else {
   //*** Code non reproduit.
}
```

Les deux premières lignes peuvent aussi être fusionnées en une seule ligne :

```
String input = reader.getInput().trim();
```

L'effet de cette ligne de code est identique à celui des deux premières lignes qui précèdent. Le côté droit doit être lu comme s'il était placé entre parenthèses :

```
(reader.getInput()) . trim()
```

La version à utiliser est affaire de goût. Votre décision doit se baser sur le principe de la lisibilité : utilisez celle que vous trouvez la plus facile à lire et à comprendre. Souvent, les programmeurs novices préféreront la version sur deux lignes, tandis que ceux qui ont un peu plus d'expérience adopteront le style sur une ligne.

Exercice 5.8

Implantez cette amélioration dans votre version du projet *tech-support1*. Testez-la pour vérifier qu'elle tolère l'espace supplémentaire autour du mot « bye ».

Nous avons maintenant résolu le problème causé par les espaces supplémentaires, mais nous n'avons pas encore résolu celui des majuscules. Quelques recherches plus poussées dans la documentation de la classe `String` suggèrent une solution, placée dans la description de la méthode `toLowerCase`.

Exercice 5.9

Améliorez le code de la classe `SupportSystem` dans le projet *tech-support1* afin d'ignorer la casse lors de la saisie. Utilisez la méthode `toLowerCase` de la classe `String`. Cette méthode ne modifiera pas réellement la chaîne sur laquelle elle est appelée, mais en créera une nouvelle avec un contenu légèrement différent.

Vérifier l'égalité des chaînes

Une autre solution aurait consisté à vérifier si la chaîne de saisie *correspond à* la chaîne « bye » au lieu de vérifier si elle *commence* par la chaîne « bye ». Une tentative (incorrecte !) d'écrire ce code pourrait ressembler à :

```
if(input == "bye") { // ne fonctionne pas toujours !
   ...
}
```

Or, il est possible qu'il existe plusieurs objets `String` indépendants représentant tous la même chaîne. Deux objets `String`, par exemple, pourraient contenir les caractères « bye ». L'opérateur d'égalité (==) vérifie si chaque côté de l'opérateur fait référence *au même objet*, et non s'ils ont la même valeur ! C'est là une différence importante.

Dans notre exemple, nous voulons savoir si la variable de saisie et la constante de chaîne « bye » représentent la même valeur, non si elles font référence au même objet. Ainsi, l'utilisation de l'opérateur == est erronée. Elle pourrait renvoyer `false`, même si la valeur de la variable de saisie est « bye ».

La solution consiste à utiliser la méthode `equals`, définie dans la classe `String`. Cette méthode teste correctement si les valeurs de deux objets `String` sont identiques. Le code correct serait :

```
if(input.equals("bye")) {
    ...
}
```

Cela peut, bien sûr, être combiné aux méthodes `trim` et `toLowerCase`.

Attention

Comparer des chaînes à l'aide de l'opérateur == peut générer des résultats inattendus. En règle générale, il convient presque toujours de comparer les chaînes avec `equals`, plutôt qu'avec l'opérateur ==.

Exercice 5.10

Retrouvez la méthode `equals` dans la documentation de la classe `String`. Quel est le type de retour de cette méthode ?

Exercice 5.11

Changez votre implantation pour utiliser la méthode `equals` au lieu de `startsWith`.

Ajout d'un comportement aléatoire

Jusqu'à présent, nous avons apporté une légère amélioration au projet *TechSupport*, mais il demeure tout de même très basique. L'un des principaux problèmes réside dans le fait qu'il apporte toujours la même réponse, quelle que soit la question posée par l'utilisateur. Nous allons améliorer cet aspect en définissant un ensemble de réponses possibles. Nous permettrons au programme de choisir de manière aléatoire parmi l'une d'elles. Il s'agira d'une extension de la classe `Responder`.

Pour cela, nous utiliserons un `ArrayList` qui stockera certaines chaînes de réponse, générera un nombre entier aléatoire qu'il utilisera comme index dans la liste des réponses pour choisir l'une des phrases. Dans cette version, la réponse ne dépendra pas de la question de l'utilisateur (nous ferons cela plus tard), mais les réponses varieront et le système en sera un peu amélioré.

Tout d'abord, nous devons trouver comment générer un nombre entier aléatoire.

Nombres aléatoires et pseudo-aléatoires

La génération de nombres aléatoires sur un ordinateur n'est pas aussi facile que l'on pourrait croire. Les ordinateurs fonctionnant de manière déterminée et bien définie, tous leurs calculs sont prévisibles et répétables, ce qui laisse peu de place à un comportement véritablement aléatoire.

Les chercheurs ont, au fil du temps, proposé plusieurs algorithmes permettant de produire des séquences de nombres qui semblent aléatoires. Ce n'est généralement pas vraiment le cas, puisqu'ils suivent des règles compliquées. Ils sont donc appelés nombres *pseudo-aléatoires*.

Dans un langage tel que Java, la génération de nombres pseudo-aléatoires a heureusement été implantée dans une classe de bibliothèque ; il suffit donc, pour recevoir un nombre pseudo-aléatoire, de faire quelques appels à la bibliothèque.

Pour en savoir plus, faites une recherche sur le Web avec « nombres pseudo-aléatoires ».

La classe `Random`

La bibliothèque de classes Java contient une classe `Random` qui sera utile pour notre projet.

Exercice 5.12

Retrouvez la classe `Random` dans la documentation de la bibliothèque Java. Dans quel paquetage se trouve-t-elle ? Que fait-elle ? Comment construisez-vous une instance ? Comment générez-vous un nombre aléatoire ? Même si vous ne comprenez probablement pas tout ce qui figure dans la documentation, essayez de retrouver ce dont vous avez besoin.

Exercice 5.13

Essayez d'écrire un petit fragment de code (sur papier) qui génère un nombre entier aléatoire utilisant cette classe.

Pour générer un nombre aléatoire, nous devons :

- créer une instance de la classe `Random` ;
- faire un appel à une méthode de cette instance pour obtenir un nombre.

En étudiant la documentation, nous voyons qu'il existe plusieurs méthodes appelées `next`*`Quelquechose`* pour générer des valeurs aléatoires de différents types. Celle qui génère un nombre entier aléatoire est appelée `nextInt`.

Voici le code nécessaire pour générer et afficher un nombre entier aléatoire :

```
Random randomGenerator;

randomGenerator = new Random();
int index = randomGenerator.nextInt();
System.out.println(index);
```

Ce fragment de code crée une nouvelle instance de la classe `Random` et la stocke dans la variable `randomGenerator`. Il appelle ensuite la méthode `nextInt` pour recevoir un nombre aléatoire, le stocke dans la variable `index` et finit par l'afficher.

Exercice 5.14

Écrivez un code (dans BlueJ) qui teste la génération de nombres aléatoires. Pour cela, créez une nouvelle classe appelée `RandomTester`. Vous pouvez la créer dans le projet *tech-support1* ou créer un nouveau projet. Dans la classe `RandomTester`, implantez deux méthodes : `printOneRandom` (qui affiche un nombre aléatoire) et `printMultiRandom(int howMany)` (qui contient un paramètre pour spécifier la quantité de nombres souhaités, puis affiche la quantité appropriée de nombres aléatoires).

Votre classe doit créer une seule instance de la classe `Random` (dans son constructeur) et la stocker dans un champ. Ne créez pas une nouvelle instance `Random` chaque fois que vous souhaitez obtenir un nouveau nombre, sinon le nombre risque de ne pas être aléatoire.

Attention

Une erreur commune consiste à générer un nouvel objet `Random` chaque fois que vous avez besoin d'un nouveau nombre aléatoire. Étant donné que les nombres ne sont pas véritablement aléatoires mais bien *pseudo-aléatoires* (voir précédemment l'encadré sur les nombres aléatoires) et qu'une partie de l'algorithme qui calcule le nombre aléatoire correspond à l'heure actuelle du système, les objets `Random` créés presque au même moment peuvent générer des séquences de nombres identiques. Utilisez donc un seul objet générateur de nombres aléatoires et appelez ses méthodes à plusieurs reprises pour obtenir plusieurs nombres aléatoires.

Nombres aléatoires dans un intervalle donné

Les nombres aléatoires que nous avons vus jusqu'à présent ont été extraits de la plage d'entiers de Java (de –2 147 483 648 à 2 147 483 647). Cela convient tout à fait pour les expériences, mais ce n'est pas vraiment utile ici. En général, nous souhaitons obtenir des nombres aléatoires d'un intervalle donné.

La classe `Random` propose une méthode pour y parvenir, nommée `nextInt`, qui dispose d'un paramètre permettant de spécifier l'intervalle à utiliser.

Exercice 5.15

Retrouvez la méthode `nextInt` dans la classe `Random` qui permet de spécifier l'intervalle des nombres aléatoires. Quels sont les nombres aléatoires possibles générés lorsque vous appelez cette méthode avec un paramètre 100 ?

Exercice 5.16

Écrivez une méthode dans votre classe `RandomTester` appelée `throwDice` qui renvoie un nombre aléatoire compris entre 1 et 6 (inclus).

Exercice 5.17

Écrivez une méthode appelée `getResponse` qui renvoie aléatoirement les chaînes « oui », « non » et « peut-être ».

Exercice 5.18

Prolongez votre méthode `getResponse` afin qu'elle utilise un `ArrayList` pour stocker un nombre arbitraire de réponses, puis renvoie l'une d'entre elles de manière aléatoire.

Lorsqu'on utilise une méthode qui génère des nombres aléatoires à partir d'une plage spécifiée, il faut prendre soin de vérifier si les limites sont *incluses* ou *exclues*. La méthode `nextInt(int n)` de la classe `Random` de la bibliothèque Java, par exemple, spécifie qu'elle génère un nombre de `0` (inclus) à `n` (exclu). Cela signifie que la valeur `0` est incluse dans les résultats possibles, tandis que la valeur spécifiée pour `n` ne l'est pas. Le nombre le plus élevé pouvant être renvoyé par cet appel est `n-1`.

Générer des réponses aléatoires

Nous pouvons maintenant étudier l'extension de la classe `Responder` pour sélectionner une réponse aléatoire à partir d'une liste de phrases prédéfinies. Le code 5.2 montre le code source de la classe `Responder` tel qu'il figure dans notre première version.

Nous allons ajouter du code à cette première version pour :

- déclarer un champ de type `Random` qui contiendra un générateur de nombres aléatoires ;
- déclarer un champ de type `ArrayList` qui contiendra les réponses possibles ;
- créer les objets `Random` et `ArrayList` dans le constructeur `Responder` ;
- remplir la liste de réponses avec quelques expressions ;
- sélectionner et renvoyer une expression aléatoire lorsque `generateResponse` est appelé.

Le code 5.3 présente une version du code source `Responder` avec ces ajouts.

Code 5.3 • Le code source Responder présentant des réponses aléatoires.

```
import java.util.ArrayList;
import java.util.Random;

/**
 * La classe responder représente un générateur de réponses. Elle
 * permet de générer une réponse automatique.
 * Ceci est la deuxième version de cette classe. Cette fois-ci, nous
 * générons un comportement aléatoire en sélectionnant une phrase au
 * hasard parmi une liste prédéfinie de réponses.
 *
 * @author     Michael Kolling et David J. Barnes
 * @version    0.2  (2.fév.2002)
 */
public class Responder
{
    private Random randomGenerator;
    private ArrayList responses;

    /**
     * Construit un Responder
     */
    public Responder()
    {
        randomGenerator = new Random();
        responses = new ArrayList();
        fillResponses();
    }

    /**
     * Génère une réponse.
     *
     * @return  Une chaîne à afficher en réponse
     */
    public String generateResponse()
    {
        // Choisit au hasard un numéro de réponse de la liste de
        // réponses par défaut. Le numéro sera compris entre 0 (inclus)
        // et la taille de la liste (exclue).
        int index = randomGenerator.nextInt(responses.size());
        return (String) responses.get(index);
    }

    /**
     * Construit une liste de réponses par défaut parmi lesquelles
     * choisir si nous ne savons pas quoi dire.
     */
    private void fillResponses()
    {
        responses.add("Cela semble étrange. Pourriez-vous décrire le
        ➥problème plus précisément ?");
```

```
        responses.add("Aucun autre client ne s'est jamais plaint de
        ➥ceci. \n" +
                          "Quelle est votre configuration système ? ");
        responses.add("Cela semble intéressant. Dites-m'en plus... ");
        responses.add("J'ai besoin d'informations supplémentaires à ce
        ➥sujet. ");
        responses.add("Avez-vous vérifié s'il n'y avait pas de conflit
        ➥de dll ? ");
        responses.add("Ceci est expliqué dans le manuel. L'avez-vous
        ➥lu ? ");
        responses.add("Votre description n'est pas claire. Y a-t-il un
        ➥expert\n" +
                          "avec vous qui pourrait décrire ceci plus
                          ➥précisément ? ");
        responses.add("Ceci n'est pas un bogue, c'est une
        ➥fonctionnalité ! ");
        responses.add("Pourriez-vous préciser ? ");
    }
}
```

Dans cette version, nous avons placé le code qui remplit la liste de réponses dans sa propre méthode, nommée `fillResponses`, elle-même appelée à partir du constructeur. Cela garantit que la liste des réponses est remplie dès qu'un objet `Responder` est créé, mais le code source qui remplit la liste est conservé séparément pour que la classe soit plus facile à lire et à comprendre.

La partie la plus intéressante du code de cette classe se trouve dans la méthode `generateResponse`. Si l'on enlève les commentaires, elle indique :

```
public String generateResponse()
{
    int index = randomGenerator.nextInt(responses.size());
    return (String) responses.get(index);
}
```

La première ligne de code de cette méthode réalise trois choses :

- Elle extrait la taille de la liste des réponses en appelant sa méthode `size`.
- Elle génère un nombre aléatoire compris entre 0 (inclus) et la taille (exclue).
- Elle stocke ce nombre aléatoire dans la variable locale `index`.

S'il vous semble que cela représente beaucoup de code pour une seule ligne, vous pouvez écrire :

```
int listSize = responses.size();
int index = randomGenerator.nextInt(listSize);
```

Ce code équivaut à la première ligne ci-dessus. Choisissez celle que vous trouvez la plus simple à lire.

Sachez que ce segment de code générera un nombre aléatoire compris dans la plage `0` à `listSize-1` (inclus). Cela correspond parfaitement aux index autorisés pour un

ArrayList. En effet, sa plage d'index de taille listSize va de 0 à listSize-1. Ainsi, le nombre aléatoire calculé offre un index parfait pour accéder aléatoirement à l'un des éléments de liste de l'ensemble.

La dernière ligne de la méthode indique :

```
return (String) responses.get(index);
```

Une fois de plus, cette ligne réalise trois choses :

- Elle récupère la réponse à la position index à l'aide de la méthode get.
- Elle utilise un transtypage pour indiquer que le type du résultat est String (voir la section « Transtypage » au chapitre 4 pour plus de détails sur le sujet).
- Elle renvoie la chaîne sélectionnée comme résultat de méthode, à l'aide de l'instruction return.

Si vous n'y prêtez pas attention, votre code peut générer un nombre aléatoire qui se trouve en dehors des index valides de ArrayList. Lorsque vous voudrez l'utiliser comme index pour accéder à un élément de liste, vous obtiendrez une exception IndexOutOfBoundsException (Indice hors limites).

Paquetages et import

Il reste deux lignes en haut du fichier source, dont nous devons parler :

```
import java.util.ArrayList;
import java.util.Random;
```

Nous avons rencontré l'instruction import pour la première fois au chapitre 4. Il est temps de l'étudier plus en profondeur.

Les classes Java stockées dans la bibliothèque de classes ne sont pas automatiquement disponibles pour utilisation, comme les autres classes d'un projet. Nous devons indiquer dans le code source que nous aimerions utiliser une classe de la bibliothèque. C'est ce que l'on appelle l'*importation* de la classe et cela se réalise à l'aide de l'instruction import :

```
import nom-de-classe-qualifié;
```

La bibliothèque Java contenant plusieurs milliers de classes, il est nécessaire d'employer une structure pour l'organiser et faciliter la gestion de toutes ces classes. Java utilise des *paquetages* pour agencer les classes de bibliothèques en groupes liés les uns aux autres. Les paquetages peuvent être imbriqués (c'est-à-dire qu'ils peuvent en contenir d'autres).

Les classes ArrayList et Random apparaissent toutes deux dans le paquetage java.util. Ces informations se trouvent dans la documentation de classe. Le *nom complet* ou *nom qualifié* d'une classe correspond au nom de son paquetage, suivi d'un point et du nom de la classe. Ainsi, les noms qualifiés des deux classes que nous avons utilisées ici sont `java.util.ArrayList` et `java.util.Random`.

Java permet aussi d'importer des paquetages complets avec des instructions de la forme :

```
import nom-paquetage.*;
```

Ainsi, l'instruction suivante importerait tous les noms de classes du paquetage `java.util` :

```
import java.util.*;
```

Recenser toutes les classes utilisées séparément, comme dans notre première version, nécessite un peu plus de travail en termes de saisie, mais aboutit à une bonne documentation. Cela indique clairement l'identité des classes réellement utilisées par notre classe. Ainsi, dans ce livre, nous aurons tendance à utiliser le style du premier exemple, énumérant toutes les classes importées séparément.

Il existe une exception à ces règles : certaines classes sont utilisées si souvent que presque toutes les classes les importent. Elles ont été placées dans le paquetage `java.lang` qui est automatiquement importé dans chaque classe. La classe `String` est un exemple de classe dans `java.lang`.

Exercice 5.19

Implantez la solution de réponse aléatoire traitée ici dans votre version du système *TechSupport*.

Exercice 5.20

Que se passe-t-il lorsque vous ajoutez ou retirez des réponses possibles à la liste de réponses ? La sélection d'une réponse aléatoire fonctionnera-t-elle toujours correctement ? Pourquoi ?

La solution traitée ici figure aussi sur le CD sous le nom *tech-support2*. Nous vous conseillons toutefois de l'implanter vous-mêmes en prolongement de la version de base.

Des tableaux pour les associations

Nous disposons maintenant d'une solution pour notre système d'assistance technique, solution qui génère des réponses aléatoires. Elle est mieux que notre première version, mais ce n'est toujours pas très convaincant. La saisie de l'utilisateur n'influence pas encore la réponse. Nous pouvons améliorer cela.

Nous allons rassembler un ensemble de mots susceptibles de revenir dans les questions et nous les associerons à des réponses particulières. Si la saisie de l'utilisateur contient l'un des mots que nous connaissons, nous pouvons générer une réponse en rapport. Cela reste une méthode très simpliste, car elle n'analyse pas la signification de la question, elle ne reconnaît pas le contexte ; elle peut toutefois se révéler étonnamment efficace. Et c'est une étape de plus.

Pour cela, nous utiliserons un `HashMap`. Vous trouverez la documentation de la classe `HashMap` dans la documentation de la bibliothèque Java. `HashMap` est une spécialisation de `Map`, que vous trouverez également dans la documentation. Vous devrez lire les deux documentations pour comprendre ce qu'est un `HashMap` et appréhender son fonctionnement.

Exercice 5.21

Qu'est-ce qu'un `HashMap` ? Quel est son objectif et comment l'utilise-t-on ? Répondez à ces questions par écrit en vous servant de la documentation de la bibliothèque Java pour `Map` et `HashMap`. Vous risquez de ne pas en comprendre l'ensemble, car cette documentation n'est pas très au point. Nous en verrons les détails plus loin dans ce chapitre ; pour l'instant, voyez ce que vous pouvez trouver avant de poursuivre votre lecture.

Le concept d'association

Concept

Une **association** est une collection qui stocke des paires clé/valeur sous forme d'entrées. Il est possible de rechercher les valeurs en fournissant la clé.

Une association (`Map`) est une collection de paires clé/valeur relatives à des objets. À l'instar d'un `ArrayList`, une association peut stocker un nombre variable d'entrées. L'une des différences réside dans le fait que dans un `Map`, les entrées ne sont pas des objets, mais des *paires* d'objets. Ces paires sont formées d'un objet *clé* et d'un objet *valeur*.

Au lieu de rechercher des entrées dans cette collection à l'aide d'un index entier (comme nous l'avons fait avec `ArrayList`), nous utiliserons l'objet clé pour rechercher l'objet valeur.

Exemple typique d'association : l'annuaire téléphonique. Il contient des entrées, chacune constituée d'une paire, un nom et un numéro de téléphone. L'annuaire sert à retrouver un numéro de téléphone à partir du nom. Ici, ce n'est pas un index — c'est-à-dire la position de l'entrée dans l'annuaire — qui est utilisé pour le trouver.

Une association peut être organisée de manière que la recherche d'une valeur pour une clé soit simple. Dans le cas d'un annuaire, on utilise le tri par ordre alphabétique. Stocker les entrées dans l'ordre alphabétique de leurs clés facilite la recherche d'une clé et de la valeur correspondante. La recherche inversée (retrouver la clé pour une valeur, par exemple retrouver le nom pour un numéro de téléphone donné) n'est pas aussi simple avec une association. Les associations sont idéales pour une recherche unidirectionnelle, lorsque nous connaissons la clé de recherche et que nous recherchons la valeur associée à cette clé.

Utiliser un HashMap

`HashMap` est une implantation particulière de `Map`. Ses méthodes les plus importantes sont `put` et `get`.

La méthode `put` insère une entrée dans l'association, et `get` récupère la valeur pour une clé donnée. Le fragment de code suivant crée un `HashMap` et y insère trois entrées. Chaque entrée est une paire clé/valeur constituée d'un nom et d'un numéro de téléphone.

```
HashMap phoneBook = new HashMap();

phoneBook.put("Charles Nguyen", "01 53 78 89 85");
phoneBook.put("Lisa Martin", "02 53 54 87 65");
phoneBook.put("Herbert Dupont", "04 85 32 52 00");
```

Le code suivant retrouve le numéro de téléphone de Lisa Martin et l'affiche.

```
String number = (String)phoneBook.get("Lisa Martin");
System.out.println(number);
```

Remarquez que vous transférez la clé (le nom « Lisa Martin ») à la méthode `get` afin de recevoir la valeur (le numéro de téléphone). Vous devez effectuer le transtypage du résultat pour revenir à une chaîne, comme nous l'avons fait lorsque nous avons accédé à une valeur à partir d'un `ArrayList`. Cela est dû au fait qu'une association peut stocker en valeur un objet de n'importe quel type.

Relisez la documentation des méthodes `get` et `put` de la classe `HashMap`, et voyez si l'explication correspond à ce que vous comprenez.

Exercice 5.22

Créez une classe `MapTester` (soit dans votre projet en cours, soit dans un nouveau projet). Utilisez un `HashMap` pour implanter un annuaire comparable à celui de l'exemple qui précède (souvenez-vous que vous devez importer `java.util.HashMap`). Dans cette classe, implantez deux méthodes :

```
public void enterNumber(String name, String number)
```

et :

```
public String lookupNumber(String name)
```

Les méthodes doivent utiliser les méthodes `put` et `get` de la classe `HashMap` pour implanter leurs fonctionnalités.

Exercice 5.23

Que se passe-t-il lorsque vous ajoutez une entrée à une association avec une clé qui existe déjà ?

Exercice 5.24

Que se passe-t-il lorsque vous ajoutez une entrée à une association avec une valeur qui existe déjà ?

Exercice 5.25

Comment vérifiez-vous si une clé donnée est contenue dans une association ? (donnez un exemple de code Java).

Exercice 5.26

Que se passe-t-il lorsque vous essayez de rechercher une valeur et que la clé n'existe pas dans l'association ?

Exercice 5.27

Comment vérifiez-vous le nombre d'entrées contenues dans une association ?

Utiliser une association pour le système TechSupport

Dans le système *TechSupport*, nous pouvons faire une bonne utilisation des associations en employant des mots connus en guise de clés et des réponses associées en guise de valeurs. Le code 5.4 montre un exemple de création de `HashMap` nommé `responseMap` dans lequel trois entrées sont placées. Par exemple, le mot « lent » est associé au texte suivant :

```
« Je pense que c'est un problème matériel. L'actualisation de votre
➥processeur doit résoudre tous les problèmes de performances. Avez-vous
➥un problème avec notre logiciel ? »
```

Maintenant, dès qu'un utilisateur saisit une question contenant le mot *lent*, le programme recherche et affiche cette réponse. Notez que la chaîne de réponse du code source se prolonge sur plusieurs lignes, mais qu'elle est concaténée avec l'opérateur `+`, afin qu'une seule chaîne soit entrée en valeur dans `HashMap`.

Code 5.4 • Associer des mots sélectionnés aux réponses possibles.

```
private HashMap responseMap;
...
public Responder()
{
   responseMap = new HashMap();
   fillResponseMap();
}

/**
  * Entre tous les mots clés connus et leurs réponses
 * regroupés dans notre association de réponses.
 */
private void fillResponseMap()
{
   responseMap.put("lent",
      "Je pense que c'est un problème matériel. \n" +
      "L'actualisation de votre processeur doit résoudre tous "+
      "les problèmes de performances. \n" +
      "Avez-vous un problème avec notre logiciel ?");
   responseMap.put("bogue",
```

```
        "Eh bien, tous les logiciels ont des bogues. \n" +
        "Mais nos ingénieurs informatiques travaillent "+
        "pour les résoudre. \n" +
        "Pouvez-vous mieux décrire le problème ?");
    responseMap.put("cher",
        "Le prix de notre produit est assez "+
        "compétitif. \n Avez-vous regardé et "+
        "vraiment comparé avec les autres produits ?");
}
```

Une première tentative d'écrire une méthode qui générerait les réponses pourrait maintenant ressembler à la méthode `generateResponse` ci-après. Ici, pour simplifier les choses pour le moment, nous supposons que l'utilisateur n'entre qu'un seul mot (par exemple « lent »).

```
public String generateResponse(String word)
{
    String response = (String) responseMap.get(word);
    if(response != null) {
        return response;
    }
    else {
        // si nous arrivons ici, le mot n'a pas été reconnu. Dans
        // ce cas, nous choisissons l'une des réponses par défaut.

      return pickDefaultResponse();
    }
}
```

Dans ce fragment de code, nous recherchons le mot saisi par l'utilisateur dans notre association de réponses. Si nous trouvons l'entrée, elle servira de réponse. Si nous ne trouvons pas d'entrée pour ce mot, nous appelons une méthode appelée `pickDefaultResponse`. Cette méthode peut maintenant contenir le code de notre précédente version de `generateResponse`, qui choisit aléatoirement l'une des réponses par défaut (comme indiqué au code 5.3). Désormais, nous choisissons une réponse appropriée si nous reconnaissons un mot ou une réponse aléatoire dans notre liste de réponses par défaut dans le cas contraire.

Exercice 5.28

Implantez les modifications traitées ici dans votre version du système TechSupport. Testez-la pour obtenir une idée de son fonctionnement.

Cette association entre mots clés et réponses fonctionne assez bien tant que l'utilisateur n'entre pas de questions complètes, simplement des mots uniques. La dernière amélioration pour cette application consiste à permettre à l'utilisateur d'entrer des questions complètes, puis à choisir des réponses correspondantes si nous reconnaissons certains des mots de la question.

Il faut donc maintenant reconnaître les mots clés dans la phrase entrée par l'utilisateur. Dans la version actuelle, la saisie est renvoyée par `InputReader` sous la forme de chaîne unique. Nous allons modifier cela pour que `InputReader` renvoie l'entrée sous la forme d'un ensemble de mots. Techniquement, il s'agira toujours d'un ensemble de chaînes, mais chacune représentera un mot entré par l'utilisateur.

Si nous y parvenons, nous transférerons la totalité des mots au `Responder`, qui vérifiera alors chacun d'entre eux pour voir s'il le connaît et qui apportera une réponse associée.

À cette fin, nous devons connaître deux choses : comment découper une chaîne contenant une phrase en mots individuels et comment utiliser chaque ensemble. Ces deux problèmes sont traités dans les deux sections suivantes.

Les ensembles

La bibliothèque standard de Java comprend différentes sortes d'ensembles, implantés dans différentes classes. La classe que nous utiliserons s'appelle `HashSet`.

Exercice 5.29

Quelles sont les ressemblances et les différences entre un `HashSet` et un `ArrayList` ? Servez-vous des descriptions de `Set`, `HashSet`, `List` et `ArrayList` dans la documentation de la bibliothèque pour le découvrir, puisque `HashSet` est un exemple particulier de `Set` et `ArrayList` un exemple particulier de `List`.

Les deux types de fonctionnalités dont nous avons besoin pour un ensemble consistent à y ajouter des éléments et à les récupérer par la suite. Heureusement, ces tâches ne contiennent quasiment rien de nouveau pour nous. Étudiez le fragment de code suivant :

```
import java.util.HashSet;
import java.util.Iterator;

...
HashSet mySet = new HashSet();

mySet.add("un");
mySet.add("deux");
mySet.add("trois");
```

Comparez ce code aux instructions nécessaires pour entrer des éléments dans un `ArrayList`. Il n'y a presque pas de différence, sauf que nous créons un `HashSet` cette fois au lieu d'un `ArrayList`. Étudions maintenant une itération sur tous les éléments :

```
Iterator it = mySet.iterator();
while(it.hasNext()) {
    appelle it.next() pour obtenir l'objet suivant
    faire quelque chose avec cet objet
}
```

Une fois de plus, ces instructions sont les mêmes que celles qui sont utilisées pour parcourir un `ArrayList` (voir chapitre 4).

> ***Concept***
> Un **ensemble** est une collection qui mémorise chaque élément au maximum une fois. Il n'y a pas d'ordre entre les éléments d'un ensemble.

En résumé, l'utilisation des collections dans Java est assez similaire pour plusieurs types de collections différentes. Lorsque vous aurez compris comment en utiliser une, vous pourrez toutes les utiliser. Les différences résident véritablement dans le comportement de chaque collection. Une liste, par exemple, conserve tous les éléments entrés dans l'ordre souhaité, fournit un accès aux éléments en fonction de leur index et peut contenir un même élément plusieurs fois. Un ensemble, quant à lui, ne mémorise pas d'ordre spécifique (les éléments peuvent être renvoyés par l'itérateur dans un ordre différent de celui dans lequel ils ont été entrés) et s'assure que chaque élément de l'ensemble apparaisse au maximum une fois. Entrer le même élément une seconde fois n'aurait aucun effet.

Transformation de chaînes en suite de mots

Maintenant que nous avons vu comment utiliser un ensemble, nous pouvons étudier la manière de découper une chaîne en mots distincts, qui seront stockés dans un ensemble. La solution est présentée dans une nouvelle version de la méthode `getInput` de `InputReader` (code 5.5).

Code 5.5 • La méthode `getInput` renvoyant un ensemble de mots.

```
/**
 * Lit une ligne de texte de la saisie standard (le terminal)
 * et la renvoie sous la forme d'un ensemble de mots.
 *
 * @return Un ensemble de chaînes, où chacune est un mot tapé par
 * l'utilisateur
 */
public HashSet getInput()
{
   System.out.print("> ");              // Affiche l'invite
   String inputLine = readInputLine().trim().toLowerCase();

   StringTokenizer tokenizer =
      New StringTokenizer(inputLine);
   HashSet words = new HashSet();

   while(tokenizer.hasMoreTokens()) {
      words.add(tokenizer.netxToken());    // Ajoute chaque mot
   }

   return words;
}
```

Ici, outre un `HashSet`, nous utilisons une classe appelée `StringTokenizer`, également définie dans la bibliothèque standard de Java. Les deux méthodes `StringTokenizer` importantes pour nous sont `hasMoreTokens` et `nextToken`. La méthode `getInput` transforme la chaîne en une suite de mots séparés (appelé aussi jetons (« tokens ») puis ajoute chaque mot à un ensemble. Un « token » correspond ici à un mot. À la fin, le système renvoie l'ensemble contenant les mots.

`StringTokenizer` fonctionne, avec les chaînes, de manière très comparable à la manière dont `Iterator` fonctionne avec les collections : il permet de parcourir chaque mot de la chaîne et de vérifier s'il a atteint la fin.

Lisez la documentation de `StringTokenizer` et répondez aux questions suivantes. Pour certaines, vous devrez peut-être implanter un code de test et l'essayer.

Exercice 5.30

Quel est le nom qualifié complet de la classe `StringTokenizer` ?

Exercice 5.31

Quelles sont les différences entre `StringTokenizer` et `Iterator`. Quelles sont les ressemblances ? Répondez par écrit.

Exercice 5.32

Créez une classe appelée `TokenizerTest`. Créez-y une méthode qui prenne une chaîne en paramètre et affiche chaque mot sur le terminal, chaque fois sur une nouvelle ligne.

Exercice 5.33

Comment un mot est-il défini ? Si la chaîne contient un mot avec un trait d'union, comptera-t-il pour un mot ou pour deux ?

Exercice 5.34

Comment les caractères de ponctuation sont-ils traités lorsqu'une chaîne est transformée en mots clés ?

Exercice 5.35

Comment pourriez-vous diviser une chaîne dans laquelle, par exemple, les mots sont séparés par un deux-points (« : ») ?

Fin du système TechSupport

Pour rassembler tous les éléments, nous devons également ajuster les classes `Support-System` et `Responder` afin qu'elles traitent correctement un ensemble de mots et non une chaîne simple. Le code 5.6 montre la nouvelle version de la méthode `start` de la classe `SupportSystem`. Elle n'a pas beaucoup changé :

- La variable `input` recevant le résultat de `reader.getInput()` est maintenant du type `HashSet`.

- La vérification pour terminer l'application est réalisée à l'aide de la méthode `contains` de la classe `HashSet`, plutôt qu'avec une méthode de chaîne (étudiez cette méthode dans la documentation).
- La classe `HashSet` doit être importée à l'aide d'une instruction `import` (non présentée ici).

Code 5.6 • Version définitive de la méthode `start`.

```
public void start()
    {
        boolean finished = false;

        printWelcome();

        while(!finished) {
            HashSet input = reader.getInput();

            if(input.contains("bye")) {
                finished = true;
            }
            else {
                String response = responder.generateResponse(input);
                System.out.println(response);
            }
        }
        printGoodbye();
    }
```

Enfin, nous devons compléter la méthode `generateResponse` de la classe `Responder` pour accepter un ensemble de mots en paramètre. Elle doit ensuite parcourir ces mots et vérifier chacun d'entre eux par rapport à notre association de mots connus. Si l'un des mots est reconnu, nous renvoyons immédiatement la réponse associée. Si nous ne reconnaissons aucun des mots, comme auparavant, nous choisissons l'une des réponses par défaut. Le code 5.7 présente la solution.

Code 5.7 • Version définitive de la méthode `generateResponse`.

```
  public String generateResponse(HashSet words)
    {
        Iterator it = words.iterator();
        while(it.hasNext()) {
            String word = (String) it.next();
            String response = (String) responseMap.get(word);
            if(response != null) {
                return response;
            }
        }
        // Si nous arrivons ici, aucun des mots saisis n'a été reconnu.
        // Dans ce cas, nous choisissons une réponse par défaut (lorsque
        // nous ne savons pas quoi dire...)

        return pickDefaultResponse();
    }
```

C'est le dernier changement apporté à cette application pour ce chapitre. La solution du projet *tech-support-complete* contient toutes les modifications. Elle contient également d'autres associations mots/réponses que celles qui sont présentées dans ce chapitre.

De nombreuses autres améliorations sont possibles. Mais nous ne les traiterons pas ici. Elles vous seront suggérées sous la forme d'exercices. Certaines constituent des exercices de programmation assez difficiles.

Exercice 5.36

Implantez les changements définitifs traités ci-dessus dans votre propre version du programme.

Exercice 5.37

Ajoutez d'autres associations mot/réponse dans votre application. Vous pourriez en copier depuis la solution proposée et en ajouter d'autres vous-même.

Exercice 5.38

Quelquefois, deux mots (ou variations d'un mot) sont mis en correspondance avec la même réponse. Traitez cela en faisant correspondre des synonymes ou des expressions proches de la même chaîne, afin que vous n'ayez pas besoin de plusieurs entrées pour la même réponse.

Exercice 5.39

Identifiez plusieurs mots correspondants dans la saisie de l'utilisateur et répondez avec une réponse plus adaptée dans ce cas.

Exercice 5.40

Lorsqu'aucun mot n'est reconnu, utilisez d'autres mots de la saisie de l'utilisateur pour choisir une réponse par défaut qui convienne : par exemple, un mot comme « pourquoi », « comment », « qui ».

Rédaction d'une documentation de classe

Lorsqu'on travaille sur des projets, il est important de documenter les classes au fur et à mesure du développement du code source. Trop souvent, les programmeurs ne prennent pas la documentation assez au sérieux, ce qui peut causer bon nombre de problèmes par la suite.

Si vous ne fournissez pas suffisamment de documentation, un autre programmeur (ou vous-même un peu plus tard) risque d'avoir des difficultés à comprendre vos classes. Généralement, dans ce cas-là, il suffit de lire l'implantation de la classe et de découvrir ce qu'elle fait. Cela fonctionnera peut-être sur un petit projet d'étudiant, mais se révélera plus difficile dans un projet professionnel.

Souvent, les applications commerciales sont constituées de centaines de milliers de lignes de code réparties dans plusieurs milliers de classes. Imaginez que vous deviez tout lire pour comprendre le fonctionnement d'une application ! C'est quasiment impossible.

Concept

La **documentation** d'une classe doit être suffisamment détaillée pour que d'autres programmeurs puissent l'utiliser sans avoir besoin de lire l'implantation.

Lorsque nous avons utilisé les classes de la bibliothèque Java, comme `HashSet` et `Random`, nous avons totalement fait confiance à la documentation pour connaître leur fonctionnement. Nous n'avons jamais étudié leur implantation. Cela a suffi, car ces classes étaient bien documentées (même si la documentation pourrait être améliorée). Notre tâche aurait été bien plus ardue si nous avions dû lire leur implantation avant de les utiliser.

Dans une équipe de développement de logiciels, l'implantation des classes est généralement répartie entre plusieurs programmeurs. L'un pourrait être responsable de l'implantation de la classe `SupportSystem` de notre dernier exemple, tandis qu'un autre pourrait implanter `InputReader`. Il peut écrire une classe tout en réalisant des appels aux méthodes des autres classes.

L'argument employé pour les classes de bibliothèques vaut également pour les classes que vous écrivez : si nous pouvons utiliser les classes sans avoir à lire et à comprendre la totalité de l'implantation, la tâche devient bien plus facile. Comme pour les classes de bibliothèques, il suffit de voir l'interface publique de la classe, et non son implantation. Il est donc important d'écrire une bonne documentation pour nos classes.

Les systèmes Java incluent un outil appelé `javadoc` qui peut être utilisé pour générer cette description d'interface des fichiers source. La documentation de bibliothèque standard que nous avons utilisée, par exemple, a été créée à partir des fichiers source des classes par `javadoc`.

Javadoc dans BlueJ

L'environnement BlueJ fait appel à `javadoc` pour vous permettre de créer la documentation de votre classe. La fonction Documentation du projet dans le menu Outils génère la documentation pour toutes les classes du projet, tandis que l'option Interface de l'éditeur présente une prévisualisation de la documentation pour une classe unique. Pour obtenir de plus amples informations, reportez-vous au tutoriel qui se trouve dans le menu Aide de BlueJ.

Éléments de la documentation de classe

La documentation d'une classe doit au moins inclure :

- le nom de la classe ;
- un commentaire décrivant l'objectif général et les caractéristiques de la classe ;
- un numéro de version ;
- le nom de l'auteur (ou des auteurs) ;
- la documentation de chaque constructeur et chaque méthode.

La documentation de chaque constructeur et chaque méthode doit inclure :

- le nom de la méthode ;
- le type de retour ;
- les noms et les types des paramètres ;
- une description de l'objectif et de la fonction de la méthode ;
- une description de chaque paramètre ;
- une description de la valeur renvoyée.

En outre, chaque projet terminé doit disposer d'un commentaire général, figurant souvent dans un fichier « Readme » ou « Lisezmoi ». Dans BlueJ, ce commentaire de projet est accessible par la note de texte affichée dans le coin supérieur gauche du diagramme de classes.

Exercice 5.41

Utilisez la fonction Documentation du projet de BlueJ pour générer une documentation pour votre projet *TechSupport*. Examinez-la. Est-elle précise ? Est-elle complète ? Quelles sont les parties utiles, lesquelles ne le sont pas ? Y trouvez-vous des erreurs ?

Certains éléments de la documentation, comme les noms et les paramètres des méthodes, peuvent toujours être extraits du code source. D'autres, comme les commentaires décrivant la classe, les méthodes et les paramètres, doivent faire l'objet de plus d'attention car ils peuvent facilement être oubliés, incomplets ou incorrects.

Dans Java, les commentaires `javadoc` commencent par un symbole de commentaire :

```
/**
   Ceci est un commentaire javadoc.
 */
```

Le symbole de début de commentaire doit présenter deux astérisques pour être reconnu comme commentaire `javadoc`. Un commentaire de ce type précédant immédiatement une déclaration de classe est considéré comme le commentaire de la classe. S'il est situé directement au-dessus d'une signature de méthode, il s'agit d'un commentaire de méthode.

Les détails exacts de la production de la documentation et de sa mise en forme diffèrent selon les langages et les environnements de programmation. Son contenu doit toutefois être toujours plus ou moins le même.

Dans Java, grâce à `javadoc`, plusieurs symboles spéciaux permettent la mise en forme de la documentation. Ils commencent par le signe @ et incluent :

```
@version
@author
@param
@return
```

Exercice 5.42

Retrouvez des exemples des symboles `javadoc` dans le code source du projet *TechSupport*. Comment influencent-ils la mise en forme de la documentation ?

Exercice 5.43

Retrouvez et décrivez d'autres symboles `javadoc`. Vous pouvez rechercher dans la documentation en ligne de la distribution Java de Sun Microsystems. Elle contient un document appelé *javadoc – The Java API Documentation Generator* (par exemple disponible à l'adresse **http://java.sun.com/j2se/javadoc/index.html**. Dans ce document, les symboles sont appelés des *balises javadoc*.

Exercice 5.44

Documentez correctement toutes les classes de votre version du projet *TechSupport*.

Public ou privé

Il est temps de voir plus en détail un aspect des classes que nous avons rencontré à plusieurs reprises sans nous y attarder : les *modificateurs d'accès*.

Les modificateurs d'accès sont les mots clés `public` ou `private` situés au début des déclarations de champs et des signatures de méthodes. Par exemple :

```
// déclaration de champ
private int numberOfSeats;

// méthodes
public void setAge(int replacementAge)
{ ...
}

private int computeAverage()
{ ...
}
```

Les champs, les constructeurs et les méthodes peuvent tous être publics ou privés, même si, jusqu'à présent, nous avons vu principalement des champs privés, et des constructeurs et des méthodes publics. Nous y reviendrons plus tard.

> ***Concept***
>
> Les **modificateurs d'accès** définissent la visibilité d'un champ, d'un constructeur ou d'une méthode. Les éléments publics sont accessibles de l'intérieur de la même classe et à partir des autres classes ; les éléments privés ne sont disponibles qu'à partir de l'intérieur de la même classe.

Les modificateurs d'accès définissent la visibilité d'un champ, d'un constructeur ou d'une méthode. Une méthode publique, par exemple, peut être invoquée de l'intérieur de la même classe ou depuis toute autre classe. Les méthodes privées, quant à elles, ne peuvent être invoquées que de l'intérieur de la classe dans laquelle elles sont déclarées. Elles ne sont pas visibles aux autres classes.

Maintenant que nous avons traité de la différence entre l'interface et l'implantation d'une classe (section « Interfaces ou implantation » dans ce chapitre), nous comprenons plus facilement l'objectif de ces mots clés.

Attention, l'interface d'une classe correspond à l'ensemble des détails qu'un autre programmeur doit voir s'il l'utilise. Elle fournit des informations sur la manière d'utiliser la classe. L'interface inclut les signatures du constructeur et de la méthode ainsi que des commentaires. On l'appelle aussi la partie *publique* d'une classe. Son objectif est de définir *ce que fait* la classe.

L'implantation correspond à la section d'une classe qui définit précisément le fonctionnement de la classe. Les corps des méthodes, qui contiennent les instructions Java, ainsi que la plupart des champs font partie de l'implantation. L'implantation est également dénommée partie *privée (private)* d'une classe. Or, l'utilisateur d'une classe n'a pas à connaître son implantation. Et il existe de bonnes raisons pour lesquelles un utilisateur *doit être empêché de connaître* l'implantation (ou au moins de faire usage de ces connaissances). Ce principe est appelé le *masquage d'informations.*

Le mot clé `public` déclare un élément d'une classe (un champ ou une méthode) comme faisant partie de l'interface (qui sera visible publiquement) ; le mot clé `private` le déclare comme faisant partie de l'implantation (c'est-à-dire masqué à l'accès extérieur).

Masquer les informations

Dans de nombreux langages de programmation orientés objet, les détails d'une classe (son implantation) sont masqués aux autres classes. Il y a deux raisons à cela : tout d'abord, un programmeur utilisant une classe n'a pas *besoin d'en connaître* les détails internes ; deuxièmement, un utilisateur ne doit *pas être autorisé à en connaître* les détails internes.

Concept

Masquer l'information est un principe qui consiste à masquer les détails internes de l'implantation d'une classe pour les autres classes. Cela assure une meilleure modularité des applications.

Le premier principe, le *besoin de savoir*, est lié à l'abstraction et à la modularité, comme nous l'avons vu au chapitre 3. S'il était nécessaire de connaître les détails internes de toutes les classes que nous devons utiliser, nous ne finirions jamais d'implanter de grands systèmes.

Le deuxième principe, *ne pas être autorisé à savoir*, est différent. Il a également à voir avec la modularité, mais dans un contexte différent. Le langage de programmation n'autorise pas les instructions d'une autre classe à accéder à la section privée de la classe concernée. Cela permet de s'assurer qu'une classe ne dépende pas exactement de l'implantation d'une autre classe.

Ce point se révèle très important lors du travail de maintenance. Un programmeur de maintenance doit souvent modifier ou prolonger l'implantation d'une classe pour y apporter des améliorations ou résoudre des bogues. L'idéal serait, lorsqu'on modifie l'implantation d'une classe, de ne pas avoir à changer aussi les autres classes. Ce problème est connu sous le nom de *couplage* : si les changements apportés à une partie d'un programme n'exigent pas que l'on modifie également une autre partie du programme, le couplage est dit faible ou lâche. C'est une bonne solution, car il facilite la tâche du programmeur de maintenance. Au lieu de devoir comprendre et modifier plusieurs classes, il lui suffira de comprendre et de modifier une classe unique. Ainsi, si un programmeur de systèmes Java améliore l'implantation de la classe `ArrayList`, vous n'aurez pas à changer votre code à l'aide de cette classe. En effet, vous n'avez fait aucune référence à l'implantation de `ArrayList` dans votre propre code.

Pour être plus précis, disons que la règle suivante « un utilisateur ne doit pas être autorisé à connaître les détails internes d'une classe » ne fait bien sûr pas référence au programmeur d'une autre classe, mais bien à la classe elle-même. Le fait qu'un programmeur connaisse les détails de l'implantation ne pose généralement pas de problème, mais une classe ne doit pas « connaître » les détails internes d'une autre classe, c'est-à-dire qu'elle ne doit pas en dépendre. Il est tout à fait possible que le programmeur des deux classes soit la même personne, mais les classes doivent demeurer faiblement couplées.

Les thèmes du couplage et du masquage des informations sont très importants et nous en reparlerons dans les chapitres à venir.

Pour l'instant, il est important de comprendre que le mot clé `private` masque les informations et n'autorise pas d'autres classes à accéder à cette partie de la classe. Cela assure un couplage lâche et accentue la modularité et la facilité d'entretien d'une application.

Méthodes privées et champs publics

La plupart des méthodes que nous avons vues jusque-là étaient publiques. Cela permet aux autres classes de les appeler. Quelquefois cependant, nous avons utilisé des méthodes privées. Dans la classe `SupportSystem` du système *TechSupport*, par exemple, nous avons vu les méthodes `printWelcome` et `printGoodbye` déclarées comme méthodes privées.

Avoir ces deux options permet d'utiliser les méthodes pour différents objectifs. Elles offrent des opérations aux utilisateurs d'une classe (méthodes publiques) et elles permettent de diviser une grande tâche en tâches plus petites pour la rendre plus gérable. Dans le deuxième cas, les sous-tâches n'ont pas pour objectif d'être invoquées directement de l'extérieur de la classe, mais elles sont placées dans des méthodes séparées uniquement pour que l'implantation d'une classe soit plus simple à lire.

Dans ce cas, ces méthodes doivent être privées. Les méthodes `printWelcome` et `print Goodbye` en sont des exemples.

Autre bonne raison de disposer d'une méthode privée : lorsqu'une tâche est nécessaire (comme sous-tâche) dans plusieurs méthodes d'une classe. Au lieu d'écrire le code plusieurs fois, nous pouvons l'écrire une fois dans une seule méthode privée, puis appeler cette méthode à partir de plusieurs lieux différents. Nous en verrons un exemple plus loin.

Dans Java, les champs peuvent aussi être déclarés comme privés ou publics. Jusqu'à présent, nous n'avons pas vu d'exemples de champs publics, et il y a une bonne raison à cela. Déclarer des champs publics viole le principe du masquage d'informations. Cela crée une classe qui dépend d'informations exposées aux opérations incorrectes si l'implantation change. Même si le langage Java permet de déclarer des champs publics, nous considérons que ce style est mauvais et nous n'utiliserons pas cette option. Certains langages orientés objet n'autorisent pas du tout les champs publics.

Autre raison pour maintenir les champs privés : cela permet à un objet de conserver un meilleur contrôle sur son état. Si l'accès à un champ privé est contrôlé par des méthodes d'accès et de modification, un objet a la capacité de s'assurer que le champ n'est jamais défini avec une valeur qui serait incohérente avec son état général. Ce niveau d'intégrité n'est pas possible si les champs sont rendus publics.

En résumé, les champs doivent toujours être privés.

Java possède deux autres niveaux d'accès. L'un est déclaré par l'utilisation du mot clé `protected` comme modificateur d'accès ; l'autre est utilisé lorsque aucun modificateur d'accès n'est déclaré. Nous verrons cela dans les chapitres suivants.

Découvrir les classes à partir de leurs interfaces

Le projet *balls* (fourni sur le CD) est un autre projet adapté à l'étude des concepts traités dans ce chapitre. Nous ne l'utiliserons pas pour présenter de nouveaux concepts, mais plutôt pour revoir les sujets déjà discutés dans un contexte différent. Par conséquent, cette section est principalement constituée d'une série d'exercices avec quelques commentaires.

Le projet *balls* fournit trois classes : `BallDemo`, `BoucingBall` et `Canvas` (figure 5.3).

La classe `Canvas` affiche une fenêtre à l'écran qui peut être utilisée pour dessiner. Elle possède des opérations pour dessiner des traits, des formes et du texte. Un fond (canvas) peut être utilisé en créant une instance et en l'affichant à l'aide de la méthode `setVisible`. La classe `Canvas` n'a besoin d'aucune modification.

Mieux vaut probablement la traiter comme une classe de bibliothèque : ouvrez l'éditeur, et basculez sur la vue Interface. Vous verrez l'interface de la classe avec la documentation `javadoc`.

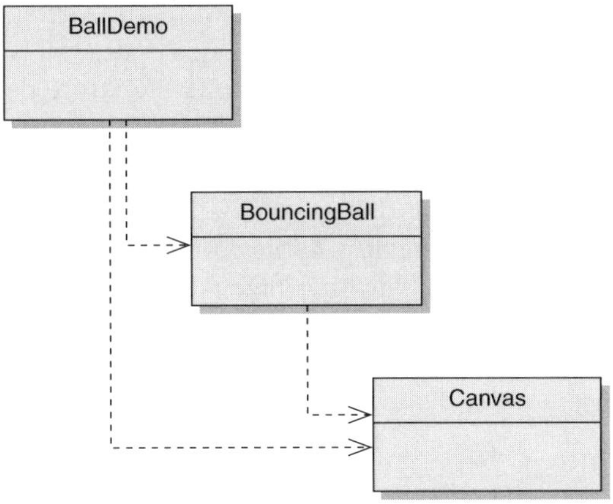

Figure 5.3 • Le projet *balls*.

La classe `BallDemo` propose deux démonstrations courtes qui montrent comment produire un résultat graphique à l'aide du fond. La méthode `drawDemo` propose un exemple de diverses opérations de dessin, et la méthode `bounce` montre une petite animation de deux balles rebondissantes.

La classe `BouncingBall` est utilisée pour la démonstration du rebond. Elle implante le comportement d'une balle rebondissante.

Le meilleur point de départ pour comprendre et tester ce projet est probablement la classe `BallDemo`.

Exercice 5.45

Créez un objet `BallDemo` et exécutez les méthodes `drawDemo` et `bounce`. Lisez ensuite le code source `BallDemo`. Décrivez, en détail, le fonctionnement de ces méthodes.

Exercice 5.46

Lisez la documentation de la classe `Canvas`. Répondez ensuite aux questions suivantes par écrit, y compris en écrivant les fragments du code Java.

Comment crée-t-on un `Canvas` ? Comment l'affiche-t-on ? Comment dessine-t-on un trait ? Comment efface-t-on quelque chose ? Quelle est la différence entre `draw` et `fill` ? Que fait `wait` ?

Exercice 5.47

Testez le fonctionnement du fond en apportant des changements à la méthode `drawDemo` de `BallDemo`. Dessinez d'autres traits, formes et textes.

Exercice 5.48

Dessinez un cadre autour du fond en dessinant un rectangle de 20 pixels dans les limites de la fenêtre. Placez cette fonctionnalité dans une méthode appelée `drawFrame` de la classe `BallDemo`.

Le dernier exercice, qui dessine un cadre dans les limites de la fenêtre, présente quelques options. Tout d'abord, nous pouvons dessiner quatre lignes. Mais nous pouvons aussi dessiner un rectangle à l'aide de la méthode `draw`. La signature de `draw` est :

```
public void draw(Shape shape)
```

Le paramètre, spécifié comme étant du type `Shape`, peut être un `Rectangle`. Il peut, en fait, s'agir de n'importe quelle forme disponible dans la bibliothèque Java. Cet exemple utilise une spécialisation par le biais de l'héritage : une technique que nous verrons au chapitre 8. La méthode `drawDemo` inclut un exemple de la création et du dessin d'un rectangle. Vous pouvez également étudier l'interface `Rectangle` dans la documentation de la bibliothèque Java.

Le deuxième problème consiste à en savoir plus sur la taille du rectangle à dessiner. D'une part, vous trouverez la taille de l'objet fond lorsqu'il est créé, qui est de 600 par 500 pixels (retrouvez l'endroit où cela est spécifié dans le code source !). Nous avons besoin d'un rectangle de hauteur 460, de largeur 560, dessiné à la position 20, 20.

D'autre part, cette solution n'est pas très adaptée, car sa modification risque de poser problème. Si un programmeur de maintenance décide par la suite d'agrandir le fond, le cadre sera incorrect. Le code de `drawFrame` doit aussi être modifié pour fonctionner comme prévu. Il vaudrait mieux utiliser une méthode `drawFrame` qui adapte automatiquement la taille de son cadre à la taille du fond. Lorsque le fond est agrandi par la suite, le cadre respecte les proportions.

Pour cela, interrogeons le fond quant à sa taille. En étudiant l'interface `Canvas`, nous voyons qu'il fournit une méthode `getSize` qui renvoie un objet du type `Dimension`. Nous découvrirons ce dont il s'agit en étudiant la documentation de la classe de bibliothèque.

Exercice 5.49

Améliorez votre méthode `drawFrame` pour l'adapter automatiquement à la taille actuelle du fond. Vous devez trouver comment utiliser un objet de la classe `Dimension`.

Une fois que vous avez implanté cet exercice, vous pouvez le tester en redimensionnant manuellement le fond et en appelant de nouveau `drawFrame`.

Nous poursuivrons ensuite avec les balles rebondissantes.

Exercice 5.50

Modifiez la méthode `bounce` pour permettre à l'utilisateur de choisir le nombre de balles qui doivent rebondir.

Pour ce dernier exercice, vous utiliserez une collection pour stocker les balles. De cette manière, la méthode pourra traiter une, trois ou soixante-quinze balles, autant que vous le souhaitez. Les balles doivent être initialement placées en ligne, en haut du fond.

Quel type de collection choisir ? Jusqu'à présent, nous avons vu un `ArrayList`, un `HashMap` et un `HashSet`. Faites les exercices suivants avant d'écrire votre implantation.

Exercice 5.51

Quel type de collection (`ArrayList`, `HashMap` ou `HashSet`) est le plus adapté au stockage des balles pour la nouvelle méthode `bounce` ? Discutez-en par écrit et justifiez votre choix.

Exercice 5.52

Modifiez la méthode `bounce` pour placer aléatoirement les balles n'importe où dans la moitié supérieure de l'écran.

Exercice 5.53

Écrivez une nouvelle méthode nommée `boxBounce`. Cette méthode dessine un rectangle (la « boîte ») à l'écran et une ou plusieurs balles dans la boîte. Pour les balles, n'utilisez pas `BouncingBall`, mais créez plutôt une nouvelle classe `BoxBall` qui se déplace dans la boîte, en rebondissant sur les murs de la boîte afin qu'elle reste toujours à l'intérieur. La position et la vitesse initiales de la balle doivent être aléatoires. La méthode `boxBounce` doit toujours avoir un paramètre qui spécifie le nombre de balles dans la boîte.

Exercice 5.54

Donnez aux balles de `boxBounce` des couleurs aléatoires.

Variables de classes et constantes

Jusqu'à présent, nous n'avons pas étudié la classe `BouncingBall`. Si vous souhaitez connaître le fonctionnement de cette animation, vous pourrez étudier cette classe. Elle est assez simple, la seule méthode un peu plus complexe est `move`, dans laquelle la balle change de position pour passer à la position suivante sur son parcours.

Nous laisserons au lecteur le soin d'étudier cette méthode, à l'exception d'un détail que nous voulons voir ici. Commençons par un exercice.

Exercice 5.55

Dans la classe `BouncingBall`, vous trouverez une définition de la gravité (un entier simple). Augmentez ou diminuez la valeur de gravité, compilez et exécutez à nouveau la démonstration de la balle. Observez-vous un changement ?

Le détail le plus intéressant dans cette classe est la ligne :

```
private static final int gravity = 3;
```

Nous n'avons pas encore vu cette construction. Cette ligne présente en fait deux nouveaux mots clés, utilisés ensemble : `static` et `final`.

Le mot clé `static`

Concept

Les classes peuvent avoir des champs, connus sous le nom de **variables de classe** ou variables statiques. Un seul exemplaire d'une variable de classe peut exister à un instant T, indépendamment du nombre d'instances créées.

Le mot clé `static` correspond à la syntaxe de Java pour définir des variables de classe. Il s'agit de champs qui sont associés à une classe elle-même, et non à ses objets. Cela les rend fondamentalement différents des variables d'instance (les champs que nous avons vus jusqu'à présent). Envisagez ce segment de code (une partie de la classe `BouncingBall`) :

```
public class BouncingBall
{
    // Effet de gravité.
    private static final int gravity = 3;

    private int xPosition;
    private int yPosition;

    //*** Code des autres champs et de la méthode non reproduit.
}
```

Imaginez maintenant que nous créions trois instances de `BouncingBall`. La situation qui en résulte est présentée à la figure 5.4.

Comme nous le voyons à partir du diagramme, les variables d'instance (`xPosition` et `yPosition`) sont stockées dans chaque objet. Puisque nous avons créé trois objets, nous avons trois copies indépendantes de ces variables.

La variable de classe `gravity` est associée à la classe elle-même. En conséquence, il y a toujours exactement au moins une copie de cette variable, indépendamment du nombre d'instances créées.

Le code source de la classe peut accéder (lire et définir) à cette sorte de variable comme à une variable d'instance. La variable de classe est accessible à partir de toute instance de la classe. En conséquence, les objets partagent cette variable.

Les variables de classes sont souvent utilisées lorsqu'une valeur doit être identique pour toutes les instances d'une classe. Au lieu de stocker une copie de la valeur dans chaque objet, ce qui serait un gaspillage d'espace et pourrait être difficile à coordonner, une seule valeur est partagée parmi toutes les instances.

Java prend également en charge les *méthodes de classes* (aussi connues sous le nom de *méthodes statiques*), qui sont des méthodes qui appartiennent à une classe. Nous en discuterons plus tard.

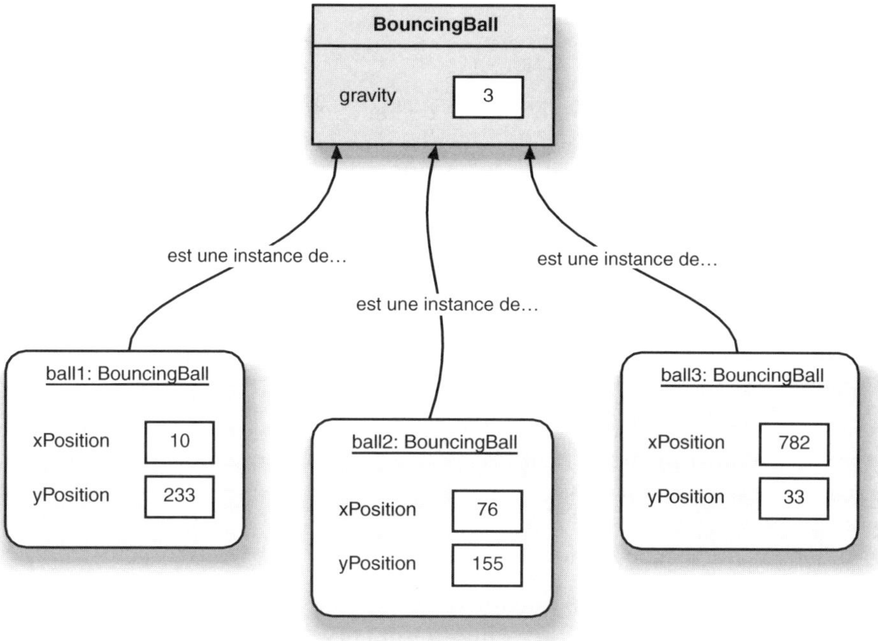

Figure 5.4 • Variables d'instance et une variable de classe.

Constantes

Une utilisation fréquente du mot clé `static` consiste à définir des *constantes*. Les constantes sont identiques aux variables, mais leurs valeurs ne peuvent pas être modifiées au cours de l'exécution d'une application. Dans Java, les constantes sont définies avec le mot clé `final`. Par exemple :

```
private final int size = 10;
```

Ici, nous définissons une constante nommée `size` avec la valeur 10. Nous remarquons que les déclarations de constantes ressemblent aux déclarations de champs, à deux différences près.

- Elles incluent le mot clé `final` avant le nom du type.
- Elles doivent être initialisées à la déclaration.

Lorsqu'une valeur ne doit pas être modifiée, il est conseillé de la déclarer avec `final`. Cela garantit qu'elle ne sera pas modifiée par inadvertance par la suite. Toute tentative de modifier un champ de constante entraînera l'affichage d'un message d'erreur de compilation.

Dans la pratique, il est fréquent que les constantes s'appliquent à toutes les instances d'une classe. Dans ce cas, nous déclarons des *constantes de classes*. Les constantes de classes sont des champs constants de classes. Elles sont déclarées par l'utilisation d'une combinaison des mots clés `static` et `final`.

Par exemple :

```
private static final int size = 10;
```

La définition de `gravity` dans notre projet de balle rebondissante est un autre exemple de cette constante. C'est le style général pour la définition des constantes. Les constantes spécifiques à des instances sont utilisées bien plus souvent.

Résumé

Comprendre les bibliothèques de classes et les interfaces de classes est essentiel pour un programmeur compétent, et ce, à deux égards : lire des descriptions de bibliothèques de classes (particulièrement des interfaces de classes) et les écrire.

Il est important de connaître certaines classes essentielles de la bibliothèque de classes Java standard et de pouvoir en savoir plus lorsque cela est nécessaire. Dans ce chapitre, nous avons présenté certaines des classes les plus importantes et vu comment naviguer dans la documentation de bibliothèque.

Il est aussi important de pouvoir documenter toute classe écrite dans le style des classes de bibliothèques, afin que d'autres programmeurs puissent facilement utiliser la classe sans avoir à comprendre l'implantation. Cette documentation doit inclure de bons commentaires pour chaque projet, classe et méthode. Utilisez `javadoc` avec les programmes Java pour y parvenir plus facilement.

Résumé des concepts

Bibliothèque Java : La bibliothèque de classes standard Java contient de nombreuses classes très utiles. Il est important de savoir l'utiliser.

Documentation de la bibliothèque : La documentation de la bibliothèque standard Java présente les détails de toutes les classes de la bibliothèque. Utiliser cette documentation est essentiel pour faire un bon usage des classes de bibliothèques.

Interface : L'interface d'une classe décrit ce que fait la classe et la manière de l'utiliser sans montrer l'implantation.

Implantation : La totalité du code source qui définit une classe s'appelle l'implantation de la classe.

Inaltérable : Un objet est dit inaltérable si son contenu ou son état ne peuvent être modifiés une fois qu'il a été créé. Les chaînes sont un exemple d'objet inaltérable.

Association : Une association est une collection qui stocke des paires clé/valeur sous forme d'entrées. Il est possible de rechercher les valeurs en fournissant la clé.

Ensemble : Un ensemble est une collection qui mémorise chaque élément au maximum une fois. Il n'y a pas d'ordre entre les éléments d'un ensemble.

Documentation : La documentation d'une classe doit être suffisamment détaillée pour que d'autres programmeurs puissent l'utiliser sans avoir besoin de lire l'implantation.

Modificateur d'accès : Les modificateurs d'accès définissent la visibilité d'un champ, d'un constructeur ou d'une méthode. Les éléments publics sont accessibles de l'intérieur de la même classe et à partir des autres classes ; les éléments privés ne sont disponibles qu'à partir de l'intérieur de la même classe.

Masquer l'information : Masquer l'information est un principe qui consiste à masquer les détails internes de l'implantation d'une classe pour les autres classes. Cela assure une meilleure modularité des applications.

Variables de classe, variable statique : Les classes peuvent avoir des champs, connus sous le nom de variables de classe ou variables statiques. Un seul exemplaire d'une variable de classe peut exister à un instant T, indépendamment du nombre d'instances créées.

Exercice 5.56

Une rumeur circule sur Internet disant que George Lucas (le réalisateur de *La Guerre des étoiles*) utilise une formule pour créer les noms des personnages de ses histoires (Jar Jar Binks, ObiWan Kenobi, etc.). La formule, dit-on, est la suivante :

Votre prénom Guerre des étoiles

1. Prenez les trois premières lettres de votre nom.
2. Ajoutez les deux premières lettres de votre prénom.

Votre nom Guerre des étoiles

1. Prenez les deux premières lettres du nom de jeune fille de votre mère.
2. Ajoutez les trois premières lettres du nom de votre ville de naissance.

Voici votre mission : créez un nouveau projet BlueJ nommé *star-wars*. Créez-y une classe nommée `NameGenerator`. Cette classe doit avoir une méthode nommée `generateStarWarsName` qui génère un nom de la Guerre des étoiles suivant la méthode décrite ci-dessus. Recherchez la méthode de la classe `String` qui génère une sous-chaîne.

6

Des objets bien conçus

Concepts clés de ce chapitre

- Tests
- Débogage
- Automatisation des tests

Notions Java

- Opérateur de composition et d'affectation (&=)

Termes introduits dans ce chapitre

- Erreur de syntaxe, erreur de logique, test, débogage, test unitaire, test positif, test négatif, test de non-régression, trace d'exécution manuelle, séquence d'appels

Si vous avez parcouru les chapitres précédents de ce livre, et si vous avez fait les exercices que nous vous avons suggérés, vous avez alors déjà écrit un bon nombre de classes. Une remarque que vous avez sûrement émise est liée au fait que les classes que vous avez écrites sont rarement parfaites après une première écriture du code source. Généralement, cela ne fonctionne pas du premier coup et des efforts supplémentaires sont nécessaires.

Les problèmes auxquels vous serez confronté évoluent avec le temps. Les débutants luttent typiquement contre des erreurs *de syntaxe*. Les erreurs de syntaxe sont des erreurs dans la structure du code source lui-même. Elles sont faciles à identifier, car le compilateur les surligne et affiche un message d'erreur.

Les programmeurs plus expérimentés, qui traitent des problèmes plus complexes, rencontrent généralement moins de difficulté pour résoudre les erreurs de langage. Par contre, ils sont plus concernés par les erreurs de *logique*.

Une erreur logique est un problème où le programme est compilé et s'exécute sans erreur évidente, mais produit un résultat incorrect. Les erreurs de logique sont bien plus critiques et difficiles à localiser que les erreurs de syntaxe. En fait, il est parfois même difficile de savoir qu'il y a une erreur.

Écrire des programmes syntaxiquement corrects est relativement facile à apprendre, et de bons outils (tels que les compilateurs) existent pour détecter les erreurs de syntaxe et les mettre en évidence. D'autre part, écrire des programmes logiquement corrects est très difficile pour tout problème non trivial, et la preuve que le programme est correct ne peut, en général, pas être automatisée. En fait, cela est si difficile que la plupart des logiciels vendus sont connus pour contenir un nombre significatif de *bogues*.

Ainsi, il est essentiel pour un ingénieur en logiciel compétent d'apprendre à maîtriser les problèmes de correction et de savoir réduire le nombre d'erreurs dans une classe.

Dans ce chapitre, nous discuterons de plusieurs activités qui visent à améliorer la correction d'un programme. Cela inclut le test, le débogage et l'écriture en vue d'une maintenance aisée.

Le *test* est une activité qui cherche à vérifier si une partie de code contient des erreurs. Bien tester un programme n'est pas facile, il faut penser à de nombreux points.

> ***Concept***
> Le **test** est l'activité qui consiste à vérifier si le comportement d'une partie de code (une méthode, une classe ou un programme) est conforme à celui qui est attendu.

Le *débogage* intervient après le test : si les tests ont démontré l'existence d'une erreur, il faut utiliser les techniques de débogage pour la localiser exactement et trouver comment la corriger. Après la détection d'une erreur, un travail important peut être nécessaire pour en trouver la cause et la corriger.

Écrire en vue d'une maintenance aisée est probablement le point le plus important. Il s'agit d'essayer d'écrire le code de telle façon que les erreurs soient évitées dans un premier temps et que, si elles persistent par la suite, elles soient identifiables le plus facilement possible. Cette activité est directement liée au style d'écriture du code et aux commentaires associés. Idéalement, le code doit être facile à comprendre : le premier programmeur évite d'introduire des erreurs, et le programmeur chargé de la maintenance doit être en mesure d'identifier facilement les erreurs éventuelles.

> ***Concept***
> Le **débogage** cherche à identifier la source d'une erreur et à la corriger.

En pratique, ce n'est pas toujours possible. Mais il y a une énorme différence entre un code bien écrit et un code pas si bien écrit au regard du nombre d'erreurs et du temps nécessaire pour les corriger.

Tester et déboguer

Dans le cadre du développement logiciel, tester et déboguer sont des compétences cruciales. Dans un premier cas, vous devrez souvent vérifier la présence d'erreurs et localiser la source de ces erreurs quand elles surviennent. De plus, vous serez peut-être aussi responsable du test d'un programme écrit par une autre personne ou bien amené à le modifier. Dans ce dernier cas, le débogage est très lié à la compréhension d'un code produit par quelqu'un d'autre. Dans les deux cas, il existe de nombreux points communs entre les techniques utilisées. Dans les paragraphes suivants, nous allons étudier les techniques de débogage et de test suivantes :

- tests unitaires avec BlueJ ;
- automatisation des tests ;
- traces d'exécution manuelles ;
- instructions d'impression ;
- les débogueurs.

Nous allons nous intéresser aux deux premières techniques de test en utilisant quelques classes que vous auriez pu écrire, et aux techniques de débogage dans le cadre d'un code source compréhensible écrit par quelqu'un d'autre.

Tests unitaires dans BlueJ

Le terme *test unitaire* fait référence au test de parties identifiées d'une application, contrairement au *test d'une application*, qui consiste à tester l'application entièrement. Les parties testées peuvent être de taille variable. Elles peuvent constituer un ensemble de classes, une unique classe ou même une seule méthode. Vous pouvez mettre en œuvre le test unitaire bien avant que l'application soit terminée, et vous pouvez tester chaque méthode une fois qu'elle est écrite et compilée.

Comme BlueJ permet d'interagir directement avec chaque objet, il offre plusieurs façons uniques de conduire le test des classes et méthodes. Dans ce paragraphe, un des points sur lequel nous voulons particulièrement insister est qu'il n'est jamais trop tôt pour débuter les tests. Les avantages produits par une expérimentation et un test précoce sont nombreux. D'une part, cela permet d'acquérir une expérience précieuse concernant un système et d'identifier les problèmes suffisamment tôt. Ainsi, nous pouvons résoudre ces problèmes à un coût inférieur à celui d'un test, et donc aussi par rapport à une détection plus tardive dans le développement. D'autre part, nous pouvons mettre au point un ensemble de tests qui pourront être utilisés à volonté au fur et à mesure que le système prendra de l'ampleur. Chaque fois que nous apporterons un changement au système, cet ensemble de tests permettra de vérifier que nous n'avons pas introduit d'erreurs par inadvertance dans la partie non modifiée du système. Afin d'illustrer cette forme de test au sein de BlueJ, nous pouvons utiliser le projet *diary-prototype* qui représente une étape précoce du développement d'un agenda électronique. Une fois que ce logiciel sera terminé, ce système doit permettre à une personne de planifier ses rendez-vous quotidiens tout au long d'une année.

Ouvrez le projet *diary-prototype*. Trois classes seulement ont été développées : `Appointment`, `Day` et `Week`. Comme ces classes joueront un rôle fondamental au sein du projet global, nous souhaitons vérifier à la fois que les classes fonctionnent comme elles le devraient et nous assurer de nos choix concernant leur conception et leur implantation. La classe `Appointment` décrit des objets passifs dont l'objectif est de sauvegarder les motivations d'un rendez-vous et sa durée exprimée en heures. Pour notre étude de test, nous nous concentrerons sur la classe `Day` présentée dans le code 6.1. Un objet de cette classe conserve la trace de l'ensemble des rendez-vous pris sur une seule journée. Chaque jour mémorise sa position unique dans l'année — un entier compris entre 1 et 366. Deux simplifications dans cette version ont été faites : un rendez-vous débute toujours en début d'heure et dure un nombre entier d'heures. Ainsi, un rendez-vous peut débuter à 9 h, à 10 h et ainsi de suite jusqu'à 17 h.

Nous aimerions vérifier plusieurs aspects de la classe `Day`, qui feront partie des tests de cette classe :

- Le champ `Appointment` possède-t-il un espace mémoire suffisamment grand pour maintenir le nombre requis de rendez-vous ?
- La méthode `showAppointments` affiche-t-elle correctement la liste des rendez-vous pris ?
- La méthode `makeAppointment` met-elle à jour les champs correctement quand un rendez-vous est pris ?
- La méthode `findSpace` renvoie-t-elle le résultat correct lors d'une demande de salle pour un nouveau rendez-vous ?

Nous allons nous rendre compte que nous pouvons tester cela facilement en utilisant le bureau des objets (« object bench ») de BlueJ. De plus, nous verrons que la nature interactive de BlueJ rend possible la simplification de certains tests en créant des altérations contrôlées d'une classe en cours de test.

Code 6.1 • La classe Day.

```
/**
 * Maintient les rendez-vous pour une journée dans un agenda.
 *
 * @author David J. Barnes and Michael Kolling
 * @version 2001.09.14
 */
public class Day
{
    // La première et la dernière heure qu'on peut réserver dans une
    ➥journée.
    public static final int START_OF_DAY = 9;
    public static final int FINAL_APPOINTMENT_TIME = 17;
    // Le nombre d'heures qu'on peut réserver dans une journée.
    public static final int MAX_APPOINTMENTS_PER_DAY =
```

```
                                      FINAL_APPOINTMENT_TIME -
                                      START_OF_DAY + 1;

    // Un numéro de journée dans une année particulière. (1-366)
    private int dayNumber;
    // La liste courante des rendez-vous pour cette journée.
    private final Appointment[] appointments;

    /**
     * Constructeur pour les objets de la classe Day.
     * @param dayNumber Le numéro de cette journée dans l'année (1-366).
     */
    public Day(int dayNumber)
    {
        this.dayNumber = dayNumber;
        appointments = new Appointment[MAX_APPOINTMENTS_PER_DAY];
    }

    /**
     * Recherche d'une place libre pour un rendez-vous.
     * @param appointment Le rendez-vous à traiter.
     * @return La première heure dans la journée disponible
     *         pour le rendez-vous. Renvoie -1 s'il n'y a
     *         de place disponible.
     */
    public int findSpace(Appointment appointment)
    {
        int duration = appointment.getDuration();
        for(int slot = 0; slot < MAX_APPOINTMENTS_PER_DAY; slot++) {
            if(appointments[slot] == null) {
                final int time = START_OF_DAY + slot;
                // Point de départ potentiel
                if(duration == 1) {
                    // seulement un créneau est nécessaire.
                    return time;
                }
                else {
                    // Combien de créneaux supplémentaires
                    // sont nécessaires ?
                    int further_slots_required = duration - 1;
                    for(int nextSlot = slot + 1;
                                further_slots_required > 0 &&
                                appointments[nextSlot] == null;
                                    nextSlot++) {
                        further_slots_required--;
                    }
                    if(further_slots_required == 0) {
                        // Un espace suffisamment grand a été trouvé.
                        return time;
                    }
                }
            }
```

Code 6.1 • La classe Day *(suite)*.

```
        }
        // Il n'y a pas assez de créneaux disponibles.
        return -1;
    }

    /**
     * Prendre un rendez-vous.
     * @param time L'heure de début du rendez-vous.
     * @param appointment Le rendez-vous à prendre.
     * @return true si le rendez-vous a été pris, false sinon.
     */
    public boolean makeAppointment(int time,
                                   Appointment appointment)
    {
        if(time >= START_OF_DAY && time <= FINAL_APPOINTMENT_TIME) {
            int startTime = time-START_OF_DAY;
            if(appointments[startTime] == null) {
                int duration = appointment.getDuration();
                // Remplit tous les créneaux pour
                // la durée totale du rendez-vous.
                for(int i = 0; i < duration; i++) {
                    appointments[startTime + i] = appointment;
                }
                return true;
            }
            else {
                return false;
            }
        }
        else {
            return false;
        }
    }

    /**
     * Imprime une liste des rendez-vous de la journée
     * sur la sortie standard.
     */
    public void showAppointments()
    {
        System.out.println("=== Jour " + dayNumber + " ===");
        for(int i = 0; i < MAX_APPOINTMENTS_PER_DAY; i++) {
            System.out.print((START_OF_DAY + i) + ": ");
            if(appointments[i] != null) {
                System.out.println(
                    appointments[i].getDescription());
            }
            else {
                System.out.println();
            }
        }
```

```
    }

    /**
     * @return Le numéro de cette journée dans l'année (1 - 366).
     */
    public int getDayNumber()
    {
        return dayNumber;
    }
}
```

Utilisation des inspecteurs

Pour préparer l'ensemble des tests, créez un objet `Day` et ouvrez ses inspecteurs en sélectionnant la fonction Inspecter du menu Objet. Sélectionnez le champ `appointments` et ouvrez l'inspecteur de tableaux (figure 6.1). Vérifiez que le tableau possède suffisamment d'espace mémoire pour contenir tous les rendez-vous d'une journée complète. Laissez l'inspecteur de tableaux ouvert afin de faciliter les prochains tests.

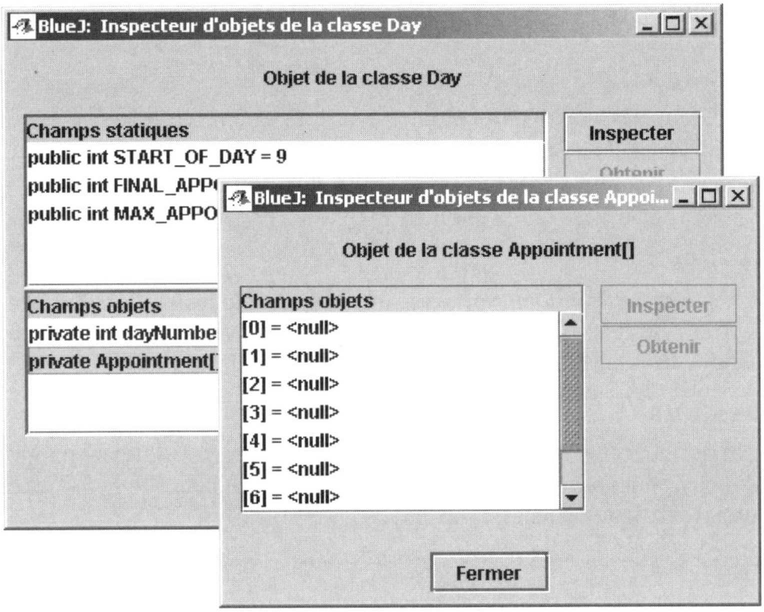

Figure 6.1 • Inspecteur pour le tableau des rendez-vous.

Une partie essentielle du test de classes utilisant des structures de données est de vérifier qu'elles se comportent correctement à la fois quand les structures de données sont vides et quand elles sont pleines. Ainsi, un premier test que nous pouvons réaliser sur la classe `Day` est l'appel de la méthode `showAppointments` avant la prise du tout premier rendez-vous. Cette méthode devrait lister chaque période qui peut être réservée dans une journée. Plus tard, nous vérifierons que cette méthode fonctionne aussi quand la liste des rendez-vous est pleine.

Une caractéristique clé d'un bon test est de garantir que les frontières sont vérifiées, car c'est souvent là que les choses ne se déroulent pas bien. Les frontières de la classe `Day` sont le début et la fin de la journée. Ainsi, il est tout aussi important de vérifier que nous pouvons prendre un rendez-vous en milieu de journée que de vérifier que nous pouvons remplir correctement la première et la dernière position du tableau `appointments`. Pour conduire ces tests le long de ces séparations, créez trois objets `Appointment` sur le bureau des objets, chacun d'une durée de une heure. Faites les exercices suivants en guise de tests initiaux de la méthode `makeAppointment`.

Exercice 6.1

Utilisez les trois objets `Appointment` pour prendre des rendez-vous à 9 h, à 13 h et à 17 h. Quand la création d'un rendez-vous a réussi, la méthode `makeAppointment` renvoie le résultat `true`. Utilisez l'inspecteur de tableaux pour confirmer que chaque rendez-vous occupe la position correcte après les créations.

Exercice 6.2

Appelez `showAppointment` pour confirmer qu'elle affiche correctement ce que vous voyez dans l'inspecteur de tableaux.

Exercice 6.3

Maintenant, vérifiez qu'une heure ne peut pas être réservée deux fois. Essayez de prendre un rendez-vous à la même heure qu'un rendez-vous déjà existant, la valeur `false` devrait être renvoyée. Servez-vous aussi de l'inspecteur de tableaux pour confirmer que le nouveau rendez-vous n'a pas remplacé l'original.

Exercice 6.4

Un bon test des frontières implique aussi de tester les valeurs situées juste à l'extérieur de l'intervalle de valeurs valides. Vérifiez que le comportement est correct quand vous essayez de prendre un rendez-vous à 8 h ou à 18 h.

Exercice 6.5

Créez de nouveaux rendez-vous d'une heure et remplissez toutes les heures d'un seul objet `Day` pour vous assurer que cela est possible. Vérifiez que `showAppointments` fournit l'affichage correct quand le tableau est plein.

Exercice 6.6

Vérifiez qu'il n'est pas possible de prendre un autre rendez-vous dans une journée complète. Avez-vous besoin de tester la double réservation de chaque période, ou cela semble-t-il suffisant de vérifier quelques possibilités ? Indice : est ce que le principe de prêter plus particulièrement attention aux frontières s'applique ici ? La vérification des frontières serait-elle suffisante ?

Exercice 6.7

Est-il possible de réutiliser un seul objet `Appointment` à différents moments dans une seule journée ? Si vous le faites, ces tests ont-ils la même légitimité que ceux qui utilisent des objets différents ? Pouvez-vous envisager des circonstances dans lesquelles vous pourriez utiliser un unique objet `Appointment` à des emplacements différents à l'intérieur d'un agenda dans son ensemble ?

Exercice 6.8

Exercice Défi – Essayez de répéter certains de ces tests sur un nouvel objet `Day` en utilisant des rendez-vous de deux heures. Vous devriez trouver que ces tests modifiés déclenchent au moins une erreur. Essayez de corriger ces erreurs de manière à pouvoir prendre correctement des rendez-vous de deux heures. Après avoir modifié la classe `Day`, est-il raisonnable de considérer que tous les tests pour les rendez-vous d'une heure fonctionneront toujours ? La section « Automatisation des tests » abordera certains aspects du test qui apparaissent quand le logiciel est corrigé ou étendu.

À la lumière de ces exercices, il est facile de voir combien les inspecteurs sont utiles pour obtenir un retour immédiat sur l'état d'un objet, souvent en évitant d'ajouter des instructions d'affichage à la classe en cours de test ou de débogage.

Test positif *versus* test négatif

Quand nous décidons ce qui doit être testé, nous distinguons généralement le test positif et négatif. Le test positif consiste à tester les fonctionnalités dont nous pensons qu'elles fonctionnent. Par exemple, prendre un rendez-vous d'une heure au milieu d'une journée vide est un test positif. Lors de la mise en œuvre du test positif, nous devons nous convaincre que le code a fonctionné effectivement comme attendu.

Le test négatif est le test des cas dont nous pensons qu'ils échoueront. Réserver deux fois un créneau horaire ou saisir un rendez-vous en dehors des limites d'une journée sont deux exemples de tests négatifs. Lors de la mise en œuvre du test négatif, nous attendons du programme qu'il traite cette erreur d'une façon particulière et contrôlée.

Attention

L'erreur est très courante chez les testeurs inexpérimentés de réaliser seulement des tests positifs. Le test négatif — tester ce qui devrait mal se passer, et qui effectivement se passe mal, et se déroule d'une manière bien définie — est crucial pour une bonne procédure de test.

Exercice 6.9

Lesquels des tests mentionnés dans les exercices précédents sont des tests positifs et lesquels sont négatifs ? Faire un tableau pour chaque catégorie. Pouvez-vous proposer d'autres tests positifs ? Pouvez-vous proposer d'autres tests négatifs ?

Automatisation des tests

Réaliser un test consciencieux manuellement est une activité qui prend beaucoup de temps et est plutôt ennuyeuse, c'est pourquoi elle est souvent négligée. Cela est d'autant plus vrai que les tests doivent être menés non pas une seule fois, mais des centaines, voire des milliers de fois. Heureusement, il existe des techniques qui permettent d'automatiser les tests répétitifs, et d'éliminer ainsi une bonne partie de la corvée liée au test. Le prochain paragraphe étudie l'automatisation des tests dans le contexte du test de non-régression.

Tests de non-régression

Cela serait très agréable si nous pouvions considérer que corriger des erreurs ne fait qu'améliorer pour toujours la qualité du programme. Malheureusement, l'expérience montre qu'il est facile d'introduire des erreurs supplémentaires en modifiant un logiciel. Donc, corriger une erreur à un endroit peut en introduire une autre en même temps. Par conséquent, il est souhaitable d'exécuter des *tests de non-régression* chaque fois que le logiciel est modifié. Le test de non-régression implique la réexécution des tests qui ont été réussis précédemment, afin de s'assurer que la nouvelle version les valide encore. Il est plus facile d'exécuter ces tests en les automatisant.

Une des façons les plus simples d'automatiser les tests de non-régression est d'écrire un programme qui agit comme un moteur ou plate-forme de tests (*test rig* ou *test harness*). Le projet *diary-testing* fournit une illustration de la manière dont nous devrions construire une plate-forme de tests pour les tests que nous avons exécutés sur le prototype d'agenda électronique. Le code 6.2 montre la classe `OneHourTests` de ce projet.

Code 6.2 • Une plate-forme basique pour les tests d'une heure.

```
/**
 * Réalise les tests de la classe Day qui impliquent
 * la prise de rendez-vous d'une heure.
 *
 * @author David J. Barnes and Michael Kolling
 * @version 2001.09.14
 */
public class OneHourTests
{
    // L'objet Day à tester.
    Private Day day;

    /**
     * Constructeur pour les objets de la classe OneHourTests
     */
    public OneHourTests()
    {
        // Crée un objet Day qui peut être utilisé
        // pour les tests.
```

```
        // Les méthodes peuvent choisir de créer
        // leurs propres instances.
        day = new Day(1);
    }

    /**
     * Test de la fonctionnalité élémentaire en réservant
     * en début, milieu et fin de journée.
     */
    public void makeThreeAppointments()
    {
        // Création d'un nouvel objet Day.
        day = new Day(1);
        // Création de trois rendez-vous d'une heure.
        Appointment first = new Appointment("Cours Java", 1);
        Appointment second = new Appointment("Travaux dirigés Java", 1);
        Appointment third = new Appointment("Rendez-vous avec Jean", 1);

        // Prendre chaque rendez-vous à des
        // heures différentes.
        day.makeAppointment(9, first);
        day.makeAppointment(13, second);
        day.makeAppointment(17, third);

        day.showAppointments();
    }

    /**
     * Vérifie que la double réservation n'est pas permise.
     */
    public void testDoubleBooking()
    {
        // Initialisation de la journée avec trois
        // rendez-vous légitimes.
        makeThreeAppointments();
        Appointment badAppointment = new Appointment("Erreur", 1);
        day.makeAppointment(9, badAppointment);

        // Montre que le rendez-vous badAppointment
        // n'a pas été pris.
        day.showAppointments();
    }

    /**
     * Vérifie la fonctionnalité élémentaire en
     * remplissant complètement une journée de rendez-vous.
     */
    public void fillTheDay()
    {
        // Création d'un nouvel objet Day.
        day = new Day(1);
        for(int time = Day.START_OF_DAY;
```

Code 6.2 • Une plate-forme basique pour les tests d'une heure *(suite)*.

```
                    time <= Day.FINAL_APPOINTMENT_TIME;
                        time++) {
                day.makeAppointment(time,
                                new Appointment("Test " + time, 1));
            }

            day.showAppointments();
        }
}
```

Chaque méthode de la classe de test a été écrite pour représenter un unique test, et capture les étapes que nous avons accomplies en exécutant manuellement les tests de la section « Utilisation des inspecteurs ». Ainsi, la méthode `makeThreeAppointments` est conçue pour tester que trois rendez-vous légitimes peuvent être pris dans un nouvel objet `Day`, et `fillTheDay` vérifie que chaque heure peut être réservée. Ces deux méthodes créent un nouvel objet `Day` afin de s'assurer qu'elles testent l'objet dans son état initial. Au contraire, `testDoubleBooking` utilise l'objet `Day` créé par la méthode `makeThreeAppointments` car elle a besoin d'un objet contenant déjà des rendez-vous.

Une classe telle que `OneHourTests` rend plus facile le test de non-régression de la classe `Day` ; nous devons seulement créer une instance, exécuter chacune de ses méthodes et vérifier les résultats.

Exercice 6.10

Ajoutez les méthodes supplémentaires à la classe *`OneHourTests`* que vous jugez appropriées pour tester les rendez-vous d'une heure. Puis exécutez les tests de non-régression sur votre version corrigée de la classe *Day*.

Exercice 6.11

Créez une classe *`TwoHourTests`* pour réaliser les tests des rendez-vous de deux heures.

Exercice 6.12

Créez des classes supplémentaires pour tester les fonctionnalités restantes de la classe `Day` que vous jugez nécessaires.

Exercice 6.13

Dans le cadre d'un projet important, des centaines ou des milliers de tests de non-régression peuvent être nécessaires suite à des activités de maintenance ou d'amélioration. Dans quelle mesure pensez-vous que l'utilisation des techniques que nous avons introduites pourraient faciliter la vérification des résultats ? Une intervention manuelle reste-t-elle encore nécessaire pour mener cette phase de tests ?

Vérification automatique des résultats de tests

La technique décrite dans la section précédente « Tests de non-régression » fait quelques progrès en direction de l'automatisation des tests, mais elle exige encore une participation humaine considérable dans le processus. Par exemple, la liste affichée des rendez-vous doit être vérifiée par les yeux et cela exige aussi que le vérificateur sache ce que les résultats devraient être. L'automatisation du test de non-régression serait encore plus efficace si nous pouvions faire des tests qui se vérifieraient eux-mêmes, ne nécessitant l'intervention humaine que si le résultat de un ou plusieurs tests révélait un problème potentiel. Le projet *diary-test-automation* représente un pas de plus dans cette direction. La classe `AutomatedOneHourTests` utilise le fait que la méthode `makeAppointment` renvoie une valeur booléenne pour signifier la réussite ou l'échec. En ajoutant un accesseur `getAppointment` à la classe `Day`, nous avons un moyen de vérifier le résultat d'un essai de prise de rendez-vous à une heure donnée. Le code 6.3 illustre la version révisée de la méthode `ThreeAppointments`. Une variable locale, `passed`, est utilisée pour garder une trace de la réussite éventuelle de chaque partie du test. Un échec à n'importe quelle étape lui donnera la valeur `false`, et la nature du « et » booléen implique que la variable `passed` restera à `false` jusqu'à la fin de la méthode. L'opérateur `&=` est un opérateur d'affectation spécialisé comme `+=` ou `*=`. Il réalise une opération de type et (&) sur la variable de gauche et l'expression de droite, et affecte le résultat à la variable. Ainsi,

```
passed &= expression ;
```

est équivalent à

```
passed = passed & expression ;
```

Code 6.3 • Une méthode de test qui se vérifie elle-même.

```
/**
     * Test de la fonctionnalité élémentaire en réservant
     * en début, milieu et fin de journée.
     * @return true si le test est un succès, false sinon.
     */
    public boolean makeThreeAppointments()
    {
        // Création d'un nouvel objet Day.
        day = new Day(1);
        // Création de trois rendez-vous d'une heure.
        Appointment first = new Appointment("Cours Java", 1);
        Appointment second = new Appointment("Travaux dirigés Java", 1);
        Appointment third = new Appointment("rendez-vous avec Jean", 1);

        // Suppose que le test est un succès
        // à moins que nous découvrions une erreur.
        boolean passed = true;
        // Prendre chaque rendez-vous à des
        // heures différentes.
        passed &= day.makeAppointment(9, first);
        passed &= day.makeAppointment(13, second);
        passed &= day.makeAppointment(17, third);

        // Vérifie que chaque rendez-vous a été réservé
        // à la bonne heure.
```

Code 6.3 • Une méthode de test qui se vérifie elle-même *(suite).*

```
        passed &= day.getAppointment(9) == first;
        passed &= day.getAppointment(13) == second;
        passed &= day.getAppointment(17) == third;
        return passed;
    }
```

Cette technique, illustrée dans la méthode `makeThreeAppointments`, peut être étendue à l'ensemble des méthodes de test, ce qui signifie que l'intervention humaine n'est pas requise sauf si un test de non-régression échoue.

Une autre solution consiste à afficher un message d'erreur si un test échoue (et à continuer silencieusement si tout est correct). Cela peut se faire à l'aide d'une méthode `checkResult` qui nécessite un paramètre de type booléen et un message d'erreur. Voici la signature de la méthode :

```
private void checkResult(boolean test, String message)
```

Cette méthode vérifiera le paramètre `test`, et si la valeur est `false`, elle affichera le `message`. Étant donné une telle méthode, nous pouvons réaliser nos tests en écrivant par exemple :

```
CheckResult(day.makeAppointment(9, first), ''making appointment 'first'
➥at 9 '');
```

Au cours du prochain paragraphe, nous chercherons à écrire des programmes dans la perspective plus large d'un projet impliquant plusieurs personnes.

Modularité et interfaces

Au chapitre 3, nous avons introduit le concept de modularité, dans le cadre d'un projet implantant une horloge électronique. Nous avons souligné que la modularité est cruciale pour tout projet où plusieurs personnes implantent les différentes parties. Cependant, le simple découpage d'une tâche en plusieurs classes n'est pas suffisant en lui-même. De plus, il doit y avoir des principes clairs pour les différents développeurs au sujet de qui fait quoi, et de la manière dont les différentes parties seront assemblées dans l'application finale. Sans de tels principes, le résultat final ressemblera à un logiciel conçu pour enfoncer un plot carré dans un trou rond.

Quand plusieurs composants logiciels collaborent pour accomplir une tâche, on dit que l'*interface* entre eux doit être claire et bien définie. Par « interface », on désigne les parties d'une classe qui sont connues et sur lesquelles s'appuient les autres classes. C'est le sens que nous avons donné aux interfaces du chapitre 5.

Considérez, par exemple, un projet visant à développer un logiciel de calculatrice scientifique. On peut envisager de diviser ce projet et de définir deux parties principales : une partie qui permet à l'utilisateur de saisir des opérations, et une autre pour implanter la logique arithmétique des calculs. La figure 6.2 cherche à illustrer que quelque chose doit être fait pour définir l'interface entre les deux modules afin que chaque module soit en mesure d'utiliser l'autre.

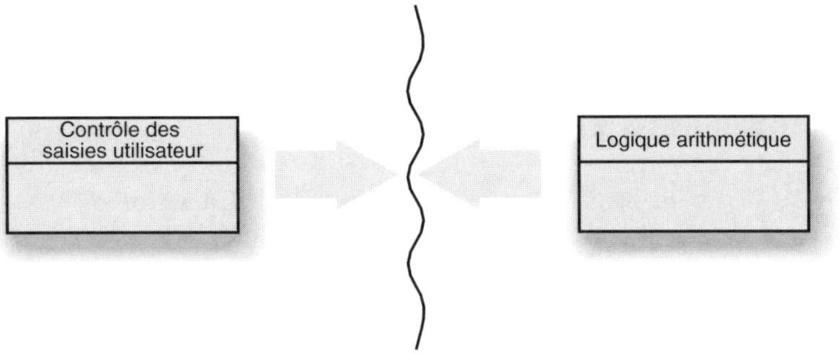

Figure 6.2 • Les modules distincts d'une calculatrice.

Quand on développe simultanément deux modules, il est souvent nécessaire de définir l'interface avant que le travail d'implantation des deux modules débute. Cela peut généralement être fait en définissant les signatures des méthodes, car celles-ci fournissent suffisamment d'informations sur la façon dont une classe interagit avec une autre sans avoir besoin de connaître comment ces méthodes seront implantées. C'est un concept important : nous essayons aussi longtemps que possible de séparer les interfaces entre les classes des détails exacts d'implantation (nous avons déjà discuté de certains avantages de cette manière de procéder au chapitre 5).

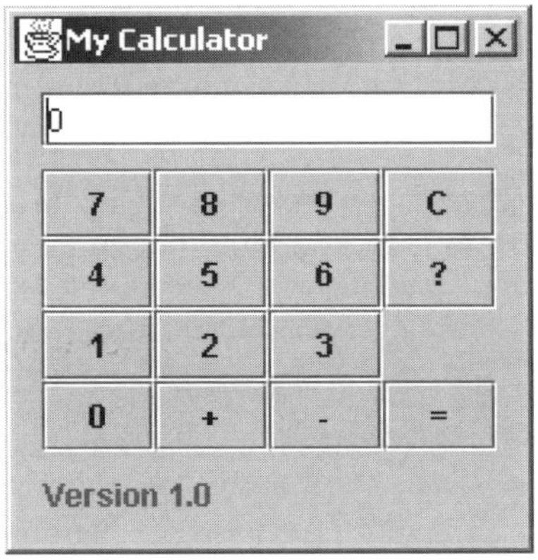

Figure 6.3 • L'interface utilisateur d'une calculatrice logicielle.

Au sein du projet calculatrice, il existe plusieurs façons d'implanter les saisies de l'utilisateur : comme une partie de logiciel avec une interface graphique utilisant des boutons (figure 6.3), ou comme une partie matérielle sous la forme d'un périphérique manuel. L'implantation de la partie logique arithmétique ne devrait pas être affectée par de telles différences.

Au cours des prochains paragraphes, nous parcourrons l'implantation d'une petite calculatrice logicielle, basée sur deux classes distinctes : `CalcEngine` et `UserInterface`. L'interface que nous définirons entre elles est présentée au code 6.4.

Code 6.4 • L'interface du module de logique arithmétique.

```
// Retourne la valeur à afficher
public int getDisplayValue();

// Appelée quand on appuie sur un bouton associé à un chiffre.
public void numberPressed(int number);

// Appelée lorsqu'on appuie sur la touche plus.
public void plus();
// Appelée lorsqu'on appuie sur la touche moins.
public void minus();
// Appelée pour terminer un calcul.
public void equals();
// Appelée pour réinitialiser la calculatrice.
public void clear();
```

La classe `CalcEngine` fournira l'implantation de cette interface. L'interface représente une forme simple de contrat entre la classe `CalcEngine` et les autres parties du logiciel qui souhaitent l'utiliser. L'interface décrit un ensemble minimal de méthodes qui seront implantées dans la partie logique, et pour chaque méthode les types du paramètre de retour et des paramètres d'appel sont complètement définis. Remarquez que l'interface ne fournit aucun détail relatif au travail interne de la classe qui l'implante quand, par exemple, elle est informée qu'on a appuyé sur la touche opérateur plus ; cela est laissé à l'initiative des programmeurs chargés de son implantation. De plus, la classe d'implantation peut posséder d'autres méthodes non listées ici.

Dans les paragraphes qui suivent, nous étudierons un essai d'implantation de cette interface comme une illustration de différentes techniques de lecture et de débogage de code.

Un scénario de débogage

Imaginez que vous avez été sollicité pour rejoindre l'équipe d'un projet existant qui travaille sur l'implantation de la calculatrice décrite dans le paragraphe précédent. Vous avez été recruté car un membre clé de l'équipe de programmation, Hacker T. Largebrain, vient juste d'être promu en tant que chef de projet sur un autre projet. Avant de partir, Hacker a affirmé à l'équipe que son implantation de l'interface logique était terminée et complètement testée. Il a même écrit quelques tests pour vérifier que c'était bien le cas. Vous êtes chargé de reprendre la classe et de vous assurer simplement qu'elle est proprement commentée avant son intégration avec les classes écrites par les autres membres de l'équipe.

Vous décidez que la meilleure façon de comprendre le logiciel de Hacker avant de le documenter est d'explorer son code source et le comportement de ses objets.

Commentaires et style de programmation

Ouvrez le projet *calculator-engine* pour voir les classes. La classe `CalculatorTester` remplace l'interface utilisateur à cette étape du développement. Cela illustre une autre caractéristique positive de la définition d'interfaces entre les modules : pour procéder à un test, il est plus facile de développer les maquettes des autres modules.

Si vous jetez un coup d'œil rapide à la classe `CalcEngine`, vous remarquerez que son auteur a prêté attention à certains points d'un bon style de programmation :

Au début de la classe, un commentaire de plusieurs lignes précise l'objectif de la classe. Le nom de l'auteur et le numéro de version sont aussi indiqués.

Chaque méthode de l'interface possède un commentaire qui précise l'objectif, les paramètres et le type du paramètre de retour. Cela rendra certainement plus facile la création de la documentation du projet pour l'interface, comme nous l'avons vu au chapitre 5.

La présentation de la classe est logique, avec un nombre approprié d'espaces d'indentation utilisés pour signaler les différents niveaux d'imbrication et les structures de contrôle.

Des noms explicites de variables et de méthodes ont été choisis.

Alors que ces conventions peuvent sembler une perte de temps pendant l'implantation, elles se révèlent être d'un secours important pour aider un tiers à comprendre votre code (comme c'est le cas dans ce scénario) ou bien pour vous aider à vous rappeler ce qu'une classe fait si vous avez fait une pause depuis que vous avez travaillé dessus.

Hacker a certainement de grandes capacités et vous n'aurez pas grand-chose à faire pour rendre la classe fin prête à son intégration avec les autres ? Essayez les exercices suivants pour vérifier si c'est bien le cas.

Exercice 6.14

Assurez-vous que les classes du projet sont compilées, et créez ensuite un objet `CalcEngineTester` à l'aide de BlueJ. Appelez la méthode `testAll`. Qu'est-ce qui s'affiche dans la fenêtre du terminal ? Croyez-vous ce que la dernière ligne affirme ?

Exercice 6.15

En utilisant l'objet que vous avez créé à l'exercice précédent, appelez la méthode `testPlus`. Quel est le résultat ? Est-ce le même que celui qui s'affiche par l'appel à la méthode `testAll` ? Appelez `testPlus` une fois de plus. Quel résultat cela produit-il maintenant ? Est-ce que cela devrait toujours donner la même réponse ? Si oui, quelle devrait être cette réponse ? Jetez un coup d'œil au code source de la méthode `testPlus` pour vérifier.

Exercice 6.16

Refaites l'exercice précédent avec la méthode `testMinus`. Cela produit-il toujours le même résultat ?

Ces expériences ont dû vous alerter sur le fait que tout ne paraît pas correct au niveau de la classe `CalcEngine`. Cette classe semble contenir quelques erreurs. Mais quelles sont-elles et comment pouvons-nous les trouver ? Dans les paragraphes qui suivent, nous allons étudier plusieurs façons d'essayer de déterminer où surviennent les erreurs dans une classe.

Traces d'exécution manuelles

Concept

Une **trace d'exécution** est l'étude d'un segment de code, ligne par ligne, durant laquelle nous observons les changements d'état et le comportement de l'application.

L'utilisation de traces d'exécution manuelles est une technique sous-employée, peut-être parce que ce sont des techniques de test et de débogage de bas niveau. Toutefois, cela ne doit pas vous laisser penser qu'elles sont inutiles. Pour une trace d'exécution manuelle, vous devez imprimer les classes que vous essayez de comprendre ou de corriger et ensuite vous éloigner de votre ordinateur ! Il est courant de passer beaucoup de temps face à l'ordinateur à essayer de résoudre un problème de programmation sans réellement progresser. En recentrant vos efforts, vous pouvez vous libérer l'esprit pour aborder le problème sous un angle différent. Nous avons souvent remarqué que de prendre le temps de déjeuner, ou de conduire pour rentrer chez soi, permet d'éclaircir ce qui nous a échappé durant plusieurs heures passées au clavier !

Une trace d'exécution nécessite à la fois la lecture des classes et la trace du flot de contrôle liant classes et objets. Cela permet de comprendre à la fois comment les objets interagissent et comment ils se comportent en interne. Une trace d'exécution manuelle est en réalité une simulation « papier-crayon » de ce qui se passe dans votre ordinateur quand vous exécutez un programme. En fait, il est préférable de se concentrer sur une partie réduite d'une application, par exemple un ensemble logique d'instructions ou un seul appel d'une méthode.

Une trace d'exécution de haut niveau

Nous allons illustrer l'utilisation des traces d'exécution à l'aide du projet *calculator-engine*. Vous aurez peut-être besoin d'imprimer les classes `CalcEngine` et `CalcEngineTester` afin de suivre les différentes étapes de cette technique.

Nous allons commencer par examiner la méthode `testPlus` de la classe `CalcTestEngine`. Cette méthode contient un ensemble logique d'instructions qui nous aidera à comprendre comment plusieurs méthodes de la classe `CalcEngine` travaillent ensemble pour réaliser les opérations arithmétiques du calculateur. Tout au long de notre parcours, nous noterons souvent les questions que nous nous poserons.

1. Pour cette première étape nous n'entrerons pas trop dans les détails. Nous voulons simplement comprendre comment la méthode `testPlus` utilise l'objet `engine`, sans en étudier la structure interne. D'après les expérimentations précédentes, nous devrions voir apparaître quelques erreurs, mais nous ne savons pas si elles proviennent du testeur ou de l'objet `engine`. Dans un premier temps, nous devrions donc nous assurer que le testeur utilise de façon appropriée l'objet `engine`.

2. Nous remarquons que la première instruction de `testPlus` suppose que le champ `engine` désigne un objet valide :

   ```
   engine.clear();
   ```

   Nous pouvons nous assurer que c'est le cas en vérifiant le constructeur du testeur. C'est une erreur courante qu'un champ d'un objet n'ait pas été initialisé correctement, soit lors de sa déclaration, soit au niveau du constructeur. Si nous essayons d'utiliser un champ non associé à un objet, nous obtenons alors une erreur d'exécution de type `NullPointerException`.

3. Le premier appel à la méthode `clear` tente de placer le moteur de calcul dans un état initial valide, prêt à recevoir des instructions pour réaliser un calcul. Cela semble raisonnable, et revient à utiliser la touche Reset ou Clear sur une véritable calculatrice. Durant cette étape, nous n'examinerons pas la classe de l'objet `engine` pour vérifier le comportement exact de la méthode `clear`. Cela pourra attendre que nous ayons suffisamment confiance dans les actions du testeur. Par contre, nous écrirons une note pour vérifier que la méthode `clear` place le moteur de calcul dans un état initial valide.

4. L'instruction suivante de `testPlus` correspond à la saisie d'un chiffre à l'aide de la méthode `numberPressed` :

   ```
   engine.numberPressed(3);
   ```

   Cela aussi est raisonnable car la première étape d'un calcul est d'entrer le premier opérande. Une fois de plus, nous ne vérifierons pas ce que le moteur de calcul fait de ce nombre. Nous considérerons qu'il le sauvegarde pour une utilisation ultérieure dans le calcul.

5. L'instruction suivante appelle plus. Ainsi nous savons maintenant que la valeur complète de l'opérande de gauche est 3. Nous pouvons noter ce fait au stylo sur l'impression ou bien en commentaire de `testPlus`. De façon similaire, nous devrions noter que l'opération à exécuter est l'addition. Cela ressemble à une chose évidente à faire, mais il est toujours aisé pour un commentaire de classe de s'éloigner du code qu'il est censé documenter. Ainsi, vérifier les commentaires en même temps que nous lisons le code peut nous aider plus tard à éviter toute erreur de compréhension liée à ces commentaires.

6. Ensuite, un nouveau chiffre est saisi en tant qu'opérande droit à l'aide de l'appel à la méthode `numberPressed`.

7. La réalisation de l'addition est demandée par l'appel à la méthode `equals`. Nous devrions noter que d'après l'utilisation qui en est faite dans `testPlus`, la méthode equals ne semble pas retourner le résultat du calcul, comme nous aurions pu nous y attendre. Nous devrons vérifier cet autre aspect lors de l'étude de la classe `CalcEngine`.

8. La dernière instruction de la classe `TestPlus` permet d'obtenir la valeur qui devrait apparaître sur l'écran de la calculatrice :

   ```
   return engine.getDisplayValue();
   ```

   Il est vraisemblable que cela soit le résultat de l'addition, mais nous ne pouvons en être certain sans avoir étudié en détail la classe `CalcEngine`. Une nouvelle fois, nous notons qu'il faudra vérifier la validité de cette hypothèse.

À la fin de l'étude de `testPlus`, nous avons suffisamment confiance en son utilisation du moteur de calcul : elle simule une séquence de saisies reconnaissable pour réaliser un calcul élémentaire. Nous pouvons remarquer que la méthode n'est pas particulièrement ambitieuse : les deux opérandes sont des nombres à un chiffre et un seul opérateur est utilisé. Cependant, ce n'est pas inhabituel dans les méthodes de tests, car il est important de tester les fonctionnalités les plus élémentaires avant de tester des opérations plus complexes. Il est intéressant d'observer qu'on peut ajouter ultérieurement de nouveaux tests plus évolués.

Exercice 6.17

Réalisez une trace d'exécution manuelle en utilisant la méthode `testMinus`. Cette trace suscite-t-elle de nouvelles questions liées à l'étude détaillée de la classe `CalcEngine` ?

Avant de nous pencher sur la classe `CalcEngine`, il est préférable de parcourir la méthode `testAll` pour voir de quelle manière elle utilise les méthodes `testPlus` et `testMinus` que nous venons d'examiner.

1. La méthode `testAll` est une séquence constituée principalement d'instructions d'affichage.

2. Elle contient un appel aux méthodes testPlus et testMinus, et les valeurs retournées par ces méthodes sont affichées à l'attention de l'utilisateur. Nous pouvons remarquer que rien n'indique à l'utilisateur quels sont les résultats attendus. Cela rend plus difficile la vérification des résultats.

3. Nous notons que la dernière instruction affirme de façon présomptueuse :

   ```
   All tests passed.
   ```

   Mais la méthode ne contient aucun test permettant la vérification de cette affirmation ! Il devrait y avoir un moyen d'établir simultanément ce que devrait être le résultat, et si celui-ci a été calculé de façon correcte ou non. Nous devrions pouvoir remédier à cela dès que nous aurons la possibilité de modifier le code source de cette classe.

En ce point, nous devrions éviter de trop nous écarter de notre objectif en réalisant des modifications qui ne corrigent pas directement les erreurs que nous traitons. Si nous procédons à ce genre de modifications, nous risquons de masquer les erreurs. Une des conditions essentielles pour un débogage réussi est d'être en mesure de déclencher l'erreur que vous recherchez de façon aisée et reproductible. Dans ce cas, il est bien plus facile de prévoir les effets d'une éventuelle correction.

Après avoir vérifié la classe de test, nous sommes en mesure d'étudier le code source de la classe `CalcEngine`. Armés d'une séquence de méthodes obtenue par la trace d'exécution manuelle de la méthode `testPlus`, ainsi que des questions que cette trace a soulevées, nous pouvons mener cette étude à bien.

Vérification de l'état à l'aide d'une trace d'exécution

Un objet de type `CalcEngine` a une structure sensiblement différente de celle de son testeur. Cela découle du fait que le moteur de calcul est un objet complètement passif. Il ne provoque aucune action par lui-même, mais répond à des appels externes de méthodes. C'est un comportement typique de type serveur. Les objets serveurs reposent principalement sur leur état pour déterminer la manière dont ils doivent répondre aux appels de méthodes. Cela est particulièrement vrai dans le cas de notre moteur de calcul. Ainsi, une part importante de la trace d'exécution est de s'assurer que nous avons toujours une représentation adéquate de son état. Une manière de le réaliser sur papier est de construire un tableau contenant les différents champs de l'objet ainsi que les différentes valeurs (figure 6.4). On ajoute une nouvelle ligne pour conserver l'historique des valeurs lors de chaque appel de méthode.

Méthode appelée	**displayValue**	**leftOperand**	**previousOperator**
État initial	0	0	' '
clear	0	0	' '
numberPressed(3)	3	0	' '

Figure 6.4 • Tableau informel de l'état d'un objet.

Cette technique facilite la vérification *a posteriori* si quelque chose semble mal se passer. Il est aussi possible de comparer les états après deux appels de la même méthode.

1. Puisque nous débutons la trace d'exécution de `CalcEngine`, nous documentons l'état initial du moteur de calcul comme dans la première ligne de la figure 6.4. Tous ses champs sont initialisés dans le constructeur. Comme nous l'avons remarqué lors du parcours de la trace du testeur, l'initialisation d'un objet est importante, et nous devrions noter de s'assurer que l'initialisation par défaut est suffisante — en particulier dans le cas de la valeur par défaut de `previousOperator` qui ne représente pas un opérateur valide. De plus, nous pouvons nous interroger sur la signification d'avoir un opérateur précédant la première réelle opération de

calcul. En couchant sur le papier ces questions, nous n'avons pas nécessairement besoin d'essayer de trouver les réponses immédiatement, mais ces questions nous guident au fur et à mesure que nous en apprenons plus sur la classe.

2. L'étape suivante consiste à étudier la façon dont un appel à `clear` modifie l'état du moteur. Comme présenté dans la deuxième ligne de la figure 6.4, l'état reste inchangé à ce moment, parce que `DisplayValue` est déjà égal à zéro. Mais nous pouvons noter une nouvelle question : Pourquoi la valeur d'un seul champ est-elle modifiée par cette méthode ? Si cette méthode est censée implanter une sorte de fonction Reset (remise à zéro) pourquoi n'efface-t-elle pas tous les champs ?

3. Nous étudions ensuite un appel à `numberPressed` utilisant pour paramètre la valeur 3. La méthode multiplie par 10 la valeur de `displayValue`, et y ajoute le nouveau chiffre. Cela modélise correctement l'ajout d'un nouveau chiffre à la droite d'un nombre existant. En effet, la valeur initiale de `displayValue` est 0 quand le premier chiffre d'un nouveau nombre est saisi, et l'étude précédente de la méthode `clear` nous en convainc. Ainsi, cette méthode semble correcte.

4. En poursuivant la liste des appels dans la méthode `testPlus`, nous examinons ensuite `plus`. Sa première instruction appelle la méthode `applyPreviousOperator`. À ce moment, nous devons décider si nous continuons à ignorer les appels imbriqués de méthodes, ou bien si nous nous arrêtons pour en étudier le comportement. En jetant un coup d'œil rapide à la méthode `apply`, nous pouvons voir qu'elle est plutôt courte. De plus, elle va clairement modifier l'état du moteur, et nous pourrions ne pas être en mesure de continuer à documenter les changements d'état sans l'inspecter. Ainsi, nous devrons certainement décider de suivre l'appel imbriqué. Il est important de se souvenir d'où nous venons, donc nous allons marquer le listing au niveau de la méthode `plus` avant de tracer l'exécution de la méthode `apply`. Si la trace d'exécution d'un appel imbriqué d'une méthode semble nous mener à d'autres appels imbriqués, il sera nécessaire d'utiliser plus qu'une simple marque pour nous aider à retrouver notre chemin vers l'appel initial. Dans ce cas, il est préférable de marquer les points d'appels à l'aide d'entiers croissants en réutilisant les valeurs précédentes lors des retours d'appel.

5. La méthode `applyPreviousOperator` fournit quelques indications sur l'utilisation du champ `previousOperator`. Elle semble aussi répondre à l'une des questions posées précédemment : est-il satisfaisant de fournir un espace comme valeur initiale pour l'opérateur précédant ? La méthode vérifie explicitement si `previousOperator` contient « + » ou « – » avant de l'appliquer. Ainsi, une autre valeur ne sera pas à l'origine d'une opération incorrecte. À la fin de cette méthode, la valeur de `left Operand` aura été modifiée, nous noterons donc sa nouvelle valeur dans le tableau d'état.

6. De retour à la méthode `plus`, une valeur a été affectée à chacun des deux champs restants, donc la prochaine ligne du tableau d'état sera :

```
plus    0    3    '+'
```

La trace d'exécution du moteur peut continuer de la même manière en documentant les changements, en collectant des indices sur le comportement et en soulevant des questions. Les exercices suivants devraient vous aider à terminer la trace d'exécution.

Exercice 6.18

Terminez le tableau d'état en utilisant les appels suivants, présents dans la méthode `testPlus` :

```
numberPressed(4);
equals();
```

Exercice 6.19

En traçant l'exécution de la méthode `equals`, accordez-vous la même confiance à la valeur par défaut de `previousOperator` qu'à celle qui est issue de l'appel à la méthode `applyPreviousOperator` ?

Exercice 6.20

Tracez l'exécution de l'appel à `clear` qui suit immédiatement l'appel à `equals` à la fin de votre tableau d'état, et mémorisez le nouvel état. Le moteur est-il dans le même état que lors du dernier appel à la méthode `clear` ? Dans le cas contraire, quel effet pensez-vous que cela pourra avoir sur les prochains calculs ?

Exercice 6.21

À la lumière de votre trace d'exécution, quelles modifications devraient être apportées à la classe `CalcEngine` ? Effectuez ces changements sur une version papier de la classe, et essayez à nouveau de réaliser une trace d'exécution. Vous ne devriez pas avoir besoin de refaire la totalité de la trace d'exécution de la classe `CalcEngine`, refaites uniquement les instructions de la méthode `testAll`.

Exercice 6.22

Réalisez, à l'aide de la version corrigée du moteur, une trace d'exécution de la séquence de code suivante :

```
clear();
numberPressed(9);
plus();
numberPressed(1);
minus();
numberPressed(4);
equals();
```

Quel devrait être le résultat ? Le moteur se comporte-t-il correctement et obtient-on une valeur correcte dans `displayValue` ?

Traces d'exécution orales

Une autre manière d'exploiter les traces d'exécution pour trouver des erreurs dans des programmes est d'essayer d'expliquer à une tierce personne les opérations réalisées par la classe ou les méthodes.

Cela fonctionne de deux façons :

- La personne à laquelle vous expliquez le code pourrait mettre en évidence l'erreur pour vous.
- Vous remarquerez souvent que le simple fait d'expliquer en quelques mots ce qu'une partie de code devrait faire est suffisant pour vous permettre de comprendre pourquoi il ne le fait pas.

Ce dernier aspect est tellement fréquent qu'il est préférable d'expliquer une partie de code à quelqu'un qui n'est pas du tout familier avec celui-ci, non pas pour qu'il trouve l'erreur, mais pour que vous la trouviez !

Instructions d'affichage

La technique la plus courante utilisée pour comprendre et déboguer les programmes — même par les programmeurs les plus expérimentés — est probablement d'annoter temporairement les méthodes à l'aide d'instructions d'affichage. Les instructions d'affichage sont très appréciées car elles existent dans la plupart des langages, sont faciles d'accès et aisées à ajouter à l'aide d'un éditeur. Aucun logiciel ou fonction supplémentaire n'est nécessaire pour les utiliser. Quand un programme s'exécute, ces instructions d'affichage supplémentaires fournissent typiquement à l'utilisateur des informations telles que :

- les méthodes qui ont été appelées ;
- les valeurs des paramètres ;
- l'ordre dans lequel les méthodes ont été appelées ;
- les valeurs des variables locales et des champs à des points stratégiques.

Le code 6.5 est un exemple de la fonction `numberPressed` après ajout d'instructions d'affichage.

Code 6.5 • Une méthode enrichie d'instructions d'affichage pour le débogage.

```
/**
     * un chiffre a été saisi.
     */
    public void numberPressed(int number)
    {
        System.out.println("'numberPressed' appelée avec: " +
                           number);
        displayValue = displayValue * 10 + number;
        reportState("fin de 'numberPressed'");
    }
```

De telles informations sont particulièrement utiles pour obtenir un instantané des évolutions de l'état d'un objet suite à l'appel de méthodes de modification. Pour faciliter cela, il est souvent préférable de définir une méthode de débogage qui affiche les valeurs courantes de tous les champs d'un objet. Le code 6.6 présente une telle méthode `reportState` pour la classe `CalcEngine`.

Code 6.6 • Une méthode de rapport d'état.

```
/**
     * Affiche les valeurs des champs de l'objet.
     * @param where où cette instruction est exécutée.
     */
    public void reportState(String where)
    {
        System.out.println("displayValue: " + displayValue +
                           " leftOperand: " + leftOperand +
                           " previousOperator: " +
                           previousOperator + " à " + where);
    }
```

Si chaque méthode de `CalcEngine` contient une instruction d'affichage comme première instruction, et un appel à `reportState` comme dernière instruction, la figure 6.5 présente l'affichage que l'on devrait obtenir par l'appel de la méthode `testPlus` du testeur (cet affichage a été obtenu à l'aide de la version du moteur de calcul du projet *calculator-engine-print-statements*). De tels affichages permettent d'obtenir une vue du flot de contrôle entre les différentes méthodes. Par exemple, nous pouvons voir à l'aide de l'ordre de l'affichage des valeurs des états qu'un appel à la méthode `plus` contient un appel imbriqué à la méthode `applyPreviousOperator`.

```
'clear' appelée
displayValue: 0 leftOperand: 0 previousOperator:   à fin de clear
'numberPressed' appelée avec: 3
displayValue: 3 leftOperand: 0 previousOperator:   à fin de numberPressed
'plus' appelée
'applyPreviousOperator' appelée
displayValue: 3 leftOperand: 3 previousOperator:   à fin de
                                                   ➥'applyPreviousOperator'
displayValue: 0 leftOperand: 3 previousOperator: + à fin de 'plus'
'numberPressed' appelée avec: 4
displayValue: 4 leftOperand: 3 previousOperator: + à fin de 'numberPressed'
'equals' appelée
displayValue: 7 leftOperand: 0 previousOperator: + à fin de 'equals'
```

Figure 6.5 • Affichage de débogage de l'appel à `testPlus`.

Même si l'affichage des états peut être d'une aide précieuse pour comprendre les programmes ou pour situer les erreurs, il présente un certain nombre d'inconvénients :

- il n'est pas très pratique d'ajouter des instructions d'affichage d'états à chaque méthode d'une classe. Cette technique n'est donc pleinement efficace que si les bonnes méthodes ont été commentées ;

- l'ajout d'un nombre trop important d'affichage peut conduire à une information noyée dans le flot. Un grand nombre d'affichage peut rendre difficile la mise en évidence de ce que nous devons réellement voir. L'ajout d'affichage dans des boucles est souvent à l'origine de ce problème ;
- une fois que ces instructions ont rempli leur rôle, il est un peu fatigant de les supprimer ;
- il se peut aussi que, après les avoir supprimées, elles soient de nouveau nécessaires. Il peut être frustrant d'avoir à les réintroduire !

Exercice 6.23

Ouvrez le projet *calculator-engine-print-statements* et terminez l'ajout d'instructions d'affichage à chaque méthode et au constructeur.

Exercice 6.24

Créez un objet de type `CalcEngineTester` dans le projet et invoquez la méthode `testAll`. Les affichages vous permettent-ils d'identifier l'origine des problèmes ?

Exercice 6.25

Pensez-vous que le nombre d'affichages produits par la version entièrement commentée de la classe `CalcEngine` est insuffisant, trop important ou satisfaisant ? Si ce nombre vous semble insuffisant ou trop important, ajoutez ou supprimez des affichages jusqu'à ce que le niveau de détail souhaité soit atteint.

Exercice 6.26

Quels sont respectivement les avantages et les inconvénients de l'utilisation de traces d'exécution manuelle ou d'instructions d'affichage pour le débogage ? Justifiez votre réponse.

Activation des informations de débogage

Si nous ajoutons des affichages pendant la phase de développement d'une classe, nous ne souhaitons pas forcément voir ces affichages chaque fois que la classe est utilisée. Il serait judicieux de pouvoir activer ou désactiver les affichages en fonction des besoins. La méthode la plus courante pour le faire consiste à ajouter un champ booléen de débogage à la classe, et à rendre les affichages dépendants de la valeur de ce champ. Le code 6.7 illustre ce principe.

Code 6.7 • Contrôle de l'affichage des informations de débogage.

```
/**
     * Un chiffre a été saisi.
     */
    public void numberPressed(int number)
    {
        if(debugging) {
            System.out.println("'numberPressed' appelée avec: " +
                               number);
        }
```

```
        displayValue = displayValue * 10 + number;
        if(debugging) {
            reportState();
        }
    }
```

Une version plus économe de ce principe consiste à remplacer les appels directs aux instructions d'affichage par un appel à une méthode d'affichage ajoutée à la classe[1]. Un affichage ne sera réalisé par cette méthode que si la valeur du champ `debugging` est `true`. Ainsi l'appel à la méthode d'affichage ne sera plus dépendant d'une conditionnelle. Le code 6.8 illustre cette approche. Vous pouvez remarquer que cette version suppose que la méthode `reportState` soit teste le champ `debugging`, soit appelle aussi la nouvelle méthode `printDebugging`.

Code 6.8 • Une méthode pour l'affichage sélectif des informations de débogage.

```
/**
     * Un chiffre a été saisi.
     */
    public void numberPressed(int number)
    {
        printDebugging("'numberPressed' appelée avec: " +
                       number);
        displayValue = displayValue * 10 + number;

        reportState();
    }
/**
     * Affiche seulement les informations de débogage.
     * si debugging a pour valeur true.
     * @param info Les informations de débogage.
     */
     public void printDebugging(String info)
     {
        if(debugging) {
            System.out.println(info) ;
        }
    }
```

Débogueurs

Au chapitre 3, nous avons présenté l'utilisation du débogueur pour comprendre comment fonctionne une application déjà existante et comment les objets interagissent. De la même manière, nous pouvons utiliser le débogueur pour chasser les erreurs.

1. En fait, nous pourrions placer cette méthode dans une classe de débogage spécialisée, mais, pour des raisons de simplicité, nous conserverons la structure actuelle.

Le débogueur est principalement un outil logiciel qui permet de réaliser des traces d'exécution sur une partie de code. En pratique, nous définissons un point d'arrêt au niveau de l'instruction qui débute la trace d'exécution souhaitée, et nous utilisons les fonctions Un pas (`step`) ou Un pas dans (`step into`) pour réaliser cette trace.

Un avantage du débogueur est qu'il mémorise l'ensemble des états d'un objet, ainsi la création assistée par un débogueur d'une trace d'exécution est plus rapide et moins susceptible de contenir des erreurs que dans le cas d'une création manuelle. Un inconvénient est que les débogueurs ne conservent pas une sauvegarde des changements des états, il est donc difficile de revenir en arrière pour contrôler l'état quelques instructions auparavant.

Un débogueur donne aussi des informations sur la séquence d'appels (ou pile d'exécution) en tout point de l'exécution. La séquence d'appels présente le nom de la méthode qui contient l'instruction courante, le nom de la méthode qui appelle la méthode courante, le nom de la méthode qui a appelé cette dernière, etc. Ainsi la séquence d'appels contient un enregistrement de toutes les méthodes actives — en cours d'exécution — comme nous l'avons fait lorsque nous avons marqué au niveau de la trace d'exécution manuelle les instructions d'appel de méthodes.

Dans BlueJ, la séquence d'appel est affichée dans la partie gauche de la fenêtre du débogueur. Vous pouvez sélectionner chaque nom de méthode dans cette séquence pour inspecter les valeurs courantes des variables locales de cette méthode.

Exercice 6.27

Exercice Défi – En pratique, vous trouverez sans doute que la version de Hacker T. Largebrain de la classe `CalcEngine` est truffée d'erreurs et qu'il sera difficile de les corriger. À la place, écrivez votre propre version de cette classe. Le projet *calculator-gui* contient une classe qui fournit l'interface graphique de la figure 6.3. Vous veillerez à bien documenter votre classe et à réaliser un ensemble suffisant de tests pour que votre expérience avec la version de Hacker ne se répète pas avec votre successeur !

Mise en pratique des techniques

Ce chapitre a présenté plusieurs techniques qui permettent de comprendre ou de détecter les erreurs d'un nouveau programme. Le projet bricks offre la possibilité de mettre en œuvre ces techniques dans un nouveau contexte. Ce projet contient une partie d'une application pour une entreprise de fabrication de briques. Les briques sont livrées en palettes aux clients. La classe `Palette` fournit des méthodes qui précisent la hauteur et le poids d'une palette en fonction du nombre de briques empilées.

Exercice 6.28

Ouvrez le projet *bricks*. Testez-le. Ce projet contient au moins quatre erreurs. Essayez de les identifier et de les corriger. Quelles techniques avez-vous employées pour trouver ces erreurs ? Quelles techniques ont été les plus efficaces ?

Résumé

Lors de l'écriture d'un logiciel, nous devons prévoir l'existence d'erreurs logiques. C'est pourquoi, il est primordial de considérer le test et le débogage comme des activités normales du cycle de développement. BlueJ est particulièrement efficace pour réaliser des tests unitaires interactifs à la fois de méthodes et de classes. Nous avons également étudié quelques techniques élémentaires pour automatiser le processus de test et pour réaliser un débogage simple. Nous ne pourrons jamais éliminer toutes les erreurs, cependant le chapitre 7 introduira plusieurs techniques destinées à réduire le risque d'erreurs lors de l'écriture de programmes orientés objet.

Résumé des concepts

Test : Le test correspond à l'étude d'une partie du code (une méthode, une classe ou un programme) pour s'assurer que son comportement est bien celui qui est attendu.

Débogage : Déboguer consiste à rechercher l'origine d'une erreur et à corriger celle-ci.

Test positif : Le test positif est l'étude des cas qui devraient mener à une exécution correcte.

Test négatif : Le test négatif est l'étude dės cas qui devraient mener à une exécution incorrecte.

Trace d'exécution : Une trace d'exécution est l'étude d'un segment de code ligne par ligne, tout en observant l'évolution des états et du comportement de l'application.

7

Conception des classes

Concepts clés de ce chapitre

- Conception dirigée par les responsabilités
- Cohésion
- Couplage
- Réingénierie

Notions Java

- `static` (pour les méthodes), `Math`

Termes introduits dans ce chapitre

- Duplication du code, couplage, cohésion, encapsulation, conception dirigée par les responsabilités, couplage implicite, réingénierie, méthode de classe

Dans ce chapitre, nous étudierons quelques facteurs qui influencent la conception des classes. Quelle est la différence entre une classe bien ou mal conçue ? Écrire des classes bien conçues demande plus d'efforts à court terme, mais ces efforts supplémentaires sont souvent justifiés à long terme. Nous pouvons respecter plusieurs principes qui nous aiderons à bien concevoir nos classes. En particulier, nous introduirons le point de vue suivant : la conception des classes devrait être dirigée par les responsabilités et ces classes devraient encapsuler leurs données.

Ce chapitre, comme les précédents, est organisé autour d'un projet. Il peut-être étudié simplement en le lisant et en suivant notre argumentaire, ou plus en profondeur, en effectuant les exercices du projet.

Le travail lié au projet est divisé en trois parties. Dans la première partie, nous mettons en évidence les modifications indispensables au code source et nous développons des solutions complètes en exercice. La solution de cette partie est disponible sous forme d'un projet accompagnant ce livre. La deuxième partie suggère d'autres changements et modifications, et nous comparons différentes solutions à un haut niveau (au niveau des classes). Cependant, nous laissons au lecteur le soin d'accomplir le travail de bas niveau et de terminer l'implantation.

La troisième partie suggère de nouvelles améliorations sous forme d'exercices. Nous ne proposons pas de solutions, les exercices mettant en œuvre les techniques présentées au cours de ce chapitre.

Implanter toutes les parties représente un bon projet de programmation sur plusieurs semaines. Il peut aussi très bien être réalisé en groupe.

Introduction

Il est possible d'implanter une application comprenant des classes mal conçues, mais qui produit les résultats attendus. Le simple fait d'exécuter une application terminée n'indique pas en général si elle est bien structurée en interne ou pas.

Les problèmes apparaissent typiquement quand un programmeur chargé de la maintenance souhaite modifier une application existante. Par exemple, si un programmeur cherche à corriger une erreur ou souhaite ajouter de nouvelles fonctionnalités à un programme, ce qui devrait être facile et évident lorsque les classes sont bien conçues peut se révéler difficile et demander un travail ardu dans le cas contraire.

Dans le cadre d'applications importantes, cet effet se ressent dès l'implantation initiale. Si l'implantation débute avec une mauvaise structure, sa conclusion peut être très complexe, et le programme global peut ne jamais se terminer, contenir des erreurs ou demander bien plus de temps que nécessaire pour arriver à une version finale. En réalité, les entreprises maintiennent, étendent et vendent une application pendant plusieurs années. Il n'est pas rare que l'implantation d'un logiciel que nous pouvons acheter aujourd'hui ait débutée plus de dix ans auparavant. Dans ce cas, une entreprise ne peut pas se permettre d'avoir un code mal structuré.

Comme les effets liés à une mauvaise conception des classes apparaissent quand nous cherchons à étendre ou à adapter une application, nous allons faire de même. Dans ce chapitre, nous utiliserons un exemple appelé *Le monde de Zuul*, qui réalise une implantation rudimentaire d'un jeu d'aventures en mode texte. Dans son état initial, le jeu n'est pas très ambitieux : d'un certain point de vue, il n'est pas achevé. À la fin de ce chapitre, vous serez cependant en mesure d'exercer votre imagination, de concevoir et d'implanter votre propre jeu, et de le rendre réellement intéressant et amusant.

Tout en travaillant à l'extension de l'application originale, nous en profiterons pour discuter certains aspects de sa structure de classes. Nous nous rendrons compte que l'implantation initiale contient plusieurs mauvais exemples de conception, nous en mesurerons les conséquences sur notre travail et nous chercherons à corriger ces problèmes.

Le monde de Zuul

Notre jeu, *Le monde de Zuul*, est basé sur le jeu d'aventures original qui a été développé par Will Crowther et étendu par Don Woods au début des années soixante-dix. Le jeu original est parfois connu sous le nom de *Colossal Cave Adventure*. C'était un jeu très imaginatif et sophistiqué pour son époque, qui demandait au joueur de trouver son chemin dans un système complexe de grottes, de rechercher des trésors cachés, d'utiliser des mots secrets et d'autres objets mystérieux, tout cela pour obtenir un maximum de points. Vous pouvez en apprendre plus sur ce jeu aux adresses suivantes : **http://www.uwec.edu/jerzdg/orr/articles/IF/canon/Adventure.htm** et **http://www.rickadams.org/adventure/**.

Dans les exemples de projets de ce livre, vous trouverez deux versions du projet *zuul* : *zuul-bad* et *zuul-better*. Chacune implante exactement les mêmes fonctionnalités, mais les structures de certaines classes sont différentes, reflétant une mauvaise conception dans un projet, et une meilleure conception dans l'autre. Le fait de pouvoir implanter les mêmes fonctionnalités d'une manière satisfaisante ou pas prouve qu'une mauvaise conception n'est pas nécessairement une conséquence de la complexité du problème à résoudre. Une mauvaise conception est plutôt liée aux décisions prises lors de la résolution d'un problème particulier. Dire qu'il n'était pas possible de résoudre le problème autrement, n'est pas une excuse pour une mauvaise conception.

Nous allons ainsi utiliser le projet mal conçu afin d'étudier en quoi sa conception n'est pas satisfaisante. Nous l'améliorerons par la suite. La meilleure version est une implantation des modifications étudiées.

Exercice 7.1

Ouvrez le projet *zuul-bad (*ce projet est appelé « bad » car son implantation contient plusieurs erreurs de conception et nous ne voulons pas laisser un doute s'installer ; il ne doit pas être utilisé comme un exemple de bonne programmation !). Exécutez et parcourez cette application. Les commentaires du projet fournissent quelques informations au sujet de son exécution.

Tout en explorant cette application, répondez aux questions suivantes :

- Que fait cette application ?
- Quelles sont les commandes acceptées par le jeu ?
- Que fait chaque commande ?
- Combien existe-t-il de pièces dans ce scénario ?
- Dessinez une carte des pièces existantes.

Exercice 7.2

Maintenant que vous connaissez l'ensemble de l'application, essayez d'identifier le travail réalisé par chaque classe. Notez pour chaque classe son objectif. Vous aurez besoin de lire le code source pour répondre à cette question. Remarquez que vous pourriez ne pas comprendre tout le code source (et vous n'en avez pas besoin). Souvent, le fait de lire les commentaires et les en-têtes est suffisant.

Exemple : le jeu du monde de Zuul

L'exercice 7.1 vous a permis de vous rendre compte que le jeu de Zuul n'était pas très aventurier. En réalité, ce jeu est plutôt ennuyeux dans sa version actuelle. Il fournit cependant une bonne base de conception et d'implantation de notre jeu, qui sera heureusement plus intéressant.

Nous commençons par analyser les classes déjà présentes dans notre première version et nous essayons de comprendre ce quelles font. Le diagramme de classe est présenté à la figure 7.1.

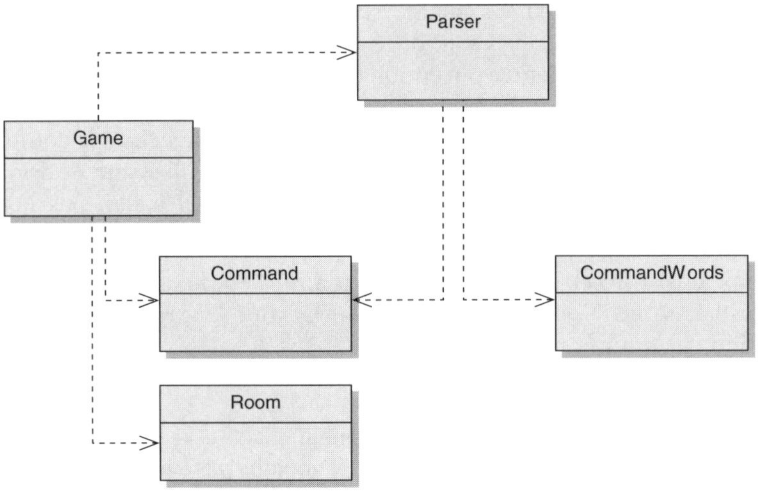

Figure 7.1 • Le diagramme de classe de Zuul.

Le projet inclut cinq classes : `Parser`, `CommandWords`, `Command`, `Room` et `Game`. Un parcours rapide du code source montre que ces classes sont heureusement plutôt bien documentées, et nous obtenons un premier point de vue sur leur travail en lisant simplement les commentaires qui débutent chaque classe (cela illustre aussi le fait qu'une mauvaise conception n'implique pas forcément une mauvaise présentation ou documentation des classes). Notre compréhension du jeu sera facilitée par la lecture du code source pour découvrir les méthodes associées à chaque classe et leur rôle. Voici un résumé du rôle de chaque classe :

- `CommandWords`. Cette classe définit toutes les commandes valides du jeu. Un tableau de chaînes de caractères contenant tous les mots associés à ces commandes est utilisé pour cette tâche.

- `Parser`. L'analyseur syntaxique lit les lignes entrées au clavier et tente de les interpréter comme des commandes. Il crée des objets de la classe `Command` qui représentent les commandes saisies.
- `Command`. Un objet de type `Command` représente une commande saisie par l'utilisateur. Cette classe contient des méthodes qui facilitent la vérification de la validité d'une commande, et l'obtention du premier et du deuxième mots saisis sous forme de chaînes de caractères.
- `Room`. Un objet de type `Room` représente une pièce dans le jeu. Les pièces peuvent avoir des sorties qui conduisent à d'autres pièces.
- `Game`. La classe `Game` est la classe principale du programme. Elle initialise le jeu et exécute ensuite une boucle de lecture et d'exécution des commandes. Elle contient également le code qui implante les commandes de l'utilisateur.

Exercice 7.3

Concevez votre propre scénario de jeu. Réalisez cette tâche loin de l'ordinateur. Ne pensez pas à l'implantation, aux classes ou même à la programmation. Réfléchissez seulement à la conception d'un jeu intéressant et original. Vous pouvez réaliser ce travail en groupe.

Le jeu peut être ce que vous désirez à la seule condition que sa structure de base soit un joueur se déplaçant dans différentes pièces. Voici quelques exemples :

Vous êtes un globule blanc qui voyage à travers le corps à la recherche de virus à attaquer…

Vous êtes perdu dans un centre commercial et vous cherchez la sortie…

Vous êtes une taupe dans son terrier et vous ne vous souvenez plus où vous avez stocké vos réserves de nourriture avant l'hiver…

Vous êtes un aventurier qui parcourt un donjon peuplé par d'innombrables monstres et autres personnages…

Vous faites partie d'une équipe de démineurs chargée de localiser une bombe avant son explosion…

Assurez vous de bien définir un objectif pour votre jeu (pour qu'une fin soit possible et donc que le joueur puisse « gagner »). Réfléchissez à de nombreuses caractéristiques qui rendront votre jeu intéressant (trappes de visite, objets magiques, personnages qui vous aident seulement si vous leur offrez de la nourriture, chronomètres, etc.) Laissez courir votre imagination.

Ne vous inquiétez pas de l'implantation pour le moment.

Introduction au couplage et à la cohésion

Pour justifier notre affirmation selon laquelle il existe de bonnes et de mauvaises conceptions, nous devons définir plusieurs termes qui nous permettront de discuter des aspects que nous considérons comme importants pour la conception de classes.

Deux termes liés à la qualité de la conception de classes sont centraux : le *couplage* et la *cohésion*.

> ***Concept***
>
> Le terme **couplage** désigne l'importance des liaisons entre les classes. Nous nous efforçons de réduire le couplage dans un système — c'est-à-dire un système où chaque classe est largement indépendante et communique avec les autres classes par l'intermédiaire d'une interface réduite et bien définie.

Le terme *couplage* fait référence à l'intensité des liaisons entre les classes. Nous avons déjà précisé dans les chapitres précédents que notre objectif est de concevoir des applications composées d'un ensemble de classes qui communiquent par l'intermédiaire d'interfaces bien définies. Le degré de couplage indique la force de liaison entre les classes. Nous cherchons à réduire le degré de couplage c'est-à-dire à obtenir un *couplage faible*.

Dans un système faiblement couplé, nous pouvons souvent changer une classe sans modifier les autres, l'application continuera à fonctionner. Nous présenterons quelques exemples de couplages forts ou faibles dans ce chapitre.

Le terme *cohésion* reflète le nombre et la diversité des tâches confiées à une seule partie de l'application. La notion de cohésion est pertinente pour une classe ou une méthode[1].

> ***Concept***
>
> La **cohésion** mesure la qualité du recouvrement entre une partie de code et la tâche logique à remplir. Dans un système très cohérent, chaque partie de code (méthode, classe ou module) est responsable d'une tâche bien identifiée. Une bonne conception de classes présente un haut degré de cohésion.

Idéalement, une partie de code devrait être en charge d'une tâche cohérente (c'est-à-dire une tâche qui peut être appréhendée comme une unité logique). Une méthode devrait implanter une opération logique et une classe devrait représenter une entité cohérente. La principale raison du principe de cohésion est la réutilisation : si une méthode ou une classe est responsable d'une seule opération bien définie, il est alors plus plausible qu'elle puisse être réutilisée dans un contexte différent. Quand la modification de certains aspects d'une application devient nécessaire, nous avons toutes les chances de trouver toutes les parties impliquées dans une même unité, ce qui constitue un autre avantage.

Nous allons étudier comment la cohésion influence la qualité de la conception des classes à l'aide des exemples suivants.

---

1. Nous utilisons parfois le terme de module (ou paquetage (`package`) en Java) pour faire référence à un groupe de plusieurs classes. La cohésion s'applique également à ce niveau.

Exercice 7.4

Dessinez une carte du jeu que vous avez inventé à l'exercice 7.3. Ouvrez le projet *zuul-bad* et sauvegardez-le sous un autre nom (par exemple *zuul*). C'est ce projet que vous utiliserez pour apporter des modifications et des améliorations tout au long de ce chapitre. Vous pouvez abandonner le suffixe *-bad*, puisque votre projet ne sera plus du tout mauvais (nous l'espérons).

Dans un premier temps, modifiez la méthode `createRooms` de la classe `Game` pour créer les pièces et sorties que vous avez inventées pour votre jeu. Testez votre jeu !

Duplication du code

La duplication de code est un indicateur d'une mauvaise conception. La classe `Game` contient un exemple de duplication de code (code 7.1). Le problème de la duplication de code est que dès qu'une modification est apportée à une version, elle doit être également apportée à l'autre version pour éviter une inconsistance. Cela augmente la charge de travail du programmeur responsable de la maintenance, et cela introduit aussi un risque d'erreur. Fréquemment, un programmeur trouve une copie du code, la modifie et estime que le travail est achevé. Rien n'indique l'existence d'une seconde copie du code, qui peut donc rester inchangée.

Code 7.1 • Quelques parties choisies de la classe (mal conçue) `Game`.

```
class Game
{
//*** code non reproduit
    private void createRooms()
    {
        Room outside, theatre, pub, lab, office;

        // création des pièces
        outside = new Room("à l'extérieur de l'entrée principale
        de l'Université");
        theatre = new Room("dans un amphithéâtre");
        pub = new Room("à la cafétéria");
        lab = new Room("dans la salle informatique");
        office = new Room("au bureau des techniciens");

        // initialisation des sorties des pièces
        outside.setExits(null, theatre, lab, pub);
        theatre.setExits(null, null, null, outside);
        pub.setExits(null, outside, null, null);
        lab.setExits(outside, office, null, null);
        office.setExits(null, null, null, lab);

        currentRoom = outside;  // début de la partie ailleurs
//*** code non reproduit
    /**
     * Affichage du message d'accueil au joueur.
     */
```

Code 7.1 • Quelques parties choisies de la classe (mal conçue) Game *(suite).*

```
    private void printWelcome()
    {
        System.out.println();
        System.out.println("Bienvenue au jeu de Zuul!");
        System.out.println("Zuul est un nouveau jeu d'aventure
                      terriblement ennyeux.");
        System.out.println("Tapez 'aide' si vous avez besoin d'aide.");
        System.out.println();
        System.out.println("Vous êtes dans " +
        ➥currentRoom.getDescription());
        System.out.print("Les sorties: ");
        if(currentRoom.northExit != null)
            System.out.print("nord ");
        if(currentRoom.eastExit != null)
            System.out.print("est ");
        if(currentRoom.southExit != null)
            System.out.print("sud ");
        if(currentRoom.westExit != null)
            System.out.print("ouest ");
        System.out.println();
    }
//*** code non reproduit
    /**
     * Essai de déplacement dans une direction.
     * Si une sortie existe, entrer dans la nouvelle pièce,
     * sinon afficher un message d'erreur
     */
    private void goRoom(Command command)
    {
        if(!command.hasSecondWord()) {
            // en cas d'absence du deuxième mot,
            // nous ne savons pas où aller
            System.out.println("Aller où?");
            return;
        }

        String direction = command.getSecondWord();

        // nous essayons de quitter la pièce courante.
        Room nextRoom = null;
        if(direction.equals("nord"))
            nextRoom = currentRoom.northExit;
        if(direction.equals("est"))
            nextRoom = currentRoom.eastExit;
        if(direction.equals("sud"))
            nextRoom = currentRoom.southExit;
        if(direction.equals("ouest"))
            nextRoom = currentRoom.westExit;

        if (nextRoom == null)
            System.out.println("Il n'y a pas de porte!");
```

```
        else {
            currentRoom = nextRoom;
            System.out.println("Vous êtes " +
            ➥currentRoom.getDescription());
            System.out.print("Les sorties: ");
            if(currentRoom.northExit != null)
                System.out.print("nord ");
            if(currentRoom.eastExit != null)
                System.out.print("est ");
            if(currentRoom.southExit != null)
                System.out.print("sud ");
            if(currentRoom.westExit != null)
                System.out.print("ouest ");
            System.out.println();
        }
    }
//*** code non reproduit
    }
```

Les méthodes `printWelcome` et `goRoom` contiennent toutes les deux les lignes de code suivantes :

```
System.out.println("Vous êtes " + currentRoom.getDescription());
            System.out.print("Les sorties: ");
            if(currentRoom.northExit != null)
                System.out.print("nord ");
            if(currentRoom.eastExit != null)
                System.out.print("est ");
            if(currentRoom.southExit != null)
                System.out.print("sud ");
            if(currentRoom.westExit != null)
                System.out.print("ouest ");
            System.out.println();
```

La duplication de code est habituellement un symptôme de mauvaise cohésion. Le problème a pour origine le fait que les deux méthodes en question réalisent deux tâches : `printWelcome` affiche un message d'accueil et les informations propres à la situation courante, alors que `goRoom` modifie la pièce courante et affiche alors les informations propres à la nouvelle situation.

Les deux méthodes affichent des informations liées à la situation courante, mais aucune des deux ne peut appeler l'autre car elles font également d'autres choses. C'est une mauvaise conception.

Une meilleure conception consiste à utiliser une méthode distincte, plus cohérente, dont l'unique tâche est d'afficher les informations liées à la situation courante (code 7.2). Les méthodes `printWelcome` et `goRoom` peuvent alors toutes les deux appeler cette méthode quand elles ont besoin d'afficher ces informations. Ainsi, nous évitons d'écrire deux fois le même code et nous ne le modifierons qu'une seule fois quand cela sera nécessaire.

Code 7.2 • `printLocationInfo` en tant que méthode distincte.

```
private void printLocationInfo()
{
System.out.println("Vous êtes " + currentRoom.getDescription());
   System.out.print("Les sorties: ");
   if(currentRoom.northExit != null)
          System.out.print("nord ");
   if(currentRoom.eastExit != null)
          System.out.print("est ");
   if(currentRoom.southExit != null)
          System.out.print("sud ");
   if(currentRoom.westExit != null)
          System.out.print("ouest ");
          System.out.println();
}
```

Exercice 7.5

Implantez et utilisez une méthode distincte `printLocationInfo` dans votre projet, comme dans le paragraphe ci-dessus. Testez vos modifications.

Création d'extensions

Le projet *zuul-bad* fonctionne. Nous pouvons l'exécuter et il réalise correctement tout ce qu'il est censé accomplir. Cependant, il est, sous certains aspects, plutôt mal conçu. Une solution bien conçue opérerait de la même façon. Nous ne noterions aucune différence en exécutant le programme.

Nous constaterons cependant des différences significatives de charge de travail induite par une mauvaise conception, comparée à celle d'une application bien conçue, quand nous essaierons de modifier le projet. Nous allons étudier ce point en apportant quelques modifications au projet. Tout en le modifiant, nous allons illustrer quelques exemples de mauvaise conception quand nous les rencontrerons dans le code source existant, et nous améliorerons la conception des classes avant d'implanter nos extensions.

La tâche

La première tâche que nous allons accomplir est d'ajouter une nouvelle direction de mouvement. Actuellement, un joueur peut se déplacer dans quatre directions : *nord*, *est*, *sud* et *ouest*. Nous voulons tenir compte des bâtiments à plusieurs niveaux (caves ou donjons ou quoi que vous vouliez ajouter plus tard à votre jeu) et définir les directions *haut* et *bas*. Un joueur peut alors taper « aller bas » pour se déplacer dans une cave, par exemple.

Découverte du code source pertinent

L'étude des classes fournies met en évidence qu'au moins deux classes sont impliquées dans cette modification : `Room` et `Game`.

`Room` est la classe qui mémorise (entre autres) les sorties de chaque pièce. Comme nous l'avons vu dans le code 7.1, cette information est utilisée par la classe `Game` pour afficher les informations concernant les sorties et pour se déplacer d'une pièce à une autre.

La classe `Room` est assez petite. Le code 7.3 présente son code source. En lisant ce code, nous pouvons remarquer que les sorties sont mentionnées à deux endroits : elles sont listées en tant que champ en haut de la classe et elles sont modifiées par la méthode `setExits`. Pour ajouter deux nouvelles directions, nous devrions ajouter deux nouvelles sorties (`upExit` et `downExit`) à ces deux endroits.

Code 7.3 • Code source de la classe (mal conçue) `Room`.

```
public class Room
{
    public String description;
    public Room northExit;
    public Room southExit;
    public Room eastExit;
    public Room westExit;

    /**
     * Crée une pièce décrite par la chaîne 'description'.
     * Au départ, il n'existe aucune sortie.
     * "description" est une chaîne comme "une cuisine" ou
     * "une cour de jardin".
     */
    public Room(String description)
    {
        this.description = description;
    }

    /**
     * Définit les sorties de cette pièce.
     * Chaque direction soit conduit à une autre pièce,
     * soit est 'null' (il n'y a pas de sortie dans cette direction).
     */
    public void setExits(Room north, Room east, Room south, Room west)
    {
        if(north != null)
            northExit = north;
        if(east != null)
            eastExit = east;
        if(south != null)
            southExit = south;
        if(west != null)
            westExit = west;
```

Code 7.3 • Code source de la classe (mal conçue) `Room` *(suite).*

```
    }

    /**
     * Renvoie la description de la pièce
     * (telle que définie par le constructeur).
     */
    public String getDescription()
    {
        return description;
    }

}
```

Trouver tous les endroits pertinents dans la classe `Game` demande un peu plus de travail. Le code source est plus long (il n'est pas présenté entièrement ici), et découvrir tous les endroits pertinents demande de la patience et de l'attention.

En lisant le code 7.1, nous pouvons remarquer que la classe `Game` utilise intensivement les informations de sortie d'une pièce. Un objet de type `Game` conserve une référence vers une pièce à l'aide de la variable `currentRoom` et accède fréquemment aux informations de sortie relative à cette pièce :

- La méthode `createRoom` définit les sorties.
- Dans la méthode `printWelcome`, les sorties de la pièce courante sont affichées afin de permettre au joueur de savoir comment se déplacer au début du jeu.
- Dans la méthode `goRoom`, les sorties sont utilisées pour identifier la prochaine pièce. Elles sont alors de nouveau utilisées pour afficher les sorties de la pièce dans laquelle nous venons juste d'entrer.

Si nous souhaitons maintenant ajouter deux nouvelles directions de sortie, nous devrons ajouter *haut* et *bas* comme option dans toutes ces méthodes. Lisez cependant le prochain paragraphe avant de le faire.

Couplage

Le fait qu'il y ait tellement d'endroits où toutes les sorties sont énumérées est symptomatique d'une conception maladroite de classe. Quand les variables de sortie sont définies au niveau de la classe `Room`, nous avons besoin de définir une variable par sortie ; dans la méthode `setExits`, une conditionnelle est définie par sortie ; il en est de même dans la méthode `goRoom` ainsi que dans la méthode `printLocationInfo`, et ainsi de suite. Ces choix de conception sont maintenant à l'origine d'une charge de travail pour nous : quand nous ajoutons de nouvelles sorties, nous devons identifier tous ces endroits et ajouter deux nouveaux cas. Imaginez ce qui se passerait si nous décidions d'utiliser des directions telles que nord-ouest, sud-est, etc. !

Pour améliorer cette situation, nous décidons d'utiliser un objet de type `HashMap` pour stocker les sorties plutôt que des variables distinctes. En procédant ainsi, nous devrions être en mesure d'écrire un code capable de gérer un nombre quelconque de sorties sans trop de modifications. L'objet de type `HashMap` contiendra un lien entre un nom de direction (par exemple « nord ») et la pièce associée à cette direction (un objet de type `Room`). Chaque entrée a ainsi une clé de type chaîne de caractères et un objet de type `Room` comme valeur.

C'est un changement dans la manière utilisée par une pièce pour stocker en interne les informations concernant les pièces voisines. En théorie, cette modification devrait toucher uniquement l'*implantation* de la classe `Room` (*comment* les informations de sorties sont stockées), et non l'*interface* (*ce que* stocke la pièce).

De façon idéale, quand seule l'implantation d'une classe change, les autres classes ne devraient pas être affectées. Cela devrait être le cas quand le couplage est faible.

Dans notre exemple, cela ne fonctionne pas. Si nous supprimons les variables de sortie de la classe `Room` et si nous les remplaçons par un objet de type `HashMap`, la classe `Game` ne pourra plus être compilée. Elle fait de nombreuses références aux variables de sortie qui seront toute à l'origine d'erreurs.

Nous nous rendons compte que nous avons ici à faire à un cas de couplage fort. Afin de résoudre ce problème, nous allons d'abord découpler ces classes avant d'introduire l'objet de type `HashMap`.

Utilisation de l'encapsulation pour réduire le couplage

L'un des principaux problèmes dans cet exemple est l'utilisation de champs publics. Les champs de sortie de la classe `Room` ont tous été déclarés publics. Par conséquent, la classe `Game` peut accéder directement à ces champs (et elle utilise intensivement cette propriété). En rendant ces champs publics, la classe `Room` a exposé dans son interface non seulement le fait qu'elle possède des sorties, mais aussi la manière dont les informations de sorties sont stockées. Elle viole ainsi un principe fondamental d'une bonne conception de classe : l'*encapsulation*.

Concept

Une **encapsulation** adéquate dans les classes réduit le couplage et conduit ainsi à une meilleure conception.

Le principe de l'encapsulation (cacher les informations liées à l'implantation) suggère que seules les informations au sujet de *ce que* peut faire une classe doivent être visibles de l'extérieur, et non pas *comment* la classe rend ces services. Cela présente un avantage important : si aucune classe ne connaît comment nos informations sont stockées, nous pouvons alors facilement modifier leur stockage sans perturber les autres classes.

Nous pouvons renforcer la séparation entre le *ce que* et le *comment* en rendant les champs privés et en utilisant des accesseurs pour y accéder. La classe `Room` après cette première modification est présentée au code 7.4.

Code 7.4 • Utilisation d'un accesseur pour réduire le couplage.

```
public class Room
{
    public String description;
    public Room northExit;
    public Room southExit;
    public Room eastExit;
    public Room westExit;
    // méthodes existantes non modifiées
    public Room getExit(String direction)
    {
        if(direction.equals("nord"))
            return northExit;
        if(direction.equals("est"))
            return eastExit;
        if(direction.equals("sud"))
            return southExit;
        if(direction.equals("ouest"))
            return westExit;
        return null;
    }
}
```

Une fois la classe `Room` modifiée, nous devons également modifier la classe `Game`. Partout où l'on accède à une variable de sortie, nous utilisons maintenant l'accesseur. Par exemple, au lieu d'écrire :

```
nextRoom = currentRoom.eastExit;
```

nous écrivons maintenant :

```
nextRoom = currentRoom.getExit("est");
```

Cette modification simplifie en outre une partie de la classe `Game`. Dans la méthode `goRoom`, le remplacement suggéré ici aboutit à la partie de code suivante :

```
Room nextRoom = null;
if(direction.equals("nord"))
    nextRoom = currentRoom.getExit("nord");
if(direction.equals("est"))
    nextRoom = currentRoom.getExit("est");
if(direction.equals("sud"))
    nextRoom = currentRoom.getExit("sud");
if(direction.equals("ouest"))
    nextRoom = currentRoom.getExit("ouest");
```

Cette partie entière de code peut maintenant être remplacée par :

```
Room nextRoom = currentRoom.getExit(direction);
```

Exercice 7.6

Apportez les modifications décrites aux classes `Room` et `Game`.

Exercice 7.7

Modifiez de façon similaire la méthode `printLocation` de la classe `Game` afin que les détails des sorties soient préparés par la classe `Room` plutôt que par la classe `Game`. Dans la classe `Room`, définissez une méthode dont voici la signature :

```
/**
 * Renvoie une chaîne de caractères décrivant les sorties de la pièce,
 * par exemple, "Sorties : nord ouest".
 */
public String getExitString()
```

Jusqu'à présent, nous n'avons pas modifié la représentation des sorties dans la classe `Room`. Nous avons simplement « nettoyé » l'interface. La *modification* apportée à la classe `Game` est minimale — à la place d'un accès à un champ public, nous utilisons un appel de méthode —, mais le *gain* est important. Nous pouvons maintenant modifier la manière dont sont stockées les sorties dans la pièce, sans nous soucier de la classe `Game`. La représentation interne de la classe `Room` a été complètement découplée de son interface. La conception étant maintenant réalisée comme elle aurait dû l'être dès le départ, il est facile d'échanger les champs distincts par un objet de type `HashMap`. Le code 7.5 présente le code modifié.

Code 7.5 • Code source de la classe `Room`.

```
import java.util.HashMap;

// omission des commentaires de la classe

class Room
{
    private String description;
    private HashMap exits;        // Stocke les sorties de cette pièce.

     /**
     * Crée une pièce décrite par la chaîne 'description'
     * Au départ, il n'existe aucune sortie.
     * 'description' est une chaîne comme "une cuisine" ou
     * "une cour de jardin".
     */
    public Room(String description)
    {
        this.description = description;
        exits = new HashMap();
    }
    /**
     * Définit les sorties de cette pièce. Chaque direction soit
     * conduit à une autre pièce,
     * soit est 'null' (il n'y a pas de sortie dans cette direction)
     */
```

Code 7.5 • Code source de la classe `Room` *(suite)*.

```
    public void setExits(Room north, Room east, Room south,
                         Room west)
    {
        if(north!=null)
            exits.put("nord",north);
        if(east!=null)
            exits.put("est",east);
        if(south!=null)
            exits.put("sud",south);
        if(west!=null)
            exits.put("ouest",west);
    }
    /**
     * Renvoie la pièce atteinte si nous nous déplaçons
     * dans la direction 'direction'.
     * S'il n'y a pas de pièce dans cette direction, renvoie 'null'.
     */
    public Room getExit(String direction)
    {
        return (Room)exits.get(direction);
    }

    /**
     * Renvoie la description de la pièce
     * (telle que définie par le constructeur).
     */
    public String getDescription()
    {
        return description;
    }
}
```

Insistons encore sur le fait que nous pouvons maintenant faire ce changement sans même contrôler si une erreur peut se produire ailleurs. Comme nous n'avons modifié que des aspects privés de la classe `Room`, qui, par définition, ne peuvent être utilisés par les autres classes, ces changements n'ont aucune influence sur les autres classes. L'interface reste inchangée.

Effet secondaire de cette modification, notre classe `Room` est maintenant plus petite. Au lieu d'énumérer quatre variables distinctes, nous n'en avons plus qu'une. De plus, la méthode `getExit` est considérablement simplifiée.

Rappelons nous que l'objectif qui a motivé ces modifications est de rendre plus facile l'ajout de deux nouvelles directions possibles vers le *haut* et le *bas*. Cette tâche est déjà plus facile à accomplir. Comme nous utilisons maintenant un objet de type `HashMap` pour mémoriser les sorties, stocker les deux directions supplémentaires fonctionnera sans modification. Nous pouvons aussi obtenir les informations de sortie par la méthode `getExit` sans problème.

Le seul endroit où la connaissance des quatre sorties existantes (*nord*, *est*, *sud*, *ouest*) est toujours utilisée dans le code source est la méthode `setExits`. C'est la dernière partie où des modifications sont nécessaires. Pour l'instant, la signature de la méthode est :

```
public void setExits(Room north, Room east, Room south, Room west)
```

Cette méthode fait partie de l'interface de la classe `Room`. Ainsi, toute modification que nous lui apporterons aura inévitablement des répercussions sur d'autres classes du fait du couplage. Il est important de noter que nous ne pouvons jamais totalement découpler les classes d'une application ; sinon des objets de classes différentes ne pourraient interagir. Par contre, nous essayons de garder un degré de couplage aussi faible que possible. Si nous devons quand même modifier la méthode `setExits` pour faciliter la prise en compte de directions supplémentaires, notre solution privilégiée consiste à remplacer cette méthode par la suivante :

```
    /**
     * Définit une sortie pour cette pièce.
     */
    public void setExit(String direction, Room neighbor)
    {
        exits.put(direction, neighbor);
    }
```

Les sorties de cette pièce peuvent maintenant être définies une par une, et n'importe quelle direction peut être utilisée comme sortie. Ce changement dans l'interface de la classe `Room` aboutit à la modification suivante de la classe `Game`. Au lieu d'écrire :

```
lab.setExits(outside, office, null, null);
```

nous écrivons maintenant :

```
lab.setExit("nord", outside);
lab.setExit("est", office);
```

Nous avons maintenant complètement supprimé la restriction concernant le stockage de quatre directions seulement par la classe `Room`. Cette classe est à présent en mesure de stocker les sorties *haut* et *bas*, ainsi que toute autre direction à laquelle vous pourriez penser (nord-ouest, sud-est, etc.).

Exercice 7.8

Implantez les modifications de cette partie dans votre propre projet *zuul*.

Conception dirigée par les responsabilités

Nous avons vu au paragraphe précédent que l'utilisation de l'encapsulation réduit le couplage et peut diminuer de manière significative la charge de travail nécessaire pour modifier une application. Cependant, l'encapsulation n'est pas le seul facteur qui influence le degré de couplage ; la *conception dirigée par les responsabilités* joue également un rôle important.

> ***Concept***
>
> La **conception dirigée par les responsabilités** est le processus de création de classes correspondant à des responsabilités bien définies pour chaque classe. Cette approche peut être utilisée pour décider quelle classe devrait implanter quelle partie des fonctionnalités d'une application.

La conception dirigée par les responsabilités exprime l'idée que chaque classe doit être responsable de la gestion de ses propres données. Nous sommes souvent amenés à ajouter de nouvelles fonctionnalités à une application. Nous devons alors nous demander dans quelle classe il faut ajouter une méthode pour implanter cette nouvelle fonction. Quelle classe devrait être responsable de cette tâche ? La réponse est que la classe responsable du stockage de données D devrait aussi être responsable de la manipulation des données D.

Le bon ou mauvais usage de la conception dirigée par les responsabilités influence le degré de couplage et donc, à nouveau, la facilité avec laquelle une application peut être modifiée ou étendue. Comme d'habitude, nous allons étudier plus en détail ce point à l'aide de notre exemple.

Responsabilités et couplage

Les changements apportés à la classe `Room` au paragraphe 7.6.1 facilitent l'ajout des nouvelles directions pour les déplacements vers le haut et le bas dans la classe `Game`. Nous allons vérifier ce point à l'aide d'un exemple : supposons que nous voulions ajouter une nouvelle pièce (la cave) sous le bureau. Tout ce que nous avons à faire dans ce cas est d'apporter quelques petites modifications à la méthode `createRooms` de la classe `Game` pour créer la pièce et réaliser deux appels pour créer les sorties :

```
private createRooms()
{
  Room outside, theatre, pub, lab, office, cellar;
  ...
  cellar = new Room("dans la cave");
  ...
  office.setExit("bas", cellar);
  cellar.setExit("haut", office);
}
```

Grâce à la nouvelle interface de la classe `Room`, cela fonctionnera sans difficulté. Ce changement est maintenant très facile à apporter et confirme que nous avons amélioré la conception.

D'autres faits liés à cette meilleure conception peuvent être mis en évidence si nous comparons la version originale de la méthode `printLocation` présentée au code 7.2 avec la méthode `getExitString` présentée au code 7.6 qui est une solution de l'exercice 7.7.

Code 7.6 • La méthode `getExitString` de la classe `Room`.

```
/**
 * Renvoie une chaîne décrivant les sorties d'une pièce,
 * par exemple : "Sorties : nord ouest ".
 */
public String getExitString()
{
    String exitString = "SOrties:";
    if (northExit != null)
      exitString += "nord ";
    if (eastExit != null)
      exitString += "est ";
    if (southExit != null)
      exitString += "sud ";
    if (westExit != null)
      exitString += "ouest ";
    return exitString;
}
```

Comme les informations de sortie sont maintenant stockées par la classe `Room` elle-même, cette dernière est responsable de la communication de ces informations. L'objet de type `Room` peut accomplir cette tâche beaucoup mieux que n'importe quel autre objet, car il possède toute la connaissance sur la structure de stockage interne des sorties. À l'intérieur de la classe `Room`, nous pouvons maintenant tirer partie du fait que les sorties sont stockées dans un objet de type `HashMap` et nous pouvons réaliser une itération sur cet objet pour décrire les sorties.

Par conséquent, nous remplaçons la version de `getExitString` présentée au code 7.6 par la version du code 7.7. Cette méthode trouve tous les noms des sorties dans l'objet de type `HashMap` (ses clés sont les noms des sorties) et les concatène en une seule chaîne de caractères qui est ensuite renvoyée.

Code 7.7 • Une version révisée de la méthode `getExitString`.

```
/**
 * Renvoie une chaîne décrivant les sorties d'une pièce,
 * par exemple : "Sorties : nord ouest ".
 */
public String getExitString()
{
    String returnString = "Sorties :";
    Set keys = exits.keySet();
    for(Iterator iter = keys.iterator(); iter.hasNext(); )
        returnString += " " + iter.next();
    return returnString;
}
```

Exercice 7.9

Étudiez la méthode `keySet` dans la documentation de la classe `HashMap`. Que fait-elle ?

Exercice 7.10

Expliquez en détail et par écrit comment fonctionne la méthode `getExitString` présentée au code 7.7

Afin de réduire le couplage, nous devons nous assurer que les modifications apportées à la classe `Room` ne demandent pas, autant que possible, de modification de la classe `Game`. Nous pouvons encore améliorer ce point.

Actuellement, l'information selon laquelle nous souhaitons seulement obtenir une description et la liste des sorties associées à une pièce sous forme de chaînes de caractères est encore encodée dans la classe `Game` :

```
System.out.println("Vous êtes " + currentRoom.getDescription());
System.out.println(currentRoom.getExitString());
```

Qu'en est-il si nous ajoutons des objets à notre jeu ? Ou des monstres ? Ou d'autres joueurs ?

Quand nous décrivons ce que nous voyons, la liste des objets, les monstres et les autres joueurs, tout cela devrait être inclus dans la description d'une pièce. Nous devons non seulement modifier la classe `Room` pour ajouter ces informations, mais aussi modifier la partie de code ci-dessus où la description est affichée.

C'est encore une infraction de la règle de conception dirigée par les responsabilités. Comme la classe `Room` mémorise l'information au sujet d'une pièce, elle devrait aussi produire une description de cette pièce. Nous pouvons améliorer ce point en ajoutant à la classe `Room` la méthode suivante :

```
    /**
     * Renvoie une description détaillée de cette pièce sous la forme :
     *     dans la cuisine.
     *     Sorties : nord ouest
     */
    public String getLongDescription()
    {
        return " Vous êtes " + description + ".\n" + getExitString();
    }
```

Dans la classe `Game`, nous écrivons alors :

```
System.out.println(currentRoom.getLongDescription());
```

La « description détaillée » d'une pièce inclut maintenant la chaîne de description, les informations concernant les sorties et pourrait contenir dans le futur toute autre information concernant la description d'une pièce. Quand nous réaliserons ces extensions, nous n'aurons à modifier qu'une unique classe : la classe `Room`.

Exercice 7.11

Implantez les modifications de cette partie dans votre propre projet *zuul*.

Exercice 7.12

Dessinez un diagramme des objets comprenant tous les objets de votre jeu juste après le début du jeu.

Exercice 7.13

Comment évolue votre diagramme des objets suite à l'exécution de la commande go ?

Localisation des modifications

Un autre aspect du découplage et de la conception dirigée par les responsabilités est la *localisation des modifications*. Nous souhaitons créer une conception des classes qui facilite les modifications en localisant les effets d'un changement.

Concept

Un des principaux objectifs d'une bonne conception des classes est la **localisation des modifications** : modifier une classe devrait avoir un minimum d'effets sur les autres classes.

Idéalement, une seule classe devrait être changée pour apporter une modification. Il est parfois nécessaire de modifier plusieurs classes, mais alors nous cherchons à minimiser le nombre de classes concernées. De plus, les modifications nécessaires aux autres classes devraient être évidentes, faciles à détecter et à apporter.

Nous pouvons, dans une large mesure, atteindre ce but en suivant de bonnes règles de conception telles que la conception dirigée par les responsabilités, réduire le couplage et augmenter la cohésion. Cependant, nous devons aussi garder à l'esprit les modifications et extensions possibles quand nous créons nos applications. Il est important d'anticiper les parties de notre programme qui pourraient évoluer afin de faciliter ces évolutions.

Couplage implicite

Nous avons déjà montré que l'utilisation de champs publics est une pratique qui peut créer inutilement une forme étroite de couplage entre classes. Ce couplage fort peut rendre nécessaire la modification de plus d'une classe pour ce qui aurait dû être une modification simple. C'est pourquoi il faut éviter les champs publics. Cependant, il existe une forme encore plus grave de couplage : le *couplage implicite*.

Le couplage implicite est une situation dans laquelle une classe dépend de l'information interne d'une autre sans que cette dépendance soit visible de manière évidente. Le couplage élevé induit par les champs publics n'est pas souhaitable, mais il est au moins évident : si nous changeons les champs publics d'une classe et oublions de modifier une autre classe, l'application ne pourra plus être compilée et le compilateur mettra en évidence le problème. Dans le cas d'un couplage implicite, omettre un changement indispensable peut passer inaperçu.

Nous pouvons rencontrer ce problème si nous essayons d'ajouter de nouvelles commandes à notre jeu.

Supposons que nous voulions ajouter la commande regarder à l'ensemble des commandes possibles. L'objectif de cette commande est tout simplement de réafficher la description de la pièce et de ses sorties (nous « jetons un coup d'œil dans la pièce »). Cela pourrait être utile, par exemple, si nous avons donné une série de commandes dans une pièce, que la description ne soit plus visible à l'écran et que nous ne nous souvenions plus de ses sorties.

Nous pouvons introduire une nouvelle commande en l'ajoutant simplement au tableau des commandes connues `validCommands` de la classe `CommandWords` :

```
// un tableau constant qui conserve les commandes valides
private static final String validCommands[] = {
"aller", "quitter", "aide", "regarder"
} ;
```

Voila un exemple de bonne cohésion : au lieu de définir les commandes dans l'analyseur syntaxique, ce qui est une possibilité évidente, l'auteur a créé une classe distincte uniquement pour définir les commandes. Ce choix facilite maintenant la recherche de l'endroit où les commandes sont définies et l'insertion d'une nouvelle commande. De façon évidente, l'auteur a réfléchi à cet aspect ; il a considéré que de nouvelles commandes pourraient être ajoutées plus tard et il a créé une structure qui facilite cette tâche.

Nous pouvons déjà tester cette propriété. Cependant, après avoir apporté la modification, quand nous exécutons le jeu et saisissons la commande `regarder`, rien ne se produit. Ce comportement est très différent de celui que nous avons observé lors de la saisie d'une commande inconnue : si nous saisissons une commande inconnue, nous lisons la réponse :

```
Je ne comprends pas cette commande…
```

Le fait que nous ne voyons pas ce message indique que le mot a bien été reconnu, mais rien ne se passe car nous n'avons pas encore implanté une action pour cette commande.

Nous pouvons corriger ce problème en ajoutant une méthode à la classe `Game` pour la commande `regarder` :

```
private void look()
{
  System.out.println(currentRoom.getLongDescription());
}
```

Ensuite, il ne nous reste plus qu'à ajouter un cas pour la commande `regarder` dans la méthode `processCommand`, qui appellera la méthode `look` quand la commande `regarder` sera reconnue :

```
        if (commandWord.equals("aide"))
            printHelp();
        else if (commandWord.equals("aller"))
            goRoom(command);
        else if (commandWord.equals("regarder"))
            look();
        else if (commandWord.equals("quitter")) {
            wantToQuit = quit(command);
```

Essayez cette modification et vous verrez que cela fonctionne.

Exercice 7.14

Ajoutez la commande `regarder` à votre version du jeu de Zuul.

Exercice 7.15

Ajoutez une commande à votre jeu. Au début, vous pouvez choisir quelque chose de simple, tel que `manger`, qui affiche après exécution le message « Vous avez mangé et vous n'avez plus faim du tout ». Plus tard, nous pourrons améliorer ce point de telle façon que vous ayez réellement faim au cours du temps et que vous ayez besoin de trouver de la nourriture.

Le couplage entre les classes `Game`, `Parser` et `CommandWords` semblait jusqu'à présent très bon — cette extension a été facile à réaliser, et l'ensemble a fonctionné rapidement.

Le problème que nous avons mentionné auparavant — le couplage implicite — devient apparent quand nous traitons la commande `aide`. L'affichage est :

```
Vous êtes perdu. Vous êtes seul. Vous flânez
à travers l'université.

Les commandes sont :
  aller quitter aide
```

Nous découvrons maintenant une petite difficulté. Le texte d'aide est incomplet : la nouvelle commande, `regarder`, n'est pas listée.

Cela semble facile à corriger : nous pouvons simplement éditer la chaîne de caractères, correspondant à l'aide, de la méthode `printHelp` de la classe `Game`. La modification est rapidement faite, et ne semble pas être un gros problème. Mais supposons que nous n'ayons pas remarqué cette erreur maintenant ? Aviez-vous pensé à cela avant de lire ce paragraphe ?

C'est une erreur fondamentale, car chaque fois qu'une commande est ajoutée, le texte d'aide doit être changé et il est très facile d'oublier de le faire. Le programme se compile, fonctionne et tout semble parfait. Un programmeur chargé de la maintenance pourrait facilement croire que le travail est fini, et mettre à jour un programme contenant un bogue.

C'est un exemple de couplage implicite : quand les commandes changent, le texte d'aide doit lui aussi être modifié (couplage), mais rien dans le code source du programme n'indique clairement cette dépendance (couplage implicite).

Une classe bien conçue évitera cette forme de couplage en suivant la règle de conception dirigée par les responsabilités : comme la classe `CommandWords` est responsable des commandes, elle doit aussi être responsable de leur affichage. Nous ajoutons ainsi la méthode suivante à la classe `CommandWords` :

```
/*
 * Affiche toutes les commandes valides sur la sortie standard.
 */
public void showAll()
{
    for(int i = 0; i < validCommands.length; i++) {
        System.out.print(validCommands[i] + "  ");
    }
    System.out.println();
}
```

Plutôt que d'afficher un texte prédéterminé associé aux commandes, la méthode `printHelp` de la classe `Game` appelle une méthode qui demande à la classe `CommandWords` d'afficher toutes ses commandes. De cette façon, nous sommes sûrs que la liste des commandes valides sera toujours affichée et ajouter une nouvelle commande l'ajoutera également à la commande d'aide sans aucune modification supplémentaire.

Le seul problème restant est que l'objet de type `Game` ne possède pas de référence vers l'objet de type `CommandWords`. Vous pouvez voir qu'il n'existe pas de flèche entre les classes `Game` et `CommandWords` dans le diagramme des classes (figure 7.1). Cela indique que la classe `Game` ne connaît même pas l'existence de la classe `CommandWords`. Au lieu d'une référence sur les commandes, le jeu inclut un analyseur qui possède des mots de commandes.

Nous pourrions, sur ce point, ajouter à l'analyseur une méthode qui procure à l'objet de type `Jeu` un accès à l'objet de type `CommandWords`, pour leur permettre de communiquer. Cependant, cela augmenterait le degré de couplage dans notre application : `Game` dépendrait alors de la classe `CommandWords`, ce qui n'est pas le cas actuellement. Nous verrions cet effet sur le diagramme de classe : il y aurait alors une flèche issue de `Game` en direction de `CommandWords`.

Les flèches du diagramme sont en réalité une bonne indication sur le degré de couplage d'un programme. Plus les flèches sont nombreuses, plus le couplage est fort. Comme approximation d'une conception de classes, nous pouvons chercher à créer des diagrammes contenant peu de flèches.

Ainsi, le fait que `Game` ne possède pas de référence vers `CommandWords` est une bonne chose ! Nous ne devrions pas changer cela. Du point de vue de la classe `Game`, l'existence de la classe `CommandWords` est un détail d'implantation de l'analyseur. L'analyseur renvoie des commandes, et l'utilisation d'un objet de type `CommandWords` ou d'autre chose est complètement enveloppée par l'implantation de l'analyseur.

Il en découle qu'une meilleure conception laisse l'objet de type `Game` communiquer avec l'objet de type `Parser` qui en retour communique avec l'objet de type `CommandWords`. Nous pouvons implanter cela en ajoutant le code suivant à la méthode `printHelp` de la classe `Game` :

```
        System.out.println("Vos commandes sont :");
        parser.showCommands();
```

Tout ce qu'il manque alors est la méthode `showCommands` de la classe `Parser`, qui délègue cette tâche à la classe `CommandWords`. Voici la méthode complète (dans la classe `Parser`) :

```
    /**
     * Affiche une liste des commandes valides.
     */
    public void showCommands()
    {
        commands.showAll();
    }
```

Exercice 7.16

Implantez la version améliorée de l'affichage des commandes, comme décrite dans cette partie.

Exercice 7.17

Si vous ajoutez maintenant une nouvelle commande, avez-vous toujours besoin de modifier la classe `Game` ? Pourquoi ?

L'implantation complète de tous les changements présentés jusqu'ici est disponible par l'intermédiaire du projet nommé *zuul-better*. Si vous avez effectué les exercices jusqu'à présent, vous pouvez ignorer ce projet et continuer avec le vôtre. Si vous n'avez pas traité ces exercices, mais souhaitez vous servir des prochains exercices du chapitre à titre de projet de programmation, vous pouvez utiliser le projet *zuul-better* comme point de départ.

Prévoir les évolutions futures

L'architecture des classes que nous avons implantée est une amélioration importante de la version originale. Cependant, il est encore possible de l'améliorer. Une caractéristique d'un bon concepteur logiciel est sa capacité à prévoir les évolutions futures. Qu'est-ce qui pourrait changer ? Quelles sont les parties dont nous sommes sûrs qu'elles resteront inchangées durant toute la vie du programme ?

Une hypothèse que nous avons codée en dur dans la plupart de nos classes est que le jeu sera exécuté à l'aide d'une interface textuelle en entrée et en sortie. Mais en sera-t-il toujours ainsi ?

Il peut sembler intéressant de proposer plus tard une interface graphique qui contiendra des menus, des boutons et des images. Dans ce cas, nous ne voudrons plus afficher les informations sous forme textuelle à l'aide d'un terminal. Nous pourrions toujours avoir des commandes données sous forme de mots, et nous pourrions toujours vouloir les afficher au moment où l'utilisateur saisit une commande d'aide. Cependant, nous pourrions les afficher alors dans le champ texte d'une fenêtre graphique plutôt que d'utiliser `System.out.println`.

Pour obtenir une application bien conçue, il faut essayer d'encapsuler toutes les informations de l'interface utilisateur au sein d'une classe (ou bien un ensemble bien défini de classes). Par exemple, la méthode `showAll` de la classe `CommandWords` de la solution proposée précédemment dans la section « Couplage implicite » ne respecte pas cette règle de conception. Il serait plus intéressant de définir la classe `CommandWords` comme chargée de la *production* (et non de l'*affichage*) de la liste des commandes, la classe `Game` devrait alors décider de la manière de la présenter à l'utilisateur.

Nous pouvons facilement réaliser ce changement en modifiant la méthode `showAll` de telle façon qu'elle renvoie une chaîne de caractères contenant toutes les commandes plutôt que de les afficher directement. (Nous devrons probablement renommer cette méthode `getCommandList` quand nous ferons ce changement). La méthode `printHelp` de la classe `Game` pourra alors afficher cette chaîne.

Nous pouvons remarquer que cette modification n'apporte aucun avantage jusqu'à maintenant, mais nous pourrions profiter de cette meilleure conception dans l'avenir.

Exercice 7.18

Implantez le changement suggéré. Assurez-vous que votre programme fonctionne toujours.

Exercice 7.19

Trouvez ce qu'est le patron de conception *modèle-vue-contrôleur*. Vous pouvez faire une recherche sur Internet ou toute autre source d'information. Quel est le lien avec ce qui est présenté ici ? Qu'est-ce que cela suggère ? Comment cela peut-il s'appliquer à ce projet ? (Discutez seulement son application à ce projet, l'implanter serait un exercice défi assez difficile).

Cohésion

Nous avons introduit précédemment (section « Introduction au couplage et à la cohésion ») le concept de cohésion : une partie de code devrait toujours être chargée de une et une seule tâche. Nous allons maintenant étudier le principe de cohésion plus en profondeur et analyser quelques exemples.

Le principe de cohésion peut s'appliquer à des méthodes ou à des classes : classes et méthodes devraient fournir un haut degré de cohésion.

Cohésion des méthodes

Quand nous parlons de cohésion des méthodes, nous cherchons à exprimer la situation idéale où toute méthode devrait être responsable d'une tâche précise.

Concept

Une **méthode cohésive** est responsable d'une tâche précise.

La classe `Game` contient un exemple de méthode cohésive. Cette classe possède une méthode privée nommée `printWelcome` pour afficher le texte d'accueil et cette méthode est appelée quand la partie débute dans la méthode `play` (code 7.8).

Code 7.8 • Deux méthodes possédant un bon degré de cohésion.

```
/**
 *  Fonction principale de jeu.  Boucle jusqu'à la fin du jeu.
 */
public void play()
{
    printWelcome();

    // Entrée dans la boucle principale des commandes.  Ici, nous
    // répétons la lecture et l'exécution des commandes
    // jusqu'à la fin du jeu.

    boolean finished = false;
    while (! finished) {
        Command command = parser.getCommand();
        finished = processCommand(command);
    }
    System.out.println("Merci d'avoir joué.  Au revoir.");
}

/**
 * Affichage du message d'accueil au joueur.
 */
private void printWelcome()
{
    System.out.println();
    System.out.println("Bienvenue au jeu de Zuul!");
    System.out.println("Zuul est un nouveau jeu d'aventure
               terriblement ennuyeux.");
    System.out.println("Tapez 'aide' si vous avez besoin d'aide.");
    System.out.println();
    System.out.println(currentRoom.getLongDescription());
}
```

D'un point de vue fonctionnel, nous aurions pu simplement ajouter les instructions de la méthode `printWelcome` à la méthode `play` et obtenir le même résultat sans définir une nouvelle méthode. Nous pouvons dire la même chose de la méthode `processCommand`, également invoquée par la méthode `play`.

Il est cependant plus facile de comprendre ce que fait une partie de code, et de la modifier, quand les méthodes utilisées sont courtes et cohésives. Dans la structure retenue, chaque méthode est raisonnablement courte et facile à comprendre, et son nom précise assez clairement son rôle. Ces caractéristiques représentent une aide précieuse pour un programmeur chargé de la maintenance.

Cohésion des classes

La règle de cohésion des classes signifie que chaque classe doit représenter une entité précise dans le domaine du problème.

> ***Concept***
> **Cohésion des classes.** Une classe cohésive représente une entité précise.

Comme exemple de cohésion de classe, nous allons discuter une autre extension du projet *zuul*. Nous voulons maintenant ajouter des objets au jeu. Chaque pièce peut contenir un objet, et chaque objet possède une description et un poids. Le poids d'un objet peut être utilisé pour déterminer s'il peut être emporté ou non.

Une solution naïve consiste à ajouter deux champs à la classe `Room` : `itemDescription` et `itemWeight`. Cela peut fonctionner. Nous pouvons maintenant préciser les détails de chaque objet pour chaque pièce et nous pouvons les afficher chaque fois que nous pénétrons dans une pièce.

Cependant, cette approche ne présente pas un bon degré de cohésion : la classe `Room` décrit maintenant une pièce et un objet. Elle suggère également qu'un objet appartient à une seule pièce, ce que nous pouvons ne pas souhaiter.

Une meilleure conception crée une classe distincte pour les objets, probablement appelée `Items`. Cette classe possède des champs pour stocker la description et le poids, et une pièce dispose simplement d'une référence vers un objet de type `Item`.

Exercice 7.20

Étendez soit votre projet, soit le projet *zuul-better* pour qu'une pièce puisse contenir un seul objet. Les objets possèdent une description et un poids. Quand les pièces sont créées et les sorties définies, les objets pour cette partie doivent aussi être créés. Quand un joueur entre dans une pièce, il est souhaitable d'afficher les informations concernant l'objet présent dans la pièce.

Exercice 7.21

Comment doivent-être produites les informations d'un objet ? Quelle classe doit produire la chaîne de caractères décrivant l'objet ? Quelle classe doit l'afficher ? Pourquoi ? Si les réponses à ces questions vous font sentir que vous devez modifier votre implantation, faites-le !

Les avantages réels de la séparation des pièces et des objets au niveau conceptuel se matérialisent si nous modifions légèrement la spécification : dans une version plus avancée de notre jeu, nous voulons autoriser non plus un seul objet, mais un nombre illimité d'objets par pièce. C'est facile avec une conception définissant une classe

Item : nous pouvons créer de multiples objets de type `Item` et les stocker dans une pièce à l'aide d'une collection d'objets.

Avec la première approche (naïve), ce changement serait pratiquement impossible à implanter.

Exercice 7.22

Modifiez le projet pour qu'une pièce puisse contenir un nombre quelconque d'objets. Utilisez pour cela une collection. Assurez-vous que la pièce possède une méthode `addItem` qui ajoute un objet à une pièce. Assurez-vous que tous les objets sont affichés quand un joueur entre dans une pièce.

Cohésion et lisibilité

Une conception avec un haut degré de cohésion présente de nombreux avantages dont les deux principaux sont la *lisibilité* et la *réutilisabilité*.

L'exemple proposé précédemment à la section « Cohésion des méthodes » (cohésion de la méthode `printWelcome`) est clairement un exemple où en augmentant la cohésion, une classe devient plus lisible et ainsi plus facile à comprendre et à maintenir.

La cohésion de la classe présentée dans la section précédente (« Cohésion des classes ») facilite aussi la compréhension. Si une classe `Items` séparée existe, un programmeur chargé de la maintenance trouvera facilement où il doit commencer à lire le code si une modification des caractéristiques d'un objet est nécessaire. La cohésion des classes améliore également la lisibilité d'un programme.

Cohésion et réutilisation

Le deuxième avantage principal offert par la cohésion est le potentiel de réutilisation. L'exemple de cohésion des classes de la section « Cohésion des classes » met aussi en évidence ce point : en créant une classe séparée `Items`, nous pouvons créer de multiples objets, et donc utiliser le même code pour plus d'un objet.

La réutilisabilité est aussi un aspect important de la cohésion des méthodes. Considérons une méthode de la classe `Room` possédant la signature suivante :

```
public Room leaveRoom(String direction)
```

Cette méthode peut retourner la pièce accessible dans une direction donnée (utilisable comme nouvelle valeur de `currentRoom`) et aussi afficher la description de la nouvelle pièce dans laquelle nous venons juste d'entrer.

Cette conception semble réalisable et on peut effectivement la mettre en œuvre. Dans notre version, nous avons cependant séparé cette tâche en deux méthodes :

```
public Room getExit(String direction)
public String getLongDescription()
```

La première méthode est chargée de retourner la prochaine pièce, alors que la seconde produit la description de la pièce.

L'avantage de cette conception est que les tâches séparées peuvent être réutilisées plus facilement. Par exemple, la méthode `getLongDescription` est non seulement utilisée par la méthode `goRoom`, mais aussi par `printWelcome` et pour implanter la commande `regarder`. Tout cela est possible grâce au haut degré de cohésion. Il ne serait pas envisageable de réutiliser cette méthode en s'appuyant sur la version contenant la méthode `leaveRoom`.

Exercice 7.23

Implantez une commande *en arrière*. Cette méthode n'attend pas de second mot. En saisissant la commande *en arrière*, le joueur retourne dans la dernière pièce qu'il a visitée.

Exercice 7.24

Testez correctement votre nouvelle commande. N'oubliez pas le test négatif ! Que fait votre programme si le joueur saisit un second mot après la commande *en arrière* ? Est-ce qu'il se comporte correctement ? Exite-t-il d'autres cas de test négatif ?

Exercice 7.25

Que fait votre programme si vous donnez deux fois la commande *en arrière* ? Le comportement est-il correct ?

Exercice 7.26

Exercice Défi – Implantez la commande *en arrière* de telle façon que répéter plusieurs fois cette commande vous promène de pièce en pièce sur l'itinéraire emprunté et jusqu'à la première pièce si la commande est donnée suffisamment de fois. Utilisez une pile (`Stack`) pour le faire. (Vous aurez sans doute besoin d'en apprendre plus au sujet des piles, utilisez la documentation de la bibliothèque Java).

Réingénierie

Quand nous concevons des applications, nous devons chercher à prévoir les évolutions futures, à anticiper les modifications et à créer des classes faiblement couplées et hautement cohésives ainsi que des méthodes faciles à modifier. C'est un objectif noble, mais nous ne pouvons bien sûr anticiper toutes les adaptations ni préparer notre code pour toutes les extensions auxquelles nous pouvons penser.

Concept

La **réingénierie** est l'activité de restructuration d'une conception existante pour maintenir une bonne conception des classes quand une application est modifiée ou étendue.

C'est pourquoi la *réingénierie* est importante.

La réingénierie est l'activité de restructuration des classes et méthodes existantes afin de les adapter à des modifications de fonctionnalités et de contraintes. Durant la vie d'une application, nous ajoutons souvent de nouvelles fonctionnalités. Un des effets secondaires est que les classes et les méthodes ont tendance à grossir.

Il est tentant pour un programmeur chargé de la maintenance d'ajouter des lignes de code aux classes ou aux méthodes existantes. Agir de la sorte peut cependant réduire le degré de cohésion. Quand nous ajoutons de plus en plus de code à une méthode ou à une classe, il est vraisemblable que cela représente plus qu'une tâche ou entité précise.

La réingénierie invite à repenser et à « re-concevoir » les structures des méthodes et des classes. Les classes sont souvent séparées en deux, et les méthodes sont divisées en deux ou plus. La réingénierie peut aussi conduire à fusionner plusieurs classes ou méthodes, mais ce cas est plus rare.

Réingénierie et test

Avant de fournir un exemple de réingénierie, nous devons réfléchir au fait que lorsque nous repensons une application, nous pouvons proposer des modifications importantes à quelque chose qui fonctionnait. Et lorsque nous changeons quelque chose, nous risquons d'introduire des erreurs. C'est pourquoi il faut agir avec prudence et nous devons nous assurer de l'existence d'un ensemble de tests pour la version actuelle du programme avant l'étape de réingénierie. Si ces tests n'existent pas, la première étape sera de créer plusieurs tests qui seront utiles pour réaliser un test de non-régression sur la version obtenue par réingénierie. La réingénierie ne doit débuter que lorsque ces tests sont prêts. Idéalement, la réingénierie doit se dérouler en deux étapes :

- La première étape est une réorganisation qui fournit les mêmes fonctionnalités que la version originale. En d'autres termes, nous restructurons le code source pour améliorer sa qualité et non pour modifier ou augmenter ses fonctionnalités. Une fois cette étape accomplie, les tests de non-régression doivent être passés pour s'assurer que nous n'avons pas introduit d'erreurs.
- La seconde étape intervient seulement quand nous avons retrouvé les principales fonctionnalités dans la version réorganisée. Nous sommes alors en mesure d'étendre le programme dans de bonnes conditions. Une fois le travail terminé, nous devons bien sûr tester la nouvelle version.

Apporter de nombreuses modifications simultanément (réorganisation et ajout de fonctionnalités) rend plus difficile la localisation des problèmes quand ils apparaissent.

Exercice 7.27

Quels tests de fonctionnalités élémentaires devrions-nous définir pour la version actuelle de notre jeu ?

Exercice 7.28

Comment pouvons-nous automatiser les tests quand un programme lit les saisies interactives ? Est-il possible d'introduire une forme de script ? Par exemple, est-il possible de sauvegarder dans un fichier les entrées d'un utilisateur plutôt que de les lire directement ? Quelles classes devraient être modifiées pour rendre cela possible ?

Un exemple de réingénierie

Comme exemple, nous allons poursuivre l'extension de notre jeu concernant l'ajout d'objets. À la section « Cohésion des classes », nous avons suggéré d'utiliser une structure permettant de stocker un nombre quelconque d'objets dans une pièce. Il semble logique d'étendre notre programme afin qu'un joueur soit en mesure d'emporter les objets. Voici une spécification informelle de notre prochain objectif :

- Un joueur peut ramasser les objets de la pièce où il se trouve.
- Un joueur peut emporter un nombre quelconque d'objets, seul le poids total est limité.
- Certains objets ne peuvent être emportés.
- Un joueur peut déposer des objets dans la pièce courante.

Pour atteindre notre objectif, nous pouvons effectuer les tâches suivantes :

- Si ce n'est pas déjà fait, nous ajoutons une classe `Item` à notre projet. Comme nous l'avons déjà dit, un objet de type `Item` possède une description (une chaîne de caractères) et un poids (un entier).
- Nous devons aussi ajouter un champ `name` à la classe `Item`. Ce nom sera utilisé pour désigner un objet de façon plus concise qu'en utilisant la description. Par exemple, si un livre est présent dans la pièce courante, les valeurs des champs de cet objet pourraient être :

  name : `livre`

  description : un vieux livre poussiéreux en cuir gris

  weight : 1200
- Si nous entrons dans une pièce, nous pouvons afficher la description des objets présents pour en informer le joueur. Mais il sera plus commode d'utiliser le nom pour donner des commandes. Par exemple, le joueur pourrait saisir la commande `prendre livre` pour emporter le livre.
- Nous pouvons nous assurer que certains objets ne sont pas transportables en associant des poids très élevés (supérieurs à ce que peut emporter un joueur). Ou bien est-il préférable de définir un nouveau champ booléen `canBePickedUp` (« peut être emporté ») ? Quelle est la meilleure solution selon vous ? Ce choix est-il important ? Essayez de répondre à cette question en pensant aux évolutions possibles de ce jeu.
- Nous ajoutons les commandes `prendre` et `déposer` pour emporter et laisser sur place des objets. Les deux commandes sont composées à l'aide d'un nom d'objet comme deuxième mot.

- Nous devons définir quelque part un champ (désignant une collection) pour stocker les objets transportés par le joueur. Nous devons aussi ajouter un champ correspondant au poids maximal que peut transporter un joueur. Ce champ sera utilisé pour vérification quand le joueur souhaitera emporter quelque chose. Où devons nous définir ces champs ? Réfléchissez de nouveau aux extensions futures pour prendre votre décision.

Nous allons maintenant détailler cette dernière tâche pour illustrer le principe de réingénierie.

La première question que nous devons nous poser quand nous décidons d'autoriser un joueur à emporter des objets est : où devons-nous définir les champs pour les objets transportés par le joueur et le poids maximal ? Un tour rapide des classes existantes montre qu'il n'est vraiment possible d'insérer convenablement ces champs que dans la classe `Game`. Ils ne peuvent être stockés par les classes `Room`, `Item` ou `Command`, car il existe de nombreuses instances de ces classes qui ne sont pas toujours accessibles au cours de l'exécution. Les classes `Parser` et `CommandWords` ne conviennent pas non plus.

Le fait que la classe `Game` stocke déjà la pièce courante (l'information concernant la position du joueur) renforce notre décision de placer les objets (l'information concernant les objets que possède le joueur) dans cette classe.

Nous pourrions programmer cette approche. Cependant, cette solution n'est pas bien conçue. La classe `Game` est déjà trop grosse et cela constitue un bon argument pour affirmer qu'elle contient déjà trop d'informations. En ajouter de nouvelles n'améliorera pas les choses.

Nous devons à nouveau nous interroger sur l'identité de la classe ou de l'objet qui devrait contenir ces informations. En réfléchissant au type d'information que nous ajoutons ici, nous nous rendons compte qu'elles concernent le *joueur* ! Il est donc logique (en suivant le principe de conception dirigée par les responsabilités) de créer une classe `Player`. Nous pouvons alors ajouter ces champs à la classe `Player` et créer un objet `Player` au début du jeu pour stocker ces données.

Le champ `currentRoom` (actuellement dans la classe `Game`) stocke aussi des informations au sujet du joueur : la pièce où se trouve le joueur. Par conséquent, nous devons aussi déplacer ce champ dans la classe `Player`.

Il est évident que cette conception respecte mieux le principe de conception dirigée par les responsabilités. Qui doit être chargé du stockage des informations concernant le joueur ? La classe `Player` bien sûr !

Dans la version originale, nous n'avions qu'une seule information concernant le joueur : sa localisation. Aurions-nous dû penser à une classe `Player` dès le début ? Cette question est à discuter. Nous pouvons avancer des arguments contradictoires. Argument en faveur de cette création : cela aurait été une bonne conception ; argument contre : définir une classe contenant un seul champ et aucune méthode peut être considéré comme exagéré.

Il existe parfois des zones d'ombre où les deux possibilités sont défendables. Mais la situation est plus claire après l'ajout des nouveaux champs. L'argumentaire en faveur d'une classe `Player` est maintenant fort. Cette classe stockera les champs et définira les méthodes telles que `dropItem` et `pickUpItem` (qui peut également vérifier la contrainte de poids et retourner la valeur faux si nous ne pouvons pas l'emporter).

Ce que nous avons accompli en créant la classe `Player` et en déplaçant le champ `currentRoom` à partir de la classe `Game` vers la classe `Player` est une activité de réingénierie. Nous avons restructuré la façon dont l'information est représentée pour obtenir une meilleure conception en fonction de l'évolution des besoins.

Des programmeurs moins bien formés que nous (ou bien un peu plus paresseux) auraient laissé le champ `currentRoom` là où il était en remarquant que le programme fonctionnait ainsi et qu'ils ne ressentaient pas réellement le besoin d'effectuer cette modification. La conception de classe devient ainsi, peu à peu, désordonnée.

Nous pouvons illustrer les avantages de cette modification en réfléchissant à l'étape suivante. Supposons que nous souhaitions maintenant étendre le jeu pour permettre la gestion de plusieurs joueurs.

Grâce à notre nouvelle conception, cela devient tout à coup facile. Nous possédons déjà une classe `Player` (la classe `Game` contient un objet de type `Player`). Il est donc facile de créer plusieurs objets de type `Player` et de stocker une collection de joueurs dans la classe `Game` au lieu d'un seul. Chaque objet de type `Player` stockera sa propre pièce courante, ses objets et son poids maximal. Des joueurs différents pourraient même posséder des poids autorisés différents, ce qui étend le concept de joueurs multiples en autorisant des capacités différentes — cette capacité n'étant qu'une différence possible parmi d'autres.

Le programmeur paresseux qui a laissé le champ `currentRoom` dans la classe `Game` rencontre maintenant un problème sérieux : comme le jeu ne possède qu'une pièce courante, les positions des différents joueurs sont difficiles à stocker. Une mauvaise conception passe ainsi habituellement inaperçue initialement et finit tôt ou tard par être à l'origine d'un surcroît de travail.

Une bonne étude de réingénierie relève plus d'une réflexion guidée par un certain état d'esprit que de compétences techniques. Tout au long des modifications et extensions apportées à nos applications, nous devons nous interroger régulièrement et nous assurer que la conception actuelle des classes est toujours la meilleure solution. Au fur et à mesure que les fonctionnalités évoluent, les arguments en faveur ou en défaveur de certains choix de conception changent. Une conception qui était adaptée à une application simple peut ne plus convenir du tout après plusieurs extensions.

Au final, déceler ces changements et apporter les modifications de réingénierie nécessaires au code source économise du temps et épargne des efforts. Plus tôt nous faisons évoluer notre conception, plus nous réduisons le travail à accomplir.

Nous devons être préparés à dédoubler des méthodes (extraire des groupes d'instructions d'une méthode pour en créer une nouvelle) et des classes (prendre des parties d'une classe pour en créer une nouvelle). S'interroger régulièrement sur l'opportunité de réingénierie permet de conserver une bonne conception de classes et d'économiser finalement du temps de travail.

Exercice 7.29

Réalisez une réingénierie de votre projet pour introduire une classe `Player`. Un objet joueur devrait au minimum stocker la pièce actuelle du joueur, mais vous aurez sans doute envie de stocker le nom du joueur ou d'autres informations.

Exercice 7.30

Implantez l'extension autorisant un joueur à emporter un objet. Ce travail suppose la définition de deux nouvelles commandes : `prendre` et `déposer`.

Exercice 7.31

Modifiez votre implantation pour permettre au joueur d'emporter un nombre quelconque d'objets.

Exercice 7.32

Ajoutez une limitation au poids total que peut porter le joueur. Ce poids est un attribut du joueur.

Exercice 7.33

Implantez une commande `objets` qui affiche tous les objets que le joueur porte et leur poids.

Exercice 7.34

Ajoutez un *biscuit magique* à une pièce. Définissez une commande `manger biscuit`. Si un joueur découvre et mange un biscuit magique, le poids total qu'il peut porter augmente (vous pouvez modifier légèrement cette définition pour l'adapter à votre scénario).

Conception : mode d'emploi

Un conseil souvent donné aux débutants pour écrire de bons programmes orientés objet est « Ne mettez pas trop de choses dans une méthode » ou « Ne mettez pas tout dans une seule classe ». Les deux suggestions sont intéressantes, mais elles conduisent aux problèmes quantitatifs « Quelle devrait être la longueur d'une méthode ? » ou « Quelle devrait être la taille d'une classe ? ».

À l'issue de l'étude de ce chapitre, ces questions trouvent une réponse en termes de cohésion et de couplage. Une méthode est trop longue si elle réalise plus qu'une tâche logique. Une classe est trop complexe si elle représente plus qu'une entité logique.

Vous remarquerez que ces réponses ne fournissent pas une règle claire de découpage qui indique exactement ce qu'il faut faire. Des termes comme *entité logique* sont sujets à discussion et plusieurs programmeurs prendront des décisions différentes dans de nombreuses situations.

Ce sont des *principes* qui ne sont pas « gravés dans la pierre ». Garder à l'esprit ces principes améliorera considérablement votre conception de classes et vous permettra de maîtriser des problèmes plus complexes et d'écrire des programmes de meilleure qualité et plus intéressants.

Il est important de considérer ces exercices comme des suggestions, et non comme des spécifications strictes. Ce jeu peut être étendu de nombreuses façons et nous vous encourageons à proposer vos propres extensions. Vous n'avez pas besoin de faire tous les exercices pour obtenir un jeu intéressant, vous pouvez vouloir en faire plus ou faire les choses différemment. Voici quelques suggestions pour vous aider à commencer.

Exercice 7.35

Ajoutez une notion de temps limité à votre jeu. Si une tâche n'est pas accomplie dans un temps imparti, le joueur a perdu. Une limite de temps peut facilement être implantée en comptant le nombre de déplacements ou le nombre de commandes saisies. Vous n'avez pas besoin d'utiliser le temps physique de l'horloge.

Exercice 7.36

Ajoutez une trappe quelque part (ou bien un autre type de porte que vous ne pouvez emprunter que dans un sens).

Exercice 7.37

Ajoutez des portes fermées à clés à votre jeu. Le joueur devra trouver (ou obtenir) une clé pour ouvrir la porte.

Exercice 7.38

Ajoutez une pièce de transport. Chaque fois que le joueur entre dans cette pièce, il est transporté dans une autre pièce au hasard. Obtenir une bonne conception pour cette tâche n'est pas évident. Il peut être intéressant de discuter des différentes possibilités avec les autres étudiants. (Nous discuterons des possibilités de conception pour cette tâche à la fin du chapitre 9. Le lecteur aventureux ou expérimenté peut sauter quelques pages et jeter un coup d'œil...).

Exercice 7.39

Exercice Défi – Dans la méthode `processCommand` de la classe `Game`, une série d'instructions conditionnelles est utilisée pour lancer une commande reconnue. Ce n'est pas une conception très réussie, car chaque fois que nous ajoutons une nouvelle commande, nous devons ajouter un nouveau cas à cette série de conditionnelles. Pouvez-vous améliorer cette conception ? Concevez ces classes de telle façon que la gestion des commandes soit plus modulaire et que l'ajout de nouvelles commandes soit simplifié. Implantez cette modification et testez-la.

Exercice 7.40

Ajoutez des personnages à votre jeu. Les personnages sont semblables à des objets, sauf qu'ils parlent. Ils parlent (sous forme textuelle) avec le joueur lors de leur première rencontre et peuvent l'aider en échange d'un objet attendu.

Exercice 7.41

Ajoutez des personnages qui se déplacent. Ils se comportent comme les autres personnages, mais quand le joueur donne une commande, ils peuvent se déplacer dans une pièce adjacente.

Exécution sans BlueJ

Une fois que notre jeu est terminé, nous souhaitons le donner à d'autres pour jouer. Il serait intéressant de pouvoir jouer sans avoir à utiliser BlueJ. Pour atteindre cet objectif, nous avons besoin des *méthodes de classe* qui sont nommées *méthodes statiques* en Java.

Méthodes de classe

Jusqu'à présent, nous avons utilisé des méthodes d'instance : elles sont invoquées par l'intermédiaire d'une instance d'une classe. À la différence d'une méthode d'instance, une méthode de classe peut être invoquée sans utiliser d'instance — la classe est suffisante.

Au chapitre 5, section « Variables de classes et constantes », nous avons introduit les variables de classe. Les méthodes de classe sont proches conceptuellement des variables de classe et utilisent une syntaxe similaire (le mot clé `static` en Java). Comme pour les variables de classe, les méthodes de classe appartiennent à une classe plutôt qu'à une instance.

Une méthode de classe est définie en ajoutant le mot clé `static` devant le type du paramètre de retour dans la signature de la méthode :

```
public static int getNumberOfDaysThisMonth()
{
    ...
}
```

Une telle méthode peut alors être appelée en précisant le nom de la classe dans laquelle elle est définie avant le point de la notation habituelle. Par exemple, si cette méthode est définie dans une classe nommée `Calendar`, l'appel suivant invoque cette méthode :

```
int days = Calendar.getNumberOfDaysThisMonth();
```

Vous remarquerez que le nom de la classe est utilisé avant le point — aucun objet n'est créé.

Exercice 7.42

Étudiez la documentation de la classe `Math` du paquetage `java.lang`. Elle contient de nombreuses méthodes de classe. Trouvez la méthode qui calcule la valeur maximale de deux valeurs entières. Quelle est sa signature ?

Exercice 7.43

Expliquez pourquoi ces méthodes sont statiques. Est-il possible de les écrire sous forme de méthodes d'instance ?

Exercice 7.44

Écrivez une classe de test qui définit une méthode destinée à mesurer le temps nécessaire pour compter de 1 à 100 dans une boucle. Vous pouvez utiliser la méthode `currentTimeMillis` de la classe `System` afin de faciliter la mesure du temps.

La méthode principale

Si nous souhaitons lancer une application Java sans BlueJ, nous avons besoin d'une méthode de classe. Dans BlueJ, nous créons typiquement un objet et nous invoquons une de ses méthodes, mais sans BlueJ, une application débute sans aucun objet créé. Au démarrage, nous ne disposons que des classes, donc la première méthode invoquée doit être une méthode de classe.

La définition Java pour démarrer une application est plutôt simple : l'utilisateur précise la classe qui doit être « lancée », et le système Java invoquera alors la méthode appelée `main` de cette classe. Cette méthode doit avoir une signature spécifique. Si une telle méthode n'existe pas dans la classe, une erreur est détectée. L'annexe E décrit les détails de cette méthode et les commandes nécessaires pour lancer le système Java sans BlueJ.

Exercice 7.45

Découvrez les détails de la méthode `main` et ajoutez une telle méthode à votre classe `Game`. Cette méthode devrait créer un objet de type `Game` et invoquer par son intermédiaire la méthode `play`. Testez la méthode principale en l'invoquant à l'aide de BlueJ. Les méthodes de classe peuvent être invoquées à l'aide du menu contextuel de classe.

Exercice 7.46

Exécutez votre jeu sans BlueJ.

Restrictions des méthodes de classe

Comme les méthodes de classe sont associées aux classes plutôt qu'aux objets, elles sont soumises à deux contraintes importantes. La première restriction est le fait qu'une méthode de classe ne peut utiliser des variables d'instance définies dans la classe. Cette limitation est logique, puisque les champs d'instance sont associés à des objets. Les méthodes de classe ne peuvent utiliser que les variables de classe. La seconde limitation est semblable à la première : une méthode de classe ne peut appeler une méthode d'instance de la classe. Une méthode de classe ne devrait invoquer que des méthodes de classe définies dans sa classe.

Vous aurez remarqué que nous utilisons très peu les méthodes de classe dans les exemples de ce livre.

Résumé

Dans ce chapitre, nous avons étudié ce qui est souvent appelé les aspects non fonctionnels d'une application. Il ne s'agit pas tant ici d'obtenir un programme qui accomplisse une tâche bien précise, mais un programme avec une bonne conception des classes.

Une bonne conception des classes peut rendre les choses très différentes quand il s'agit de corriger, de modifier ou d'étendre une application. Elle permet en outre de réutiliser des parties d'une application dans d'autres contextes (par exemple pour d'autres projets) et donc d'induire plus tard des gains de productivité.

Nous pouvons évaluer la qualité de la conception des classes à l'aide de deux concepts : le couplage et la cohésion. Le couplage mesure le degré d'interconnexion entre les classes ; la cohésion fait référence à la modularité en unités de taille appropriée. Une bonne conception procure un faible couplage et un haut degré de cohésion.

Une façon d'obtenir une bonne structuration est de suivre le processus de conception dirigée par les responsabilités. Chaque fois que nous ajoutons une fonction à l'application, nous essayons d'identifier les classes qui devraient être responsables des différentes parties de la tâche.

Quand nous étendons une application, nous mettons régulièrement en œuvre le principe de réingénierie pour adapter notre conception aux nouveaux besoins et conserver une bonne cohésion et un faible couplage.

Résumé des concepts

Couplage : Le terme *couplage* décrit le degré d'interconnexion des classes. Nous nous efforçons de réduire le couplage dans notre système, c'est-à-dire d'obtenir un système où chaque classe est largement indépendante et communique avec les autres par l'intermédiaire d'une interface bien définie et réduite.

Cohésion : L'expression *cohésion* décrit la qualité du recouvrement observé entre une partie de code et une tâche ou entité logique. Dans un système à fort degré de cohésion, chaque unité de code (méthode, classe ou module) est en charge d'une tâche ou d'une entité bien définie. Une bonne conception des classes présente un haut degré de cohésion.

Duplication de code : La duplication de code (application avec plusieurs fois la même partie de code) est un indice de mauvaise conception. Il est souhaitable de l'éviter.

Cohésion d'une méthode : Une méthode cohésive est responsable de une et une seule tâche bien identifiée.

Cohésion d'une classe : Une classe cohésive représente une entité bien définie.

Encapsulation : Une encapsulation appropriée dans les classes réduit le couplage et conduit ainsi à une meilleure conception.

Conception dirigée par les responsabilités : La conception dirigée par les responsabilités est le processus de conception des classes affectant des responsabilités bien définies à chaque classe. Ce processus peut être utilisé pour déterminer la classe qui devrait implanter telle ou telle (partie d'une) fonction de l'application.

Localisation des modifications : Un des objectifs d'une bonne conception de classes est la localisation des modifications ; modifier une classe devrait avoir une faible influence sur les autres classes.

Réingénierie : La réingénierie est l'activité de restructuration d'une conception existante pour maintenir une bonne conception de classe quand l'application est modifiée ou étendue.

II

Structure des applications

8

Améliorer la structuration avec l'héritage

Concepts clés de ce chapitre

- L'héritage
- Le sous-typage
- La substitution
- Les variables polymorphes

Notions Java

- `extends`, `super` (dans le constructeur), transtypage (revisité), `Object`, classes enveloppes

Termes introduits dans ce chapitre

- Héritage, superclasse (parent), sous-classe (enfant), est-un, hiérarchie d'héritage, classe abstraite, sous-type, substitution, variable polymorphe, collection polymorphe, perte de type, classes enveloppes

Ce chapitre présente quelques constructions orientées objets supplémentaires destinées à améliorer la structure générale des applications. L'*héritage* et le *polymorphisme* sont les principaux concepts étudiés ici pour la conception de meilleurs programmes.

Ces deux concepts représentent la pierre angulaire de la notion d'orientation objet, et vous découvrirez ici sous quelles formes ils apparaîtront dans ce qui sera abordé par la suite. Les chapitres suivants ne sont cependant pas ceux qui reposent le plus sur ces concepts. Nombre de constructions et de techniques étudiées dans les chapitres précédents sont influencées par certains aspects de l'héritage et du polymorphisme. Nous reviendrons sur certains points présentés précédemment afin de mieux comprendre les interconnexions entre les différentes parties du langage Java.

L'héritage est une construction puissante qui peut être utilisée pour solutionner divers problèmes. Comme précédemment, nous en étudierons les aspects importants au moyen d'un exemple. Dans un premier temps, nous ne vous présenterons que quelques problèmes susceptibles d'être réglés par l'emploi des structures d'héritage, puis nous en viendrons progressivement aux utilisations et avantages de l'héritage et du polymorphisme.

L'exemple étudié pour la présentation de ces nouvelles structures se nomme *DoME*.

L'exemple DoME

L'acronyme *DoME* signifie *Database of Multimedia Entertainment* (ou *base de données de divertissements multimédias*). Il s'agit d'un grand nom pour le programme relativement simple que nous allons développer. (Mais le marketing est le nerf de la guerre — un nom impressionnant peut permettre de s'enrichir en vendant de nombreuses copies de notre programme !)

DoME est essentiellement une application qui sert à stocker des informations concernant des CD et des vidéos. L'idée est de créer un catalogue de tous les CD et vidéos dont nous disposons (ou que nous avons déjà vu, ou dont nous avons déjà entendu parler).

La fonctionnalité que nous souhaitons fournir avec DoME doit au moins inclure les points suivants :

- Elle doit nous permettre d'entrer des informations concernant les CD et vidéos.
- Elle doit stocker ces informations de façon permanente de sorte qu'elles puissent être réutilisées plus tard.
- Elle doit fournir une fonction de recherche qui nous permette de retrouver, par exemple, toutes les vidéos d'un metteur en scène donné ou tous les CD d'un artiste spécifique dans la base de données.
- Elle doit nous permettre d'imprimer des listes (par exemple, liste de toutes les vidéos ou de tous les CD de la base de données).
- Elle doit autoriser la suppression des informations.

Les détails à stocker pour chaque CD sont :

- le titre de l'album ;
- l'artiste (nom du groupe ou du chanteur) ;
- le nombre de pistes sur le CD ;
- la durée totale du CD ;
- un indicateur « en stock » qui signale si nous disposons d'une copie de ce CD ;
- un commentaire (du texte arbitraire).

Classes et objets DoME

Pour implanter cette application, vous devez en premier lieu décider des classes à utiliser. Dans ce cas, certaines des classes sont faciles à identifier. Il est évident d'envisager l'utilisation d'une classe `CD` pour représenter les objets CD et d'une classe `Video` pour représenter les vidéos.

Les objets de ces classes doivent alors encapsuler toutes les données les concernant que nous souhaitons stocker (figure 8.1).

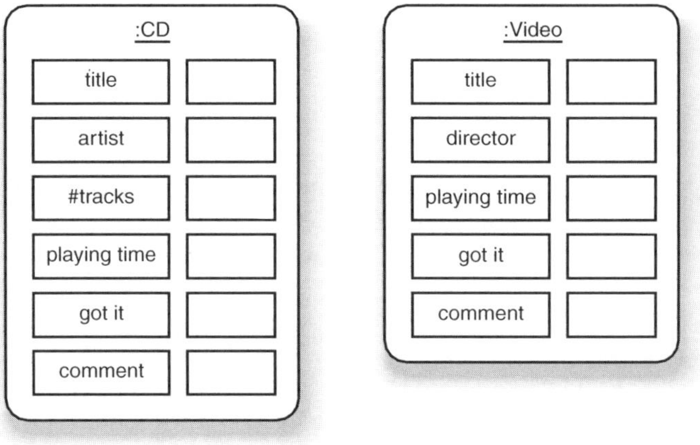

Figure 8.1 • Les champs des objets CD et vidéo.

Certains de ces éléments de données doivent probablement aussi avoir des méthodes d'accès et de modification (figure 8.2).[1] Dans notre cas, il inutile de décider dès à présent des détails exacts de toutes les méthodes. Il convient juste de se faire une première idée de la conception de cette application. Dans cette figure, nous avons défini des méthodes d'accès et de modification pour les champs susceptibles de changer avec le temps (l'indicateur précisant si nous possédons un exemplaire du CD ou de la vidéo et le commentaire) et nous sommes partis du principe que les autres champs sont définis dans le constructeur. Nous avons également ajouté une méthode nommée `print` destinée à imprimer les détails d'un objet vidéo ou CD.

Une fois les classes `CD` et `Video` définies, nous pouvons créer autant d'objets CD et vidéo que nécessaire — un objet par CD ou vidéo à stocker. Nous avons également besoin d'un autre objet : une base de données contenant une collection de CD et une collection de vidéos.

1. Pour les diagrammes de classe, le style de notation utilisé dans ce livre et dans BlueJ est un sous-ensemble d'une notation usuelle et nommée UML. Bien que nous n'utilisions pas totalement UML (loin s'en faut), nous tentons d'employer la notation UML pour les choses que nous montrons. Le style UML définit la façon dont sont affichés les méthodes et les champs dans un diagramme de classes : la classe est divisée en trois parties qui présentent (dans cet ordre) son nom, ses champs et ses méthodes.

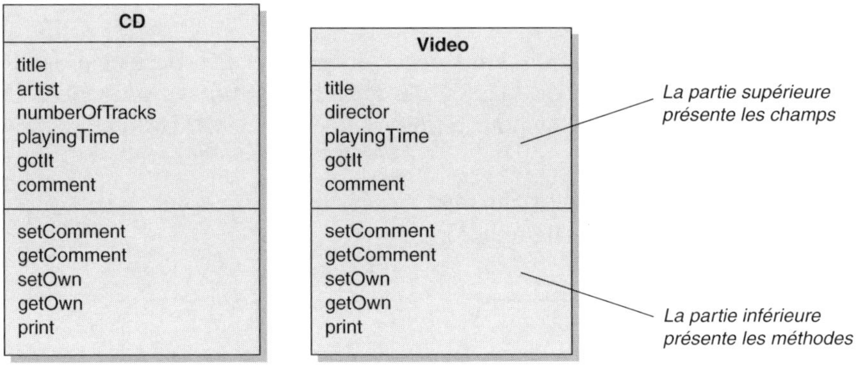

Figure 8.2 • Méthodes des classes `Video` et `CD`.

L'objet base de données peut contenir lui-même deux collections d'objets (par exemple de type `ArrayList`), l'une d'entre elles étant destinée à recevoir tous les CD, l'autre toutes les vidéos. Un diagramme d'objets correspondant à ce modèle est présenté à la figure 8.3.

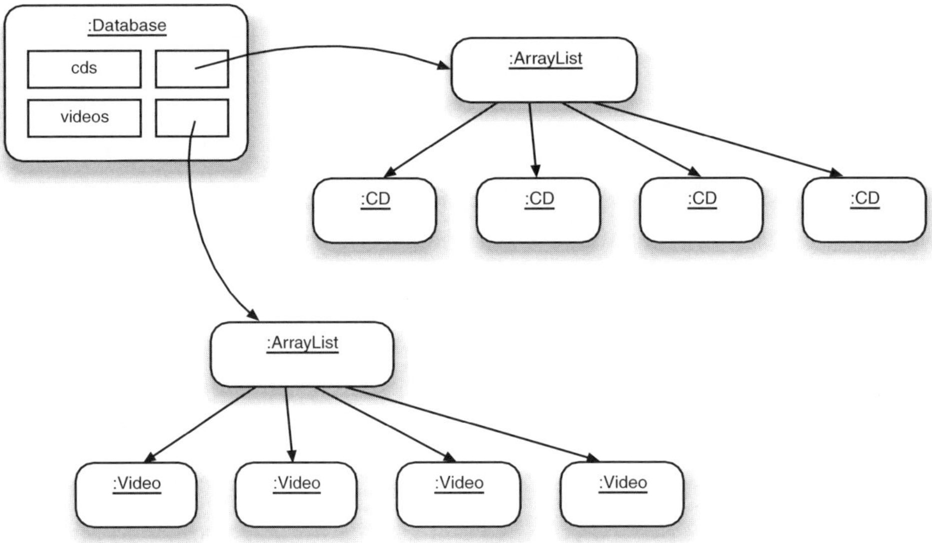

Figure 8.3 • Les objets de l'application DoME.

Le diagramme de classes correspondant, tel qu'il est affiché par BlueJ, est présenté à la figure 8.4. Vous remarquerez que BlueJ produit un diagramme légèrement simplifié : les classes de la bibliothèque Java standard (`ArrayList` dans ce cas) ne sont pas exposées. À la place, le diagramme se concentre sur les classes définies par l'utilisateur. De plus, BlueJ ne présente pas les noms de méthode et de champ dans le diagramme.

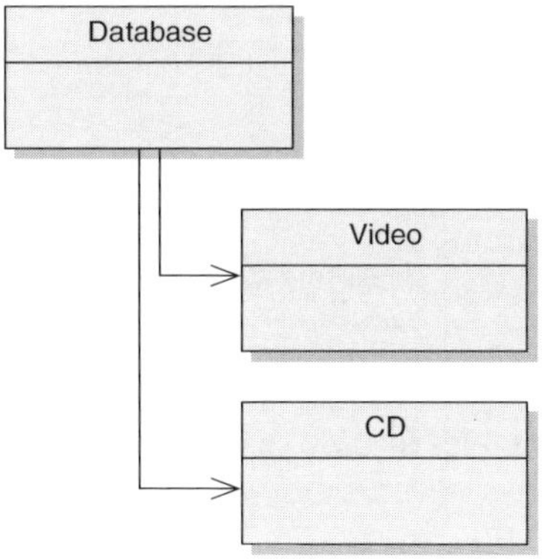

Figure 8.4 • Diagramme de classes BlueJ correspondant à DoME.

En pratique, pour implanter une application DoME entière, nous aurions besoin de classes supplémentaires afin de gérer des questions telles que l'enregistrement des données sur un fichier et la fourniture d'une interface utilisateur. Elles ne sont cependant pas très utiles à la présente étude. C'est pourquoi nous allons omettre leur analyse pour le moment (nous y reviendrons plus tard), et nous concentrer sur une étude plus détaillée des classes principales mentionnées ici.

Code source DoME

Jusqu'à présent, la conception de ces trois classes (`CD`, `Video` et `Database`) a été très simple. La traduction de ces idées en code Java est également aisée. Le code 8.1 présente le code source de la classe `CD`. Il définit les champs appropriés, définit tous les éléments de données qui ne sont pas susceptibles de changer avec le temps dans son constructeur, et fournit des méthodes d'accès et de modification pour l'indicateur « en stock » et le commentaire. Il implante aussi la méthode `print` afin d'écrire certains détails sur le terminal.

Notez que cette implantation n'est pas complète. Elle est simplement destinée à illustrer ce à quoi peut ressembler une classe telle que celle-ci. Nous la reprendrons comme base de notre étude de l'héritage.

Code 8.1 • Code source de la classe `CD`.

```
/**
 * La classe CD représente un objet CD. Les informations concernant le
 * CD sont stockées et peuvent être récupérées.
 *
 * @author Michael Kolling et David J. Barnes
 * @version 2002-05-02
 */
public class CD
{
    private String title;
```

Code 8.1 • Code source de la classe CD *(suite).*

```
    private String artist;
    private int numberOfTracks;
    private int playingTime;
    private boolean gotIt;
    private String comment;

    /**
     * Initialise le CD.
     */
    public CD(String theTitle, String theArtist, int tracks, int time)
    {
        title = theTitle;
        artist = theArtist;
        numberOfTracks = tracks;
        playingTime = time;
        gotIt = false;
        comment = "pas de commentaire";
    }

    /**
     * Entre un commentaire pour ce CD.
     */
    public void setComment(String comment)
    {
        this.comment = comment;
    }

    /**
     * Retourne le commentaire de ce CD.
     */
    public String getComment()
    {
        return comment;
    }

    /**
     * Définit l'indicateur précisant si nous disposons de ce CD.
     */
    public void setOwn(boolean ownIt)
    {
        gotIt = ownIt;
    }

    /**
     * Retourne l'information indiquant si nous possédons une copie de
     ➥ce CD.
     */
    public boolean getOwn()
    {
        return gotIt;
    }
```

```
    /**
     * Affiche les détails concernant ce CD sur le terminal.
     */
    public void print()
    {
        System.out.print("CD: " + title + " (" + playingTime + " mn)");
        if(gotIt) {
            System.out.println("*");
        } else {
            System.out.println();
        }
        System.out.println("    " + artist);
        System.out.println("    pistes: " + numberOfTracks);
        System.out.println("    " + comment);
    }
}
```

À présent, comparons le code source de la classe `CD` avec celui de la classe `Video`, présenté dans le code 8.2. En examinant les deux classes, nous remarquons rapidement qu'elles sont pratiquement identiques. Ce n'est pas surprenant, leur objectif étant similaire : toutes deux sont destinées à stocker des informations concernant un élément médiatique (et les éléments ont des similarités). Elles diffèrent uniquement au niveau de détails, tels que certains de leurs champs et la méthode `print`.

Code 8.2 • Code source de la classe `Video`.

```
/**
 * La classe Video représente un objet vidéo. Les informations
 * concernant la vidéo sont stockées et peuvent être récupérées.
 *
 * @author Michael Kolling et David J. Barnes
 * @version 2002-05-02
 */
public class Video
{
    private String title;
    private String director;
    private int playingTime;
    private boolean gotIt;
    private String comment;

    /**
     * Constructeur des objets de la classe Video
     */
    public Video(String theTitle, String theDirector, int time)
    {
        title = theTitle;
        director = theDirector;
        playingTime = time;
        gotIt = false;
        comment = "pas de commentaire";
```

Code 8.2 • Code source de la classe `Video` *(suite).*

```
    }

    /**
     * Entre un commentaire pour cette vidéo.
     */
    public void setComment(String comment)
    {
        this.comment = comment;
    }

    /**
     * Retourne le commentaire de cette vidéo.
     */
    public String getComment()
    {
        return comment;
    }

    /**
     * Définit l'indicateur précisant si nous disposons de cette video.
     */
    public void setOwn(boolean ownIt)
    {
        gotIt = ownIt;
    }

    /**
     * Retourne l'information indiquant si nous possédons une copie de
     ➥cette video.
     */
    public boolean getOwn()
    {
        return gotIt;
    }

    /**
     * Affiche les détails concernant cette vidéo sur le terminal.
     */
    public void print()
    {
        System.out.print("vidéo: " + title + " (" + playingTime + " mn)");
        if(gotIt) {
            System.out.println("*");
        } else {
            System.out.println();
        }
        System.out.println("    " + director);
        System.out.println("    " + comment);
    }
}
```

Examinons ensuite le code source de la classe `Database` (code 8.3). Il est également très simple. Il définit deux listes (chacune du type `ArrayList`) destinées à contenir la collection de CD et de vidéos. Dans le constructeur, les listes vides sont créées. Deux méthodes sont alors fournies pour l'ajout des éléments — une pour ajouter des CD, l'autre pour ajouter des vidéos. La dernière méthode, nommée `list`, affiche une liste de tous les CD et vidéos sur le terminal.

Code 8.3 • Code source de la classe `Database`.

```
import java.util.ArrayList;
import java.util.Iterator;

/**
 * La classe Database permet de stocker des objets CD et vidéo.
 * Une liste de tous les CD et vidéos peut être affichée sur le
 * terminal.
 *
 * Cette version n'enregistre pas les données sur disque,
 * et ne fournit aucune fonction de recherche.
 *
 * @author Michael Kolling et David J. Barnes
 * @version 2002-05-02
 */
public class Database
{
    private ArrayList cds;
    private ArrayList videos;

    /**
     * Construit une base de données vide.
     */
    public Database()
    {
        cds = new ArrayList();
        videos = new ArrayList();
    }

    /**
     * Ajoute un CD à la base de données.
     */
    public void addCD(CD theCD)
    {
        cds.add(theCD);
    }

    /**
     * Ajoute une vidéo à la base de données.
     */
    public void addVideo(Video theVideo)
    {
        videos.add(theVideo);
    }
```

Code 8.3 • Code source de la classe `Database` *(suite)*.

```
    /**
     * Affiche une liste de tous les CD et vidéos actuellement
     * stockés sur le terminal.
     */
    public void list()
    {
        // affiche une liste de CD
        for(Iterator iter = cds.iterator(); iter.hasNext(); ) {
            CD cd = (CD)iter.next();
            cd.print();
            System.out.println();   // ligne vide entre des éléments
        }

        // affiche une liste de vidéos
        for(Iterator iter = videos.iterator(); iter.hasNext(); ) {
            Video video = (Video)iter.next();
            video.print();
            System.out.println();   // ligne vide entre des éléments
        }
    }
}
```

Notez qu'il ne s'agit en aucune façon d'une application complète. Elle ne possède pas encore d'interface utilisateur (elle n'est donc pas utilisable à l'extérieur de BlueJ), et les données entrées ne sont pas stockées dans le système de fichiers. Cela signifie que toutes les données entrées seront perdues à chaque fermeture de l'application. De plus, les fonctions d'entrée et de modification, ainsi que la recherche et l'affichage de données, ne sont pas suffisamment souples pour un programme véritable.

Cela n'est cependant d'aucune importance dans notre contexte. Nous pourrons nous consacrer plus tard au perfectionnement de cette application. La structure de base est présente, et elle fonctionne. C'est suffisant pour nous permettre d'étudier le problème de sa conception et les améliorations envisageables.

Exercice 8.1

Ouvrez le projet *dome-v1*. Il contient les classes telles que nous les avons présentées ici. Créez quelques objets CD et vidéo. Créez un objet base de données. Entrez les CD et vidéos dans la base de données, puis établissez une liste du contenu de cette dernière.

Exercice 8.2

Testez le processus suivant : créez un objet CD, entrez-le dans la base de données, générez une liste du contenu de cette dernière. Vous constatez qu'aucun commentaire n'est associé au CD. Ajoutez un commentaire à l'objet CD (celui que vous avez entré dans la base de données). En générant à nouveau la liste de contenu de la base de données, obtenez-vous un commentaire lié au CD ? Expliquez le comportement observé.

Étude de l'application DoME

Bien que l'application ne soit pas encore complète, nous avons réalisé la partie la plus importante. Nous avons défini le point central : la structure de données qui stocke les informations essentielles.

Jusqu'à présent, le processus est assez simple, et nous pourrions poursuivre par la conception des éléments manquants. Mais nous allons tout d'abord étudier la qualité de la solution actuelle.

Notre solution pose plusieurs problèmes fondamentaux. Le plus évident est la *duplication du code.*

Nous avons noté ci-dessus que les classes `CD` et `Video` sont très similaires. En fait, la majorité du code source des classes est identique, avec seulement quelques différences. Nous avons déjà mentionné les problèmes liés à la duplication de code au chapitre 7. Mis à part le fait, certes fâcheux, que nous ayons à tout réécrire deux fois (ou copier et coller, puis modifier les points différents), il existe souvent des problèmes liés à la maintenance du code dupliqué. De nombreuses modifications devront être reproduites deux fois. Si, par exemple, le type de la durée de lecture est changé de `int` en `float` (de sorte que les fractions puissent être prises en charge), cette modification doit être effectuée deux fois dans la classe `CD` et à nouveau dans la classe `Video`. De plus, le risque d'introduction d'erreurs est toujours associé à la maintenance de code dupliqué, le programmeur étant susceptible de ne pas réaliser qu'un changement identique est nécessaire à un deuxième (ou troisième) emplacement.

La duplication de code apparaît à un autre emplacement : dans la classe `Database`. Ici, nous pouvons constater que tout est reproduit deux fois — une fois pour les CD et une fois pour les vidéos. La classe définit deux variables de liste, puis crée deux objets liste, définit deux méthodes d'« ajout » et possède deux blocs de code pratiquement identiques dans la méthode `list` pour afficher les listes.

Les problèmes de la duplication deviennent évidents lorsque nous analysons ce que nous aurions à faire pour ajouter un autre type de média à ce programme. Imaginons que nous souhaitions stocker des informations concernant non seulement des CD et des vidéos, mais également des livres. Nous devrions introduire une autre classe, `Book`, et écrire une troisième version du code source déjà présent dans les classes `CD` et `Video`. Puis il nous faudrait revoir la classe `Database` pour ajouter une autre variable de liste, un autre objet liste, une autre méthode d'ajout et une autre boucle dans la méthode `list`.

Il nous faudrait renouveler le processus pour un quatrième type d'élément. Plus nous répétons ce processus, plus le problème lié à la duplication du code s'amplifie, et plus les modifications ultérieures deviennent difficiles. Le fait de s'inquiéter d'une situation telle que celle-ci représente souvent un bon indicateur de la nécessité de rechercher une approche alternative. Les langages orientés objet fournissent une fonctionnalité distinctive qui a des répercussions importantes sur les programmes impliquant des jeux de classes similaires. Les sections suivantes vous présentent cette fonctionnalité, elle se nomme *héritage.*

Utilisation de l'héritage

Concept

L'**héritage** nous permet de définir une classe comme extension d'une autre.

L'héritage est un mécanisme qui fournit une solution à notre problème de duplication. L'idée est simple : au lieu de définir les classes `CD` et `Video` de façon totalement indépendante, nous définissons en premier lieu une classe qui contient tous les éléments communs. Nous nommerons cette classe `Item`. Puis nous déclarons qu'un `CD` et qu'une `Video` sont des `Item`. Nous ajoutons enfin à la classe `CD` les détails supplémentaires propres au CD, et à la classe `Video` ceux qui sont spécifiques à une vidéo. La caractéristique essentielle de cette technique est qu'elle nous permet de n'écrire qu'une seule fois les éléments communs.

La figure 8.5 présente un diagramme de classes correspondant à cette nouvelle structure. La classe `Item` apparaît dans le haut de la figure. Elle définit tous les champs et méthodes communs à l'ensemble des éléments (CD et vidéos). En dessous, nous trouvons les classes `CD` et `Video`, qui ne contiennent que les champs et méthodes qui leur sont propres. (Nous avons ajouté ici trois méthodes : `getArtist`, `getNumberOfTracks` dans la classe `CD` et `getDirector` dans la classe `Video`, afin de montrer que les classes `CD` et `Video` peuvent définir leurs propres méthodes.)

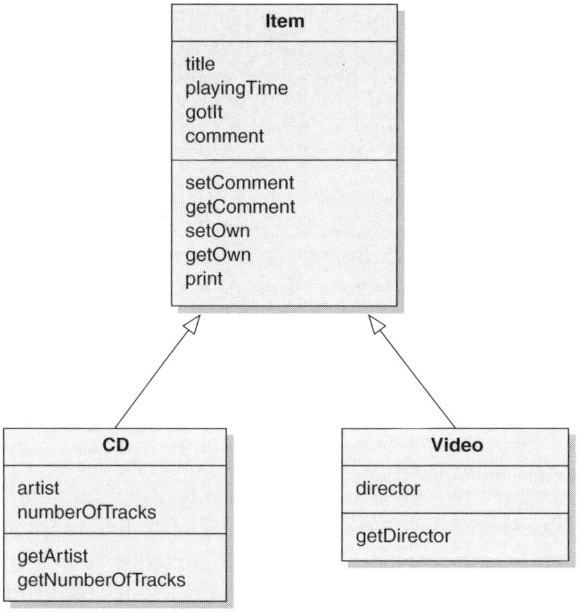

Figure 8.5 • `CD` et `Video` héritant de `Item`.

Cette nouvelle fonctionnalité de la programmation orientée objet nécessite une nouvelle terminologie. Dans une situation telle que celle-ci, nous disons que les classes `CD` et `Video` *héritent de* la classe `Item`. Dans le cas de programmes Java, l'expression « la classe `CD` *étend* la classe `Item` » est quelquefois employée, Java utilisant le mot clé `extends` pour définir la relation d'héritage (nous verrons cela un peu plus loin dans ce chapitre).

Les flèches de ce diagramme de classes représentent la relation d'héritage.

La classe `Item` (la classe de laquelle héritent les autres) se nomme *classe parent* ou *superclasse*. Les classes qui héritent (`CD` et `Video` dans cet exemple) sont les *classes enfants* ou *sous-classes*. Dans cet ouvrage, nous utiliserons les termes « superclasse » et « sous-classe » pour faire référence aux classes d'une relation d'héritage.

Concept

Une **superclasse** est une classe qui est étendue par une autre classe.

Concept

Une **sous-classe** est une classe qui étend (hérite de) une autre classe. Elle hérite de tous les champs et méthodes de sa superclasse.

L'héritage est quelquefois décrit comme relation *est-un*, car une sous-classe est une spécialisation d'une superclasse. Nous pouvons dire qu'un « CD *est un* élément » et qu'une « vidéo *est un* élément ».

L'utilité de l'héritage est maintenant tout à fait évidente. Tous les champs des instances de la classe `CD` seront définis dans cette dernière *ainsi que* dans la classe `Item`. (`CD` hérite des champs de `Item`.) Tous les champs des instances de la classe `Video` seront définis dans cette dernière ainsi que dans `Item`. Ainsi nous parvenons au même résultat que précédemment, mais nous ne devons définir les champs `title`, `playingTime`, `gotIt` et `comment` qu'une seule fois (néanmoins nous pouvons les utiliser à deux emplacements différents).

Il en est de même pour les méthodes : toutes les méthodes des instances des sous-classes sont définies à la fois dans la superclasse et dans la sous-classe. En règle générale, nous pouvons dire : un CD étant un élément, un objet CD possède tout ce que possède un élément, et plus encore. Et une vidéo étant également un élément, elle possède tout ce qu'un élément possède, et plus encore.

Ainsi, l'héritage nous permet de créer deux classes pratiquement similaires, tout en évitant la réécriture de la partie identique. L'héritage offre de nombreux autres avantages, qui sont examinés ci-après. Mais nous allons avant tout étudier de façon plus générale les hiérarchies d'héritage.

Hiérarchies d'héritage

L'héritage peut être utilisé de façon plus générale que dans les exemples ci-dessus. Plus de deux sous-classes peuvent hériter de la même superclasse, et une sous-classe peut à son tour être une superclasse d'autres sous-classes. Les classes forment alors une *hiérarchie d'héritage*.

Concept

Des classes qui sont liées par des relations d'héritage forment une **hiérarchie d'héritage**.

L'exemple le plus courant de hiérarchie d'héritage est probablement la classification des espèces utilisée par les biologistes. La figure 8.6 en propose une petite illustration. Nous pouvons constater qu'un caniche est un chien, qui est un mammifère, qui est à son tour un animal.

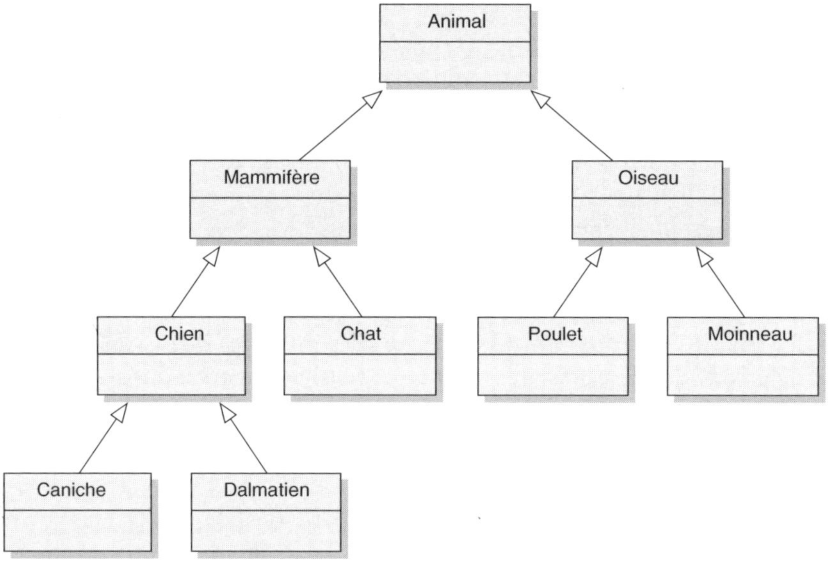

Figure 8.6 • Un exemple de hiérarchie d'héritage.

Nous avons certaines informations sur les caniches. Nous savons, par exemple, qu'ils sont vivants, qu'ils peuvent aboyer, qu'ils mangent de la viande et qu'ils peuvent donner naissance à des petits. Après un examen plus attentif, nous découvrons que nous déduisons certains de ces éléments non pas du fait qu'il s'agit de caniches, mais parce que ce sont des chiens, des mammifères ou des animaux. Une instance de la classe `caniche` possède toutes les caractéristiques d'un caniche, d'un chien, d'un mammifère et ainsi de suite.

Le principe est simple. L'héritage est une technique d'abstraction qui permet de catégoriser des classes d'objets en fonction de certains critères, et qui aide à spécifier les caractéristiques de ces classes.

Exercice 8.3

Créez une hiérarchie d'héritage pour les personnes de votre lieu de travail ou d'étude. Par exemple, si vous êtes universitaire, votre université regroupe des étudiants (de première, de deuxième année et ainsi de suite), des professeurs, des assistants, du personnel administratif, etc.

Héritage en Java

Avant d'étudier l'héritage en détail, nous allons examiner la façon dont cette notion est exprimée dans le langage Java. Voici un segment de code source de la classe `Item` :

```
public class Item
{
    private String title;
    private int playingTime;
    private boolean gotIt;
    private String comment;
    //*** constructeurs et méthodes non reproduits.
}
```

Jusqu'à présent, cette classe ne présente aucune particularité. Elle débute par une définition de classe normale, puis définit les champs de façon classique. Examinons ensuite le code source de la classe `CD` :

```
public class CD extends Item
{
    private String artist;
    private int numberOfTracks;
    //*** constructeurs et méthodes non reproduits.
}
```

À ce stade, il convient de noter deux points. En premier lieu, le mot clé `extends` définit la relation d'héritage. L'expression « `extends Item` » spécifie que cette classe est une sous-classe de la classe `Item`.

En second lieu, la classe `CD` ne définit que les champs propres aux objets `CD` (`artist` et `numberOfTracks`). Les champs de `Item` sont hérités et ne doivent pas être répertoriés ici. Les objets de la classe `CD` possèdent donc des champs `title`, `playingTime` et ainsi de suite.

Examinons ensuite le code source de la classe `Video` :

```
public class Video extends Item
{
    private String director;
    //*** constructeurs et méthodes non reproduits.
}
```

Cette classe suit le même schéma que la classe CD. Elle utilise le mot clé `extends` pour se définir elle-même comme sous-classe de `Item`, et définit son propre champ supplémentaire.

Héritage et droits d'accès

Pour les objets d'autres classes, les objets `Video` ou `CD` sont semblables à tout autre type d'objet. En conséquence, des membres définis comme `public` soit dans la superclasse, soit dans les sous-classes, seront accessibles aux objets d'autres classes, mais des membres définis comme `private` seront inaccessibles. En fait, la règle de la confidentialité s'applique également entre une sous-classe et sa superclasse : une sous-classe ne peut accéder aux membres privés de sa superclasse. Par conséquent, si la méthode d'une sous-classe devait accéder à des champs privés de sa superclasse ou les modifier, la superclasse devrait fournir les méthodes d'accès et/ou de modification appropriées. Une sous-classe peut appeler toute méthode publique de sa superclasse comme si elle était sienne — aucune variable n'est nécessaire.

Le problème des droits d'accès sera étudié de façon plus approfondie au chapitre 9, lors de la présentation du modificateur `protected`.

Exercice 8.4

Ouvrez le projet *dome-v2*. Ce projet continent une version de l'application DoMe réécrite pour utiliser l'héritage, comme décrit ci-dessus. Notez que le diagramme de classes affiche la relation d'héritage. Ouvrez le code source de la classe `Video` et supprimez le terme « `extends Item` ». Fermez l'éditeur. Quels changements pouvez-vous observer dans le diagramme de classes ? Ajoutez à nouveau « `extends Item` ».

Exercice 8.5

Créez un objet CD. Appelez certaines de ses méthodes. Pouvez-vous appeler les méthodes héritées (par exemple, `setComment`) ? Que pouvez-vous observer concernant les méthodes héritées ?

Héritage et initialisation

Lors de la création d'un objet, le constructeur de cet objet se charge d'initialiser tous ses champs en un état approprié. Nous allons étudier de façon plus précise comment cela est réalisé dans des classes qui héritent d'autres classes.

Lorsque nous créons un objet CD, nous transmettons plusieurs paramètres au constructeur du CD : le titre, le nom de l'artiste, le nombre de pistes et la durée de lecture. Certains contiennent des valeurs pour les champs définis dans la classe `Item` et d'autres pour les champs définis dans la classe `CD`. Tous ces champs doivent être correctement initialisés, et le code 8.4 présente les segments de code utilisés à cette fin.

Code 8.4 • Initialisation de champs de sous-classe et de superclasse.

```
public class Item
{
    private String title;
    private int playingTime;
    private boolean gotIt;
    private String comment;

    /**
     * Initialise les champs de l'élément.
     */
    public Item(String theTitle, int time)
    {
        title = theTitle;
        playingTime = time;
        gotIt = false;
        comment = "";
    }
    //*** méthodes non reproduites
}

public class CD extends Item
{
    private String artist;
    private int numberOfTracks;

    /**
     * Constructeur des objets de la classe CD
     */
    public CD(String theTitle, String theArtist, int tracks, int time)
    {
        super(theTitle, time);
        artist = theArtist;
        numberOfTracks = tracks;
    }
    //***méthodes non reproduites
}
```

Plusieurs observations s'imposent à ce stade. En premier lieu, la classe `Item` possède un constructeur, même si notre intention n'est pas de créer directement une instance de celle-ci.[1] Le constructeur reçoit les paramètres nécessaires à l'initialisation des champs `Item`, et il contient le code destiné à effectuer cette initialisation.

En second lieu, le constructeur du CD reçoit des paramètres nécessaires à l'initialisation des champs `Item` et `CD`. Il contient alors la ligne de code suivante :

---

1. Rien ne nous empêche actuellement de créer un objet `Item`, même si ce n'était pas notre intention lorsque nous avons conçu ces classes. Au chapitre 10, nous découvrirons des techniques qui nous permettent de veiller à ce que les objets `Item` ne puissent être créés directement, contrairement aux objets `CD` et `Video`.

```
super(theTitle, time) ;
```

Le mot clé `super` est un appel au constructeur de la superclasse. Son effet est le suivant : le constructeur `Item` est exécuté comme partie de l'exécution du constructeur `CD`. Lorsque nous créons un CD, le constructeur `CD` est appelé, et appelle à son tour le constructeur `Item`. Ce dernier initialise les champs définis dans la classe `Item`, puis revient au constructeur `CD`, qui initialise les champs restants définis dans la classe `CD`. À cette fin, les paramètres nécessaires pour l'initialisation des champs d'un objet `Item` sont transmis au constructeur de la superclasse en tant que paramètres de l'appel `super`.

Concept

Constructeur de superclasse. Le constructeur d'une sous-classe doit toujours invoquer le constructeur de sa superclasse comme première instruction. Si le code source n'inclut pas d'appel de ce type, Java tente d'insérer un appel automatiquement.

Dans Java, un constructeur de sous-classe doit toujours appeler le constructeur de la superclasse comme première instruction. Si vous n'écrivez pas d'appel à un constructeur de superclasse, le compilateur Java insère automatiquement un appel de superclasse, afin d'assurer une initialisation correcte des champs de la superclasse. L'insertion automatique de cet appel ne fonctionne que si la superclasse possède un constructeur sans paramètres (puisque le compilateur ne peut deviner quelles valeurs de paramètres doivent être transmises). Dans le cas contraire, une erreur est signalée.

En général, il est préférable de toujours inclure des appels de superclasse explicites dans vos constructeurs, même s'ils sont susceptibles d'être générés automatiquement par le compilateur. Il s'agit d'une bonne habitude de programmation, puisqu'elle évite tout risque de mauvaise interprétation et de confusion si un lecteur n'est pas conscient de la génération automatique du code.

Exercice 8.6

Définissez un point d'arrêt dans la première ligne du constructeur de la classe `CD`. Puis créez un objet CD. Lorsque la fenêtre du débogueur apparaît, utilisez *Un pas dans* pour parcourir le code. Observez les champs de l'instance et leur initialisation. Décrivez vos observations.

DoMe : ajout d'autres types d'éléments

Notre hiérarchie d'héritage étant définie pour le projet DoME et les éléments communs se situant dans la classe `Item`, il devient beaucoup plus facile d'ajouter d'autres types d'éléments. Si, par exemple, nous souhaitons ajouter à notre base de données des informations concernant des jeux vidéos, il nous est maintenant possible de définir une nouvelle sous-classe de `Item` nommée `VideoGame` (figure 8.7). `VideoGame` étant une sous-classe de `Item`, elle hérite automatiquement de tous les champs et méthodes déjà définis dans `Item`. Ainsi les objets `VideoGame` possèdent déjà un titre, un indicateur

« en stock », un commentaire et une durée de lecture. (La durée de lecture pour les jeux vidéo est variable, bien sûr, mais nous pouvons utiliser ce champ pour stocker la durée moyenne d'une partie.) Nous pouvons alors nous concentrer sur l'ajout des attributs spécifiques aux jeux vidéo, tels que le nombre maximal de joueurs, ou la plate-forme sur laquelle ils jouent.

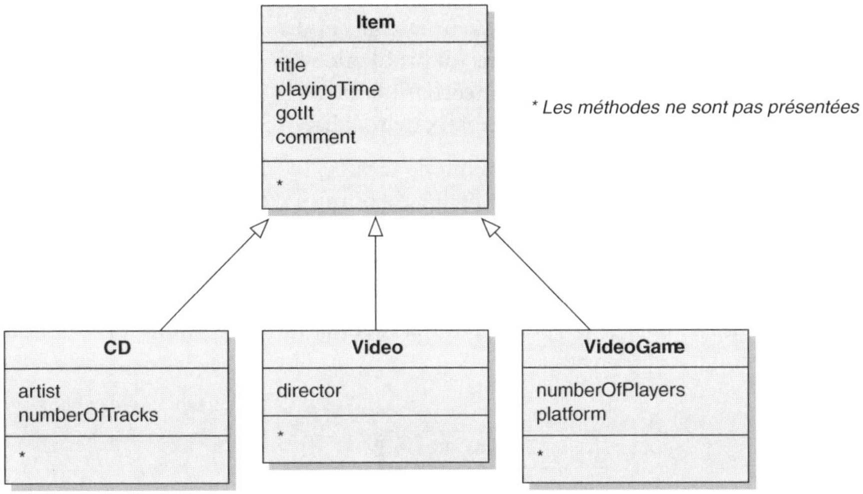

Figure 8.7 • Éléments DoME avec une classe `VideoGame`.

> ***Concept***
> L'héritage permet de **réutiliser** des classes écrites antérieurement dans un nouveau contexte.

Il s'agit d'une illustration de la façon dont l'héritage permet de réutiliser le travail existant. Nous pouvons réutiliser le code déjà écrit pour les vidéos et les CD (dans la classe `Item`). Il fonctionne également pour la classe `VideoGame`. La possibilité de réutiliser des composants logiciels existants est l'un des grands avantages offerts par l'héritage. Ce sujet sera développé un peu plus loin dans ce chapitre.

Cette réutilisation a pour effet de réduire considérablement la quantité de code nécessaire lors de l'introduction de nouveaux types d'éléments. Puisqu'il est possible de définir les nouveaux types d'éléments comme sous-classes de `Item`, seul le code véritablement différent de `Item` doit être ajouté.

Imaginons maintenant que nous souhaitions également stocker nos jeux de société dans notre base de données (après tout, il s'agit d'une base de données de « divertissements multimédias », et les jeux de société représentent sans aucun doute un divertissement, mais utilisant un média de moins haut niveau technologique…).

Nous pourrions simplement ajouter une quatrième sous-classe en dessous de `Item`. Mais il est quelquefois utile d'analyser plus attentivement les relations. Les jeux de société et les jeux vidéo possèdent tous deux un attribut « nombre maximal de joueurs ». Il serait préférable de ne pas définir ce champ dans les classes `VideoGame` et `BoardGame`. Ce serait un autre exemple de duplication du code (nous dupliquerions le champ, et les méthodes de modification et d'accès qui lui sont associées). Ainsi, la première solution serait de faire de `BoardGame` une sous-classe de `VideoGame`. De cette façon, nous hériterons du champ `numberOfPlayers` et des méthodes associées, et nous éviterons une deuxième réécriture. Mais un problème se pose : nous hériterons aussi du champ qui stocke les informations concernant la plate-forme sur laquelle s'exécute le jeu, et cet attribut n'est pas adapté aux jeux de société.

La solution consiste à revoir la hiérarchie de classes. Nous pouvons introduire pour l'ensemble des jeux une nouvelle superclasse (nommée `Game`), qui est toujours une sous-classe de `Item` (figure 8.8). À présent, toutes les informations liées aux jeux en général (telles que le nombre de joueurs) peuvent être définies dans la classe `Game`, alors que les informations spécifiques peuvent être déplacées vers la sous-classe appropriée. Les objets de la classe `BoardGame` possèdent maintenant tous les champs et les méthodes des classes `Item`, `Game` et `BoardGame`.

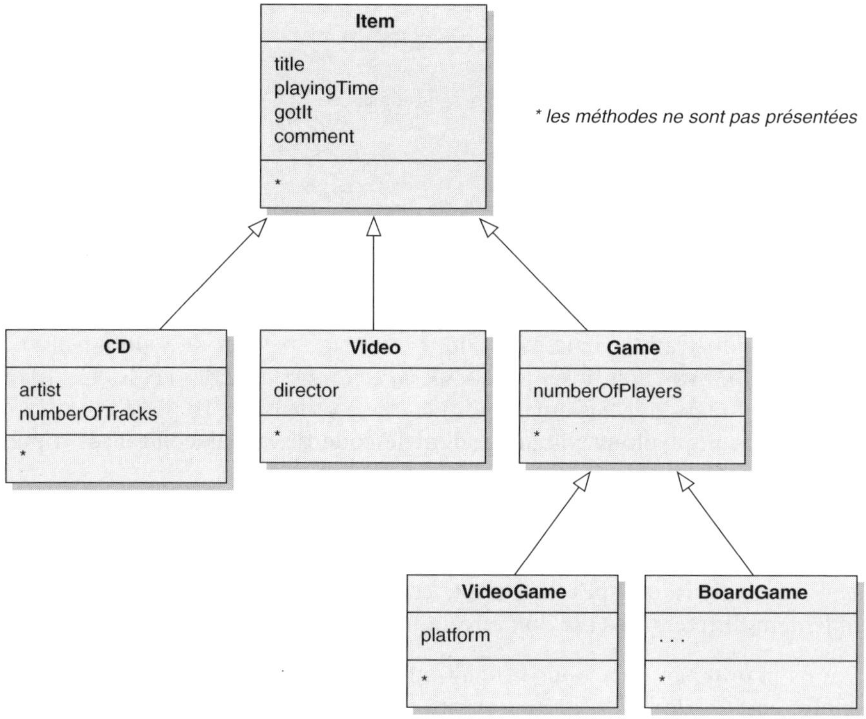

Figure 8.8 • Ajout de types d'élément supplémentaires à DoME.

Les classes qui ne sont pas conçues pour créer des instances, mais dont le but est exclusivement de servir de superclasses pour d'autres classes (telles que `Item` et `Game`), sont nommées *classes abstraites*. Nous y reviendrons en détail au chapitre 10.

Exercice 8.7

Ouvrez le projet *dome-v2*. Ajoutez une classe au projet pour les jeux vidéo. Créez des objets jeu vidéo et vérifiez que toutes les méthodes fonctionnent comme prévu.

Avantages de l'héritage (pour l'instant)

L'utilisation de l'héritage présente certains avantages, que nous avons pu découvrir avec l'application DoME. Avant d'explorer d'autres aspects de l'héritage, nous allons récapituler les avantages généraux rencontrés jusqu'à présent :

- *Éviter la duplication de code.* L'utilisation de l'héritage permet d'éviter une ou plusieurs écritures de copies identiques ou très similaires.
- *Réutiliser le code.* Le code existant peut être réutilisé. Si une classe comparable à celle dont nous avons besoin existe déjà, nous pouvons réutiliser une partie du code existant, au lieu de tout implanter à nouveau.[1]
- *Faciliter la maintenance.* La relation entre les classes étant exprimée clairement, la maintenance de l'application est facilitée. Une modification apportée à une méthode ou à un champ partagé entre différents types de sous-classes ne doit être réalisée qu'une seule fois.
- *Extensibilité.* En utilisant l'héritage, il devient plus facile d'étendre une application existante.

Sous-typage

Il reste un point à explorer : la façon dont le code de la classe `Database` a pu être changé lorsque nous avons modifié notre projet pour utiliser l'héritage. Le code 8.5 présente la totalité du code source de la classe `Database`. Nous pouvons le comparer au code source initial présenté dans le code 8.3.

1. Nous devons cependant être conscients des risques d'un *héritage inapproprié*. L'héritage n'est pas toujours la solution appropriée lorsque nous souhaitons réutiliser du code. Nous reviendrons sur ce point dans un chapitre ultérieur.

Code 8.5 • Code source de la classe `Database` (seconde version).

```
import java.util.ArrayList;
import java.util.Iterator;

/**
 * La classe Database permet de stocker des objets CD et vidéo.
 * Une liste de tous les CD et vidéos peut être affichée sur le
 * terminal.
 *
 * Cette version n'enregistre pas les données sur disque,
 * et ne fournit aucune fonction de recherche.
 *
 * @author Michael Kolling et David J. Barnes
 * @version 2002-05-04
 */
public class Database
{
    private ArrayList items;

    /**
     * Construit une base de données vide.
     */
    public Database()
    {
        items = new ArrayList();
    }

    /**
     * Ajoute un élément à la base de données.
     */
    public void addItem(Item theItem)
    {
        items.add(theItem);
    }

    /**
     * Affiche une liste de tous les CD et vidéos actuellement
     * stockés sur le terminal.
     */
    public void list()
    {
        for(Iterator iter = items.iterator(); iter.hasNext(); )
        {
            Item item = (Item)iter.next();
            item.print();
            System.out.printIn() ;  // ligne vide entre les éléments
        }
    }
}
```

Comme vous pouvez le constater, le code s'est considérablement raccourci et simplifié. Alors que tout était en double dans la première version (code 8.3), nous n'en avons plus actuellement qu'un exemplaire. Nous avons une seule collection, une seule méthode pour l'ajout d'éléments et une boucle dans la méthode `list`.

La raison de la réduction du code est la suivante : dans la nouvelle version, nous avons pu utiliser le type `Item` là où nous avions précédemment employé `Video` et `CD`. Examinons tout d'abord la méthode `addItem`.

Dans notre première version, nous avions deux méthodes pour ajouter des éléments à la base de données. Leurs signatures étaient les suivantes :

```
public void addCD(CD theCD)
public void addVideo(Video theVideo)
```

Dans notre nouvelle version, une seule méthode permet de parvenir au même résultat :

```
public void addItem(Item theItem)
```

Dans la version originale, les paramètres étaient définis avec les types `Video` et `CD`, assurant ainsi la transmission d'objets `Video` et `CD` à ces méthodes, puisque les types de paramètres effectifs doivent correspondre aux types de paramètres formels. Jusqu'à présent, nous avons interprété l'impératif « doit correspondre » comme signifiant « doit être du même type » : par exemple, le nom de type d'un paramètre effectif doit être identique au nom de type du paramètre formel correspondant. En fait, la réalité est plus complexe, car les objets de sous-classes peuvent être utilisés partout où le type de leur superclasse est requis.

Sous-typage et sous-classes

Concept

Sous-typage. De façon analogue à la hiérarchie des classes, il existe une hiérarchie pour les types. Le type défini par une sous-classe est un sous-type du type de sa superclasse.

Nous avons expliqué précédemment que les classes définissaient les types. Le type d'un objet ayant été créé à partir d'une classe `Video` est `Video`. Nous venons aussi de préciser que les classes pouvaient avoir des sous-classes. Ainsi, les types définis par les classes peuvent avoir des sous-types. Dans notre exemple, le type `Video` est un sous-type du type `Item`.

Sous-typage et affectation

Concept

Variables et sous-types. Les variables peuvent contenir des objets de leur type déclaré ou de tout sous-type de leur type déclaré.

Lorsque nous souhaitons affecter un objet à une variable, le type de cet objet doit correspondre au type de la variable. Par exemple,

```
Car myCar = new Car();
```

est une affectation valide car un objet de type `Car` est affecté à une variable destinée à recevoir des objets du même type. Après avoir étudié l'héritage, nous devons compléter la règle du typage : une variable peut recevoir des objets de son type déclaré ou de tout sous-type de ce type déclaré.

Imaginons que nous ayons une classe `Vehicle` avec deux sous-classes `Car` et `Bicycle` (figure 8.9). Dans ce cas, la règle de typage admet les affectations suivantes comme légales :

```
Vehicle v1 = new Vehicle();
Vehicle v2 = new Car();
Vehicle v3 = new Bicycle();
```

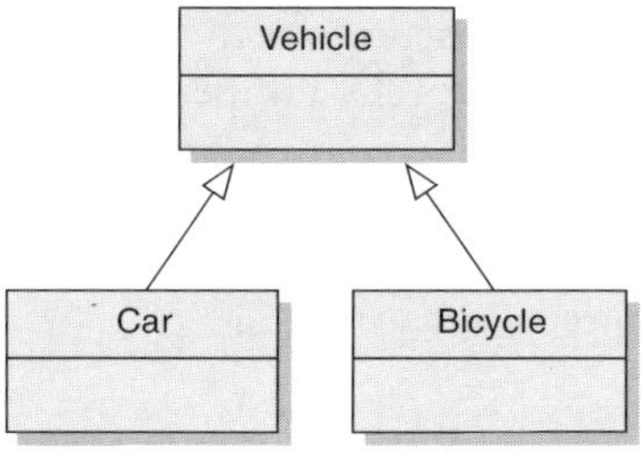

Figure 8.9 • Une hiérarchie d'héritage.

Le type d'une variable définit ce que peut stocker cette variable. Le fait de déclarer une variable de type `Vehicle` indique que cette variable peut contenir des véhicules. Mais une voiture étant un véhicule, il est parfaitement légal de la stocker dans une variable de type `Vehicle`. (Vous pouvez comparer une variable à un garage : si quelqu'un vous dit que vous pouvez garer un véhicule dans un garage, vous en déduisez qu'il est possible d'y garer une voiture ou un vélo.)

> ***Concept***
>
> **Substitution.** Les objets d'un sous-type peuvent être utilisés à tout endroit où est attendu un objet d'un supertype. Il s'agit de la substitution.

Ce principe se nomme *substitution*. Dans les langages orientés objet, nous pouvons utiliser un objet d'une sous-classe là où est attendu un objet d'une superclasse, car l'objet de la sous-classe est un cas particulier d'objet de la superclasse. Si, par exemple, quelqu'un vous demande de lui donner un stylo, vous pouvez parfaitement lui donner un stylo à plume ou un stylo à bille. Tous deux sont des stylos. Ainsi, il est tout à fait correct d'offrir l'un ou l'autre lorsqu'un objet de classe `stylo` est attendu.

Le sens contraire n'est cependant pas autorisé :

```
Car c1 = new Vehicle();    //c'est une erreur !
```

Cette instruction tente de stocker un objet `Vehicle` dans une variable `Car`. Java ne le permet pas, et une erreur est générée si vous tentez de compiler cette instruction. La variable est destinée à stocker des voitures. Mais un véhicule peut ne pas être une voiture — nous n'en savons rien. Ainsi, cette instruction n'est pas autorisée.

De la même façon :

```
Car c2 = new Bicycle();    //c'est une erreur !
```

Il s'agit également d'une instruction illégale. Une bicyclette n'est pas une voiture (ou, plus formellement : le type `Bicycle` n'est pas un sous-type de `Car`). En conséquence, l'affectation n'est pas autorisée.

Exercice 8.8

Supposons que nous ayons quatre classes : `Person`, `Teacher`, `Student` et `PhDStudent`. `Teacher` et `Student` sont toutes deux des sous-classes de `Person`. `PhDStudent` est une sous-classe de `Student`.

Parmi les affectations suivantes, lesquelles sont légales, et pourquoi ?

```
Person p1 = new Student();
Person p2 = new PhDStudent();
PhDStudent phd1 = new Student();
Teacher t1 = new Person();
Student s1 = new PhDStudent();

s1 = p1;
s1 = p2;
p1 = s1;
t1 = s1;
s1 = phd1;
phd1 = s1;
```

Exercice 8.9

Vérifiez vos réponses à la question précédente en créant les classes mentionnées dans cet exercice, et en les testant dans BlueJ.

Sous-typage et passage de paramètre

Le passage d'un paramètre (c'est-à-dire le transfert d'un paramètre effectif à une variable de paramètre formel) se comporte exactement de la même façon qu'une affectation à une variable. C'est pourquoi nous pouvons transférer un objet de type `Video` à une méthode qui possède un paramètre de type `Item`. Dans la classe `Database`, nous avons la définition suivante de la méthode `addItem` :

```
public Database()
    {
```

```
        public void addItem(Item theItem)
        {
                ...
    }
```

Nous pouvons maintenant utiliser cette méthode pour ajouter des vidéos et des CD à la base de données :

```
Database db = new Database();
Video video = new Video(...);
CD cd = new CD (...)

db.addItem(video);
db.addItem(cd);
```

Grâce aux règles de sous-typage, une seule méthode (avec un paramètre de type `Item`) est nécessaire pour ajouter des objets `Video` et `CD`.

Le sous-typage sera traité en détail au chapitre suivant.

Variables polymorphes

Les variables contenant différents types d'objets dans Java sont des variables *polymorphes*. Le terme « polymorphe » (littéralement : *plusieurs formes*) fait référence au fait qu'une variable peut contenir des objets de types différents (plus précisément du type déclaré ou de tout sous-type de celui-ci). Dans les langages orientés objet, le polymorphisme apparaît dans plusieurs contextes — les variables polymorphes en sont simplement le premier exemple. Nous aborderons d'autres incarnations du polymorphisme au chapitre suivant.

Pour le moment, nous allons juste examiner de quelle façon l'utilisation d'une variable polymorphe peut nous aider à simplifier notre méthode `list`. Le corps de cette méthode est le suivant :

```
for(Iterator iter = items.iterator(); iter.hasNext(); )
        {
            Item item = (Item)iter.next();
            item.print();
            System.out.println() ;   //ligne vide entre les éléments
        }
```

Ici, nous parcourons la liste d'éléments (contenus dans une `ArrayList` de la variable `items`). Nous sortons chaque élément puis invoquons sa méthode `print`. Notez que les éléments sortis de la liste sont de type `CD` ou `Video`, et non de type `Item`. Nous pouvons cependant les affecter à la variable `item` (déclarée pour être de type `Item`), car les variables sont polymorphes. La variable `item` peut contenir des objets `CD` et `Video`, car ce sont des sous-types de `Item`.

Ainsi, l'utilisation de l'héritage dans cet exemple a supprimé le besoin de deux boucles distinctes dans la méthode de liste. L'héritage évite la duplication de code non seulement dans les classes serveur, mais également dans les clients de ces classes.

Info

Au cours des exercices, vous rencontrerez peut-être un problème avec la méthode `print` : tous les détails ne sont pas affichés. La résolution de ce problème nécessite des explications supplémentaires — que vous trouverez au chapitre suivant.

Exercice 8.10

Que doit-on changer dans la classe `Database` quand une autre sous-classe d'élément (par exemple, une classe `VideoGame`) est ajoutée ? Pourquoi ?

La classe `Object`

Concept

`Object` est la superclasse de toutes les classes sans superclasse explicite.

Toutes les classes possèdent une superclasse. Jusqu'à présent, tout se passait comme si la plupart des classes rencontrées ne possédaient pas de superclasse, et que seules des classes telles que `Video` et `CD`, qui étendaient une autre classe, en avaient une. En fait, même s'il est possible de déclarer explicitement une superclasse pour une classe, toutes les classes pour lesquelles aucune superclasse n'a été déclarée héritent implicitement d'une classe nommée `Object`.

`Object` est une classe de la bibliothèque Java standard qui joue le rôle de superclasse pour tous les objets. Le fait d'écrire une déclaration de classe telle que celle-ci :

```
public class Person
{
    ...
}
```

revient à écrire :

```
public class Person extends Object
{
    ...
}
```

Le compilateur Java insère automatiquement la superclasse `Object` pour toute classe sans déclaration `extends` explicite, de sorte que vous n'avez jamais à effectuer cette opération par vous-même. Chaque classe (la seule exception à cette règle étant la classe `Object` elle-même) hérite de `Object`, soit directement, soit indirectement. La figure 8.10 présente des classes choisies au hasard pour illustrer cela.

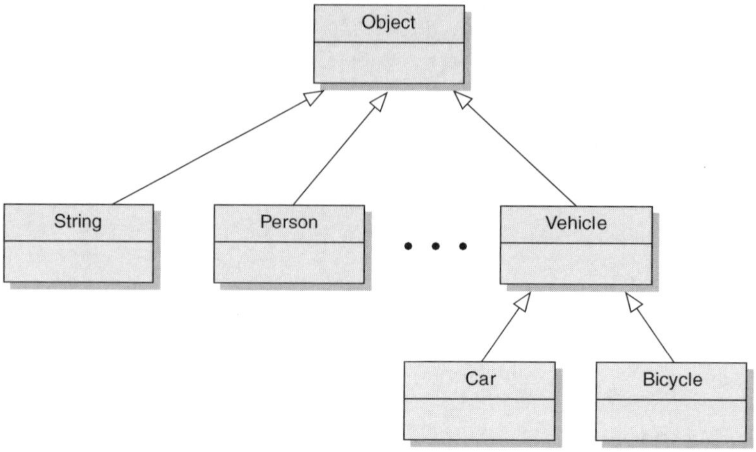

Figure 8.10 • Toute classe hérite de `Object`.

L'utilité d'une superclasse commune pour tous les objets est double : en premier lieu, la classe `Object` peut définir des méthodes qui sont alors automatiquement disponibles pour chaque objet existant. En second lieu, nous pouvons déclarer des variables polymorphes de type `Object` destinées à contenir tout objet. Le premier point prendra toute son importance un peu plus tard, et nous y reviendrons en détail au cours du prochain chapitre. Le second point est largement utilisé dans la bibliothèque de collections Java. La section suivante étudie en détail cette question.

Collections polymorphes

Dans cet ouvrage, nous avons rencontré plusieurs types de collections Java, dont les classes `ArrayList`, `HashSet` et `HashMap`.

Nous avons pu les utiliser, mais jusqu'à présent certains détails sont restés inexpliqués. Après avoir étudié l'héritage, nous pouvons parvenir à une meilleure compréhension de ces classes.

Types d'éléments

Les collections Java sont des *collections polymorphes*. Cela signifie qu'elles peuvent contenir plusieurs types d'éléments à la fois. Il est possible de créer une liste qui stocke des `Strings` et des `Items` (bien que ce soit inutile la plupart du temps). Plus important, nous pouvons créer une `ArrayList` de `Strings`, ou une `ArrayList` de `Items` en utilisant la même classe `ArrayList`.

Il est possible de comprendre comment cela fonctionne en observant la signature de l'une des méthodes `add` de la classe `ArrayList`. Elle se trouve dans la documentation de la bibliothèque Java standard.

Voici la signature :

```
public void add(Object element)
```

Cette méthode peut être utilisée pour ajouter un nouvel élément à la fin de la liste. Nous pouvons constater que le type du paramètre d'élément est déclaré `Object`. Le fait que `Object` soit un supertype de tous les types d'objets, et que des objets de sous-type puissent être passés comme paramètres de supertype, permet de stocker des objets de n'importe quel type dans une collection.

Le transtypage revisité

La déclaration de types d'éléments de collections comme `Object` présente un gros avantage : elle permet de créer des collections de toutes sortes sans nécessiter des classes séparées, telles que `PersonList`, `StringList`, `ItemList` et ainsi de suite. Mais cela pose également un petit problème : lorsqu'un élément est extrait d'une collection, le système de types ne connaît pas son type.

Nous extrayons un élément au moyen d'une méthode telle que `get`. Sa signature est :

```
public Object get(int index)
```

Nous pouvons constater ici que le type déclaré de la valeur retournée est `Object`. Supposons que nous ayons une liste nommée `myList`, utilisée pour stocker des objets `String`. L'instruction suivante génère une erreur :

```
String s1 = myList.get(1);    //erreur !
```

Nous avons vu précédemment que l'affectation d'un objet de sous-type à une variable de supertype est autorisée, mais que l'affectation d'un objet de supertype à une variable de sous-type ne l'est pas. C'est exactement le problème qui se pose ici. Nous avons entré une chaîne dans la collection au moyen de la méthode `add`, nous avons affecté l'objet `String` au paramètre `Object` — sous-type à supertype. Pour sortir la chaîne de la collection, nous tentons d'affecter un élément de type `Object` à une variable de type `String` — supertype à sous-type. Une erreur est donc générée.

Nous savons que l'élément est véritablement une `String` (et que l'opération ne devrait pas poser de problème), mais le type déclaré de la méthode `get` est simplement `Object`, ce qui laisse le système de type dans l'ignorance. Cela se nomme *perte de type*. Notez que l'élément est toujours de type `String`, mais le système de types du compilateur Java, qui tente de vérifier si toutes les affectations sont correctes, ne le sait pas. Nous pouvons résoudre ce problème en indiquant explicitement au système de types que l'élément est de type `String`. Nous faisons donc appel à l'opérateur de transtypage, rencontré précédemment :

```
String s1 = (String)myList.get(1);    // okay
```

Le compilateur croit ainsi que l'objet est de type `String`, et ne génère pas d'erreur. Au moment de l'exécution, cependant, le système Java vérifiera que l'élément est réellement de type `String`. Si nous avons été attentifs, ce qui est le cas, tout se passera bien. Si l'élément d'index 1 de cette collection est d'un autre type, le système générera une erreur (de nom `ClassCastException`) et le programme s'arrêtera.[1]

Dans la plupart des situations, nous utiliserons les collections de telle façon que seuls des éléments d'un type commun y seront entrés. Ainsi, lors de la récupération de ces éléments, nous pourrons en toute sécurité leur réaffecter leur véritable type, car nous le connaîtrons.

Le transtypage peut être utilisé non seulement avec les collections, mais également avec les variables. Examinez ce fragment de code, où `Car` est une sous-classe de `Vehicle` :

```
Vehicle v;
Car c;

c = new Car();
v = c;
c = (Car) v;
```

Ce segment de code est légal. Il pourra être compilé et exécuté. L'affectation `v = c` est permise, car nous affectons un sous-type à un supertype. Cela est autorisé par la règle de la substitution. L'affectation `c= (Car)v` est légale car nous utilisons un transtypage. Sans celui-ci, une erreur serait générée (tentative d'affecter un supertype à un sous-type — non autorisée par les règles de substitution). Avec le transtypage, cependant, l'affectation est devenue légale, car l'objet contenu dans la variable `v` est réellement une voiture.

Examinons à présent ce fragment de code, dans lequel `Bicycle` est également une sous-classe de `Vehicle` :

```
Vehicle v;
Car c;
Bicycle b;

c = new car();
v = c;              // okay
b = (Bicycle) c;    // erreur au moment de la compilation!
b = (Bicycle) v ;   // erreur au moment de l'exécution!
```

Les deux dernières affectations échoueront. La tentative d'affecter `c` à `b` (même avec le transtypage) générera une erreur au moment de la compilation. Le compilateur remarquera que `Car` et `Bicycle` ne forment pas une relation type/supertype. `c` ne peut donc jamais contenir d'objet `Bicycle` — l'affectation est toujours vouée à l'échec.

La tentative d'affecter `v` à `b` (avec le transtypage) sera acceptée au moment de la compilation, mais échouera au moment de l'exécution. `Vehicle` étant une superclasse de `Bicycle`, `v` peut éventuellement recevoir un objet `Bicycle`. Au moment de l'exécution, cependant, l'objet de `v` n'étant pas de type `Bicycle` mais de type `Car`, le programme sera interrompu prématurément.

1. Les exceptions sont traitées au chapitre 11.

Classes enveloppes

Le fait que les types des éléments des collections soient déclarés `Object` autorise à entrer tout objet dans une collection, puisque toutes les classes héritent (directement ou indirectement) de `Object`. Mais il reste un problème : Java possède certains types qui ne sont pas des types d'objet.

Comme nous le savons, les types primitifs, tels que `int`, `boolean`, `char`, etc. sont distincts des types objets. Leurs valeurs ne sont pas des instances de classes, et ils n'héritent pas de la classe `Object`. Ils ne sont donc pas des sous-types de `Object` et ne peuvent être entrés dans une collection.

Cela pose un problème. Dans certaines situations, il peut être nécessaire de créer une liste de `int` ou un jeu de `char`. Que pouvons-nous faire ?

La solution Java à ce problème : les *classes enveloppes*. Chaque type primitif possède une classe enveloppe correspondante qui représente le même type, mais est un véritable type d'objet. La classe enveloppe correspondant à `int`, par exemple, se nomme `Integer`. Une liste complète des types primitifs et de leurs classes enveloppes est fournie dans l'annexe B.

Pour entrer un `int` dans une collection, nous créons d'abord un objet `Integer` (une instance de l'enveloppe) destiné à recevoir la valeur `int`. Les instances `Integer` sont des objets qui possèdent un champ `int` unique. Ainsi `int` est « enveloppé » dans un objet.

`Integer` est un véritable objet, et peut en tant que tel être entré dans la collection. Lorsque nous récupérons l'objet de la collection, nous obtenons l'instance `Integer`. Nous pouvons alors « déballer » l'objet et retrouver la valeur `int` initiale. Le segment de code suivant illustre cela :

```
int i = 18;                          // la valeur à entrer
Integer iwrap = new Integer(i);      // l'enveloppe de i

MyCollection.add(iwrap);             // l'enveloppe peut être stockée
...

Integer element = (Integer)myCollection.get(0);    //récupération de
➥l'enveloppe
int value = element.intValue();      // récupération du contenu de
➥l'enveloppe
```

Vous trouverez dans la documentation des bibliothèques des informations supplémentaires au sujet des classes enveloppes.

Hiérarchie de collection

Les classes de collection Java utilisent l'héritage pour permettre le stockage de différents types d'éléments. En outre, l'héritage est largement employé dans la définition des collections elles-mêmes. La classe `ArrayList`, par exemple, hérite d'une classe nommée

`AbstractList`, qui à son tour hérite de `AbstractCollection`. Nous n'examinerons pas cette hiérarchie ici, car elle est décrite en détail à divers endroits très accessibles. Vous en trouverez une bonne description sur le site Web de Sun Microsystems à l'adresse suivante

http://java.sun.com/docs/books/tutorial/collections/index.html

Notez que certains détails de cette hiérarchie nécessitent la compréhension des *interfaces* Java qui seront étudiées au chapitre 10.

Exercice 8.11

Utilisez la documentation des bibliothèques de classes Java standard pour rechercher des informations concernant la hiérarchie d'héritage des classes de collection. Dessinez un diagramme représentant la hiérarchie.

Résumé

Ce chapitre constitue une première approche de l'héritage. Dans Java, toutes les classes sont organisées en une hiérarchie d'héritage. Chaque classe peut avoir une superclasse déclarée explicitement, ou hériter implicitement de la classe `Object`.

Les sous-classes sont généralement des spécialisations des superclasses. De ce fait, la relation d'héritage se nomme également relation *est-un* (« une voiture *est un* véhicule »).

Les sous-classes héritent de tous les champs et méthodes d'une superclasse. Les objets des sous-classes possèdent tous les champs et méthodes déclarés dans leur propre classe ainsi que ceux de leurs superclasses. Les relations d'héritage peuvent être employées pour éviter la duplication du code, pour réutiliser le code existant ainsi que pour faciliter la maintenance et l'évolution d'une application.

Les sous-classes forment aussi des sous-types, qui conduisent aux variables polymorphes. Les objets de sous-type peuvent être substitués aux objets de supertype, et les variables peuvent contenir des objets qui sont des instances des sous-types de leur type déclaré.

L'héritage permet la conception de structures de classes plus faciles à maintenir et plus souples. Ce chapitre ne fournit qu'une introduction à l'utilisation de l'héritage à des fins d'amélioration des structures de programmes — d'autres utilisations de l'héritage et leurs avantages seront examinés dans les chapitres suivants.

Résumé des concepts

Héritage : L'héritage permet de définir une classe comme extension d'une autre.

Superclasse : Une superclasse est une classe qui est étendue par une autre classe.

Sous-classe : Une sous-classe est une classe qui étend (hérite de) une autre classe. Elle hérite de tous les champs et méthodes de sa superclasse.

Hiérarchie d'héritage : Les classes liées par des relations d'héritage forment une hiérarchie d'héritage.

Constructeurs de superclasses : Le constructeur d'une sous-classe doit toujours invoquer le constructeur de sa superclasse comme première instruction. Si le code source n'inclut pas d'appel de ce type, Java tente d'insérer un appel automatiquement.

Réutilisation : L'héritage permet de réutiliser des classes précédemment écrites dans un nouveau contexte.

Sous-types : De façon analogue à la hiérarchie de classes, les types forment une hiérarchie de types. Le type défini par une définition de sous-classe est un sous-type de celui de sa superclasse.

Object : La superclasse `Object` est la superclasse de toutes les classes sans superclasse explicite.

Variables et sous-types : Les variables peuvent contenir des objets de leur type déclaré ou de tout sous-type de leur type déclaré.

Substitution : Les objets de sous-type peuvent être utilisés à tout emplacement où est attendu un supertype. Il s'agit de la substitution.

Exercice 8.12

Revenez au projet *lab-class* du chapitre 1. Ajoutez des enseignants au projet (chaque TP peut avoir de nombreux étudiants et un seul enseignant). Utilisez l'héritage pour éviter la duplication de code entre les étudiants et les enseignants (tous deux ont un nom, des informations personnelles, etc.).

Exercice 8.13

Dessinez une hiérarchie d'héritage représentant les différentes parties d'un système informatique (processeur, mémoire, lecteur de disquettes, lecteur de CD, imprimante, scanneur, clavier, souris, etc.).

9

Héritage – Approfondissement

Concepts clés de ce chapitre

- Polymorphisme de méthode
- Type statique et dynamique
- Surcharge
- Recherche de méthode dynamique

Notions Java

- `super` (dans une méthode), `ToString`, `protected`

Termes introduits dans ce chapitre

- Type statique, type dynamique, surcharge, redéfinition, recherche de méthode, sélection de méthode, polymorphisme de méthode, accès protégé

Le dernier chapitre vous a présenté les principaux concepts de l'héritage au moyen de l'exemple DoME, mais il reste encore de nombreux détails à explorer. L'héritage est essentiel à la compréhension de l'utilisation des langages orientés objet, et sa maîtrise est nécessaire à votre progression.

Dans ce chapitre, nous continuerons à utiliser l'exemple DoME pour explorer les points les plus importants de l'héritage et du polymorphisme.

Le problème : la méthode `print` de DoME

Lorsque vous avez testé les exemples DoME au chapitre 8, vous avez probablement remarqué que la seconde version — celle qui utilise l'héritage — posait un problème : la méthode `print` n'affichait pas toutes les données d'un élément.

Prenons un exemple. Supposons que vous créiez un CD et un objet vidéo avec les données suivantes :

```
CD: Frank Sinatra: A Swingin' Affair
    16 pistes
    64 minutes
    en stock: oui
    commentaire: mon album favori de Sinatra

Vidéo: The Matrix
    Metteur en scène: Andy & Larry Wachowski
    136 minutes
    en stock: non
    commentaire: contrôler si intéressé par la réalité virtuelle !
```

Si nous entrons ces objets dans la base de données, puis invoquons la première version de la méthode `list` (celle sans l'héritage), nous obtenons :

```
CD: A Swingin' Affair (64 mn)*
    Frank Sinatra
    pistes: 16
    mon album favori de Sinatra

Vidéo: The Matrix (136 mn)
    Andy & Larry Wachowski
    contrôler si intéressé par la réalité virtuelle !
```

Toute l'information est affichée, et nous pourrions changer l'implantation de la méthode `print` pour obtenir le format souhaité.

Comparez cela à la seconde version DoMe (avec l'héritage), qui n'affiche que :

```
A Swingin' Affair (64 mn)*
    mon album favori de Sinatra

The Matrix (136 mn)
    contrôler si intéressé par la réalité virtuelle !
```

Nous remarquons que ni l'information concernant l'artiste du CD et le nombre de pistes ni le metteur en scène du film n'apparaissent. La raison en est simple. La méthode `print` de cette version est implantée dans la classe `Item`, non dans `Video` et `CD` (figure 9.1). Dans cette situation, seuls les champs déclarés dans `Item` sont disponibles. Toute tentative d'accéder au champ `artist` de `CD` à partir de la méthode `print` de `Item` se solderait par une erreur. Cela illustre le principe important selon lequel l'héritage est à sens unique : `CD` hérite des champs de `Item`, mais `Item` ne sait rien des champs de ses sous-classes.

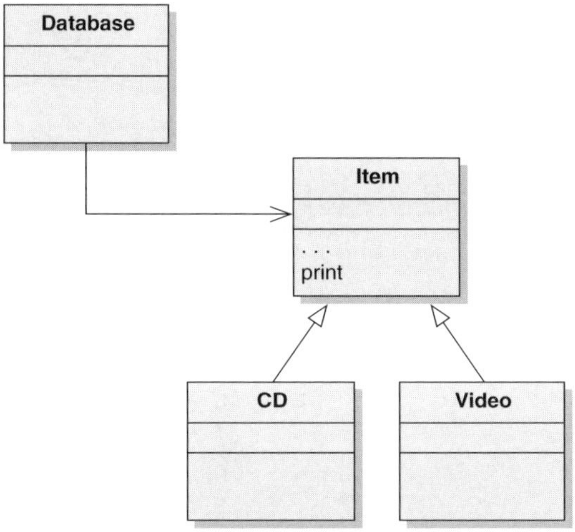

Figure 9.1 • Affichage, version 1 : la méthode `print` dans la superclasse.

Type statique et type dynamique

La résolution du problème du développement d'une méthode `print` totalement polymorphe nous conduit à une étude des *types statiques* et *dynamiques* et de la notion de *sélection de méthode*. Mais commençons par le début.

Une première tentative de résolution du problème d'affichage pourrait se faire avec le déplacement de la méthode `print` vers les sous-classes (figure 9.2). La méthode appartenant ainsi aux classes `CD` et `Video`, elle peut accéder aux champs `CD` et `Video` spécifiques. Elle peut également accéder aux champs hérités en appelant les méthodes d'accès définies dans la classe `Item`. Cela devrait lui permettre d'afficher à nouveau des informations complètes. Testez cette approche en effectuant l'exercice suivant.

Exercice 9.1

Ouvrez votre dernière version du projet DoMe. (Vous pouvez utiliser *dome-v2* si vous ne possédez pas encore votre propre version.) Supprimez la méthode `print` de la classe `Item` et replacez-la dans les classes `Video` et `CD`. Que pouvez-vous observer ?

En essayant de déplacer la méthode `print` de `Item` vers les sous-classes, nous rencontrons quelques difficultés : il devient impossible de compiler le projet. Deux problèmes fondamentaux se posent :

- Nous obtenons des erreurs dans les classes `CD` et `Video`, car nous ne pouvons pas accéder aux champs de la superclasse.
- Nous obtenons une erreur dans la classe `Database`, car elle se montre incapable de trouver la méthode `print`.

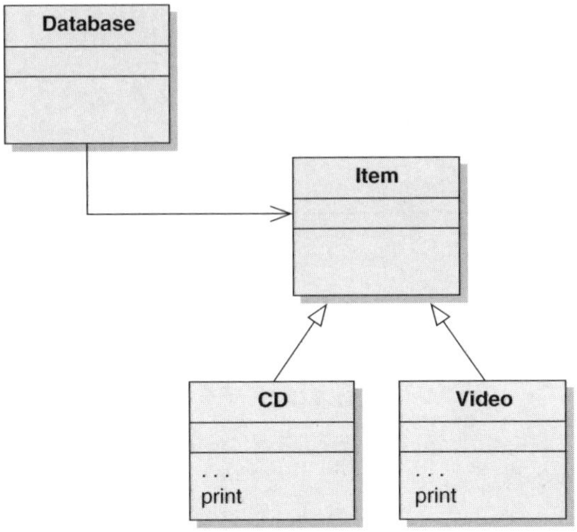

Figure 9.2 • Affichage, version 2 : la méthode `print` dans les sous-classes.

La raison du premier type d'erreur est la suivante : les champs de `Item` possèdent un accès private, et sont donc inaccessibles à toute autre classe — y compris les sous-classes. Comme nous ne souhaitons pas briser l'encapsulation et rendre ces champs publics, le moyen le plus facile de résoudre le problème consiste à définir des méthodes d'accès public pour ceux-ci. Cependant, à la fin de ce chapitre, nous découvrirons un autre type d'accès conçu spécifiquement pour supporter la relation superclasse/sous-classe.

La section suivante nous explique en détail la raison de ce second type d'erreur.

Appeler `print` depuis `Database`

Dans un premier temps, nous allons examiner le problème de l'appel de la méthode `print` à partir de `Database`. Les lignes de code pertinentes dans la classe `Database` sont :

```
Item item = (Item)iter.next();
item.print();
```

La première instruction récupère un élément de la collection. La seconde tente d'invoquer la méthode `print` sur cet élément. Le compilateur nous signale qu'il ne peut trouver de méthode `print` pour l'élément en question.

D'un côté, cela semble logique : `Item` ne possède plus de méthode `print` (figure 9.2). D'un autre côté, cela pose problème : nous savons que chaque élément de la collection est en fait un objet `Video` ou `CD`, et que ces deux types d'objets possèdent des méthodes `print`. Cela signifie que `item.print()` pourrait fonctionner.

Pour bien comprendre, nous devons étudier plus attentivement les types. Envisagez l'instruction suivante :

```
Car c1 = new Car();
```

Nous disons que le type de `c1` est `Car`. Avant de connaître l'héritage, nous n'avions pas besoin de déterminer si « type de `c1` » signifiait « le type de la variable `c1` » ou « le type de l'objet stocké dans `c1` ». Cela n'avait aucune importance, car le type de la variable et le type de l'objet étaient toujours identiques.

Avec le sous-typage, nous devons nous montrer plus précis. Observez l'instruction suivante :

```
Vehicle v1 = new Car();
```

Quel est le type de `v1` ? Tout dépend précisément du sens que nous accordons à « type de `v1` ». Le type de la variable `v1` est `Vehicle`, alors que celui de l'objet stocké dans `v1` est `Car`. Les règles de substitution et de sous-typage nous conduisent à des situations où le type de la variable n'est pas exactement identique à celui de l'objet stocké dans celle-ci.

L'utilisation de la terminologie appropriée facilitera les références ultérieures à ce point :

- Nous appelons *type statique* le type déclaré d'une variable, car il est déclaré dans le code source–représentation statique du programme.
- Nous appelons *type dynamique* le type de l'objet stocké dans une variable, car il dépend des affectations au moment de l'exécution — comportement dynamique du programme.

Concept

Le **type statique** de la variable v est le type de cette variable tel qu'il est déclaré dans le code source de sa classe.

Concept

Le **type dynamique** d'une variable v est le type de l'objet qui est actuellement stocké dans cette variable.

Ainsi, en observant l'instruction ci-dessus, nous pouvons énoncer plus précisément : le type statique de `v1` est `Vehicle` et le type dynamique de cette variable est `Car`.

Nous pouvons maintenant reformuler notre interprétation de l'appel à la méthode `print` de l'élément dans la classe `Database`. Au moment de l'appel :

```
item.print();
```

le type statique de `item` est `Item`, alors que le type dynamique est soit `CD`, soit `Video` (figure 9.3). Nous ne savons pas précisément lequel, car nous avons entré à la fois les objets `CD` et `Video` dans la base de données.

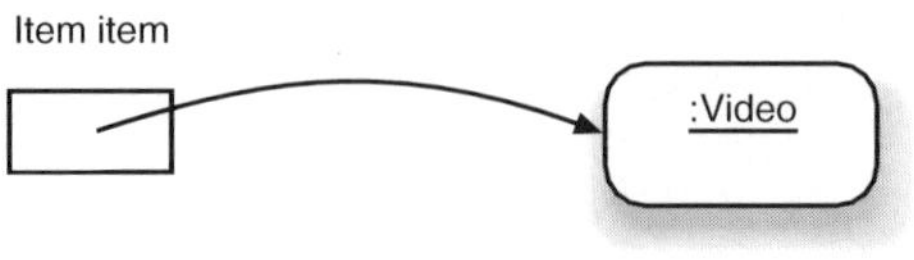

Figure 9.3 • Variable de type `Item` contenant un objet de type `Video`.

Le compilateur génère une erreur, car c'est le type statique qui est utilisé pour le contrôle de type. Le type dynamique n'est souvent connu qu'au moment de l'exécution. Le compilateur n'a donc d'autre choix que d'utiliser le type statique s'il souhaite effectuer une vérification au moment de la compilation. Le type statique de `item` est `Item`, et ne possède pas de méthode `print`. Le fait que tous les sous-types connus de `Item` aient une méthode `print` ne change rien. Le comportement du compilateur reste logique à cet égard, car il n'a aucune garantie que *toutes* les sous-classes de `Item` définiront vraiment une méthode `print`, et c'est impossible à vérifier en pratique.

En d'autres termes, pour que cet appel fonctionne, la classe `Item` doit posséder une méthode `print`. Nous revenons donc à notre problème initial sans avoir véritablement progressé.

Exercice 9.2

Ajoutez à nouveau une méthode `print` dans la classe `Item` de votre projet DoME. Pour l'instant, écrivez le corps de la méthode avec une seule instruction destinée uniquement à afficher le titre. Puis modifiez les méthodes `print` dans `CD` et `Video` de sorte que la version `CD` n'affiche que l'artiste et la version `Video` n'affiche que le metteur en scène. Cela supprime les erreurs rencontrées ci-dessus (nous y reviendrons ultérieurement).

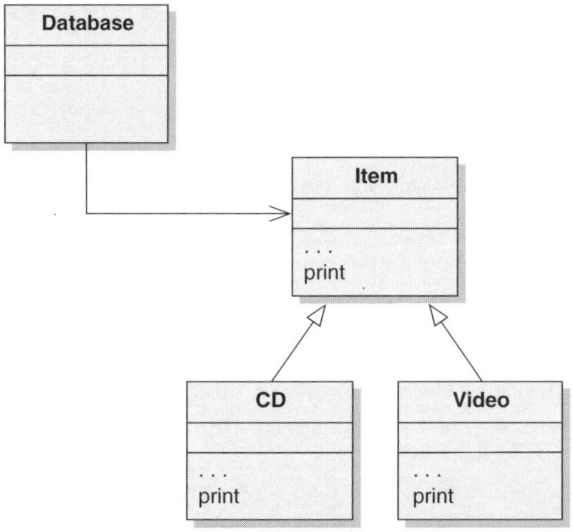

Figure 9.4 • Affichage, version 3 : la méthode `print` dans les sous-classes et dans la superclasse.

Vous devriez maintenant vous trouver dans la situation correspondant à la figure 9.4, avec des méthodes `print` dans les trois classes. Compilez votre projet. (Si des erreurs apparaissent, supprimez-les. Cette conception devrait fonctionner.)

Devinez quelle méthode `print` sera appelée si vous exécutez la méthode `list` de la base de données.

Testez ceci : entrez un CD et une vidéo dans la base de données et appelez la méthode `list` de la base de données. Quelles méthodes ont été exécutées ? Votre prévision s'est-elle révélée correcte ? Essayez d'expliquer vos observations.

Surcharge

Le prochain modèle que nous allons étudier sera celui où les superclasses et les sous-classes possèdent une méthode `print` (figure 9.4). La signature de toutes les méthodes `print` est exactement la même.

Le code 9.1 présente les détails pertinents du code source des trois classes. La classe `Item` possède une méthode `print` qui affiche tous les champs déclarés dans `Item` (les champs communs aux CD et vidéos), et les sous-classes `CD` et `Video` affichent les champs propres aux objets `CD` et `Video`, respectivement.

Code 9.1 • Le code source des méthodes `print` dans les trois classes.

```
public class Item
{
   ...
   public void print()
    {
        System.out.print(title + " (" + playingTime + " mn)");
        if(gotIt) {
            System.out.println("*");
        } else {
            System.out.println();
        }
        System.out.println("    " + comment);
    }
}

public class CD extends Item
{
   ...
   public void print()
    {
        System.out.println("    " + artist);
        System.out.println("    pistes: " + numberOfTracks);
    }
}
```

Code 9.1 • Le code source des méthodes `print` dans les trois classes *(suite)*.

```
public class Video extends Item
{
    ...
    public void print()
     {
         System.out.println("    metteur en scène: " + director);
     }
}
```

Ce modèle fonctionne un peu mieux. Il peut être compilé et exécuté (même s'il n'est pas encore parfait). Une implantation de ce modèle est fournie dans le projet *dome-v3*. (Si vous avez réalisé l'exercice 9.2, vous disposez déjà de votre propre version de l'implantation de ce modèle.)

> ***Concept***
>
> **Surcharge.** Une sous-classe peut redéfinir (surcharger) une implantation de méthode. Pour cela, la sous-classe déclare une méthode avec la même signature que dans la superclasse, mais avec un corps différent. La méthode remplaçante a priorité pour les appels de méthode sur les objets de cette sous-classe.

La technique que nous utilisons ici est la *surcharge*. La surcharge (ou redéfinition) est une situation où une méthode est définie dans une superclasse (méthode `print` dans la classe `Item`, dans cet exemple) et où une méthode avec une signature identique est définie dans la sous-classe.

Dans cette situation, les objets de la sous-classe possèdent deux méthodes avec un nom et une signature identique : une héritée de la superclasse et une de la sous-classe. Laquelle sera exécutée lorsque nous appellerons cette méthode ?

Recherche de méthode dynamique

Le résultat de l'exécution de la méthode `list` de la base de données est surprenant. Si nous créons et entrons à nouveau les objets décrits à la section « Le problème : la méthode `print` de DoME », la sortie de cette méthode dans notre nouvelle version du programme est :

```
Frank Sinatra
Pistes:16

Metteur en scène:Andy & Larry Wachowski
```

Nous pouvons constater que les méthodes `print` de `CD` et `Video` ont été exécutées, mais non celle de `Item`.

Au premier abord, cela peut sembler surprenant. Notre étude de la section « Type statique et type dynamique » a montré que le compilateur ne prenait en compte que la méthode `print` de la classe `Item` — les méthodes des sous-classes n'étaient pas suffisantes. À présent, le test montre que la méthode de la classe `Item` n'est pas exécutée du tout, mais que les méthodes des sous-classes le sont. En résumé :

- Le contrôle de type utilise le type statique, mais au moment de l'exécution, ce sont les méthodes du type dynamique qui sont exécutées.

Ce point est très important. Pour mieux le comprendre, examinons plus attentivement la façon dont les méthodes sont invoquées. Cette procédure se nomme *recherche de méthode, liaison de méthode* ou *sélection de méthode*. Dans cet ouvrage, nous utiliserons le terme *recherche de méthode*.

Commençons par un scénario de recherche de méthode simple. Supposons qu'un objet d'une classe `Video` soit stocké dans une variable `v1` déclarée de type `Video` (figure 9.5). La classe `Video` possède une méthode `print`, mais aucune superclasse déclarée. Il s'agit d'une situation très simple — l'héritage et le polymorphisme ne sont pas impliqués ici. Nous exécutons alors l'instruction :

```
v1.print();
```

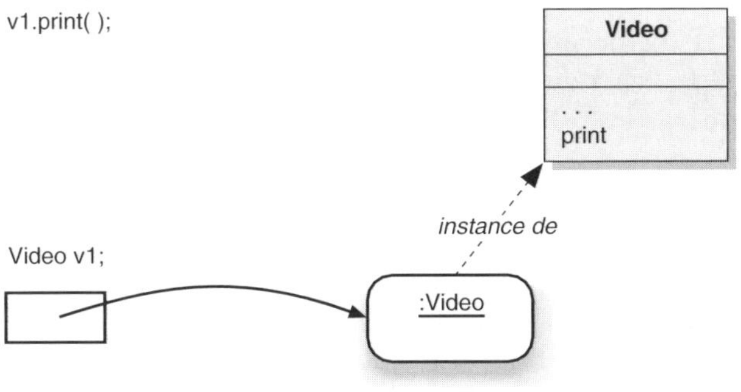

Figure 9.5 • Recherche de méthode avec un objet simple.

Lors de l'exécution de cette instruction, la méthode `print` est invoquée de la façon suivante :

1. La variable `v1` est accédée.
2. L'objet stocké dans la variable est trouvé (en suivant la référence).
3. La classe de l'objet est trouvée (en suivant la référence « instance de »).
4. L'implantation de la méthode print est trouvée dans la classe et exécutée.

Tout cela est très simple et logique.

Examinons ensuite la recherche de méthode avec l'héritage. Le scénario est similaire, mais la classe `Video` possède une superclasse `Item`, et la méthode `print` n'est définie que dans cette superclasse (figure 9.6).

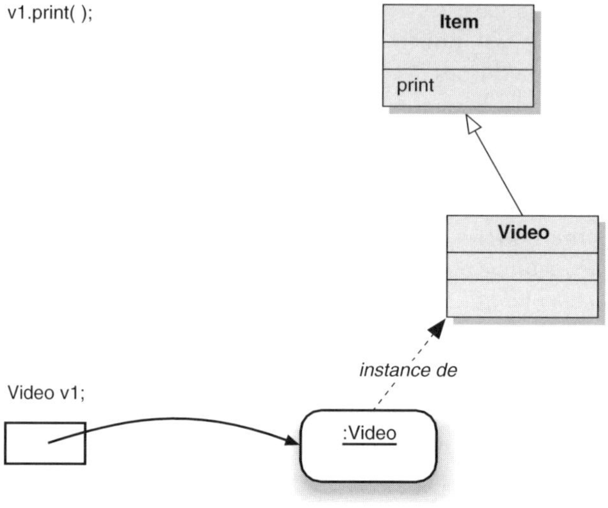

Figure 9.6 • Recherche de méthode avec l'héritage.

Nous exécutons la même instruction. L'invocation de méthode démarre de façon identique. Les étapes 1 à 3 du scénario précédent sont à nouveau exécutées, mais la suite est différente :

4. Aucune méthode `print` n'est trouvée dans la classe `Video`.
5. Une méthode correspondante est recherchée dans la superclasse. Si aucune méthode n'est trouvée dans celle-ci, la superclasse suivante (si elle existe) est examinée. La hiérarchie d'héritage est ainsi remontée jusqu'à la classe `Object`, et cela jusqu'à ce qu'une méthode soit trouvée. Notez qu'au moment de l'exécution, une méthode correspondante doit impérativement être trouvée. Dans le cas contraire, la classe ne peut être compilée.
6. Dans notre exemple, la méthode `print` est trouvée dans la classe `Item`, et sera exécutée.

Ce scénario illustre la façon dont les objets héritent des méthodes. Toute méthode située dans une superclasse peut être invoquée sur un objet de sous-classe et sera correctement trouvée et exécutée.

Passons au scénario le plus intéressant : la recherche de méthode avec une variable polymorphe et la surcharge de méthode (figure 9.7). Le scénario est de nouveau comparable au précédent, mais avec deux modifications :

- Le type déclaré de la variable `v1` est maintenant `Item`, et non `Video`.
- La méthode `print` est définie dans la classe `Item`, puis redéfinie dans la classe `Video`.

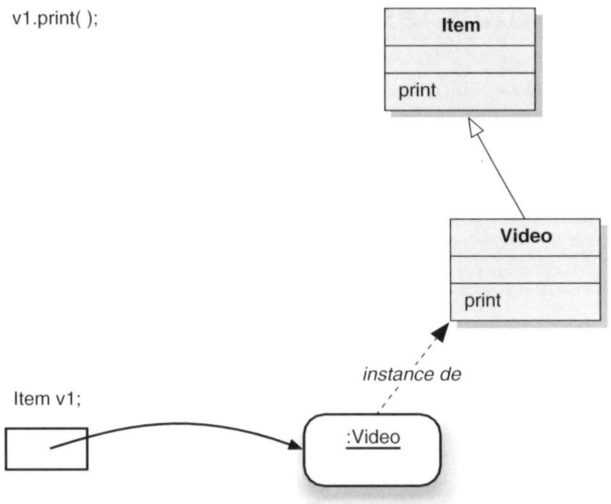

Figure 9.7 • Recherche de méthode avec le polymorphisme et la surcharge.

Ce scénario est le plus important pour la compréhension du comportement de notre application DoME et dans la recherche d'une solution au problème posé par notre méthode `print`.

Les étapes d'exécution de la méthode sont identiques aux étapes 1 à 4 du scénario 1. Relisez-les.

Certaines observations s'imposent :

- Aucune règle de recherche de méthode spéciale ne s'applique dans les situations où le type dynamique est différent du type statique. Le comportement que nous observons est le résultat des règles générales.
- La méthode trouvée et exécutée en premier est déterminée par le type dynamique, et non par le type statique. En d'autres termes, le fait que le type déclaré de la variable `v1` soit maintenant `Item` n'a aucune incidence. L'instance que nous prenons en compte est celle de la classe `Video` — c'est tout ce qui compte.
- Les méthodes surchargées (redéfinies) dans les sous-classes sont prioritaires sur les méthodes de la superclasse. Puisque la recherche de méthode débute dans la classe dynamique de l'instance (dans le bas de la hiérarchie d'héritage), c'est la dernière surcharge d'une méthode qui est trouvée et exécutée en premier.
- Quand une méthode est redéfinie, seule la dernière version (la plus basse dans la hiérarchie d'héritage) est exécutée. Les versions de la même méthode situées dans les superclasses ne sont pas exécutées automatiquement.

Cela explique le comportement que nous observons dans notre projet DoME. Seules les méthodes `print` des sous-classes (`CD` et `Video`) sont exécutées, conduisant à des affichages incomplets. Dans la section suivante, nous verrons comment corriger cela.

Appel super dans les méthodes

À présent, nous savons précisément comment sont exécutées des méthodes redéfinies. Cela va nous permettre de comprendre la solution au problème. Nous souhaiterions que chaque appel d'une méthode `print` d'un objet CD, par exemple, conduise à l'exécution de la méthode `print` à la fois de la classe `Item` et de la classe `CD`. Tous les détails seraient alors affichés. (Une solution différente sera fournie un peu plus loin dans ce chapitre.)

En fait, il est facile d'y parvenir. Nous pouvons simplement utiliser la construction `super`, que nous avons déjà rencontrée dans le contexte des constructeurs au chapitre 8. Le code 9.2 illustre cette idée avec la méthode `print` de la classe `CD`.

Code 9.2 • Méthode redéfinie avec l'appel `super`.

```
public void print()
    {
        super.print();
        System.out.println("    " + artist);
        System.out.println("    pistes: " + numberOfTracks);
    }
```

À présent, lorsque `print` est appelée sur un objet `CD`, c'est d'abord la méthode `print` de la classe `CD` qui est invoquée. En première instruction, cette méthode invoque à son tour la méthode `print` de la superclasse, qui affiche les informations d'ordre général. Lorsque la méthode de la superclasse rend le contrôle, les instructions restantes de la méthode de la sous-classe affichent les champs propres à la classe `CD`.

Il convient de noter trois détails :

- Contrairement aux appels `super` dans les constructeurs, le nom de la méthode de la superclasse est mentionné explicitement. Dans une méthode, un appel `super` prend toujours la forme :

  ```
  super.nom-méthode (paramètres)
  ```

  La liste des paramètres peut, bien sûr, rester vide.

- À nouveau, contrairement à la règle des appels `super` dans les constructeurs, un appel `super` peut se produire n'importe où dans une méthode. Il ne doit pas nécessairement être la première instruction.

- Contrairement aux appels `super` dans les constructeurs, aucun appel `super` n'est généré automatiquement ou requis. Ces appels sont totalement optionnels. Ainsi, le comportement par défaut donne l'impression qu'une méthode de sous-classe masque (totalement redéfinit) la version de la même méthode dans la superclasse.

Exercice 9.3

Modifiez votre dernière version du projet DoME afin d'inclure l'appel `super` dans la méthode `print`. Se comporte-t-il comme espéré ? Cette solution pose-t-elle des problèmes ?

Exercice 9.4

Changez le format de la sortie afin d'obtenir l'affichage de la chaîne `"CD:"` ou `"Video:"` (en fonction du type de l'élément) avant les détails.

Polymorphisme de méthode

Concept

Polymorphisme de méthode. En Java, les appels de méthode sont polymorphes. Le même appel peut, à des moments différents, invoquer des méthodes différentes en fonction du type dynamique de la variable utilisée pour réaliser cet appel.

Comme nous venons de le voir dans les sections précédentes (de la section « Type statique et type dynamique » à la section « Appel `super` dans les méthodes »), il existe encore une autre forme de polymorphisme, qui se nomme *sélection de méthode polymorphe* (ou plus brièvement *polymorphisme de méthode*).

Souvenez-vous qu'une variable polymorphe est une variable susceptible de stocker des objets de types différents (en Java, chaque variable d'objet est potentiellement polymorphe). De façon similaire, les appels de méthode Java sont polymorphes, car ils peuvent invoquer différentes méthodes à différents moments. Par exemple, l'instruction :

```
item.print();
```

peut invoquer la méthode `print` du CD à un moment et la méthode `print` de la vidéo à un autre, en fonction du type dynamique de l'objet élément.

Méthodes de la superclasse `Object` : `toString`

Au chapitre 8, nous avons découvert que la superclasse universelle, `Object`, implante certaines méthodes pour tous les objets. La plus intéressante d'entre elles, que nous présentons ici, est `toString`. Pour plus de détails, vous pouvez rechercher l'interface de `Object` dans la bibliothèque standard.

Exercice 9.5

Recherchez `toString` dans la bibliothèque. Quels sont ses paramètres ? Quel type de donnée renvoie-t-elle ?

L'objectif de la méthode `toString` est de créer une représentation de l'objet sous forme de chaîne. C'est utile pour les objets qui doivent être représentés textuellement dans l'interface utilisateur, mais peut également se révéler profitable pour tous les autres objets — ils peuvent ainsi être aisément affichés à des fins de débogage, par exemple.

Concept

En Java, chaque objet possède une méthode **`toString`** qui peut être utilisée pour renvoyer une représentation de celui-ci sous forme de chaîne. En règle générale, pour qu'elle soit utile, elle doit être redéfinie par la classe de l'objet.

L'implantation par défaut de `toString` dans la classe `Object` ne peut pas fournir beaucoup de détails. Si, par exemple, nous appelons `toString` sur un objet vidéo, nous recevons une chaîne comparable à ceci :

```
Video@6acdd1
```

La valeur renvoyée précise simplement le nom de classe de l'objet et un « nombre magique[1] ».

Exercice 9.6

Vous pouvez facilement tester cela. Créez un objet de la classe `Video` dans votre projet, puis invoquez la méthode `toString` depuis le sous-menu `Object` du menu contextuel de l'objet.

Pour améliorer le résultat produit par cette méthode, nous pouvons la redéfinir dans nos propres classes. Il est possible, par exemple, de définir la méthode `print` de `Item` sous la forme d'un appel à sa méthode `toString`. Dans ce cas, la méthode `toString` n'affiche pas les détails, mais crée juste une chaîne avec le texte. Le code 9.3 présente le code source modifié.

Code 9.3 • Méthode `toString` de `Item` et `CD`.

```
public class Item
{
   ...
   public String toString()
   {
      String line1 = title + " (" + playingTime + "mn)");
      If(gotIt) {
         return line1 + "*\n" + "       " + comment + "\n");
      }
      else {
         return line1 + "\n" + "       " + comment + "\n");
      }
   }
   public void print()
   {
      System.out.println(toString());
   }
}
```

1. Ce nombre est en fait l'adresse mémoire où est stocké l'objet. Il n'est pas très utile, sauf pour définir un identifiant unique. Si le nombre est identique dans deux appels, nous avons le même objet. S'il est différent, nous avons deux objets distincts.

```
public class CD extends Item
{
    ...
    public String toString()
    {
        return super.toString() + "       " + artist +
            "/n   pistes: " + numberOfTracks + "\n";
    }
    public void print()
    {
        System.out.println(toString());
    }
}
```

Nous pourrions finalement envisager de supprimer totalement les méthodes `print` de ces classes. Le gros avantage que présente la seule définition d'une méthode `toString` est qu'il n'est plus nécessaire de fixer par avance dans les classes dérivées de `Item` ce qu'il faut faire du texte de description obtenu. La version originale affichait toujours le texte sur le terminal de sortie. À présent, tout client (par exemple, la classe `Database`) est libre de faire ce qu'il veut de ce texte. Il peut l'afficher dans la zone de texte d'une interface utilisateur graphique, l'enregistrer dans un fichier, l'envoyer sur le réseau ou, comme précédemment, l'afficher sur le terminal.

L'instruction utilisée dans le client pour afficher l'élément pourrait maintenant être la suivante :

```
System.out.println(item.toString());
```

En fait, les méthodes `System.out.print` et `System.out.println` sont particulières à cet égard : si le paramètre de l'une de ces méthodes n'est pas un objet de type chaîne, la méthode invoque automatiquement la méthode `toString` de l'objet. Ainsi, il n'est pas nécessaire d'écrire l'appel explicitement. Nous pourrions écrire à la place :

```
System.out.println(item);
```

À présent, observons la version modifiée de la méthode `list` de la classe `Database` présentée dans le code 9.4. Dans cette version, nous avons supprimé non seulement l'appel de `toString`, mais également le transtypage de l'objet en type `Item`. La compilation et l'exécution s'effectueront-elles correctement ?

Code 9.4 • Nouvelle version de la méthode `list` de la classe `Database`.

```
public class Database
{
    //***champs, constructeurs et autres méthodes non reproduits
    /**
     *Affiche une liste de tous les CD et vidéos actuellement stockés sur
     *le terminal.
     */
    public void list()
    {
```

Code 9.4 • Nouvelle version de la méthode `list` de la classe `Database` *(suite)*.

```
        for(Iterator iter = items.iterator(); iter.hasNext(); ) {
            System.out.println(iter.next());
        }
    }
}
```

En fait, la méthode *fonctionne* comme espéré. Si vous parvenez à comprendre pourquoi, vous avez probablement déjà une bonne maîtrise de la plupart des concepts exposés dans ce chapitre et dans le chapitre précédent ! Voici une explication détaillée de l'instruction d'affichage à l'intérieur de la boucle `for`.

- L'appel à `iter.next()` renvoie une valeur avec le type statique `Object`. Le type dynamique est soit `CD`, soit `Video`.
- Puisque l'objet est affiché dans `System.out`, et qu'il ne s'agit pas d'une chaîne, sa méthode `toString` est automatiquement invoquée.
- L'invocation de cette méthode n'est valide que parce que la classe `Object` (le type statique !) déclare une méthode `toString`. (Souvenez-vous : le contrôle de type est réalisé avec le type statique. Cet appel ne serait pas autorisé si la classe `Object` ne possédait pas de méthode `toString`.)
- La sortie apparaît correctement avec tous les détails, car chaque type dynamique possible (`CD` et `Video`) redéfinit la méthode `toString`, et la recherche de méthode dynamique assure l'exécution de la méthode redéfinie.

La méthode `toString` est généralement utile à des fins de débogage. Elle est souvent très commode si les objets peuvent être facilement affichés dans un format pratique. La plupart des classes de bibliothèque Java redéfinissent `toString` (toutes les collections, par exemple, peuvent être affichées de cette façon), et il est souvent appréciable de redéfinir cette méthode pour nos classes également.

Accès protégé (`protected`)

Concept

La déclaration d'un champ ou d'une méthode comme **`protected`** (protégé) permet un accès direct à celui-ci à partir des sous-classes (directes ou indirectes).

Au chapitre 8, nous avons noté que les règles de visibilité `public` et `private` des membres de classe s'appliquaient entre une sous-classe et sa superclasse de la même façon qu'entre les classes de différentes hiérarchies d'héritage. Cela peut se révéler quelque peu restrictif, car la nature de la relation entre une superclasse et ses sous-classes est plus étroite qu'entre classes indépendantes. C'est pourquoi les langages orientés objet définissent souvent un niveau d'accès intermédiaire entre la restriction complète de l'accès `private` et la disponibilité totale de l'accès `public`. En Java, cela se nomme *accès protégé (protected)*. Cet accès est indiqué par le mot clé « protected » en remplacement de « public » et de « private ». Le code 9.5 présente un exemple de méthode à accès protégé.

Code 9.5 • Un exemple de méthode protégée (protected).

```
Protected String getTitle()
{
   return title();
}
```

L'accès `protected` permet l'accès aux champs ou méthodes à partir de la classe elle-même et à partir de ses sous-classes. La méthode `getTitle` présentée dans le code 9.5 peut être appelée à partir de la classe `Item` ou de l'une de ses sous-classes, mais non à partir d'autres classes.

La figure 9.8 illustre ceci : chaque zone ovale du diagramme représente le groupe de classes qui est en mesure d'accéder aux membres de la classe `SomeClass`.

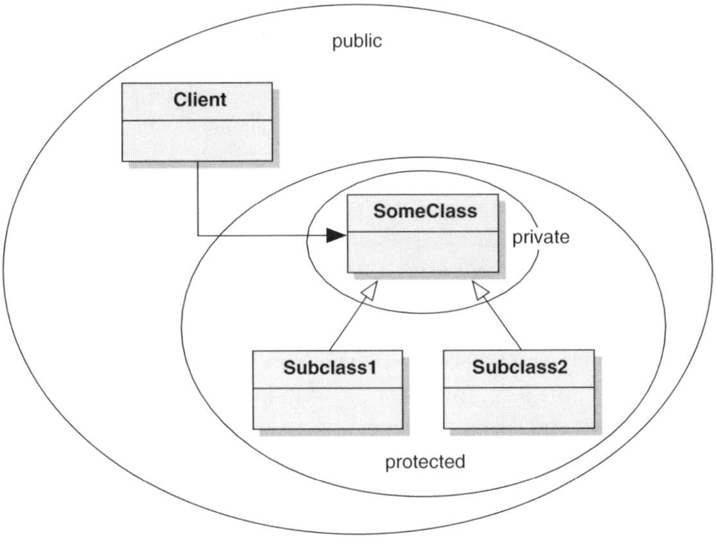

Figure 9.8 • Niveaux d'accès : `private`, `protected`, et `public`.

Bien que l'accès `protected` puisse être appliqué à tout élément d'une classe, il est habituellement réservé aux méthodes et aux constructeurs. Il n'est généralement pas appliqué aux champs, car cela risquerait d'affaiblir l'encapsulation. Lorsque c'est possible, les champs modifiables des superclasses doivent rester `private`. Il peut cependant exister occasionnellement des cas valides où l'accès direct par les superclasses est souhaitable.

L'héritage lie les classes plus étroitement, et le fait de modifier la superclasse peut aisément provoquer un dysfonctionnement de la sous-classe. Cela doit être pris en considération lors de la conception des classes et de leurs relations.

Exercice 9.7

La version de `print` du code 9.1 produit la sortie illustrée à la figure 9.9. Réordonnez les instructions dans la méthode de votre version du projet DoME afin que les détails soient affichés comme à la figure 9.10.

```
A Swingin'Affair (64 mn)*
   Mon album favori de Sinatra
   Frank Sinatra
   pistes: 16
```

Figure 9.9 • Sortie possible de `print` : appel de superclasse au début de `print` (zones en surbrillance affichées par la méthode de la superclasse).

```
CD: Frank Sinatra: A swingin' Affair *
 64 minutes
  mon album favori de Sinatra
pistes: 16
```

Figure 9.10 • Sortie alternative de `print` (zones en surbrillance affichées par la méthode de la superclasse)

Exercice 9.8

Le fait d'avoir à utiliser un appel de superclasse dans `print` est quelque peu restrictif dans les possibilités de mise en forme de la sortie, car elle est dépendante de la mise en forme des champs de la superclasse. Apportez toutes les modifications nécessaires à la classe `Item` et à la méthode `print` de `CD` afin de produire la sortie présentée à la figure 9.11. Tout changement apporté à la classe `Item` ne doit être visible que de ses sous-classes. *Indice* : utilisez les champs `protected`.

```
CD: Frank Sinatra: A swingin' Affair *
    16 tracks, 64 minutes
    my favorite Sinatra album
```

Figure 9.11 • Sortie de `print` mélangeant les détails de la sous-classe et de la superclasse (les zones en surbrillance représentent les détails de la superclasse)

Autre exemple d'héritage avec la surcharge

Revenons à un projet du chapitre 7 : le projet *zuul*. Dans le jeu du monde de Zuul, nous avons utilisé un ensemble d'objets `Room` pour créer la scène d'un jeu simple. L'un des exercices, vers la fin du chapitre, vous suggérait d'implanter une pièce transporteur (une pièce qui vous dirigeait vers un emplacement aléatoire du jeu si vous essayiez d'y entrer ou d'en sortir). Nous reprenons ici cet exercice, car la solution peut bénéficier grandement de l'héritage. Si vous avez des difficultés à vous remémorer ce projet, relisez rapidement le chapitre 7 ou examinez votre propre projet *zuul*.

Il n'existe pas de solution simple à ce problème. De nombreuses solutions sont possibles et peuvent fonctionner. Certaines sont cependant meilleures que d'autres. Elles peuvent être plus élégantes, plus faciles à lire, à maintenir ou à étendre.

Supposons que nous souhaitions implanter cette tâche de sorte que le joueur soit automatiquement dirigé vers une pièce aléatoire lorsqu'il essaye de quitter la pièce transporteur magique. La solution la plus simple et la plus évidente consiste à gérer cela avec la classe `Game`, qui implante les commandes du joueur. Une des commandes est « go », qui est implantée dans la méthode `goRoom`. Dans cette méthode, nous utilisons l'instruction suivante comme élément central de code :

```
nextRoom = currentRoom.getExit(direction);
```

Cette instruction récupère la pièce voisine de la pièce courante, dans la direction où nous souhaitons nous diriger. Pour ajouter notre transport magique, nous pourrions effectuer une modification comparable à celle-ci :

```
if(currentRoom.getName().equals("Transporter room")) {
    nextRoom = getRandomRoom();
}
else {
    nextRoom = currentRoom.getExit(direction);
}
```

Le principe est simple : nous vérifions si nous nous trouvons dans la pièce transporteur. Dans ce cas, la pièce suivante est obtenue de façon aléatoire (nous devons, bien sûr, implanter la méthode `getRandomRoom`). La suite du processus est la même que précédemment.

Bien que cette solution fonctionne, elle présente plusieurs inconvénients. Le premier est qu'il est préférable de ne pas utiliser des chaînes de texte, telles qu'un nom, pour identifier la pièce. Imaginez que quelqu'un veuille traduire votre jeu dans une autre langue — par exemple le français. Il changera le nom des pièces — « Transporter room » deviendra « Pièce transporteur » (ou transporteuse !) — et soudainement le jeu ne fonctionnera plus ! C'est un cas évident de problème de maintenance.

La seconde solution, qui est légèrement meilleure, consiste à utiliser une variable d'instance au lieu d'un nom pour identifier la pièce transporteur :

```
if(currentRoom == transporterRoom)  {
   nextRoom = getRandomRoom();
}
else {
   nextRoom = currentRoom.getExit(direction);
}
```

Cette fois, nous partons du principe que nous avons une variable d'instance `transporterRoom` où nous stockons la référence de notre pièce transporteur. À présent, le contrôle est indépendant du nom de la pièce. C'est un progrès.

Il reste encore à apporter quelques améliorations. Nous pouvons comprendre les faiblesses de cette solution lorsque nous envisageons une autre modification. Imaginons que nous souhaitions ajouter deux pièces transporteur supplémentaires.

Un aspect très séduisant de notre modèle était que nous pouvions en un seul point du code définir la structure du jeu, le reste du jeu étant totalement indépendant de cette organisation. Nous pouvions donc changer facilement la disposition des pièces, sans nuire au fonctionnement du reste — bon point pour la maintenance ! Avec notre solution actuelle, cependant, cela n'est plus du tout vrai. Si nous ajoutons deux nouvelles pièces transporteur, nous devons ajouter deux variables d'instance supplémentaires ou un tableau (pour stocker les références à ces pièces), et nous devons modifier notre méthode `goRoom` pour ajouter un contrôle pour ces pièces. En terme de facilité de maintenance, nous avons fait un pas en arrière.

La question est donc la suivante : Pouvons-nous trouver une solution qui ne nécessite pas de modifier l'implantation de la commande à chaque nouvel ajout d'une pièce transporteur ? Voici notre proposition.

Nous pouvons ajouter une méthode `isTransporterRoom` dans la classe `Room`. De cette façon, l'objet `Game` n'a pas à se souvenir de toutes les pièces transporteur — les pièces le font elles-mêmes. Lors de la création de ces pièces, il serait possible de leur affecter un indicateur booléen précisant s'il s'agit de pièces transporteur ou non. La méthode `goRoom` pourrait alors utiliser le segment de code suivant :

```
if(currentRoom.isTransporterRoom()) {
    nextRoom = getRandomRoom();
}
else {
    nextRoom = currentRoom.getExit(direction);
}
```

Nous pouvons maintenant ajouter autant de pièces transporteur que nous le souhaitons — aucune modification additionnelle de la classe `Game` n'est nécessaire. Cependant, la classe `Room` contient un champ supplémentaire dont l'utilité de la valeur ne tient qu'à la nature de une ou deux instances. Du code lié à un cas particulier tel que celui-ci est typiquement révélateur d'une faiblesse dans la conception de classe. De plus, cette approche ne serait pas vraiment adaptable si nous décidions d'introduire d'autres types de pièces spéciales, chacune nécessitant son propre champ indicateur et méthode d'accès.

L'héritage nous permet de faire mieux, et d'implanter une solution qui est encore plus souple que celle-ci.

Nous pouvons implanter une classe `TransporterRoom` comme sous-classe de la classe `Room`. Dans cette nouvelle classe, nous redéfinissons la méthode `getExit` et changeons son implantation de sorte qu'elle retourne une pièce aléatoire :

```
public class TransporterRoom extends Room
{

    /**
     *Retourne une pièce aléatoire, indépendante du paramètre
     *de direction.
     */
    public Room getExit(String direction)
    {
        return findRandomRoom();
    }

    /*
     *Choix d'une pièce aléatoire.
     */
    private Room findRandomRoom()
    {
        ...
    //***implantation non reproduite
    }
}
```

L'élégance de cette solution réside dans le fait qu'aucune modification n'est nécessaire dans les classes `Game` ou `Room` originales ! Nous pouvons simplement ajouter cette classe au jeu existant, et la méthode `goRoom` continue à fonctionner de la même façon qu'auparavant. Notez également que la nouvelle classe ne nécessite pas d'indicateur pour signaler sa nature particulière — son type et son comportement particulier fournissent cette information.

`transporterRoom` étant une sous-classe de `Room`, elle peut être utilisée à tout endroit où est attendu un objet `Room`. Elle peut donc être utilisée comme pièce voisine d'une autre pièce, ou être contenue dans l'objet `Game` comme pièce courante.

Nous avons omis, bien sûr, l'implantation de la méthode `findRandomRoom`. En réalité, il est préférable de la réaliser dans une classe séparée (disons `RoomRandomizer`) plutôt que dans la classe `TransporterRoom` elle-même. Nous laissons cela en exercice au lecteur.

Exercice 9.9

Implantez une pièce transporteur avec l'héritage dans votre version du projet *zuul*.

Exercice 9.10

Expliquez comment l'héritage pourrait être utilisé dans le projet *zuul* pour implanter un joueur et une classe « monstre ».

Exercice 9.11

L'héritage pourrait-il (ou devrait-il) être utilisé pour créer une relation d'héritage (superclasse, sous-classe ou classe « sœur ») entre un personnage du jeu et un élément ?

Résumé

Lorsque nous avons affaire à des classes avec des sous-classes et des variables polymorphes, nous devons établir une distinction entre le type statique et le type dynamique d'une variable. Le type statique est le type déclaré, alors que le type dynamique est le type de l'objet actuellement stocké dans la variable.

Le contrôle de type est réalisé par le compilateur et utilise le type statique, alors que la recherche de méthode à l'exécution utilise le type dynamique. Cela permet de créer des structures très souples par la surcharge de méthodes. Même en utilisant une variable de supertype pour réaliser un appel de méthode, la surcharge permet d'invoquer les méthodes spécialisées pour chaque sous-type particulier. De cette façon, les objets de classes distinctes peuvent réagir différemment au même appel de méthode.

Lors de l'implémentation de la surcharge de méthodes, le mot clé `super` peut être utilisé pour invoquer la version superclasse de la méthode. Si des champs ou des méthodes sont déclarés avec le modificateur d'accès `protected`, seules les sous-classes de cette classe sont autorisées à y accéder.

Résumé des concepts

Type statique : Le type statique d'une variable `v` est le type utilisé dans le code source de sa déclaration.

Type dynamique : Le type dynamique d'une variable `v` est le type de l'objet qui est actuellement stocké dans cette variable.

Surcharge : Une sous-classe peut redéfinir une méthode. À cette fin, la sous-classe déclare une méthode avec la même signature que dans la superclasse, mais avec un corps différent. La méthode surchargée (redéfinie) a priorité pour les appels de méthode sur les objets de cette sous-classe.

Polymorphisme de méthode : En Java, les appels de méthode sont polymorphes. Le même appel de méthode peut invoquer différentes méthodes à différents moments, en fonction du type dynamique de la variable à l'origine de cet appel.

toString : En Java, chaque objet possède une méthode `toString` qui peut être utilisée pour retourner une représentation chaîne (`String`) de cet objet. En règle générale, pour qu'elle soit utile, elle doit être redéfinie par chaque classe.

protected : La déclaration d'une méthode `protected` permet un accès direct à celle-ci — et seulement à celle-ci — à partir des sous-classes (directes ou indirectes).

10

De nouvelles techniques d'abstraction

Concepts clés de ce chapitre

- Classes abstraites
- Interfaces

Notions Java

- `abstract`, `implements`, `interface`, `instanceof`

Termes introduits dans ce chapitre

- Méthode abstraite, classe abstraite, classe concrète, héritage multiple, interface (construction Java), implante (implantation)

Dans ce chapitre nous analyserons de nouvelles techniques liées à l'héritage afin d'améliorer l'architecture des classes et d'accroître la facilité de maintenance et l'extensibilité. Ces techniques fournissent une meilleure représentation des abstractions dans les programmes orientés objet.

Au cours des deux chapitres précédents nous avons vu les aspects les plus importants de l'héritage dans la conception d'une application. Nous avons cependant passé sous silence plusieurs utilisations avancées et aussi quelques difficultés que nous allons aborder au travers d'un projet plus complexe.

Nous utiliserons ce projet de simulation pour mettre en évidence de nouveaux problèmes que nous résoudrons avec les *classes abstraites* et les *interfaces*.

Simulations

Les ordinateurs sont souvent utilisés pour simuler des systèmes réels, par exemple la circulation urbaine, les prévisions météorologiques, les explosions nucléaires, l'analyse des marchés financiers, l'évolution des environnements naturels, etc.

En fait, de nombreux ordinateurs parmi les plus puissants dans le monde sont utilisés pour la simulation.

Dans une simulation par ordinateur, on essaie de modéliser par logiciel le comportement du monde réel. Toute simulation est nécessairement une simplification du monde réel, et la décision d'éliminer tel ou tel détail est souvent délicate. Plus la simulation est détaillée, plus elle est précise et permet de mieux prévoir le comportement du système. Cependant, plus de détails implique plus de puissance de calcul et plus de temps de développement en programmation. Les prévisions météorologiques sont un exemple bien connu : depuis trente ans, les modèles de climat pour la simulation du temps ont été améliorés en ajoutant toujours plus de détails, les prévisions devenant ainsi beaucoup plus fiables.

L'intérêt des simulations est qu'elles permettent de mener des expériences qu'on ne peut pas effectuer dans la réalité, soit parce qu'on ne contrôle pas cette réalité (météorologie), soit parce que cela serait trop coûteux ou trop dangereux (nucléaire). On utilise les simulations pour analyser le comportement du système dans certaines situations ou pour répondre à des questions du type « que se passerait-il si ? ».

L'étude de l'effet des activités humaines sur les milieux naturels est un bon exemple de simulation. Prenons le cas d'un parc naturel contenant des espèces en voie de disparition. Imaginons qu'on se propose de faire passer une autoroute dans le parc, coupant ainsi le parc en deux parties. Les partisans de l'autoroute soutiennent que cela n'aura aucun effet sur la faune. Les écologistes ne sont pas d'accord ! Comment savoir ce qu'il en est sans construire l'autoroute ?

Le problème revient à savoir si la partition d'une zone en deux zones disjointes (de même surface totale) a des répercussions sur les espèces en danger. Une simulation bien conçue (problème difficile !) permettra de trancher (dans notre exemple, la surface du parc a une influence capitale sur la survie des espèces qui l'habitent).

Le principal exemple de ce chapitre est une simulation d'environnement naturel.

Il s'agit d'une simulation très simplifiée, dont le but est de présenter de nouvelles caractéristiques de la conception et de l'implantation orientée objet. Elle est cependant représentative des applications de simulation.

La simulation renards et lapins

Nous avons choisi un exemple de simulation du type « proies-prédateurs », constituée de renards et de lapins évoluant sur un territoire fermé. Ces simulations permettent d'étudier l'évolution de populations de prédateurs (les renards) et de leurs proies (les lapins). Il existe en effet un équilibre fragile entre ces populations : trop de proies fournit une nourriture surabondante à un petit nombre de prédateurs, et trop de prédateurs risque de faire disparaître toutes les proies. L'environnement des populations joue aussi un rôle important. Par exemple, un terrain fermé et trop petit peut provoquer une surpopulation et faciliter la capture des proies ; de même, un environnement pollué peut réduire la population de proies et ainsi affamer les prédateurs. Bien entendu, les prédateurs d'une espèce sont eux-mêmes les proies d'autres espèces. L'évolution d'une espèce a donc souvent des conséquences très importantes pour d'autres espèces.

Comme dans les autres chapitres, nous commencerons par une version de la simulation tout à fait correcte du point de vue utilisateur, mais dont la structure interne n'est pas satisfaisante du point de vue des principes de bonne conception et implantation orientées objet.

Nous verrons en particulier que la version de base constitue une mauvaise mise en œuvre de l'héritage introduit au chapitre 8. En attendant, commençons par étudier la simulation elle-même. Nous pourrons ensuite améliorer son implantation initiale.

Le projet *foxes-and-rabbits* (renards et lapins)

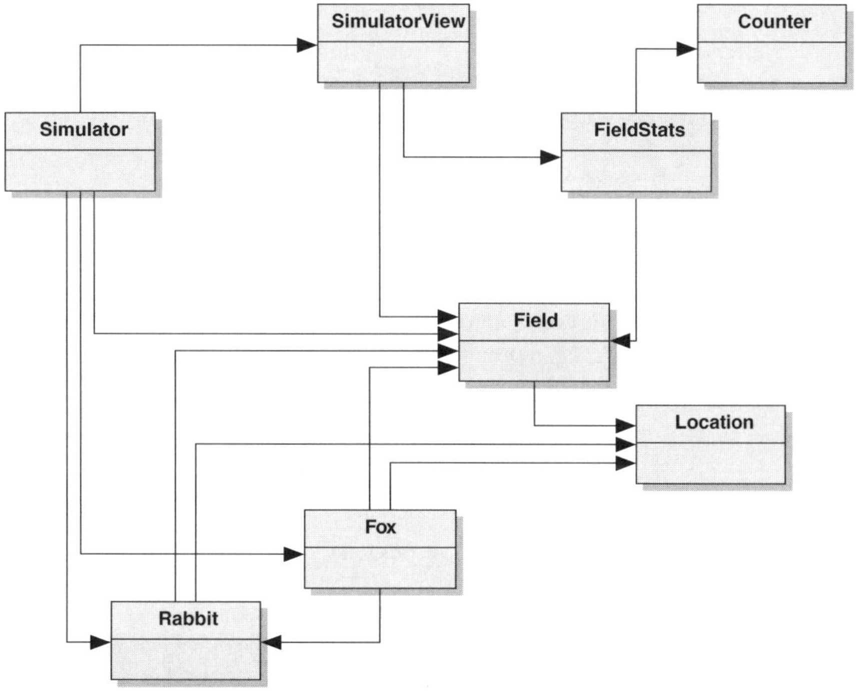

Figure 10.1 • Diagramme de classes du projet foxes-and-rabbits.

Ouvrez le projet *foxes-and-rabbits*. Son diagramme de classes est donné à la figure 10.1. Nous nous concentrons ici sur les classes `Simulator`, `Fox` et `Rabbit`. Les classes `Fox` et `Rabbit` simulent, de manière rudimentaire, le comportement d'un renard et d'un lapin. La classe `Simulator` fixe l'état initial de la simulation puis l'exécute et la contrôle. Le principe de base est simple : le simulateur gère un ensemble de renards et de lapins, et exécute une suite de *pas*. À chaque pas, chaque renard et chaque lapin peuvent se déplacer, et lorsque tous les animaux ont bougé, l'état courant du terrain s'affiche à l'écran. Résumons maintenant le rôle des autres classes :

- `Field` représente un terrain rectangulaire fermé. Le terrain est composé d'un nombre fixe de positions organisées en grille. Un seul animal peut occuper une position et une position peut être vide.
- `Location` représente une position, définie par ses numéros de ligne et de colonne.
- Les classes `Simulator`, `Fox`, `Rabbit`, `Field`, et `Location` définissent entièrement la simulation et son comportement.
- Les classes `SimulatorView`, `FieldState` et `Counter` fournissent la partie affichage graphique de la simulation. Elles présentent à l'écran une vue du terrain et le nombre de renards et de lapins.
- `SimulatorView` s'occupe plus particulièrement de la visualisation de l'état du terrain (figure 10.2).

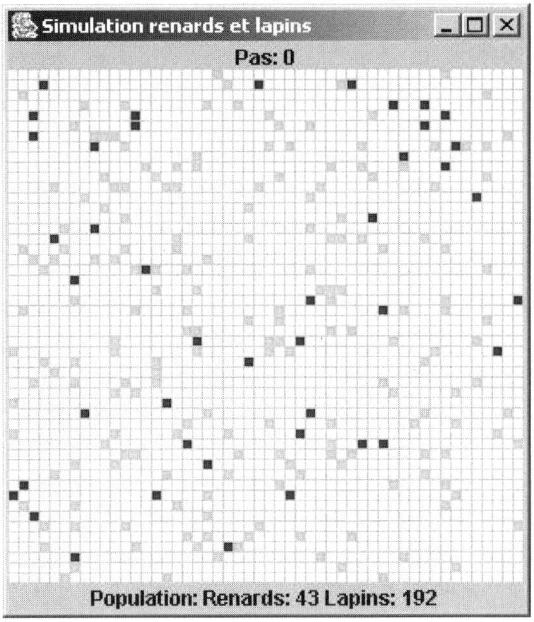

Figure 10.2 • État initial d'une simulation Foxes-and-rabbits.

- `FieldState` fournit à la visualisation le nombre de renards et de lapins.
- Un `Counter` (compteur) mémorise le nombre d'animaux de chaque type.

Étudier les exercices suivants pour bien comprendre le fonctionnement de la simulation.

Exercice 10.1

Créez un objet `Simulator` en appelant son constructeur sans paramètre. Vous devriez obtenir l'état de la figure 10.2. Les rectangles les plus nombreux sont les lapins. Le nombre de renards change-t-il si vous exécutez seulement un pas de simulation ?

Exercice 10.2

Le nombre de renards change-t-il à chaque pas? Quels phénomènes naturels, qui provoquent une augmentation ou une diminution du nombre de renards, avons-nous modélisés?

Exercice 10.3

Appelez la méthode `simulate` pour exécuter la simulation en continu avec un nombre (de pas) de l'ordre de 50 à 100. Les nombres de renards et de lapins varient-ils à la même vitesse ?

Exercice 10.4

Quels changements observez-vous si vous exécutez une très longue (de l'ordre de 500 pas) simulation ? Notez que vous pouvez utiliser la méthode `runLongSimulation` pour les longues simulations.

Exercice 10.5

Utilisez la méthode `reset` pour réinitialiser la simulation puis relancez-la. Obtenez-vous les mêmes résultats ? Sinon, remarquez-vous malgré tout des comportements plus ou moins analogues ?

Exercice 10.6

Si vous exécutez une simulation assez longue, les renards ou les lapins meurent-ils tous ? Si oui, pouvez-vous proposer des explications à ces phénomènes ?

Examinons maintenant l'implantation initiale des classes `Fox`, `Rabbit` et `Simulator`.

La classe `Rabbit`

Le code source de la classe `Rabbit` est donné dans le code 10.1.

Code 10.1 • La classe Rabbit.

```
//*** imports et commentaires de classe non reproduits

public class Rabbit
{
    // Caractéristiques partagées par tous les lapins (champs statiques).
```

Code 10.1 • La classe Rabbit *(suite).*

```
    // L'âge à partir duquel un lapin peut se reproduire
    private static final int BREEDING_AGE = 5;
    // L'âge maximal d'un lapin
    private static final int MAX_AGE = 50;
    // La probabilité de reproduction d'un lapin
    private static final double BREEDING_PROBABILITY = 0.15;
    // La taille maximale d'une portée
    private static final int MAX_LITTER_SIZE = 5;
    // Un générateur de nombres aléatoires commun pour contrôler les
    ➥reproductions.
    private static final Random rand = new Random();

    // Caractéristiques individuelles (champs d'instance).

    // L'âge du lapin
    private int age;
    // Le lapin est vivant ou mort
    private boolean alive;
    // La position du lapin
    private Location location;

    /**
     * Crée un lapin. Un  lapin peut être créé comme nouveau-né (âge nul)
     * ou avec un âge aléatoire.
     *
     * @param randomAge Si true, le lapin aura un âge aléatoire.
     */
    public Rabbit(boolean randomAge)
    {

    //*** corps du constructeur non reproduit

    }

    /**
     * Ce que fait un lapin la plupart du temps: il se déplace.
     * Il peut se reproduire ou mourir de vieillesse.
     */
    public void run(Field updatedField, List newRabbits)
    {
        incrementAge();
        if(alive) {
            int births = breed();
            for(int b = 0; b < births; b++) {
                Rabbit newRabbit = new Rabbit(false);
                newRabbits.add(newRabbit);
                Location loc = updatedField.randomAdjacentLocation
                ➥(location);
                newRabbit.setLocation(loc);
                updatedField.place(newRabbit, loc);
            }
```

```
            Location newLocation = updatedField.freeAdjacentLocation
            ➥(location);
            // Mettre à jour les champs seulement s'il y a une position
            ➥libre
            if(newLocation != null) {
                setLocation(newLocation);
                updatedField.place(this, newLocation);
            }
            else {
                // déplacement impossible et position courante occupée
                alive = false;
            }
        }
    }

    /**
     * Augmente l'âge.
     * Peut provoquer la mort (de vieillesse).
     */
    private void incrementAge()
    {
        age++;
        if(age > MAX_AGE) {
            alive = false;
        }
    }

    /**
     * Génère un nombre de naissances,
     * si le lapin peut se reproduire
     * @return Le nombre de naissances (peut être nul)
     */
    private int breed()
    {
        int births = 0;
        if(canBreed() && rand.nextDouble() <= BREEDING_PROBABILITY) {
            births = rand.nextInt(MAX_LITTER_SIZE) + 1;
        }
        return births;
    }


    //*** autres méthodes non reproduites

}
```

La classe `Rabbit` contient plusieurs variables statiques qui définissent les propriétés communes à tous les lapins, en particulier l'âge maximal d'un lapin (en nombre de pas de simulation) et la taille maximale d'une portée qu'une femelle peut avoir à chaque pas. Chacun des lapins possède trois variables d'instance qui décrivent son état: son âge, s'il est vivant et sa position courante sur le terrain.

Le comportement d'un lapin est défini par sa méthode `run` qui réalise le déplacement du lapin et appelle les méthodes `breed` (engendrer, mettre bas) et `incrementAge`.

À chaque pas de simulation, la méthode `run` est appelée et le lapin vieillit, se déplace et, s'il est assez âgé, il peut aussi faire des petits. La direction du mouvement est choisie au hasard et le fait de donner naissance est aussi aléatoire et contrôlé par le champ statique `BREEDING_PROBABILITY`.

Vous pouvez déjà déceler plusieurs des simplifications que nous avons apportées dans notre modèle de lapin : par exemple, nous ne distinguons pas les mâles des femelles ; de même nous supposons qu'un lapin peut avoir une portée à chaque pas de simulation.

Exercice 10.7

Pensez-vous que ne pas distinguer le sexe des lapins risque de produire des simulations peu réalistes ?

Exercice 10.8

Avez-vous noté d'autres simplifications dans la simulation du lapin ? Auront elles un effet significatif sur la fidélité (la précision) des simulations ?

Exercice 10.9

Faites des essais en modifiant les valeurs des variables statiques de la classe `Rabbit`. Par exemple, comment sont modifiées les populations de renards et de lapins lorsque la probabilité d'engendrer est très forte ou très faible ?

La classe Fox

Les classes `Fox` et `Rabbit` étant très semblables, le code 10.2 présente seulement les parties spécifiques de la classe `Fox`.

Code 10.2 • La classe Fox.

```
//*** imports et commentaires de classe non reproduits

public class Fox
{
    // Caractéristiques partagées par tous les renards (foxes) (champs
    ➥statistiques).

    // L'âge à partir duquel un renard peut se reproduire.
    private static final int BREEDING_AGE = 10;

    //*** autres champs statiques non reproduits

    // Caractéristiques individuelles (champs d'instance).

    // L'âge du renard
    private int age;
    // Le renard est vivant ou mort
    private boolean alive;
```

```
// La position du renard
private Location location;
// La réserve alimentaire du renard, augmentée lorsque le renard
➥mange des lapins
private int foodLevel;

/**
 * Crée un renard. Un  renard peut être créé comme nouveau-né (âge
 ➥nul et non affamé)
 * ou avec un âge aléatoire.
 *
 * @param randomAge Si true, le renard aura un âge aléatoire et un
 ➥niveau de faim.
 */
public Fox(boolean randomAge)
{
    //*** corps du constructeur non reproduit
}

/**
 * Ce que fait le renard la plupart du temps : il chasse des lapins.
 * Durant cette chasse, il peut se reproduire, mourir de faim
 * ou mourir de vieillesse.
 */
public void hunt(Field currentField, Field updatedField, List newFoxes)
{
    incrementAge();
    incrementHunger();
    if(isAlive()) {
        // De nouveaux renards sont nés dans les positions adjacentes.
        int births = breed();
        for(int b = 0; b < births; b++) {
            Fox newFox = new Fox(false);
            newFoxes.add(newFox);
            Location loc = updatedField.randomAdjacentLocation
            ➥(location);
            newFox.setLocation(loc);
            updatedField.place(newFox, loc);
        }
        // Se déplacer vers une source de nourriture si on en
        ➥trouve une.
        Location newLocation = findFood(currentField, location);
        if(newLocation == null) {  // pas de nourriture trouvée - se
        ➥déplacer au hasard
            newLocation = updatedField.freeAdjacentLocation
            ➥(location);
        }
        if(newLocation != null) {
            setLocation(newLocation);
            updatedField.place(this, newLocation);
        }
        else {
```

Code 10.2 • La classe Fox *(suite).*

```
                // Déplacement impossible et position courante occupée.
                alive = false;
            }
        }
    }

    /**
     * Augmente l'âge. Peut provoquer la mort (de vieillesse).
     */
    private void incrementAge()
    {
        age++;
        if(age > MAX_AGE) {
            alive = false;
        }
    }

    /**
     * Rend ce renard plus affamé. Peut provoquer la mort (de faim).
     */
    private void incrementHunger()
    {
        foodLevel--;
        if(foodLevel <= 0) {
            alive = false;
        }
    }

    /**
     * Indique au renard de chercher des lapins dans les positions
     ➥adjacentes.
     * @param field Terrain où chercher
     * @param location Position actuelle du renard
     * @return La position où la nourriture a été trouvée, null si rien
     ➥trouvé
     */
    private Location findFood(Field field, Location location)
    {
        Iterator adjacentLocations =
                          field.adjacentLocations(location);
        while(adjacentLocations.hasNext()) {
            Location where = (Location) adjacentLocations.next();
            Object animal = field.getObjectAt(where);
            if(animal instanceof Rabbit) {
                Rabbit rabbit = (Rabbit) animal;
                if(rabbit.isAlive()) {
                    rabbit.setEaten();
                    foodLevel = RABBIT_FOOD_VALUE;
                    return where;
                }
            }
```

```
        }
        return null;
    }

    //*** autres méthodes non reproduites
}
```

C'est la classe `hunt`, appelée à chaque pas, qui définit le comportement des renards. En plus de vieillir et de se déplacer, un renard cherche de la nourriture (méthode `findFood`). S'il trouve un lapin dans une position adjacente à la sienne, il le tue et son niveau de nourriture est augmenté.

Exercice 10.10

Comme pour les lapins, analysez le degré de simplification dans la simulation d'un renard et examinez les conséquences possibles de ces simplifications.

Exercice 10.11

Si l'on augmente l'âge maximal des renards, le nombre de renards croît-il au cours de la simulation, ou bien la population de lapins a-t-elle plus de chance de disparaître?

Exercice 10.12

Faites des essais avec différentes configurations (âge adulte, âge maximal, probabilité d'engendrer, taille des portées, etc.) pour les renards et les lapins. Une des espèces disparaît-elle complètement dans certaines configurations ? Y a-t-il des configurations stables ?

Exercice 10.13

Faites des essais avec différentes tailles du terrain (utilisez le deuxième constructeur `Simulator`). La taille du terrain a-t-elle une influence sur les chances de survie des espèces ?

Exercice 10.14

Actuellement un renard mange un lapin au plus à chaque pas. Modifiez la méthode `findFood` pour que le renard mange tous les lapins adjacents à chaque pas. Évaluez les conséquences de cette modification sur les résultats.

Exercice 10.15

Si un renard mange tous les lapins adjacents à chaque pas, on peut modéliser son niveau de nourriture de plusieurs manières. Si on ajoute tous les lapins à son niveau de nourriture, il y a peu de chances qu'il soit affamé ou qu'il meure jamais de faim. Au contraire, si l'on fixe un plafond à `foodLevel` (son niveau de nourriture), on modélise les prédateurs qui tuent leurs proies qu'ils aient faim ou pas. Étudiez les effets de cette deuxième possibilité sur la simulation.

La classe `Simulator` : initialisation

La classe `Simulator` est le cœur de la simulation. Le code 10.3 en présente une partie.

Code 10.3 • Extrait de la classe Simulator.

```
//*** imports et commentaires de classe non reproduits

public class Simulator
{
    // Les variables private static final représentent
    // les informations de configuration de la simulation.
    // Largeur par défaut de la grille.
    private static final int DEFAULT_WIDTH = 50;
    // Hauteur par défaut de la grille.
    private static final int DEFAULT_DEPTH = 50;
    // La probabilité qu'un renard soit créé dans une position de la
    ➥grille.
    private static final double FOX_CREATION_PROBABILITY = 0.02;
    // La probabilité qu'un lapin soit créé dans une position de la
    ➥grille.
    private static final double RABBIT_CREATION_PROBABILITY = 0.08;

    // La liste des animaux du terrain.
    private List animals;
    // La liste des nouveaux-nés.
    private List newAnimals;
    // L'état courant du terrain.
    private Field field;
    // Un deuxième terrain, utilisé pour construire l'état suivant de la
    ➥simulation.
    private Field updatedField;
    // Le pas courant de la simulation.
    private int step;
    // Une représentation graphique de la simulation.
    private SimulatorView view;

    /**
     * Construit un terrain de simulation avec la taille par défaut.
     */
    public Simulator()
    {
        this(DEFAULT_DEPTH, DEFAULT_WIDTH);
    }

    /**
     * Crée un terrain de simulation avec une taille donnée.
     * @param depth Hauteur du terrain. Doit être supérieure à zéro.
     * @param width Largeur du terrain. Doit être supérieure à zéro.
     */
    public Simulator(int depth, int width)
    {
        if(width <= 0 || depth <= 0) {
            System.out.println("Les dimensions doivent être supérieures
            ➥à zéro.");
            System.out.println("Valeurs par défaut utilisées.");
            depth = DEFAULT_DEPTH;
```

```
            width = DEFAULT_WIDTH;
        }
        animals = new ArrayList();
        newAnimals = new ArrayList();
        field = new Field(depth, width);
        updatedField = new Field(depth, width);

        // Créer une vue de l'état de chaque position du terrain.
        view = new SimulatorView(depth, width);
        view.setColor(Fox.class, Color.blue);
        view.setColor(Rabbit.class, Color.orange);

        // Définir un point de départ valide.
        reset();
    }

    /**
     * Exécute la simulation à partir de son état courant pour une
     ➥période assez longue,
     * par exemple 500 pas.
     */
    public void runLongSimulation()
    {
        simulate(500);
    }

    /**
     * Exécute la simulation à partir de son état courant pour un nombre
     ➥de pas donné.
     * Arrête avant si elle n'est plus viable.
     */
    public void simulate(int numSteps)
    {
        for(int step = 1; step <= numSteps && view.isViable(field);
        ➥step++) {
            simulateOneStep();
        }
    }

    /**
     * Exécute la simulation à partir de son état courant pour un pas.
     * Itère sur tout le terrain en mettant à jour l'état de chaque
     * renard et de chaque lapin.
     */
    public void simulateOneStep()
    {
        //*** corps de méthode non reproduit
    }

    /**
     * Réinitialise la simulation.
     */
```

Code 10.3 • Extrait de la classe Simulator *(suite).*

```
    public void reset()
    {
        step = 0;
        animals.clear();
        field.clear();
        updatedField.clear();
        populate(field);

        // Montrer l'état de départ.
        view.showStatus(step, field);
    }

    /**
     * Peuple le terrain avec des renards et des lapins.
     */
    private void populate(Field field)
    {
        Random rand = new Random();
        field.clear();
        for(int row = 0; row < field.getDepth(); row++) {
            for(int col = 0; col < field.getWidth(); col++) {
                if(rand.nextDouble() <= FOX_CREATION_PROBABILITY) {
                    Fox fox = new Fox(true);
                    animals.add(fox);
                    fox.setLocation(row, col);
                    field.place(fox, row, col);
                }
                else if(rand.nextDouble() <= RABBIT_CREATION_PROBABILITY)
{
                    Rabbit rabbit = new Rabbit(true);
                    animals.add(rabbit);
                    rabbit.setLocation(row, col);
                    field.place(rabbit, row, col);
                }
                // else laisser la position vide.
            }
        }
        Collections.shuffle(animals);
    }
}
```

Le simulateur comprend trois parties principales : son constructeur, la méthode `populate` et la méthode `simulateOneStep` dont le code est donné ci-après.

À la création d'un objet `Simulator`, tous les éléments de la simulation sont définis (le terrain, la liste des animaux et l'interface graphique). La méthode `populate` est alors appelée (indirectement *via* la méthode `reset`) et crée la population initiale de renards et de lapins. Nous employons différentes probabilités pour placer un animal dans une position.

Notez que l'âge initial des animaux est choisi au hasard et cela pour deux raisons :

- nous représentons ainsi plus fidèlement une population d'âges variés comme dans la réalité ;
- si tous les animaux avaient un âge initial nul, aucun nouvel animal ne pourrait naître avant que les animaux initialement présents aient atteint l'âge adulte. Si les renards peuvent manger les lapins quel que soit leur âge, nous risquons de voir les lapins disparaître avant même d'avoir pu se reproduire, ou de voir les renards mourir de faim.

Exercice 10.16

Modifiez la méthode `populate` de la classe `Simulator` pour déterminer si la suppression du choix aléatoire de l'âge initial des renards et des lapins provoque une catastrophe.

Exercice 10.17

Si l'on fixe un âge initial aléatoire pour les lapins mais pas pour les renards, la population de lapins aura tendance à croître tandis que celle des renards restera très faible. Lorsque les renards sont devenus adultes et peuvent se reproduire, la simulation se comporte-elle comme la version originale ? Quelle relation cela suggère-t-il entre les tailles relatives initiales des populations et leurs tailles en fin de simulation ?

La classe `Simulator` : un pas de simulation

La méthode `simulateOneStep` constitue le cœur de la classe `Simulator` (code 10.4). Elle est composée d'une boucle dans laquelle chaque animal se déplace, mange, met bas ou fait ce que nous avons programmé. Pour obtenir une simulation plus longue, il suffit de faire des appels répétés à `simulateOneStep`, avec une boucle, par exemple.

Pour que chaque animal puisse agir, le simulateur maintient une liste de tous les animaux. Nous utilisons donc l'héritage uniquement pour avoir une seule liste d'objets de type `Object`, qui est la classe dont tous les objets Java héritent. Par contre, lorsque nous extrayons un objet de la liste, nous devons tester sa classe effective (avec l'opérateur `instanceof`) et le transtyper. Nous appelons alors la méthode appropriée à l'animal (`run` pour les lapins et `hunt` pour les renards).

Code 10.4 • Au cœur de la classe Simulator : un pas de simulation.

```
public void simulateOneStep()
{
    step++;
    newAnimals.clear();

    // Faire agir les animaux.
    for(Iterator iter = animals.iterator(); iter.hasNext(); ) {
        Object animal = iter.next();
        if(animal instanceof Rabbit) {
            Rabbit rabbit = (Rabbit)animal;
            if(rabbit.isAlive()) {
```

Code 10.4 • Au cœur de la classe Simulator : un pas de simulation *(suite)*.

```
                    rabbit.run(updatedField, newAnimals);
                }
                else {
                    iter.remove();   // Supprimer les lapins morts de la
                    ➥collection.
                }
            }
            else if(animal instanceof Fox) {
                Fox fox = (Fox)animal;
                if(fox.isAlive()) {
                    fox.hunt(field, updatedField, newAnimals);
                }
                else {
                    iter.remove();   // Supprimer les renards morts de
                    ➥la collection.
                }
            }
            else {
                System.out.println("aucun animal trouvé");
            }
        }
        // Ajouter les nouveaux-nés à la liste des animaux.
        animals.addAll(newAnimals);

        // Echanger le terrain (field) et sa version mise à jour
        ➥(updatedField) à la fin d'un pas.
        Field temp = field;
        field = updatedField;
        updatedField = temp;
        updatedField.clear();

        // Afficher le nouveau terrain à l'écran.
        view.showStatus(step, field);
    }
```

L'opérateur `instanceof` teste si un objet est une instance directe ou indirecte d'une classe donnée : `obj instanceof MyClass` renvoie vrai si le type dynamique de `obj` est `MyClass` ou l'une de ses sous-classes.

Notons dès maintenant qu'on peut améliorer ce code. Tester et transtyper chaque type d'animal n'est pas satisfaisant. Ce code est très dépendant des types exacts de la simulation et rend plus difficile l'ajout d'un nouveau type. Nous avons ainsi un couplage beaucoup trop fort entre la classe `Simulator` et les classes d'animaux.

Les deux champs `Field` et `updatedField` du simulateur sont aussi très importants. Au fur et à mesure que nous traitons les animaux du terrain courant, nous les plaçons sur un terrain mis à jour (`updatedField`) après leurs déplacements. Les animaux morts ne sont tout simplement pas recopiés sur le nouveau terrain.

Exercice 10.18

Quand un lapin doit se déplacer sur une position, il est placé sur le terrain mis à jour seulement si la position est vide. Quelles sont les conséquences sur la population de renards si l'on supprime cette contrainte. Cette contrainte existe-t-elle pour les lapins nouveau-nés ?

Exercice 10.19

Deux renards peuvent-ils tenter de se déplacer sur la même position du terrain mis à jour ? Si oui, faut-il supprimer cette possibilité ?

Améliorer la simulation

Nous savons maintenant comment fonctionne la simulation et nous allons pouvoir améliorer sa conception et son implantation. Dans les sections suivantes, nous nous concentrerons sur la modification progressive de la simulation par l'introduction de nouvelles possibilités de programmation. Nous avons plusieurs points de départ possibles, mais nous commencerons par la faiblesse la plus évidente du code : le mauvais emploi de l'héritage dans les classes `Fox` et `Rabbit`. Nous introduisons pour cela le concept de *classe abstraite*.

Classes abstraites

Nous devrions pouvoir exploiter les concepts d'héritage et de polymorphisme introduits au chapitre 8. Par exemple, les classes `Fox` et `Rabbit` possèdent de nombreuses propriétés identiques, ce qui suggère qu'elles devraient être des sous-classes d'une superclasse commune comme `Animal`. Dans cette section, nous réalisons ces modifications pour améliorer la conception et l'implantation de la simulation dans son ensemble. Comme dans l'exemple DoME du chapitre 8, une superclasse doit supprimer la duplication de code dans les sous-classes et simplifier le code dans les classes clientes (`Simulator`). Notez que ces modifications (réingénierie) ne doivent pas modifier les propriétés fondamentales de la simulation perçues par l'utilisateur.

Exercice 10.20

Trouvez les différences et les points communs entre les classes `Fox` et `Rabbit`. Faites des listes séparées pour les champs, les méthodes et les constructeurs en établissant une distinction entre variables de classe (champs statiques) et variables d'instance.

Exercice 10.21

Les méthodes à placer dans une superclasse sont celles qui sont identiques dans les sous-classes. Quelles sont les méthodes absolument identiques dans les classes `Fox` et `Rabbit` ? Que se passe-t-il si l'on place les valeurs des variables de classe dans le corps des méthodes qui les utilisent ?

Exercice 10.22

Dans la version actuelle de la simulation, les valeurs des variables de classes de même nom sont différentes selon la classe. Si les valeurs d'une variable de classe donnée étaient égales (par exemple `BREEDING_AGE`), cela changerait-il votre réponse à propos des méthodes identiques ?

La superclasse `Animal`

La première modification que nous allons réaliser consiste à déplacer tous les éléments identiques des classes `Fox` et `Rabbit` dans une superclasse `Animal`. Partez d'une copie du projet *foxes-and-rabbits* pour commencer.

- Les attributs `age`, `alive`, `location` et les méthodes `isAlive`, `setLocation` communs aux deux classes sont déplacés dans `Animal`. Les valeurs initiales sont définies dans le constructeur de `Animal`.
- Déplacer ces attributs dans `Animal` soulève le problème de leur visibilité. Par exemple, la méthode `incrementeAge` doit pouvoir lire et modifier la valeur de `age`. Nous pourrions les déclarer **protected**, ce qui permettrait à toutes les sous-classes de `Animal` d'y accéder. Mais cela créerait un couplage fort entre ces classes. On réalise au contraire un couplage faible en les déclarant **private** et en définissant des méthodes d'accès (accesseurs) et de modification (modificateurs).
- La classe `Rabbit` possède une méthode de modification `setEaten` utilisée par la méthode `findFood` de la classe `Fox`. Par ailleurs, `Fox` et `Rabbit` doivent mettre à faux l'attribut `alive` dans d'autres parties du code (`incrementAge` et `incrementAgeAndHunger`). Nous renommons donc `setEaten` en `setDead` (plus général) et nous la plaçons dans `Animal`.

Exercice 10.23

Quel genre de tests de régression pourriez-vous mettre en place avant de commencer à modifier le projet initial ? Pouvez-vous automatiser leur utilisation ?

Exercice 10.24

Dans votre version du projet, créez votre superclasse `Animal`. Faites les modifications indiquées ci-dessus. Vérifiez que la simulation fonctionne toujours.

Exercice 10.25

Analysez dans quelle mesure l'utilisation de l'héritage vue ci-dessus a amélioré le projet.

Méthodes abstraites

Pour l'instant la superclasse `Animal` nous a permis d'éliminer la duplication de code dans les classes `Fox` et `Rabbit` et aussi de rendre plus facile l'introduction de nouveaux types d'animaux par la suite. Comme nous l'avons vu au chapitre 8, un emploi intelligent de l'héritage doit aussi simplifier les classes clientes. C'est ce que nous allons voir maintenant.

Dans la classe `Simulator` nous avons employé des tests explicites (avec `instanceof`) et des transtypages pour gérer les différents types d'animaux (code 10.5). Ces deux techniques posent problème, car elles rendent difficile l'ajout de nouveaux types d'animaux.

Code 10.5 • Solution initiale pour l'activité des animaux.

```
        for(Iterator iter = animals.iterator(); iter.hasNext(); ) {
            Object animal = iter.next();
            if(animal instanceof Rabbit) {
                Rabbit rabbit = (Rabbit)animal;
                if(rabbit.isAlive()) {
                    rabbit.run(updatedField, newAnimals);
                }
                else {
                    iter.remove();    // Supprimer les lapins morts de la
                    ➥collection.
                }
            }
            else if(animal instanceof Fox) {
                Fox fox = (Fox)animal;
                if(fox.isAlive()) {
                    fox.hunt(field, updatedField, newAnimals);
                }
                else {
                    iter.remove();    // Supprimer les renards morts de
                    ➥la collection.
                }
            }
            else {
                System.out.println("aucun animal trouvé");
            }
        }
```

Maintenant que nous disposons d'une classe `Animal`, nous pouvons améliorer ce code. Nous commençons par transtyper chaque élément de la liste en `Animal`. Si la superclasse `Animal` dispose d'une méthode appelée `act` qui fait agir chaque animal et si cette méthode est redéfinie dans chaque classe d'animal possible, nous pourrons employer dans `Animal` l'appel polymorphe de `act` sans nous soucier du type d'animal qui doit agir. Le code 10.6 correspond à cette solution.

Code 10.6 • Solution améliorée pour l'activité des animaux.

```
        // faire agir les animaux.
        for(Iterator iter = animals.iterator(); iter.hasNext(); ) {
            Animal animal = (Animal)iter.next();
            if(animal.isAlive()) {
                animal.act(field, updatedField, newAnimals);
            }
            else {
                iter.remove();    // Supprimer les animaux morts de la
                ➥collection.
            }
        }
```

Soulignons plusieurs points importants :

- La variable (`animal`) qui contient chaque élément de la collection est de type `Animal`.
- Nous supposons que les méthodes d'action des animaux (`run` pour les lapins, par exemple) ont toutes été renommées `act`.
- La méthode `run` du lapin avait deux paramètres seulement, alors que `act` en a trois (à cause de la méthode `Hunt` du renard). Nous devons donc en ajouter un troisième, `Field`, pour la rendre compatible avec les méthodes `act` des autres animaux. Une classe d'animaux qui n'aurait pas besoin d'un paramètre l'ignorera tout simplement.
- Grâce au contrôle dynamique du type de la variable `animal` (voir chapitre 9), la méthode `act` appropriée sera appelée en fonction de l'animal concerné.
- Le contrôle de type étant statique, nous n'aurons pas d'erreur de compilation à condition que `Animal` dispose d'une méthode `act` avec une signature correcte.

Il nous reste à examiner ce dernier point. Le problème est en effet différent de celui du chapitre 9 avec la méthode `print` de la classe `item`. `print` avait vraiment quelque chose à faire, imprimer les champs définis dans la superclasse. Ici, par contre, le travail de `act` ne peut être défini que dans chaque classe particulière d'animal. Comment définir alors la méthode `act` ?

En réalité, ce problème est lié au fait qu'aucune instance de `Animal` n'existera jamais : aucun objet de notre simulation n'est seulement `Animal` ; c'est nécessairement aussi un renard, un lapin ou un autre animal bien précis. Ce genre de classe (jamais instanciée, servant seulement de superclasse) est appelé *classe abstraite*.

Pour la classe `Animal`, chaque type d'animal dispose d'une méthode `act`, mais on ne peut en décrire le code dans `Animal`. La solution en Java consiste à déclarer la méthode **abstract**, comme ceci :

```
abstract public void act(Field currentField,
                         Field updatedField,
                         List newAnimals);
```

Une classe abstraite est caractérisée par deux détails syntaxiques : elle est préfixée par le mot clé **abstract** et elle n'a pas de corps : son en-tête se termine par un point-virgule. Puisqu'elle n'a pas de corps, une méthode abstraite ne peut être exécutée, ce qui est cohérent.

Classes abstraites

Les classes comme les méthodes peuvent être abstraites. Le code 10.7 donne la version abstraite de `Animal`. Une classe est déclarée abstraite en insérant le mot clé **abstract** dans son en-tête.

Code 10.7 • Version abstraite de `Animal`.

```
public abstract class Animal
{
    //*** champs non reproduits

    /**
     * Fait agir l'animal - fait ce qu'il veut ou doit
     * faire.
     */
    abstract public void act(Field currentField,
                             Field updatedField, List newAnimals);

    //*** autres méthodes non reproduites
}
```

Les classes non déclarées abstraites (toutes celles que nous avons vues jusqu'à présent) sont dites *concrètes*. Déclarer une classe abstraite a plusieurs conséquences :

- Il est impossible de créer des instances de classe abstraite. Utiliser `new` sur une classe abstraite produit une erreur. On retrouve cette propriété dans BlueJ : un clic droit sur une classe abstraite ne donne accès à aucun constructeur.
- Seule une classe abstraite peut avoir des méthodes abstraites. Cela garantit que les méthodes des classes concrètes sont exécutables.
- Une classe abstraite avec des méthodes abstraites force ses sous-classes à surcharger et à implanter les méthodes abstraites. Si une sous-classe ne fournit pas une implantation pour *toutes* les méthodes abstraites héritées, elle est elle-même abstraite et ne peut donc être instanciée.

Nous entrevoyons donc mieux le rôle des méthodes abstraites : bien qu'elles n'aient pas d'implantation, elles imposent que toutes les sous-classes fournissent, elles, une implantation. Ce fonctionnement est réalisé, dans notre exemple, en imposant que :

- Aucune instance de `Animal` ne peut être créée.
- Toutes les sous-classes concrètes implantent la méthode `act`.

En dehors du fait qu'on ne peut les instancier, les classes abstraites s'utilisent comme tout autre type. Ainsi, avec les règles habituelles du polymorphisme, nous gérons les renards et les lapins comme des instances de la classe `Animal`. Les parties de la simulation qui n'ont pas besoin de savoir à quel type précis d'animal elles ont à faire peuvent utiliser la superclasse `Animal`.

Exercice 10.26

Quelles sont les classes de la simulation qui n'ont pas besoin de connaître si elles ont à faire à des renards ou à des lapins ? Pouvez-vous les réécrire avec la classe `Animal` ? Quel est l'intérêt d'une telle réécriture ?

Exercice 10.27

Revoyez les règles de surcharge des méthodes et des champs étudiées au chapitre 9. En quoi sont-elles particulièrement significatives lorsque nous introduisons l'héritage dans cette application ?

Exercice 10.28

Les modifications que nous venons d'apporter ont supprimé les dépendances de la méthode `simulateOneStep` vis-à-vis des classes `Fox` et `Rabbit`. Mais la classe `Simulator` reste couplée à ces classes, car elles sont encore référencées dans la méthode `populate`. Il n'y a aucun moyen d'empêcher cela : quand nous créons un animal, nous devons préciser de quel animal il s'agit.

Nous pouvons améliorer la situation en séparant la classe `Simulator` en deux classes. L'une, `Simulator` exécute la simulation ; elle est totalement découplée des classes concrètes d'animaux. L'autre, `PopulationGenerator` (créée et appelée par le simulateur), crée la population. Seule cette dernière est couplée aux classes concrètes et devra être modifiée lors de l'ajout d'un nouveau type d'animal. Essayez d'implanter cette réorganisation. La classe `PopulationGenerator` doit aussi définir la couleur de chaque type d'animal.

Exercice 10.29

Exercice Défi – Les méthodes `canBreed` des classes `Fox` et `Rabbit` sont identiques et pourtant nous ne les avons pas déplacées dans `Animal`. Pourquoi ? Essayez de les déplacer et rendez-les **protected**. Arrivez-vous à compiler l'application ? Si oui, la simulation obtenue fonctionne-t-elle comme elle le devrait ? Qu'en pensez-vous ?

Le projet *foxes-and-rabbits-v2* contient une implantation de notre simulation avec les améliorations que nous venons d'étudier.

Des méthodes plus abstraites

Dans la section « Classes abstraites », nous avons introduit la superclasse `Animal` en repérant les éléments communs à ses sous-classes. N'est-ce pas un peu trop restrictif ? Pourquoi, par exemple, ne pas déplacer la méthode `canBreed` dans `Animal` ? La raison vient du fait que cette méthode et d'autres, même si elles possèdent un code textuellement identique, utilisent des variables de classe comme `BREEDING_AGE`. Si nous plaçons `canBreed` dans `Animal` le compilateur devra avoir accès à la variable `BREEDING_AGE`. Nous sommes donc tentés de placer `BREEDING_AGE` aussi dans `Animal`. Or en java, les champs ne sont pas traités comme les méthodes : un champ ne peut pas être surchargé dans une sous-classe.

Nous pouvons cependant exploiter cette idée si nous accédons à l'âge adulte avec une méthode plutôt que directement (code 10.8). Nous pouvons alors placer les méthodes comme `canBreed` dans la superclasse `Animal`.

Code 10.8 • La méthode `canBreed` de `Animal`.

```
/**
 * Un animal peut mettre bas s'il a atteint l'âge adulte.
 */
public boolean canBreed()
{
    return age >= getBreedingAge();
}
```

La méthode `canBreed` a été réécrite en utilisant un appel à `getBreedingAge`. Cette dernière méthode doit être présente dans `Animal`, mais puisqu'elle dépend du type d'animal, ce sera une méthode abstraite. Donc `Fox` et `Rabbit` devront surcharger `getBreedingAge` pour retourner leur valeur spécifique de `BREEDING_AGE` :

```
/**
 * @return l'âge auquel un lapin peut procréer
 */
public int getBreedingAge()
{
    return BREEDING_AGE;
}
```

Exercice 10.30

À partir de votre dernière version du projet (ou à partir de *foxes-and-rabbits-v2* si vous n'avez pas fait tous les exercices), déplacez `canBreed` dans `Animal` et réécrivez-la comme indiqué dans le code 10.8. Écrivez également les méthodes `canBreed` appropriées des classes `Fox` et `Rabbit`. Ces changements sont-ils suffisants pour recompiler le projet ? Sinon, que manque-t-il dans la classe `Animal` ?

Exercice 10.31

Déplacez la méthode `incrementAge` de `Fox` et `Rabbit` vers `Animal` en écrivant une méthode abstraite `getMaxAge` et ses versions concrètes pour les renards et les lapins.

Exercice 10.32

Peut-on déplacer la méthode `breed` vers `Animal` ? Si oui, faites les modifications nécessaires.

Exercice 10.33

À la lumière de tous les changements que vous avez réalisés dans ces trois classes, réexaminez la visibilité de chaque méthode et effectuez les modifications qui vous semblent appropriées.

Exercice 10.34

Ces changements sont-ils sans effet sur d'autres classes du projet ? Si oui, que peut-on dire du degré de couplage et du niveau d'encapsulation de la version initiale du projet ?

Exercice 10.35

Exercice Défi – Définissez un nouveau type d'animal (sous-classe `Animal`) pour la simulation. Vous devrez décider de son effet sur les autres animaux. Par exemple, votre nouvel animal peut être en compétition avec les renards si c'est un prédateur de lapins. Il peut au contraire être un prédateur de renards. Vous devrez sans doute faire beaucoup d'expériences pour ajuster la nouvelle configuration de la simulation. Pensez aussi à modifier la méthode `populate` pour créer des animaux du nouveau type au démarrage de la simulation.

Il faudra aussi choisir une couleur pour ce nouveau type. Consultez la page de documentation de la classe `Color` du package `java.awt` pour connaître la liste des couleurs prédéfinies.

Héritage multiple

Une classe `Actor`

Dans cette section, nous étudierons quelques extensions possibles à notre simulation et nous introduirons les méthodes de programmation adaptées à ces extensions.

Première extension évidente, l'introduction de nouveaux animaux. Vous avez déjà étudié ce problème dans l'exercice 10.35. En fait, nous allons en profiter pour élargir le problème au cas où les participants ne seraient pas nécessairement des animaux au sens propre. Par exemple, nous voulons pouvoir introduire des acteurs humains comme des chasseurs ou des trappeurs. Nous pouvons même souhaiter introduire des plantes ou encore le temps qu'il fait, éléments importants dans l'évolution des populations. Nous voyons clairement que ces différents acteurs ne sont pas des animaux au sens actuel de la classe `Animal`.

Pour résoudre ce problème, nous introduisons une nouvelle superclasse de nom `Actor`. Cette classe servira de superclasse à toutes les entités actives de la simulation quel que soit leur type. Nous avons ainsi le diagramme de classes de la figure 10.3. Les classes `Actor` et `Animal` sont bien sûr abstraites et les classes `Fox`, `Rabbit` et `Hunter` en sont des sous-classes concrètes.

La classe `Actor` doit contenir tout ce qui est commun à tous les participants de la simulation, c'est-à-dire le seul fait d'agir. Nous avons donc la définition suivante de la classe `Actor`, avec une seule méthode abstraite `act` :

```
//*** aucun commentaire n'est reproduit

public abstract class Actor;
{
    abstract public void act(Field currentFiled,
                             Field updateField,
                             List newAnimal);


}
```

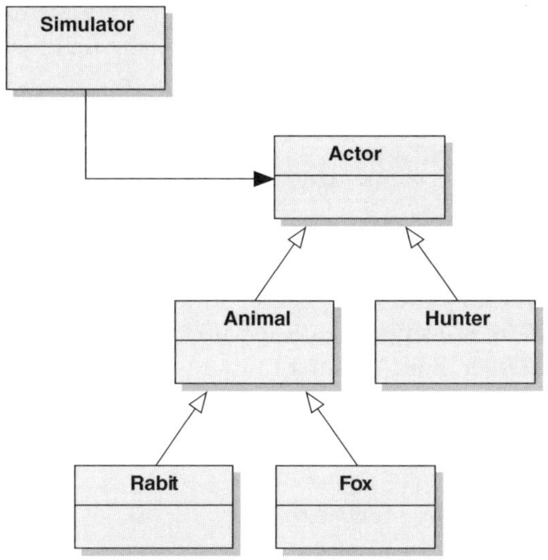

Figure 10.3 • Structure de la simulation avec la classe `Actor`.

Pour terminer cette modification, il suffit de réécrire la boucle de la classe `Simulator` (code 10.6) concernant les acteurs, en utilisant la classe `Actor` au lieu de la classe `Animal`.

Exercice 10.36

Introduisez la classe `Actor` dans votre simulation. Réécrivez la méthode `simulateOneStep` de `Simulator` en remplaçant `Animal` par `Actor`. Vous pouvez réaliser ces modifications même si vous n'avez pas encore introduit de nouveau type de participants.

Notez comme notre nouvelle structure est plus souple. Elle nous permet d'introduire facilement de nouveaux acteurs qui ne sont pas des animaux. Nous pourrions même réécrire la classe `FieldStats` de collecte d'informations, comme une classe d'acteur dont le rôle serait de mettre à jour les compteurs d'animaux à chaque pas.

Flexibilité par abstraction

En considérant la simulation comme un système qui gère des objets qui agissent, nous avons réussi à généraliser la situation initiale très particulière constituée de renards et de lapins évoluant sur un terrain rectangulaire. En réalité, ce processus d'abstraction génère également une plus grande souplesse dans la structure du programme. Nous pouvons alors exploiter cette souplesse pour introduire de nouvelles fonctionnalités à nos simulations.

Pour une simulation proies-prédateurs en milieu marin, par exemple, nous pourrons avoir des poissons et des requins, ou des poissons et des bateaux de pêche. Si nous souhaitons modéliser plus précisément notre milieu marin, nous introduirons aussi le plancton et même le climat. Ces deux nouveaux acteurs posent alors un nouveau problème : on ne peut pas toujours les représenter graphiquement. Le plancton est trop petit, ou trop nombreux, le climat ne se réduit pas à un objet sur une position.

Dans la section suivante, nous allons généraliser encore notre simulation en séparant les fonctions d'affichage et d'action des acteurs.

Dessin sélectif

Pour séparer l'affichage des actions, nous modifions la manière dont cet affichage est réalisé dans la simulation : plutôt que d'itérer sur toutes les positions en affichant les acteurs de cette position, nous pouvons construire une collection distincte composée des seuls acteurs à dessiner. Pour dessiner une situation, nous itérons maintenant sur les seuls acteurs à dessiner.

```
// Faire agir tous les animaux.
for(Iterator iter = actors.iterator(); iter.hasNext(); ) {
    Actor actor = (Actor)iter.next();
    actor.act(...);
}

// Dessiner tous les objets possibles.
for(Iterator iter = drawable.iterator(); iter.hasNext(); ) {
    Drawable item = (Drawable)iter.next();
    item.draw(...);
}
```

Tous les acteurs sont dans la collection `actors`, mais seuls les acteurs que l'on peut afficher sont dans la collection `drawable`.

Nous devons donc introduire une nouvelle superclasse abstraite `Drawable` qui possède une méthode abstraite `draw`. Les acteurs que l'on peut afficher doivent maintenant hériter à la fois de `Actor` et de `Drawable`. La figure 10.4 donne le diagramme de classes concernant les acteurs ; nous avons ajouté le type d'acteur `Ant` (fourmi) trop petit pour être dessiné.

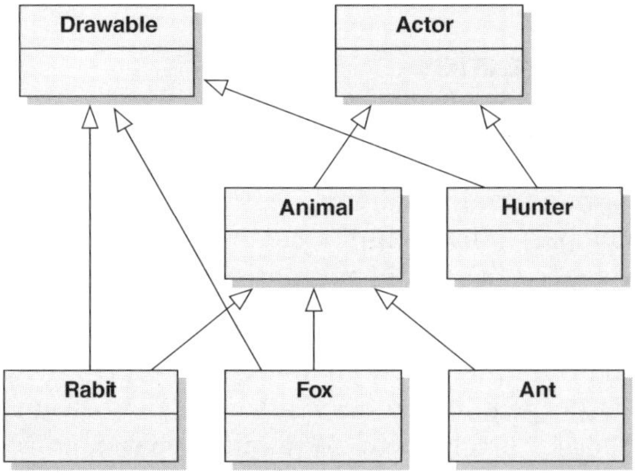

Figure 10.4 • La hiérarchie `Actor` avec la classe `Drawable`.

Acteurs que l'on peut dessiner : héritage multiple

Le procédé que nous venons d'employer s'appelle l'*héritage multiple* : une classe hérite de plusieurs superclasses.

Concept

Héritage multiple. Il y a héritage multiple lorsqu'une classe hérite de plusieurs superclasses. La sous-classe possède alors toutes les propriétés de ses superclasses plus celles qu'elle définit elle-même.

Si le principe de l'héritage multiple est simple, sa mise en œuvre dans les différents langages de programmation peut conduire à de sérieuses difficultés. De ce fait, les langages traitent l'héritage multiple de diverses manières : il est simplement impossible dans certains langages et autorisé dans d'autres. Java propose une solution intermédiaire : l'héritage multiple n'est pas possible mais une autre construction, appelée **interface,** permet une forme restreinte d'héritage multiple.

Interfaces

Jusqu'à présent, nous avons employé le mot interface de manière informelle pour désigner la partie d'une classe en relation avec d'autres classes. En Java, il est possible de définir de façon plus formelle des *types interface.*

À première vue, les interfaces ressemblent aux classes si ce n'est qu'aucune de leurs méthodes ne contient de corps. Elles sont donc proches des classes abstraites dont toutes les méthodes sont abstraites.

Une interface `Actor`

Dans le code 10.9, `Actor` est définie comme une interface.

Code 10.9 • L'interface `Actor`.

```
/**
 * Cette interface doit être étendue par toute classe
 * qui souhaite participer à la simulation.
 */
public interface Actor
{
    /**
     * Réalise le comportement quotidien de l'acteur. Transfère
     * l'acteur dans le nouveau terrain (updatedField) s'il doit
     ➥participer
     * aux pas suivants de la simulation.
     * @param currentField l'état courant du terrain
     * @param location la position actuelle de l'acteur
     * @param updatedField l'état mis à jour du terrain
```

Code 10.9 • L'interface `Actor` *(suite).*

```
        */
       void act(Field currentField, Location location,
                Field updatedField);
   }
```

Soulignons les propriétés suivantes, spécifiques aux interfaces :

- Le mot clé `interface` remplace le mot clé `class` en tête de déclaration.
- Toutes les méthodes d'une interface sont abstraites. Le mot clé `abstract` n'est donc pas nécessaire.
- Une interface n'a pas de constructeur.
- Toutes les signatures de méthode d'une interface ont une visibilité publique. Le mot clé `public` est inutile.
- Seuls les champs constants (`public`, `static` et `final`) sont autorisés dans une interface. Ces trois mots clés ne sont pas nécessaires.

Une classe peut hériter d'une interface comme elle hérite d'une autre classe. Mais Java utilise le mot clé `implements` pour désigner l'héritage d'interface, au lieu du mot clé `extends` réservé à l'héritage de classe. On dit ainsi qu'une classe *implante* une interface lorsqu'elle comporte une *clause d'implantation* dans son en-tête comme ci-après :

```
public class Fox extends Animal implements Drawable
{
    ...
}
```

Notons qu'une classe peut à la fois étendre une classe et implanter une interface, comme dans l'exemple ci-dessus.

Dans notre simulation, les deux classes abstraites `Actor` et `Drawable` sont des candidates possibles à une réécriture sous forme d'interface. Elles ne contiennent ni champ ni constructeur et leurs méthodes sont toutes abstraites (sans corps). La situation est différente pour la classe `Animal`. C'est une vraie classe abstraite qui fournit une implantation partielle : plusieurs méthodes ont un corps et une seule méthode est abstraite.

Exercice 10.37

Redéfinissez la classe abstraite `Actor` de votre projet comme une interface. Pouvez-vous encore compiler le projet ? Pouvez-vous l'exécuter ?

Héritage multiple d'interfaces

Nous savons qu'en Java une classe peut étendre au plus une autre classe. Mais une classe Java peut implanter (en plus d'étendre) plusieurs interfaces. Ainsi, en définissant `Actor` et `Drawable` comme des interfaces, la classe `Hunter` pourra les implanter toutes les deux.

On obtient alors :

```
public class Hunter extends implements Actor, Drawable
{
    ...
}
```

La classe `Hunter` hérite des définitions de méthodes de toutes les interfaces (ici `Actor` et `Drawable`) comme s'il s'agissait de méthodes abstraites.

Une classe n'est pas tenue d'implanter les méthodes des interfaces qu'elle implante. Par exemple, dans la structure de classes de la figure 10.4, la classe `Animal` hérite `act` de `Actor` sans lui fournir de corps. Remarquez que cela en fait un classe abstraite, et le mot clé `abstract` doit être présent dans l'en-tête de la classe. Ce sont les sous-classes de `Animal` qui implantent la méthode `act` et sont de ce fait des classes concrètes.

Exercice 10.38

Exercice Défi – Ajoutez un acteur non animal à la simulation. Par exemple, vous pouvez ajouter une classe `Hunter` ayant les propriétés suivantes. Les chasseurs n'ont pas d'âge maximal, ne mangent pas et n'ont pas d'enfant. À chaque pas de simulation, un chasseur se déplace au hasard sur le terrain et tire un nombre fixé de coups sur des positions du terrain choisies au hasard. Un animal présent sur la position visée est tué.

Placez seulement quelques chasseurs sur le terrain au début de la simulation. Les chasseurs restent-ils présents jusqu'à la fin de la simulation ou disparaissent-ils toujours ? S'ils disparaissent, à quoi cela est-il dû ? Est-ce réaliste ?

Quelles autres classes avez-vous dû modifier avec l'introduction des chasseurs ? Faudrait-il découpler encore plus les classes de la simulation ?

Interfaces comme types

Lorsqu'une classe implante une interface, elle n'en hérite aucune implantation puisque les interfaces ne contiennent aucun corps de méthode. D'où la question : Quel est l'intérêt d'implanter une interface ?

Au chapitre 8, nous avons souligné deux avantages décisifs de l'héritage :

- Les sous-classes héritent du code de la superclasse. Cela permet la réutilisation du code et évite la duplication de code.
- La sous-classe devient un sous-type de la superclasse. Cela autorise les variables et les appels de méthodes polymorphes. Autrement dit, on peut traiter uniformément, comme instance du supertype, différentes catégories d'objets (instances des sous-classes).

Les interfaces ne procurent pas le premier avantage puisqu'elles ne contiennent pas de code, mais elles procurent le second. Une interface définit un type, comme une classe. Nous pouvons donc déclarer des variables dont le type est une interface même si aucun objet de ce type (mais seulement de ses sous-types) ne peut exister.

Dans notre exemple, même si `Actor` est maintenant une interface, nous pouvons toujours déclarer une variable de type `Actor` dans la classe `Simulator`. La boucle de simulation reste inchangée.

Répétons-le, les interfaces n'ont pas d'instance, mais servent comme supertypes pour les instances d'autres classes.

Interfaces comme spécifications

Nous avons introduit les interfaces pour mettre en œuvre l'héritage multiple en Java. C'est en effet un des rôles importants des interfaces. Nous examinons ici un autre usage, également important des interfaces.

La propriété la plus importante des interfaces est qu'elles séparent totalement la définition d'une fonctionnalité (l'interface de la classe au sens usuel du terme) de son implantation. Nous trouvons dans la hiérarchie de classes `Collection` de Java un très bon exemple de cette technique.

La hiérarchie `Collection` de Java définit, entre autres, l'interface `List` et les classes `ArrayList` et `LinkedList` (figure 10.5). L'interface `List` spécifie complètement les fonctionnalités d'une liste sans en donner l'implantation. Les sous-classes `ArrayList` et `LinkedList` fournissent deux implantations, chacune efficace pour certaines opérations. En particulier, l'accès à n'importe quel élément de la liste est beaucoup rapide avec une `ArrayList`, tandis que l'insertion ou la suppression sont en général plus rapides avec une `LinkedList`.

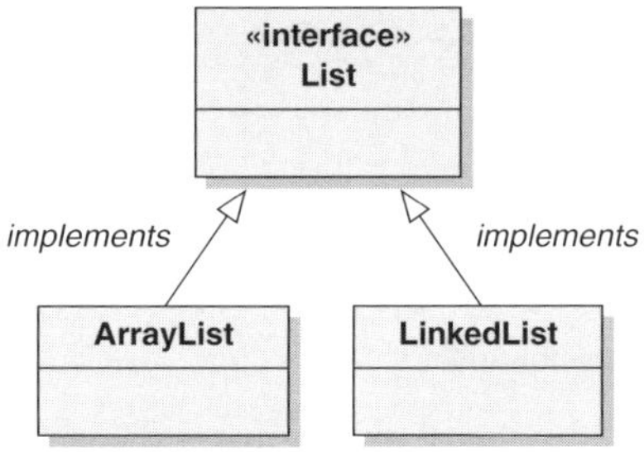

Figure 10.5 • L'interface `List` et ses sous-classes.

Il peut être difficile de déterminer à l'avance quelle implantation choisir pour une application donnée. Cela dépend en effet beaucoup des fréquences relatives de certaines opérations sur les listes. En pratique, le meilleur moyen est souvent de faire des essais en implantant les listes avec chacune des sous-classes et en mesurant les performances obtenues.

Cette technique est très facile à mettre en œuvre avec l'interface `List`. Il suffit de toujours utiliser des variables et des paramètres de type `List` au lieu d'utiliser `ArrayList` ou `LinkedList`.

Nous indiquons quelle implantation utiliser uniquement au moment de la création d'une nouvelle liste, par exemple :

```
private List myList = new ArrayList();
```

Remarquez que le type de `myList` est bien `List`. De cette manière, nous pouvons remplacer dans toute l'application une `ArrayList` par une `LinkedList` en modifiant cette seule ligne du programme.

Un nouvel exemple d'interface

Dans la section précédente, nous avons utilisé les interfaces pour séparer la spécification d'un composant de son implantation. Nous avons pu ainsi remplacer facilement une implantation par une autre.

Les interfaces sont aussi fréquemment employées pour séparer des parties de programmes qui sont faiblement couplées. Dans notre simulation, l'affichage est en fait relativement autonome par rapport à la simulation proprement dite. Nous pouvons d'ailleurs imaginer des modes d'affichages très différents :

- L'affichage est composé de courbes de couleurs différentes représentant les populations de chaque espèce au cours du temps.
- L'affichage peut être purement textuel. Après chaque pas, nous affichons une ligne qui donne le nombre d'individus de chaque espèce. L'intérêt de ce genre d'affichage est qu'on peut l'enregistrer dans un simple fichier texte (puis l'examiner plus tard, par exemple).

Pour réaliser cette séparation, nous transformons `SimulatorView` en une interface. Pour définir complètement celle-ci, nous cherchons dans la classe `Simulator` toutes les méthodes qui sont appelées de l'extérieur. Il y en a trois :

```
view.setColor(class, color);
view.isViable(field);
view.showStatus(step, field);
```

Nous pouvons maintenant facilement définir l'interface `SimulatorView`:

```
import java.awt.Color;

public interface SimulatorView
{
    void setColor(class cl, Color color);
    void isViable(Field field);
    void showStatus(int step, Field field);
}
```

Notre actuelle classe `SimulatorView` doit alors être renommée `AnimatedView` par exemple, et elle doit implanter l'interface `SimulatorView` :

```
public class AnimatedView implements SimulatorView
{
    ...
}
```

Après ces modifications, il est assez facile d'implanter et de « connecter » d'autres visualisations de notre simulation.

Exercice 10.39

Réalisez les modifications décrites ci-dessus. Renommez en `AnimatedView` la classe `SimulatorView` et implantez l'interface `SimulatorView`. Vérifiez que dans la classe `Simulator` le nom `AnimatedView` est employé une seule fois (lorsque l'objet `view` est créé). Aux autres endroits, vous devez utiliser le nom d'interface `SimulatorView`.

Exercice 10.40

Implantez une nouvelle classe `TextView` qui implante `SimulatorView` en réalisant un affichage textuel. Après chaque pas, elle affichera la ligne :

```
Renards: 121  Lapins: 266
```

Faites quelques essais avec `TextView` au lieu de `AnimatedView`. Ne supprimez pas la classe `AnimatedView`. Nous voulons pouvoir passer d'une vue à l'autre !

Exercice 10.41

Pouvez-vous construire une simulation avec les deux affichages en même temps?

Classe abstraite ou interface ?

Dans certaines situations, nous aurons à choisir entre classe abstraite et interface. Le choix est quelquefois facile : si la classe doit contenir l'implantation de certaines méthodes, nous devons utiliser une classe abstraite. Dans les autres cas, les deux choix sont possibles.

Si vous avez le choix, préférez en général l'interface. En effet, une sous-classe d'une classe abstraite ne pourra pas étendre d'autres classes tandis qu'une classe peut implanter plusieurs interfaces. L'interface procure donc une plus grande souplesse et une structure de classes plus extensible.

À propos de l'héritage

Dans les trois derniers chapitres nous avons étudié de nombreux aspects des techniques d'héritage, en particulier l'héritage de code, le sous-typage, l'héritage à partir d'interface, les classes abstraites et les classes concrètes.

De manière générale, nous pouvons distinguer deux objectifs principaux à l'usage de l'héritage : l'héritage de code et l'héritage de type (sous-typage). Le premier permet la réutilisation de code, le deuxième sert au polymorphisme et à la spécialisation.

Lorsque nous héritons de classes concrètes (`extends`), nous visons ces deux objectifs : nous héritons le code et le type. Lorsque nous héritons d'interfaces (`implements`), nous séparons les deux aspects : nous héritons le type mais aucune implantation. Dans les cas où nous visons une partie de chacun des objectifs, nous pouvons employer les classes abstraites : nous héritons le type et une implantation partielle.

Lorsque nous héritons une implantation complète, nous avons la possibilité d'ajouter ou de surcharger des méthodes. Si une sous-classe hérite d'une implantation partielle, elle doit fournir une implantation complète pour pouvoir être instanciée.

Notons enfin que d'autres langages orientés objet proposent des mécanismes pour hériter du code sans hériter le type. Cela n'est pas possible en Java.

Résumé

Dans ce chapitre, nous avons étudié les mécanismes fondamentaux des simulations sur ordinateur et introduit les classes abstraites et les interfaces. Ces constructions permettent de créer de nouvelles abstractions et de développer des applications plus flexibles.

Les classes abstraites ne sont pas instanciées. Elles servent de superclasse pour d'autres classes. Les classes abstraites peuvent avoir des méthodes abstraites (avec une signature mais sans corps) et des implantations de méthodes. Les sous-classes concrètes de classes abstraites doivent surcharger les méthodes abstraites pour fournir leur implantation.

L'autre construction Java pour définir des types est l'interface. Les interfaces Java sont analogues à des classes totalement abstraites. Elles définissent des signatures de méthode mais aucune implantation. Un type défini par une interface peut être utilisé par des variables.

Nous pouvons utiliser les interfaces pour fournir la spécification d'une classe ou d'une partie d'une application sans rien préciser de son implantation.

Java permet l'héritage multiple d'interfaces mais uniquement l'héritage simple de classe.

Résumé des concepts

Méthode abstraite : La définition d'une méthode abstraite inclut uniquement la signature de la méthode, sans corps. Elle est indiquée par le mot clé `abstract`.

Classe abstraite : Une classe abstraite n'est pas destinée à être instanciée. Elle sert de superclasse à d'autres classes. Elle peut contenir des méthodes abstraites.

Sous-classe abstraite : Une sous-classe d'une classe abstraite devient concrète lorsqu'elle implante toutes les méthodes abstraites héritées. Sinon, elle est elle-même (une sous-classe) abstraite.

Héritage multiple : Il y a héritage multiple lorsqu'une classe hérite de plus d'une superclasse.

Interface : Une interface Java est la spécification d'un type sous la forme d'un nom de type et d'un ensemble de méthodes. Aucune des méthodes n'a d'implantation.

11

Gestion des erreurs

Concepts clés de ce chapitre

- Programmation défensive
- Signalisation d'erreur
- Déclenchement et gestion d'exception
- Gestion élémentaire de fichiers

Notions Java

- `TreeMap`, `TreeSet`, `SortMap`, `exception`, `throw`, `throws`, `try`, `catch`

Termes introduits dans ce chapitre

- Exception, exception hors contrôle, exception sous contrôle, gestionnaire d'exception, sérialisation

Au chapitre 6, nous avons noté que les erreurs logiques étaient plus difficiles à repérer que les erreurs de syntaxe parce qu'un compilateur ne peut pas nous aider à les détecter. Les erreurs logiques surviennent pour diverses raisons, qui peuvent interférer dans certains cas :

- La solution à un problème est implantée de manière incorrecte. Par exemple, un problème de calculs statistiques sur des données a été programmé pour calculer la moyenne au lieu de la médiane (la valeur centrale).
- On demande à un objet de réaliser quelque chose qu'il ne sait pas faire. Par exemple, une méthode `get` d'un objet `collector` peut être appelée avec un indice hors des valeurs acceptables.
- Un objet est utilisé d'une manière non prévue par le concepteur de la classe, ce qui conduit à placer l'objet dans un état inconsistant ou inadapté. Cela se produit souvent lorsqu'une classe est réutilisée dans un contexte différent de l'original, par héritage par exemple.

Bien que le type de stratégies de test discutées au chapitre 6 puisse nous aider à identifier et à éliminer beaucoup d'erreurs logiques avant que nos programmes soient utilisés, l'expérience montre que les erreurs de programme continueront à se produire. Plus grave, même le programme le plus finement testé peut s'arrrêter sur une erreur provoquée par des circonstances non contrôlables par le programmeur. Pensez à un navigateur qui doit afficher une page Web qui n'existe pas ou à un programme qui essaie d'écrire sur un disque plein. Ces problèmes ne découlent pas d'erreurs logiques de programmation mais ils peuvent facilement provoquer une erreur d'exécution si l'on n'a pas envisagé qu'ils pouvaient survenir.

Dans ce chapitre nous étudierons comment anticiper et réagir aux situations d'erreur qui surviennent pendant l'exécution d'un programme. De plus, nous ferons quelques suggestions sur la façon de signaler les erreurs quand elles surviennent. Nous expliquerons aussi comment effectuer des entrées/sorties texte, car la gestion des fichiers est l'une des situations où les erreurs peuvent facilement se produire.

Le projet *address-book* (carnet d'adresses)

Nous utiliserons la famille de projets *address-book* (carnet d'adresses) pour illustrer certains des principes de signalisation et gestion d'erreurs survenant dans beaucoup d'applications. Ces projets correspondent à une application qui gère et enregistre les coordonnées de contacts personnels — nom, adresse et numéro de téléphone — d'un nombre quelconque de personnes. Les informations des contacts sont indexées dans le carnet d'adresses à la fois par le nom et le numéro de téléphone. Les classes principales que nous allons étudier sont `AddressBook` (code 11.1) et `ContactDetails`. La classe `AddressBookDemo` est également disponible pour pouvoir créer facilement un carnet d'adresses initial.

Code 11.1 • La classe AddressBook.

```
import java.util.Iterator;
import java.util.LinkedList;
import java.util.SortedMap;
import java.util.TreeMap;
import java.util.TreeSet;
/**
 * Une classe pour gérer les coordonnées d'un nombre quelconque de
 ➥contacts.
 * Les coordonnées sont indexées par le nom et le numéro de téléphone.
 * @author David J. Barnes et Michael Kolling.
 * @version 2002.05.08
 */
public class AddressBook
{
    // Enregistrement d'un nombre quelconque de contacts.
    private TreeMap book;
    private int numberOfEntries;
```

```
    /**
     * Initialise un carnet d'adresses vide.
     */
    public AddressBook()
    {
        book = new TreeMap();
        numberOfEntries = 0;
    }

    /**
     * Recherche un nom ou un numéro de téléphone et renvoie
     * les coordonnées du contact correspondant.
     * @param key Le nom ou le numéro à chercher.
     * @return Les informations correspondant à la clé.
     */
    public ContactDetails getDetails(String key)
    {
        return (ContactDetails) book.get(key);
    }

    /**
     * Renvoie si oui ou non la clé est utilisée.
     * @param key Le nom ou le numéro à chercher.
     * @return true si la clé est utilisée, false sinon.
     */
    public boolean keyInUse(String key)
    {
        return book.containsKey(key);
    }

    /**
     * Ajoute un nouveau contact au carnet d'adresses.
     * @param details Les coordonnées à associer à la personne.
     */
    public void addDetails(ContactDetails details)
    {
        book.put(details.getName(), details);
        book.put(details.getPhone(), details);
        numberOfEntries++;
    }

    /**
     * Modifie les coordonnées stockées pour la clé donnée.
     * @param oldKey Une des clés utilisées pour enregistrer les
     ➥informations.
     * @param details Les nouvelles informations.
     */
    public void changeDetails(String oldKey,
                              ContactDetails details)
    {
        removeDetails(oldKey);
        addDetails(details);
```

Code 11.1 • La classe AddressBook *(suite).*

```
    }

    /**
     * Cherche toutes les coordonnées stockées correspondant à une clé
     * commençant par le préfixe fourni.
     * @param keyPrefix Le préfixe de recherche.
     * @return Un tableau des informations trouvées.
     */
    public ContactDetails[] search(String keyPrefix)
    {
        // Construire une liste des informations qui correspondent.
        LinkedList matches = new LinkedList();
        // Trouver les clés supérieures ou égales au préfixe.
        SortedMap tail = book.tailMap(keyPrefix);
        Iterator it = tail.keySet().iterator();
        // Arrêter lorsqu'il n'y a plus concordance.
        boolean endOfSearch = false;
        while(!endOfSearch && it.hasNext()) {
            String key = (String) it.next();
            if(key.startsWith(keyPrefix)) {
                matches.add(book.get(key));
            }
            else {
                endOfSearch = true;
            }
        }
        ContactDetails[] results =
                        new ContactDetails[matches.size()];
        matches.toArray(results);
        return results;
    }

    /**
     * @return Le nombre d'entrées actuellement
     *         dans le carnet d'adresses.
     */
    public int getNumberOfEntries()
    {
        return numberOfEntries;
    }

    /**
     * Supprime une entrée de clé donnée du carnet d'adresses.
     * @param key Une des clés de l'entrée à supprimer.
     */
    public void removeDetails(String key)
    {
        ContactDetails details =
                        (ContactDetails) book.get(key);
        book.remove(details.getName());
        book.remove(details.getPhone());
```

```
            numberOfEntries--;
        }

        /**
         * @return Une liste de toutes les coordonnées des contacts,
         * classées selon l'ordre de tri de la classe ContactDetails.
         */
        public String listDetails()
        {
            // Comme chaque entrée est stockée sous deux clés,
            // il faut construire un ensemble des coordonnées des contacts
            // pour éliminer les doublons.
            StringBuffer allEntries = new StringBuffer();
            TreeSet sortedDetails = new TreeSet(book.values());
            Iterator it = sortedDetails.iterator();
            while(it.hasNext()) {
                ContactDetails details = (ContactDetails) it.next();
                allEntries.append(details);
                allEntries.append('\n');
                allEntries.append('\n');
            }
            return allEntries.toString();
        }
    }
```

On peut stocker de nouvelles informations dans le carnet d'adresses grâce à sa méthode `addDetails`. Cela suppose que les informations concernent un nouveau contact et non pas des informations à modifier pour un contact existant. Pour gérer la modification, la méthode `changeDetails` supprime l'entrée précédente et la remplace par les nouvelles informations. Le carnet d'adresses fournit deux moyens de récupérer des entrées : la méthode `getDetails` prend comme clé un nom ou un numéro de téléphone et renvoie les informations associées ; la méthode `search` renvoie un tableau de toutes les entrées qui commencent par une chaîne de recherche donnée. Par exemple, la chaîne de recherche `"08459"` retournerait toutes les entrées dont le numéro de téléphone commence par « 08459 ».

Vous pouvez travailler avec deux versions d'introduction du projet carnet d'adresses. Elles donnent accès à la même version de `AddressBook`, donnée dans le code 11.1. Le projet *addressbook-v1t* fournit une interface utilisateur de type texte, analogue à l'interface du jeu de Zuul étudié au chapitre 7. Les commandes disponibles permettent d'ajouter un contact, lister tous les contacts, rechercher un contact. la version addressbook-v1g possède une interface graphique. Manipulez les deux versions pour assimiler les possibilités de l'application.

Exercice 11.1

Ouvrez le projet *address-book-v1g* et créez un objet `AddressBook-Demo`. Appelez sa méthode `showInterface` pour afficher l'IUG et intéragir avec le carnet d'adresses.

Exercice 11.2

Recommencez vos essais avec l'interface textuelle du projet *address-book-v1t*.

Exercice 11.3

Examinez l'implantation de la classe `AdressBook` et évaluez si elle a été correctement écrite ou pas. Quelles sont vos critiques ?

Exercice 11.4

La classe `AdressBook` utilise de nombreuses classes du paquetage `java.util` ; si vous ne les connaissez pas, consultez la documentation de l'API. Pensez-vous que l'emploi de si nombreuses classes soit justifié ? Pourrait-on utiliser un `HashMap` à la place d'un `TreeMap` ?

Exercice 11.5

Modifiez les classes `CommmandsWords` et `AddressBookTextInterface` du projet *address-book-v1t* pour offrir un accès interactif aux méthodes `getDetails` et `removeDetails` de `AdressBook`.

Exercice 11.6

La classe `AdressBook` définit un attribut qui contient le nombre d'entrées. Pensez-vous qu'il serait plus approprié de calculer cette valeur à la demande, à partir du nombre d'entrées sans doublon du `TreeMap` ? Par exemple, voyez-vous une situation dans laquelle le calcul suivant ne fournirait pas la même valeur ?

```
return book.size() / 2;
```

Programmation défensive

Interactions client-serveur

Un carnet est un objet serveur caractéristique, qui ne génère aucune action de lui-même : toutes ses activités sont déclenchées par les requêtes des clients. Nous pouvons adopter deux points de vue au moins quant à la conception et à l'implantation :

- Les objets clients savent ce qu'ils font et invoquent toujours un service correctement ;
- Le serveur fonctionne dans un environnement fondamentalement hostile et il faut tout mettre en œuvre pour éviter un usage incorrect du serveur.

Ces deux points de vue sont bien entendu deux positions extrêmes et opposées. Dans la pratique, le scénario le plus fréquent se situe entre les deux : la plupart des interactions client seront correctes et quelques-unes feront un usage incorrect du serveur, à cause d'une erreur de logique de programmation ou en raison d'une erreur de conception. Ces deux points de vue vont en fait nous permettre d'étudier plusieurs questions, et en particulier :

- Jusqu'à quel point une méthode serveur doit-elle effectuer des vérifications ?
- Comment un serveur doit-il signaler les erreurs au client ?
- Comment un client peut-il anticiper l'échec d'une requête à un serveur ?
- Comment un client doit-il réagir en cas d'échec d'une requête ?

L'examen de la classe `AdressBook` révèle qu'elle a été écrite en faisant entièrement confiance au client. L'exercice 11.7 montre comment générer une erreur et ses conséquences.

Exercice 11.7

Dans le projet *address-book-v1g,* créez un nouvel objet `AdressBook` sur le bureau des objets. Le carnet créé est vide. Appelez maintenant sa méthode `removeDetails` avec une clé quelconque. Que se passe-t-il ? Pouvez-vous expliquer ce qui s'est produit ?

Exercice 11.8

Pour un programmeur, la réponse de base à une situation d'erreur consiste à laisser le programme se terminer (en erreur !). Voyez-vous des situations dans lesquelles un tel fonctionnement pourrait être dangereux ?

Exercice 11.9

De nombreux logiciels commerciaux contiennent des erreurs qui ne sont pas gérées correctement et provoquent un arrêt immédiat du programme. Est-ce inévitable ? Est-ce acceptable ? Discutez.

Le problème avec la méthode `removeDetails` provient du fait qu'elle utilise la clé passée en paramètre pour obtenir les coordonnées correspondantes :

```
ContactDetails details = (ContactDetails) book.get(key);
```

Si la clé ne correspond à aucune personne, la variable `details` est `null`. Ce n'est pas une erreur en soi, mais l'erreur survient lors de l'instruction suivante qui suppose que `details` fait référence à un objet valide :

```
book.remove(details.getName());
```

L'appel d'une méthode sur un objet `null` est illégal et provoque une erreur d'exécution. BlueJ indique une `NullPointerException` et met en évidence l'instruction concernée. Nous reparlerons des exceptions en détail plus loin dans ce chapitre. Disons simplement que, dans un tel cas, une application se terminerait immédiatement au lieu de poursuivre son travail.

Nous avons donc là un problème. Mais à qui la faute ? au client, pour avoir appelé une méthode avec un argument incorrect ? au serveur pour ne pas avoir su gérer cette situation ? Le programmeur du client répondra que dans la documentation rien n'indique que la clé doit être valide. L'auteur du serveur rétorquera qu'il est manifestement erroné de supprimer des coordonnées avec une clé non valide. Dans ce chapitre, notre objectif n'est pas de régler ces querelles, mais d'éviter qu'elles surviennent. Nous allons commencer par la gestion des erreurs du point de vue du serveur.

Exercice 11.10

Faites une copie d'un des projets *address-book,* sous un autre nom, puis travaillez avec cet exemplaire. Modifiez la méthode `removeDetails` pour éviter que l'erreur `NullPointerException` ne se produise lorsque la clé ne correspond à rien. Dans ce cas, la méthode ne fera rien.

Exercice 11.11

Faut-il signaler le fait que la clé est invalide dans un appel à `removeDetails` ? Si oui, comment feriez-vous ?

Exercice 11.12

Y a-t-il d'autres méthodes dans la classe `AdressBook` qui présentent le même risque d'erreur ? Si oui, essayez de les corriger dans votre copie du projet. Peut-on, dans tous les cas, choisir de ne rien faire en cas d'argument non valide ? Les erreurs doivent-elles être signalées ? Si oui, comment feriez-vous ? Feriez-vous de même dans tous les cas ?

Vérifier les arguments

Un objet serveur est plus vulnérable si son constructeur reçoit des paramètres *via* ses arguments. Ces valeurs sont effet utilisées pour initialiser le nouvel objet. Les valeurs passées à une méthode quelconque influencent son fonctionnement et souvent les résultats qu'elle fournit. Il est donc primordial qu'un serveur sache s'il peut supposer que les arguments de telle ou telle méthode sont valides ou s'il doit les vérifier. Actuellement, aucune vérification n'est faite dans les classes `ContactDetails` et `AdressBook`. Nous avons vu, avec `removeDetails`, que cela pouvait conduire à une erreur fatale d'exécution.

Le code 11.2 montre qu'il est assez facile d'éviter qu'une exception `NullPointer Exception` ne survienne. Notez que nous avons modifié le commentaire de la méthode en même temps que son code.

Code 11.2 • Protection de `removeDetails` contre une clé non valide.

```
/**
 * Supprime une entrée de clé donnée du carnet d'adresses.
 * Si la clé n'existe pas, ne rien faire.
 * @param key Une des clés de l'entrée à supprimer.
 */
public void removeDetails(String key)
{
    if(keyInUse(key)) {
        ContactDetails details = (ContactDetails) book.get(key);
        book.remove(details.getName());
        book.remove(details.getPhone());
        numberOfEntries--;
    }
}
```

En examinant toutes les méthodes de `AdressBook`, nous trouvons plusieurs endroits à améliorer de la même manière :

- La méthode `addDetails` devrait vérifier que son argument n'est pas `null`.
- La méthode `changeDetails` devrait contrôler que l'ancienne clé est effectivement utilisée et que les nouvelles coordonnées ne sont pas `null`.

- La méthode `search` devrait vérifier que la clé n'est pas `null`.

Toutes ces modifications ont été effectuées dans les versions *addressbook-v2t* et *addressbook-v2g* du projet carnet d'adresses.

Exercice 11.13

À votre avis, pourquoi avons-nous jugé inutile de faire les mêmes modifications dans les méthodes `getDetails` et `keyInUse` ?

Exercice 11.14

Pour gérer les erreurs d'arguments, nous n'affichons aucun message d'erreur. Pensez-vous qu'un objet `AddressBook` doive afficher un message chaque fois qu'une de ses méthodes reçoit un argument incorrect ? Voyez-vous des situations où un tel affichage serait inadapté ?

Exercice 11.15

Y a-t-il d'autres contrôles qui vous semblent nécessaires pour qu'un objet `AddressBook` fonctionne correctement ?

Signaler les erreurs de serveur

La protection du serveur contre des arguments non valides peut paraître suffisante au programmeur du serveur. Or, idéalement, de telles erreurs ne devraient pas se produire. De plus, très souvent, les erreurs de ce genre proviennent d'une erreur de programmation dans le client. Ainsi, il est de bonne pratique que le serveur indique qu'il y a un problème, en informant le client, l'utilisateur ou le programmeur, de manière à faciliter les corrections. Quel est le meilleur moyen à employer pour le serveur ? Il n'y a pas de réponse universelle à cette question, et la réponse la plus adaptée dépend souvent du contexte dans lequel le serveur s'exécute. Nous étudions ci-après plusieurs possibilités.

Exercice 11.16

Quels sont les différents moyens auxquels vous pouvez penser pour indiquer qu'une méthode a reçu des paramètres incorrects, ou est incapable de poursuivre son exécution ? Réfléchissez à tous les genres d'applications possibles, par exemple en environnement graphique, en interface texte, avec un utilisateur humain ou pas, comme les logiciels de contrôle d'automobiles, etc.

Informer l'utilisateur

La manière la plus évidente pour un objet de réagir à une situation anormale consiste à informer l'utilisateur d'une manière ou d'une autre. Nous avons alors essentiellement deux possibilités : afficher un message d'erreur sur `System.out` ou afficher une fenêtre de message d'erreur.

Cette solution pose en fait, dans les deux cas, deux problèmes :

- Elle suppose que l'application fonctionne en interaction avec un utilisateur humain. Or ce n'est pas vrai dans beaucoup d'applications, les messages ou fenêtres ne seront donc d'aucune utilité. En fait, de nombreuses applications ne disposent même pas d'écran !
- Même s'il y a un utilisateur humain pour voir les messages, il est rarement à même de pouvoir intervenir : imaginez une personne à un distributeur automatique confrontée à une `NullPointerException` ! Ce n'est que dans les cas où l'action de l'utilisateur a provoqué le problème, par exemple l'entrée d'une valeur erronée, que ce dernier pourra réagir.

Les programmes qui affichent des messages d'erreur inadaptés risquent plus de gêner les utilisateurs que de leur être utiles. En conclusion, sauf dans des cas très précis, avertir l'utilisateur n'est pas la solution générale au problème d'indication d'erreur.

Informer l'objet client

Une approche totalement différente de ce que nous venons de voir consiste pour le serveur à renvoyer à l'objet client une information signalant l'erreur. Nous disposons essentiellement de deux moyens :

- Le serveur peut utiliser la valeur de retour de la méthode pour indiquer que l'appel a échoué ou non.
- Le serveur peut, en cas d'erreur, *déclencher une exception* à partir de la méthode appelée. Nous introduisons ici une nouvelle fonctionnalité de Java, qui existe aussi dans d'autres langages de programmation. Nous étudierons en détail cette possibilité dans la section « Principes du déclenchement d'exception ».

Ces deux techniques ont l'avantage d'obliger le programmeur du client à tenir compte des erreurs possibles lors d'un appel de méthode d'un autre objet. Pour autant, seul le déclenchement d'exception interdit effectivement au programmeur d'ignorer les conséquences de telles erreurs.

Nous pouvons facilement introduire la première solution dans le code d'une méthode dont le type du retour est initialement `void`. Il suffit de remplacer le type `void` par le type `boolean` et de retourner `true` ou `false` selon que tout s'est bien passé ou pas (code 11.3).

Code 11.3 • Un type de retour `boolean` pour indiquer l'échec ou le succès.

```
/**
 * Supprime une entrée de clé donnée du carnet d'adresses.
 * La clé doit être effectivement utilisée.
 * @param key Une des clés de l'entrée à supprimer.
 * @return true si l'entrée a effectivement été supprimée
 *         false sinon
 */
public boolean removeDetails(String key)
```

```
{
    if(keyInUse(key)) {
        ContactDetails details = (ContactDetails) book.get(key);
        book.remove(details.getName());
        book.remove(details.getPhone());
        numberOfEntries--;
        return true;
    }
    else {
        return false;
    }
}
```

Le client peut alors utiliser une instruction `if` pour contrôler (on dit aussi « garder ») les instructions qui dépendent d'une suppression réussie :

```
if(addresses.removeDetails("...")) {
    // Entrée supprimée avec succès. Continuer normalement.
  ...
}
else {
    // Échec de la suppression. Gérer cette situation si possible.
  ...
}
```

Si la méthode possède déjà un type de retour non `void`, il est encore parfois possible d'utiliser la valeur de retour comme indicateur d'erreur. C'est le cas si une valeur particulière du type peut jouer le rôle d'indicateur. Par exemple, la méthode `getDetails` renvoie un objet `ContactDetails` correspondant à une clé, comme dans l'exemple ci-après :

```
// Envoyer un message à David.
ContactDetails details = addresses.getDetails("David");
String phone = details.getPhone();
...
```

getDetails peut indiquer qu'une clé est inutilisée en renvoyant une valeur `null` au lieu d'un objet *ContactDetails* (code 11.4). Ainsi le client pourra vérifier si cette personne existe ou pas et agir en conséquence :

```
ContactDetails details = addresses.getDetails("David");
if(details != null) {
    // Envoyer un message à David.
    String phone = details.getPhone();
...
}
else {
    // Pas d'entrée. Essayer de résoudre le problème si possible.
    ...
}
```

La valeur *null* est souvent utilisée par les méthodes qui renvoient une référence à un objet pour signaler une erreur. Pour les méthodes qui renvoient un type primitif, il existe souvent une valeur hors limites qui peut jouer le même rôle : par exemple, la méthode `indexOf` de la classe `String` renvoie une valeur négative pour indiquer que le caractère cherché n'a pas été trouvé.

Code 11.4 • Retourner une valeur hors limites comme indicateur d'erreur.

```
/**
 * Recherche un nom ou un numéro de téléphone et renvoie
 * les coordonnées du contact correspondant.
 * @param key Le nom ou le numéro à chercher.
 * @return Les informations correspondant à la clé, ou
 *         null si la clé n'est pas utilisée.
 */
public ContactDetails getDetails(String key)
{
    if(keyInUse(key)) {
        return (ContactDetails) book.get(key);
    }
    else {
        return null;
    }
}
```

Exercice 11.17

Utilisez une copie du projet *address-book-v2t,* et modifiez la classe `AdressBook` pour informer le client qu'une méthode a reçu une valeur incorrecte de paramètre ou qu'elle n'a pas pu réaliser le travail demandé.

Exercice 11.18

Pensez-vous que les styles différents des interfaces des projets *v2t* et *v2g* entraînent des différences dans la façon dont les erreurs sont signalées aux utilisateurs ?

Exercice 11.19

Y a-t-il selon vous des valeurs de paramètres inadaptées pour le constructeur de la classe `ContactDetails` ?

Exercice 11.20

Est-il nécessaire de signaler une erreur lorsqu'un appel à la méthode `search` ne trouve aucune entrée ?

Exercice 11.21

Un constructeur peut-il informer qu'il ne peut créer un nouvel objet dans un état correct ? Que devrait faire un constructeur qui reçoit des paramètres inappropriés ?

Naturellement nous ne pouvons pas appliquer l'approche ci-dessus lorsque toutes les valeurs de retour possibles sont significatives. Dans ce cas, il est nécessaire d'utiliser un *déclenchement d'exception* (voir la section suivante, « Principes du déclenchement d'exception ») qui offre en réalité plusieurs avantages déterminants. Pour vous convaincre de l'intérêt des exceptions, il suffit de citer deux points délicats à gérer avec des valeurs de retour :

- Il n'existe malheureusement aucun moyen d'obliger un client à vérifier la valeur de retour d'une méthode à des fins de diagnostic. Un client peut donc poursuivre comme si de rien n'était et provoquer une terminaison du programme sur une erreur `NullPointerException`, ou plus grave encore, utiliser la valeur de diagnostic comme une valeur ordinaire, provoquant une erreur logique difficile à détecter !
- Dans certains cas, nous devons utiliser la valeur de diagnostic pour des raisons très différentes. C'est le cas avec les versions modifiées de `getDetails` (code 11.3) et `removeDetails` (code 11.4). Dans un cas, nous voulons prévenir le client que la requête a échoué ou non. Dans l'autre cas, nous signalons s'il y a eu un problème pour traiter la requête, par exemple à cause d'arguments incorrects.

Dans la plupart des cas, une requête infructueuse n'est pas en soi une erreur logique de programmation, alors qu'une requête incorrecte est certainement une erreur de programmation. On imagine des réactions assez différentes du client dans ces deux cas. Il n'y a en fait pas de moyen satisfaisant de résoudre ce genre de conflit avec les valeurs de retour.

Principes du déclenchement d'exception

Concept

Une **exception** est un objet qui représente les informations associées à une erreur du programme. Un eexception est déclenchée (ou lancée, levée) pour signaler qu'une erreur est survenue.

Déclencher une exception est le moyen le plus efficace dont dispose un serveur pour indiquer qu'il ne peut satisfaire une requête. Un des principaux avantages de cette technique est qu'il est (presque) impossible pour un client d'ignorer un déclenchement d'exception et de poursuivre sans s'en préoccuper. Si le client ne gère pas cette situation, l'application se termine immédiatement. Autre intérêt, le mécanisme des exceptions est indépendant des valeurs de retour de la méthode et peut donc être utilisé quel que soit le type de cette valeur.

Déclencher une exception

Le code 11.5 montre comment on déclenche (ou on lance) une exception dans une méthode avec une instruction `throw`. La méthode `getDetails` déclenche une exception pour signaler qu'une clé `null` n'a pas de sens.

Code 11.5 • Déclencher une exception.

```
/**
 * Recherche un nom ou un numéro de téléphone et renvoie
 * les coordonnées du contact correspondant.
 * @param key Le nom ou le numéro à chercher.
 * @return Les informations correspondant à la clé
 *         ou null si les informations ne sont pas trouvées.
 * @throw NullPointerException si la clé est 'null'.
 */
public ContactDetails getDetails(String key)
{
    if(key == null){
        throw new NullPointerException("Clé 'null' dans 'getDetails'");
    }
    else {
       return (ContactDetails) book.get(key);
    }
}
```

Il y a deux étapes dans le déclenchement d'une exception : un objet `exception` est créé puis l'objet est déclenché avec le mot clé `throw`. Ces deux étapes sont pratiquement toujours regroupées dans une seule instruction :

```
throw new ExceptionType("chaîne optionnelle de diagnostic");
```

Nous pouvons passer une chaîne optionnelle au constructeur de l'exception. Cette chaîne peut ensuite être utilisée par le récepteur en appelant l'accesseur `getMessage` de l'exception ou sa méthode `toString`.

Le code 11.5 montre aussi qu'on peut ajouter, dans la documentation de la méthode, des informations sur les exceptions qu'elle peut déclencher, en utilisant le marqueur javadoc `@throws`.

Classes d'exception

Un objet exception est toujours une instance d'une classe d'une hiérarchie d'héritage particulière. Nous pouvons créer de nouveaux types d'exception en créant des sous-classes dans cette hiérarchie (figure 11.1). À strictement parler, toutes les classes d'exception sont des sous-classes de la classe `throwable` définie dans le paquetage `java.lang`. Nous suivrons cependant la convention qui consiste à définir et à utiliser des classes d'exceptions qui sont des sous-classes de `Exception` également définie dans `java.lang`. Les exceptions qui dérivent de `Error` sont en principe réservées aux erreurs du système d'exécution ; elles ne sont donc pas gérables par le programmeur. Le paquetage `java.lang` définit de nombreuses classes d'exception que l'on rencontre fréquemment et que vous avez peut-être déjà déclenchées par inadvertance, comme `NullPointerException`, `IndexOutOfBoundsException` et `ClasscastException`.

Java divise les classes d'exception en deux catégories : les exceptions sous contrôle (« checked exceptions ») et les exceptions hors contrôle (« unchecked exceptions »).

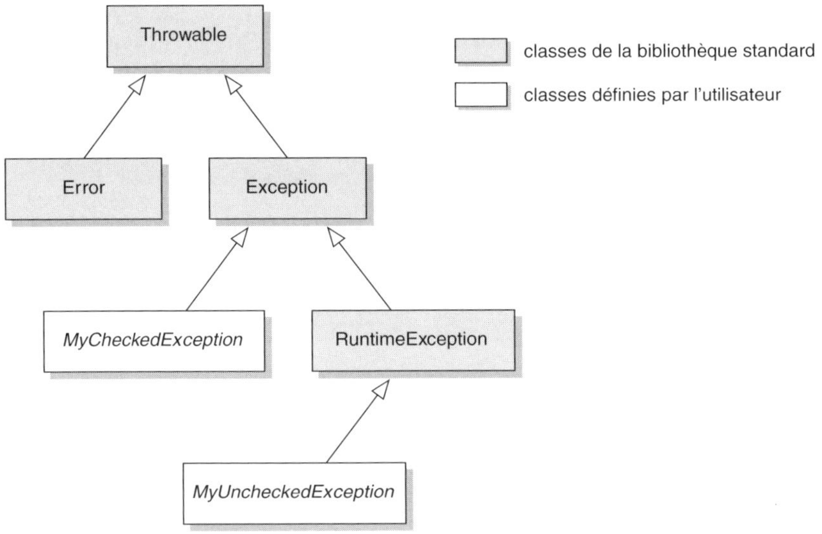

Figure 11.1 • La hiérarchie des classes d'exception.

Toutes les sous-classes de la classe standard `RunTimeException` sont hors contrôle ; toutes les autres sous-classes de `Exception` sont sous contrôle.

De manière légèrement simplifiée, les exceptions sous contrôle sont utilisées lorsque le client s'attend à une erreur possible. Par exemple, lorsqu'un disque est plein pendant une écriture sur disque. Dans ces cas, le client doit être contraint de vérifier s'il y a eu une erreur. Les exceptions hors contrôle correspondent aux situations non prévues et indiquent en général une erreur de programmation.

Choisir entre les deux catégories d'exceptions n'est malheureusement pas une science exacte ; voici cependant deux conseils :

- en règle générale, utilisez une exception hors contrôle pour les situations conduisant à une terminaison du programme, typiquement parce qu'on soupçonne qu'une erreur logique va empêcher la poursuite de l'application. En conséquence, utilisez une exception sous contrôle dans les cas où une récupération sur erreur semble possible. Un des problèmes pour appliquer cette première règle est qu'un serveur ne peut pas toujours estimer convenablement si le client aura les capacités nécessaires pour corriger l'erreur.
- une deuxième règle est d'utiliser une exception hors contrôle dans les situations qui devraient raisonnablement être évitées. C'est le cas par exemple pour un indice de tableau hors limites, et l'exception `ArrayIndexOutOfBoundsException` est d'ailleurs hors contrôle. En conséquence, les exceptions sous contrôle devraient être utilisées dans les situations que le programmeur ne maîtrise pas, par exemple un disque plein pendant une écriture sur disque.

Les règles d'utilisation en Java des deux types d'exception sont assez différentes. Nous les étudierons dans les sections « Exceptions hors contrôle » et « Exceptions sous contrôle : la clause `throws` ». En simplifiant, disons qu'une méthode qui peut déclencher une exception sous contrôle contient du code pour anticiper la survenue d'une erreur et du code pour gérer le problème si l'erreur survient (en fait, le programmeur du client peut encore trop facilement respecter les règles Java et ne pas gérer la reprise sur erreur).

Effet du déclenchement d'une exception

Que se passe-t-il lorsqu'une exception est déclenchée (on dit aussi lancée) ? Nous devons distinguer ce qui se produit pour la méthode où l'exception a été déclenchée et ce qui se passe pour l'appelant.

L'exécution de la méthode qui déclenche une exception est terminée immédiatement et ne poursuit pas jusqu'à la fin de son code. Conséquence importante, une méthode qui retourne normalement une valeur peut ne pas exécuter d'instruction `return`. C'est tout à fait cohérent puisqu'un déclenchement d'exception signale l'impossibilité pour la méthode de remplir correctement son contrat. Le code 11.5 fournit un exemple de cette situation :

```
if(key == null){
    throw new NullPointerException("Clé 'null' dans 'getDetails'");
}
else {
   return (ContactDetails) book.get(key);
}
```

L'absence de `return` dans la branche du `if` qui génère l'exception est acceptable. En fait, le compilateur indiquera une erreur s'il trouve du code après une instruction `throw`, car ce code ne sera jamais exécuté.

L'effet d'un déclenchement sur la partie du programme qui a appelé la méthode est plus compliqué . Les conséquences les plus générales dépendent en particulier du fait que l'on ait programmé ou pas de *capturer* l'exception. Dans l'appel suivant de `getDetails` nous sommes certains que la deuxième instruction ne sera jamais exécutée :

```
AddressDetails details = addresses.getDetails(null);
// L'instruction suivante ne sera jamais exécutée.
String phone = details.getPhone();
```

Nous sommes sûrs que ce code est incomplet : que se passera-t-il après déclenchement de l'exception par `getDetails` ?

Cet exemple démontre clairement la puissance du mécanisme d'exception qui interdit au client de poursuivre lorsqu'un problème survient. La suite de l'exécution varie selon que l'exception est capturée ou non. Si elle ne l'est pas, le programme se termine et un message signale qu'une exception `NullPointerException` a été déclenchée. Nous étudierons comment capturer une exception dans la section « Exceptions sous contrôle : la clause `throws` ».

Exceptions hors contrôle

> ***Concept***
> Les **exceptions hors contrôle** sont les exceptions dont l'emploi n'est pas vérifié par le compilateur.

Les exceptions hors contrôle sont les plus faciles à programmer parce que le compilateur impose peu de règles pour les utiliser, d'où leur nom : le compilateur ne fait pas de contrôle spécifique ni sur la méthode qui peut déclencher ces exceptions, ni sur le code appelant. Une classe d'exception est hors contrôle si c'est une sous-classe de la classe `RuntimeException` définie dans le paquetage `java.lang`. Tous les exemples que nous avons vus sont des exceptions hors contrôle et il n'y a pas grand-chose à ajouter : pour déclencher une exception hors contrôle, utilisez simplement une instruction `throw`.

Avec la convention selon laquelle une exception hors contrôle est associée à une fin d'exécution, donc n'a pas à être capturée, il n'y a rien à prévoir du côté de l'appelant : le programme se terminera tout simplement par une erreur d'exécution. Il est toutefois possible de capturer, si besoin est, une exception hors contrôle (voir plus loin la section « Exceptions sous contrôle : la clause `throws` »)

On emploie souvent l'exception hors contrôle `IllegalArgumentException`. Elle est déclenchée par un constructeur ou une méthode pour signaler qu'un argument n'est pas valide. Par exemple (code 11.6) la méthode `getDetails` pourrait déclencher cette exception lorsque la clé est vide.

Code 11.6 • Tester un argument illégal.

```
/**
 * Recherche un nom ou un numéro de téléphone et renvoie
 * les coordonnées du contact correspondant.
 * @param key Le nom ou le numéro à chercher.
 * @throw NullPointerException si la clé est 'null'.
 * @throw IllegalArgumentException si la clé est vide.
 * @return Les informations correspondant à la clé
 *         ou null si les informations ne sont pas trouvées.
 */
public ContactDetails getDetails(String key)
{
    if(key == null) {
        throw new NullPointerException("Clé 'null' dans 'getDetails'");
    }
    if(key.trim().length() == 0) {
        throw new IllegalArgumentException("Clé vide passée à
        ➥'getDetails'");
    }
    return (ContactDetails) book.get(key);
}
```

Il est préférable de réaliser les tests de validité des arguments avant d'aller plus loin et de risquer de placer l'objet dans un état inconsistant. Si une méthode de l'objet doit échouer, il vaut mieux, si possible, laisser l'objet dans l'état où il était avant l'appel de la méthode.

Exercice 11.22

Passez en revue toutes les méthodes de la classe `AdressBook` et décidez si certaines devraient déclencher une `IllegalArgumentException`. Faites les modifications nécessaires.

Exercice 11.23

Si vous ne l'avez pas encore fait, ajoutez la documentation javadoc pour décrire toutes les exceptions qui peuvent être déclenchées dans la classe `AdddressBook`.

Empêcher la création d'objet

Un usage important des exceptions est d'empêcher la création d'objets s'ils ne peuvent pas être initialisés correctement. C'est typiquement le cas lorsque les paramètres du constructeur ne sont pas valides. Expliquons ce point avec la classe `Contactdetails`. Le constructeur actuel initialise le champ à vide si l'argument est `null`. Or le carnet d'adresses a besoin d'un nom ou d'un numéro de téléphone non vide pour pouvoir indexer les coordonnées. Nous pouvons donc éviter la création d'un objet `ContactDetails` en déclenchant une exception si le nom et le numéro de téléphone sont vides tous les deux. Le mécanisme de déclenchement est exactement le même que celui d'une méthode (code 11.7).

Code 11.7 • Le constructeur de la classe `ContactDetails`.

```
/**
 * Initialiser les coordonnées. toutes les informations sont tronquées
 * pour éliminer les espaces en fin de chaîne. Le nom
 * ou le numéro de téléphone doit être non vide.
 * @param name Le nom.
 * @param phone Le numéro de téléphone.
 * @param address L'adresse.
 * @throws IllegalStateException Si le nom et le numéro de téléphone
 * sont vides.
 */
public ContactDetails(String name, String phone, String address)
{
    // Utiliser une chaîne vide si l'argument est "null".
    if(name == null) {
        name = "";
    }
    if(phone == null) {
        phone = "";
    }
    if(address == null) {
        address = "";
```

```
        }

        this.name = name.trim();
        this.phone = phone.trim();
        this.address = address.trim();

        if(this.name.length() == 0 && this.phone.length() == 0) {
            throw new IllegalStateException(
                    "Le nom ou le numéro de téléphone doit être non vide.");
        }
    }
```

Les exceptions déclenchées par un constructeur ont le même effet sur le client que celles qui sont déclenchées par une méthode ordinaire. Ainsi la tentative de création suivante échoue totalement, elle n'affecte pas la valeur `null` à la variable `badDetails` :

```
ContactDetails badDetails = new ContactDetails("", "", "");
```

Gestion des exceptions

Alors que les principes du déclenchement des exceptions sous contrôle ou hors contrôle sont les mêmes, la gestion des exceptions (éventuellement déclenchées) est obligatoire en Java pour les exceptions sous contrôle. Rappelons d'abord qu'une exception sous contrôle est une sous-classe de `Exception` mais pas de `RuntimeException`. Il existe d'autres règles à respecter pour utiliser les exceptions sous contrôle, et le compilateur vérifie que ces règles sont bien respectées à la fois dans la méthode qui déclenche l'exception et dans l'appelant de cette méthode.

Exceptions sous contrôle : la clause `throws`

Concept

Les **exceptions sous contrôle** sont les exceptions dont l'emploi est vérifié par le compilateur. En Java en particulier, les exceptions sous contrôle doivent utiliser des clauses `throws` et des blocs `try`.

La première contrainte oblige une méthode qui peut déclencher une exception sous contrôle à déclarer qu'elle peut le faire à l'aide d'une *clause* `throws` (déclenche, génère) ajoutée à l'en-tête de la méthode. Par exemple, une méthode qui peut déclencher une exception sous contrôle `IOException` du paquetage `java.io` aura un en-tête de la forme :

```
public void saveToFile(String destinationFile) throws IOException
```

Notez que le mot clé est `throws` (déclenche) et non pas `throw` (déchencher) qui est utilisé dans une instruction de déclenchement `throw`.

On peut, mais le compilateur ne l'exige pas, utiliser une clause throws pour une exception hors contrôle. Nous vous conseillons de réserver les clauses throws aux seules exceptions sous contrôle.

Attention à bien distinguer une clause `throw` dans l'en-tête d'une méthode et le commentaire javadoc qui précède la méthode. Ce commentaire est optionnel pour les deux types d'exception. Nous vous recommandons cependant d'insérer ces commentaires pour toutes les exceptions. Vous fournissez ainsi le maximum d'informations à un utilisateur potentiel de cette méthode.

Capturer une exception : le bloc `try`

Concept

La partie d'un programme qui protège les instructions qui peuvent générer une exception s'appelle un **gestionnaire d'exception**. Elle contient du code de récupération et/ou de signalement des erreurs qui pourraient survenir.

La deuxième contrainte impose que l'appelant d'une méthode susceptible de déclencher une exception sous contrôle prévoit la prise en compte (du déclenchement) de cette exception. Cela revient habituellement à écrire un *gestionnaire d'exception* sous la forme d'un *bloc* `try`. En pratique un bloc `try` a la forme indiquée dans le code 11.8. Nous avons donc deux nouveaux mots clé Java, `try` et `catch`, qui définissent une clause `try` et une clause `catch`. Chaque clause contient un bloc d'instructions.

Le code 11.9 donne le bloc `try` d'une partie de méthode qui sauvegarde le contenu d'un bloc d'adresses dans un fichier. L'utilisateur fournit un nom de fichier qui est ensuite utilisé pour enregistrer les données. L'écriture sur disque doit être placée dans le bloc `try` car elle peut provoquer une exception. Notez qu'un bloc peut contenir un nombre quelconque d'instructions. La clause `catch` capture les exceptions dues aux instructions du bloc `try` précédant.

Code 11.8 • Les clauses `try` et `catch` d'un gestionnaire d'exception.

```
try {
    // instructions protégées
}
catch(Exception e) {
    // Signaler l'erreur et/ou la prendre en compte.
}
```

Code 11.9 • Un gestionnaire d'exception.

```
String filename = null;
try {
    filename = request_a_file_from_the_user;
    addressbook.saveToFile(filename);
}
```

```
catch(IOException e) {
    System.out.println("Impossible de sauvegarder dans " + filename);
}
```

Pour comprendre comment fonctionne un gestionnaire d'exception, il faut savoir qu'une exception interrompt l'exécution normale du code de l'appelant. Le code situé au-delà de l'instruction qui a provoqué l'exception n'est pas exécuté. L'exécution est alors reprise dans la clause `catch` qui correspond à la clause `try` où l'exception a été déclenchée (code 11.10).

Les instructions d'une clause `try` sont dites *protégées*. Si aucune exception ne se produit pendant l'exécution de la clause `try`, la clause `catch` est ignorée et l'exécution continue après l'ensemble du bloc `try/catch`.

Code 11.10 • Transfert de contrôle dans un bloc `try`.

```
String filename = null;
try {
    addressbook.saveToFile(filename);
    tryagain = false;


}
catch(IOException e) {
    System.out.println("Impossible de sauvegarder dans " + filename);
    tryagain = true;
}
```

Une clause `catch` précise le type d'exception qu'elle doit gérer en donnant son nom entre parenthèses juste après le mot `catch`. Une variable exception (souvent nommée `e`) contient une référence à l'objet exception créé au déclenchement. Elle peut être utile lors de la récupération sur erreur. Rappelons que lorsque la clause `catch` est terminée, le contrôle ne reprend pas après l'instruction qui a provoqué l'exception.

Exercice 11.24

Le projet *address-book-v3* contient quelques déclenchements d'exceptions hors contrôle lorsque les valeurs d'argument sont `null`. Il contient aussi la classe d'exception sous contrôle `NoMatchingDetailsException` actuellement non utilisée. Modifiez la méthode `removeDetails` de `AddressBook` pour qu'elle déclenche cette exception si l'argument clé n'est pas effectivement utilisé. Ajoutez un gestionnaire d'exception à la méthode `remove` de `AddressBookTextInterface` pour capturer et signaler cette exception.

Exercice 11.25

Utilisez `NoMatchingDetailsException` dans la méthode `changeDetails` de `AddressBook`. Améliorez l'interface utilisateur pour pouvoir modifier des coordonnées existantes. Dans `AddressBookTextInterface`, capturez et signalez les exceptions dues à une clé qui ne correspond à aucune entrée.

Déclencher et capturer plusieurs exceptions

Une méthode déclenche parfois plusieurs exceptions correspondant à différentes situations. Toutes les exceptions sous contrôle doivent alors être précisées dans la clause `throws`, séparées par une virgule :

```
public void process() throws EOFException, FileNotFoundException
```

Un gestionnaire d'exception doit pouvoir réagir à toutes les exceptions de ses instructions protégées. Ainsi une clause `try` est suivie d'autant de clauses `catch` que nécessaire (code 11.11). Notez que le même nom de variable est utilisé pour l'objet exception dans chaque clause `catch`.

Code 11.11 • Clauses `catch` multiples dans un bloc `try`.

```
try {
    ...
    ref.process();
    ...
}
catch(EOException e) {
    // Réagir à une fin de fichier.
    ...
}
catch(FileNotFoundException e) {
    // Réagir à 'fichier non trouvé'.
    ...
}
```

Lorsqu'une exception est lancée par un appel de méthode de la clause `try`, les clauses `catch` sont examinées dans l'ordre d'écriture pour trouver l'exception correspondante. Dans le code 11.11 par exemple, si une exception `EOFException` est lancée, le contrôle est transféré à la première clause `catch` et si c'est une `FileNotFoundException` , la deuxième clause `catch` est exécutée. L'exécution se poursuit ensuite après la dernière clause `catch`.

Nous pouvons, si nous le voulons, utiliser le polymorphisme pour capturer plusieurs exceptions. Nous devons alors gérer nous-mêmes les différents cas (code 11.12). Ce code gère toutes les exceptions, hors ou sous contrôle, déclenchées par le code protégé puisque toute exception est un sous-type de `Exception`. En conclusion, l'ordre des clauses `catch` est important. En particulier, une clause `catch` pour une exception ne peut pas être placée après une clause `catch` d'un des supertypes de cette exception, car c'est la première clause qui sera exécutée.

Code 11.12 • Clauses `catch` multiples dans un bloc `try`.

```
try {
    ...
    ref.process();
    ...
}
catch(Exception e) {
```

```
        // Réagir à n'importe quelle exception.
        ...
}
```

Exercice 11.26

Améliorez les blocs `try` solutions des exercices 11.24 et 11.25 afin qu'ils gèrent les exceptions sous et hors contrôle dans des clauses `catch` distinctes.

Propager une exception

Jusqu'à présent, nous avons suggéré qu'une exception devait être gérée au plus tôt. Si une exception est lancée dans la méthode `process`, elle devrait être capturée dans le code qui a appelé `process`. La réalité n'est pas toujours aussi stricte, et Java permet de *propager une exception* vers le code appelant et au-delà. Une méthode propage une exception tout simplement en ne protégeant pas le code qui peut la générer. La méthode qui propage une exception sous contrôle doit cependant contenir une clause `throws` même si elle ne déclenche pas elle-même l'exception. Si l'exception est hors contrôle, le compilateur n'exige pas de clause `throws` et nous préférons ne pas en insérer.

La propagation est souvent utilisée lorsque la méthode cliente appelante ne peut pas ou n'a pas besoin d'effectuer une correction elle-même, alors que des appelants de plus haut niveau pourront intervenir.

La clause `finally`

Un bloc `try` peut posséder une troisième clause optionnelle, la clause `finally` (code 11.13), souvent omise. La clause `finally` contient du code qui sera exécuté dans tous les cas. Si l'exécution atteint la fin de la clause `try`, la clause `catch` n'est pas exécutée et le contrôle passe à la clause `finally`. Si une exception survient dans la clause `try`, la clause `catch` correspondante est d'abord exécutée puis suivie de la clause `finally`.

Code 11.13 • Un bloc `try` avec une clause `finally`.

```
try {
    //instructions protégées
}
catch(Exception e) {
    // Réagir aux exceptions.
}
finally {
    // Code commun à exécuter dans tous les cas.
}
```

À première vue, les clauses `finally` paraissent redondantes. Le code suivant ne conduit-il pas aux mêmes exécutions que le code 11.13 ?

```
try {
    //instructions protégées
}
catch(Exception e) {
    // Réagir aux exceptions.
}
// Code commun à exécuter dans tous les cas.
```

En réalité, ces codes ont des effets différents dans deux situations au moins :

- Une clause `finally` est exécutée même si une instruction return du bloc `try` est exécutée.
- Si une exception est lancée dans la clause `try` mais non capturée par une clause `catch`, la clause `finally` est aussi exécutée.

Ce dernier cas correspond, par exemple, à une exception hors contrôle qui ne nécessite pas de clause `catch`. Mais il peut aussi s'agir d'une exception que l'on souhaite propager, donc sans clause `catch`. Dans ces cas, la clause `finally` est exécutée malgré tout. Nous pouvons donc avoir un bloc `try` avec uniquement une clause `try` et une clause `finally` :

```
try {
    //instructions protégées
}
finally{
    // Code commun à exécuter dans tous les cas.
}
```

Définir de nouvelles classes d'exception

Nous pouvons définir par héritage de nouvelles classes d'exception lorsque les classes standard ne décrivent pas assez précisément le problème à traiter. Les nouvelles classes sous contrôles seront des sous-classes d'une classe d'exception sous contrôle standard (comme `Exception`) et de même pour les exceptions hors contrôle, sous-classes des classes standard hors contrôle de la hiérarchie `RuntimeException`.

Toutes les classes d'exception acceptent une chaîne de diagnostic passée à leurs constructeurs. L'une des motivations pour créer de nouvelles classes d'exception est d'introduire d'autres informations dans l'objet `exception` à des fins de diagnostic ou de correction. Par exemple plusieurs méthodes du carnet d'adresses, comme `changeDetails`, prennent une clé en paramètre qui doit correspondre à une entrée. Si aucune entrée n'est trouvée, nous sommes en situation d'erreur. En signalant l'erreur, il est utile d'inclure des détails sur la clé qui l'a provoquée. Une nouvelle classe d'exception sous contrôle (code 11.14) est définie dans le projet *address-book-v3t*. Son constructeur reçoit la clé qui devient disponible par la chaîne de diagnostic et aussi par une méthode d'accès spécifique. Si cette exception est capturée, la clé sera à la disposition des instructions de la clause `catch` associée.

Code 11.14 • Une classe d'exception avec des informations supplémentaires.

```
/**
 * Capture une clé sans entrée
 * dans le carnet d'adresses.
 *
 * @author David J. Barnes and Michael Kolling.
 * @version 2002.05.14
 */
public class NoMatchingDetailsException extends Exception
{
    // La clé sans entrée.
    private String key;

    /**
     * Stocke la clé.
     * @param key La clé sans entrée.
     */
    public NoMatchingDetailsException(String key)
    {
        this.key = key;
    }

    /**
     * @return La clé qui a provoqué l'erreur.
     */
    public String getKey()
    {
        return key;
    }

    /**
     * @return Une chaîne de diagnostic contenant la clé provoquant
     ➥l'erreur.
     */
    public String toString()
    {
        return "Pas de coordonnées trouvées correspondant à: " + key + ".";
    }
}
```

Pensez à inclure des informations supplémentaires comme ci-dessus lorsque vous créez de nouvelles classes d'exception. La disponibilité d'informations de diagnostic est facilitée par la présence des paramètres formels dans les constructeurs des classes d'exception. De plus, en surchargeant la méthode `toString` de l'exception avec des informations complémentaires, vous facilitez la recherche des causes d'erreur, même si vous ne pouvez pas y remédier dans le code.

Exercice 11.27

Dans le projet *address-book-v3t.* définissez la nouvelle classe d'exception sous contrôle `DuplicateKeyException`. Elle sera déclenchée par la méthode `addDetails` si l'un des champs non vides est déjà utilisé. La classe devra enregistrer les clés en cause.

Effectuez les modifications supplémentaires dans la classe d'interface utilisateur pour capturer et rendre compte de cette exception.

Exercice 11.28

La classe d'exception `DuplicateKeyException` doit-elle être sous ou hors contrôle ? Justifiez votre réponse.

Correction et prévention des erreurs

Jusqu'à présent, nous nous sommes intéressés à l'identification des erreurs dans un objet serveur et à faire en sorte que celles-ci soient signalées au client. Nous abordons maintenant deux problèmes complémentaires : la correction des erreurs et leur prévention.

Corriger les erreurs

La première chose à faire pour la réussite d'une correction d'erreur (on dit aussi récupération sur erreur) est que les clients prennent en compte tous les signalements d'erreurs qu'ils reçoivent. Cela semble évident, mais beaucoup de programmeurs supposent que l'appel d'une méthode n'échouera jamais et ne se préoccupent pas de tester la valeur de retour. Même s'il est plus difficile d'ignorer les erreurs avec les exceptions, nous avons souvent rencontré des gestions d'exceptions comme celle-ci :

```
AddressDetails details = null ;
try {
    details = addresses.getDetails(...);
}
catch(Exception e) {
    System.out.println("Erreur: " + e);
}
String phone = details.getPhone();
```

Bien que l'exception soit capturée, il est sans doute inapproprié de poursuivre l'exécution en cas d'erreur.

Les blocs `try` de Java sont l'outil fondamental pour construire un mécanisme de reprise sur erreur lorsqu'une exception est lancée. La récupération sur erreur consiste en général à exécuter certaines actions correctives dans la clause `catch` puis à relancer la tâche interrompue. Ces répétitions peuvent être réalisées en insérant le bloc `try` dans une boucle (voir l'exemple du code 11.15, version étendue du code 11.9). On peut essayer d'obtenir un nouveau nom de fichier en consultant une liste de répertoires ou en demandant un autre nom à l'utilisateur, par exemple.

Code 11.15 • Un essai de récupération sur erreur.

```
// Essaie de sauvegarder le carnet d'adresses.
boolean successful = false;
int attempts = 0;
```

```
do {
    try {
        addressbook.saveToFile(filename);
        successful = true;
    }
    catch(IOException e) {
        System.out.println("Impossible de sauvegarder dans " + filename);
        attempts++;
        if(attempts < MAX_ATTEMPTS) {
            filename = an_alternative_file_name;
        }
    }
} while (!successful && attempts < MAX_ATTEMPTS);
if(!successful) {
    // Signaler le problème et abandonner ce code.
}
```

Cet exemple met en évidence plusieurs principes généraux :

- Anticiper une erreur et la corriger nécessite du code complexe.
- C'est dans les clauses `catch` qu'il faut placer le code de correction.
- Récupérer sur erreur implique souvent de recommencer.
- Les récupérations réussies ne sont pas garanties.
- Il faut prévoir une sortie en cas d'impossibilité de corriger l'erreur.

Éviter les erreurs

Il devrait être bien clair que lors d'un déclenchement d'exception, le programme va, au pire, se terminer, au mieux, exécuter du code plus ou moins compliqué de récupération sur erreur. Il serait bien sûr plus simple d'éviter que l'erreur ne se produise. Cela nécessite en général une collaboration entre le serveur et le client.

De nombreux cas où un objet `AddressBook` est obligé de déclencher une exception correspondent à un argument de valeur `null` passé à une méthode. Cela correspond à des erreurs logiques de programmation dans le client qui peuvent être éliminées par des tests simples. Considérons par exemple le code suivant :

```
String key = postCodeDatabase.search(postCode) ;
ContactDetails university = book.getDetails(key) ;
```

Si la recherche dans la base de données échoue, elle peut retourner une valeur `null` ou vide, et `getDetails` produira une exception `RuntimeException`. Pourtant, un simple test peut éviter ce scénario :

```
String key = postCodeDatabase.search(postCode) ;
if(key != null && key.length() > 0) {
    ContactDetails university = book.getDetails(key) ;
    ...
```

```
}
else {
    // Gérer l'erreur de 'postcode'.
}
```

Ici le client peut déduire de lui-même qu'il est inutile d'appeler la méthode serveur. Ce n'est pas toujours le cas, et le client doit alors être aidé par le serveur.

Dans l'exercice 11.27, la méthode `addDetails` ne doit pas accepter de nouvelles coordonnées si une des clés est déjà utilisée. Le client peut éviter un appel inadapté en se servant de la méthode `keyInUse` :

```
// Ajouter ou modifier si présentes, de nouvelles coordonnées.
if(book.keyInUse(details.getName()) {
    book.changeDetails(details.getName(), details);
}
else if(book.keyInUse(details.getPhone()) {
    book.changeDetails(details.getPhone(), details);
}
else {
    // Ajouter effectivement.
}
```

Avec cette approche, nous pouvons supprimer tout déclenchement de `DuplicateKeyException` par `addDetails`, et donc requalifier cette exception en exception hors contrôle.

Ce simple exemple illustre en fait quelques principes importants :

- Si le contrôle de validité et les méthodes de test d'état du serveur sont visibles par le client, ce dernier est souvent capable d'éviter que le serveur ne lance une exception.
- Si une exception peut être évitée par le procédé ci-dessus, elle représente alors une véritable erreur logique de programmation du client. Cela devrait conduire à utiliser une exception hors contrôle.
- Utiliser des exceptions hors contrôle rend inutile les blocs `try`, à condition d'être sûr que, normalement, l'exception ne se produira pas. C'est une simplification importante, car écrire des blocs `try` pour des situations qui n'arrivent jamais est plutôt désagréable pour le programmeur. De plus, ce désagrément risque de le conduire à négliger la gestion des erreurs qui pourront se produire effectivement.

Pour autant, les effets de cette approche ne sont pas tous positifs. Donnons quelques-unes des raisons qui la rende parfois inapplicable :

- Rendre visibles aux clients les contrôles de validité et les méthodes de test d'état du serveur est en opposition avec le principe d'encapsulation et augmente plus que nécessaire le degré de couplage client-serveur.
- Il n'est probablement pas fiable de supposer que le client va *effectivement* réaliser les tests évitant une exception. Il faut donc coder les tests dans le client et dans le serveur. Si ces tests sont « coûteux », cette duplication est à éviter. Malgré tout,

notre point de vue est qu'il vaut mieux sacrifier une supposée efficacité à une meilleure fiabilité, lorsqu'on a le choix.

Étude de cas : entrées/sorties de texte

La programmation des entrées/sorties est un des domaines où l'on ne peut ignorer la récupération sur erreur. Le programmeur a en effet souvent peu de contrôle sur l'environnement d'exécution. Par exemple, un fichier de données nécessaire à une application peut avoir été accidentellement supprimé ou corrompu, l'espace disque pour enregistrer un fichier peut devenir insuffisant, etc. Une opération d'entrées/sorties est en réalité susceptible de provoquer une erreur de multiples façons.

Le paquetage `java.io` de l'API Java contient de nombreuses classes pour les opérations d'entrées/sorties, indépendamment de la plateforme. Ce paquetage définit la classe d'exception sous contrôle `IOException`, indicateur général d'un problème d'entrées/sorties. D'autres classes, comme `EOFException` ou `FileNotFoundException`, fournissent des diagnostics plus détaillés.

La description de toutes les classes du paquetage `java.io` dépasse le sujet de ce livre. Nous étudierons uniquement comment nous pouvons ajouter quelques opérations d'entrées/sorties sur fichier texte à l'application carnet d'adresses. Vous devriez ainsi posséder suffisamment de compétences pour utiliser les entrées/sorties dans vos propres projets. Nous allons en particulier illustrer les tâches usuelles suivantes :

- écrire sur une sortie textuelle avec la classe `FileWriter` ;
- lire à partir d'une entrée textuelle liée à un fichier avec les classes `FileReader` et `BufferedReader` ;
- anticiper les exceptions `IOException` que peuvent déclencher les classes d'entrées/sorties.

Le projet comprend de plus des méthodes pour lire et écrire des versions binaires d'objets `AddressBook` et `ContactDetails`, si vous voulez explorer la sérialisation sous Java (voir plus loin la section « Sérialisation d'objet »).

Pour aller plus loin avec les entrées/sorties, nous vous recommandons le tutoriel de Sun, accessible en ligne à l'adresse suivante :

http://java.sun.com/docs/books/tutorial/essential/io/index.html

Lecteurs (`readers`), écrivains (`writers`) et flux (`streams`)

Plusieurs classes du paquetage `java.io` appartiennent à l'une des deux catégories : gestion de fichiers (de type) texte, gestion de fichiers (de type) binaires. Les fichiers texte contiennent des données semblables au type Java `char`, typiquement des lignes de texte (caractères alphanumériques), lisibles par l'être humain. Le contenu des fichiers binaires est plus diversifié : fichiers d'images, programmes exécutables, documents de traitements de texte ou tableur, etc. Les classes relatives aux fichiers textes sont appelées lecteurs (« readers ») et écrivains (« writers »), et celles gérant les fichiers binaires sont des gestionnaires de *flux* (« streams »). Nous nous concentrerons ici uniquement sur les lecteurs et les écrivains.

Le projet *address-book-io* (E/S et carnet d'adresses)

Le projet *address-book-io* est une version sans interface utilisateur, par souci de simplicité, de l'application carnet d'adresses. Il inclut une nouvelle classe `AddressBookFileHandler` dont une partie du code est reproduite dans le code 11.16. Cette classe a pour seules fonctions les opérations d'entrées/sorties : chargement d'un carnet d'adresses à partir d'un fichier, sauvegarde dans un fichier d'un carnet d'adresses ou du résultat d'une recherche.

Code 11.16 • La classe `AddressBookFileHandler`.

```
import java.io.*;
import java.net.URL;

/**
 * Fournit un ensemble d'opérations sur fichiers pour un carnet
 ➥d'adresses (AddressBook).
 * Ces méthodes illustrent une partie des caractéristiques
 * du paquetage java.io.
 *
 * @author David J. Barnes and Michael Kolling.
 * @version 2002.06.13
 */
public class AddressBookFileHandler
{
    // Le carnet d'adresses sur lequel on effectue les E/S.
    private AddressBook book;
    // Le nom de fichier utilisé pour stocker les résultats d'une
    ➥recherche.
    private static final String RESULTS_FILE = "results.txt";

    /**
     * Constructeur des objets de la classe FileHandler.
     * @param book Le carnet d'adresses à utiliser.
     */
    public AddressBookFileHandler(AddressBook book)
    {
        this.book = book;
    }

    /**
     * Sauve les résultats d'une recherche sur un carnet d'adresses dans
     * le fichier "results.txt", dans le répertoire projet.
     * @param keyPrefix Le préfixe de recherche.
     */
    public void saveSearchResults(String keyPrefix) throws IOException
    {
```

```
        File resultsFile = makeAbsoluteFilename(RESULTS_FILE);
        ContactDetails[] results = book.search(keyPrefix);
        FileWriter writer = new FileWriter(resultsFile);
        for(int i = 0; i < results.length; i++) {
            writer.write(results[i].toString());
            writer.write('\n');
            writer.write('\n');
        }
        writer.close();
    }

    /**
     * Affiche les résultats de la dernière recherche enregistrée par
     * un appel à saveSearchResults. La sortie ayant lieu sur la console,
     * tout problème est signalé directement par la présente méthode.
     */
    public void showSearchResults()
    {
        File resultsFile = makeAbsoluteFilename(RESULTS_FILE);
        BufferedReader reader = null;
        try {
            reader = new BufferedReader(
                            new FileReader(resultsFile));
            System.out.println("Résultats ...");
            String line;
            line = reader.readLine();
            while(line != null) {
                System.out.println(line);
                line = reader.readLine();
            }
            System.out.println();
        }
        catch(FileNotFoundException e) {
            System.out.println("Impossible de trouver le fichier: " +
                                   resultsFile);
        }
        catch(IOException e) {
            System.out.println("Erreur pendant la lecture du fichier: " +
                                   resultsFile);
        }
        finally {
            if(reader != null) {
                // Capture toutes les exceptions, mais ne fait rien
                // de plus.
                try {
                    reader.close();
                }
                catch(IOException e) {
                    System.out.println("Erreur à la fermeture de: " +
                                           resultsFile);
                }
            }
```

Code 11.16 • La classe `AddressBookFileHandler` *(suite)*.

```
        }
    }

    // autres méthodes non reproduites ici
}
```

La classe de gestion de fichier est fortement couplée à la classe `AddressBook` et vous pourriez penser qu'une unique classe aurait pu suffire. Cependant, en les maintenant séparées, chacune est plus cohérente. De plus, en conservant les opérations d'entrées/sorties extérieures à la classe `AddressBook`, il est beaucoup plus aisé de concevoir d'autres solutions d'entrées/sorties que celles qui sont actuellement proposées par `AddressBookFileHandler`.

Les sections suivantes décrivent comment utiliser les classes du paquetage `java.io` pour sauvegarder et afficher les résultats d'une recherche dans un carnet d'adresses.

Sortie de texte sur fichier avec `FileWriter`

Le stockage de données sur disque comprend trois étapes :

- ouvrir le fichier ;
- écrire les données ;
- fermer le fichier.

La nature des opérations sur fichier fait que chacune de ces étapes peut donner lieu à une erreur pour de multiples raisons, totalement incontrôlables par le programmeur. Il est donc impératif d'anticiper les déclenchements d'exception sur erreur à chaque étape.

Pour écrire dans un fichier texte, on crée en général un objet `Filewriter` dont le constructeur prend un nom de fichier en paramètre. Le nom de fichier peut être une chaîne ou un objet `File`. Cette création ouvre le fichier externe et prépare la sortie sur ce fichier. Le constructeur lance une `IOException` si l'ouverture échoue. Cet échec peut avoir de nombreuses causes, comme des droits d'accès non valides, un nom de fichier malformé, etc.

Lorsqu'un fichier est ouvert, on peut appeler la méthode `write` pour y enregistrer des caractères, souvent au moyen de chaînes (objets `String`). Là encore, chaque écriture peut provoquer une erreur, même après une ouverture réussie. Ces erreurs sont rares mais existent cependant.

Après écriture des données, il est important de fermer explicitement le fichier. Cela garantit que toutes les données seront bien écrites dans le fichier et permet également de libérer des ressources système. Ici aussi, des erreurs peuvent (rarement) se produire.

Nous obtenons un code dont la structure est la suivante :

```
try {
    FileWriter writer = new FileWriter(nom_de_fichier);
    while(il_y_a_du_texte_à_ecrire) {
        ...
        writer.write(partie_de_texte_suivante) ;
        ...
    }
    writer.close() ;
}
catch(IOException e) {
        // Une erreur sur fichier est survenue.
}
```

Le problème principal à résoudre est de savoir comment gérer les exceptions qui peuvent survenir durant les trois phases. En fait, ce n'est que dans la phase d'ouverture que l'on peut essayer de corriger une erreur avec quelque chance de succès, et encore, si nous avons les moyens de modifier le nom de fichier pour essayer à nouveau. Cela implique généralement une intervention humaine, et l'on comprend que la récupération sur erreur est dépendante de l'application concernée. Les erreurs durant l'écriture ou la fermeture ont, par contre, peu de chances d'être récupérables.

La difficulté de correction d'erreurs d'entrées/sorties est la raison principale pour laquelle la méthode `saveSearchResults` du code 11.16 ne fait que propager les exceptions à son appelant, en espérant qu'une récupération sur erreur sera plus facile à un plus haut niveau.

Entrée de texte à partir de fichier avec `FileReader`

Le pendant de la sortie de texte avec un `FileWriter` est l'entrée de texte avec un objet `FileReader`. Nous avons aussi trois étapes : ouverture, lecture et fermeture. Cependant, alors que les unités d'écriture de texte sont le caractère et la chaîne, on utilise le caractère ou la ligne en lecture. Par ailleurs la classe `FileReader` comprend une méthode pour lire un caractère (en fait, `read` renvoie un `int` et non un `char` pour pouvoir coder la fin de fichier par -1), mais pas de méthode pour lire une ligne. Le problème tient à la longueur des lignes qui n'est pas limitée *a priori*. Par conséquent, une méthode qui lit des lignes doit pouvoir lire un nombre quelconque de caractères. Les objets `FileReader` sont donc en général « encapsulés » dans des objets `BufferedReader` qui disposent, eux, d'une telle méthode, de nom `readline`. `readline` élimine toujours le caractère de fin de ligne et renvoie `null` pour indiquer la fin de fichier.

Nous avons alors le schéma de lecture suivant :

```
try {
    BufferedReader reader = new BufferedReader(new FileReader("nom du
    ➥fichier"));
    String line = reader.readline();
    while(line != null) {
        // Faire quelque chose avec cette ligne.
```

```
            line = reader.readline() ;
        }
        reader.close() ;
    }
    catch(IOException e) {
            // Une erreur sur fichier est survenue.
    }
```

Comme pour les entrées, le problème se pose de savoir ce qu'il faut faire en cas d'erreur. La classe `File` propose plusieurs méthodes qui réduisent les risques d'erreur pour les ouvertures en lecture. Elle définit par exemple des méthodes d'interrogation comme `exists` et `canRead` pour tester l'état d'un fichier avant de l'ouvrir. Ces tests n'ont en général pas d'intérêt en écriture car souvent le fichier n'existe pas dans ce cas.

La classe `AddressBookFileHandler` contient deux exemples différents d'utilisation d'objets `FileReader` et `BufferedFileReader`. En particulier, la méthode `showSearchResults` (code 11.16) montre comment il est possible de fermer un fichier seulement s'il a été ouvert avec succès auparavant. Remarquez que la variable `reader` a été définie à l'extérieur de la clause `try`, ce qui la rend accessible dans la clause `finally`. Notez aussi qu'une exception déclenchée pendant la fermeture du fichier nécessite un nouveau bloc `try` dans la clause `finally`.

Sérialisation d'objet

Concept

La **sérialisation** permet de lire et écrire des objets et des hiérarchies d'objets en une seule instruction. Chaque objet concerné doit appartenir à une classe qui implante l'interface `Serializable`.

Comme annoncé dans l'introduction de la section « Étude de cas : entrées/sorties de texte », la classe `AddressBookFileHandler` contient aussi des méthodes pour lire et écrire des versions binaires d'objets `AddressBook` et `ContactDetails`. Ces méthodes utilisent la fonctionnalité Java appelée *sérialisation*. De manière simplifiée, la sérialisation permet l'écriture et la lecture d'un objet complet en une seule opération et cela aussi bien pour des objets simples que pour des objets composés comme les collections. C'est une fonctionnalité importante puisque nous pouvons ainsi éviter, par exemple, de lire/écrire des objets champ par champ. Cette possibilité est particulièrement utile dans le projet du carnet d'adresses, car nous pouvons enregistrer puis relire en une seule opération tous les objets créés pendant une session.

Pour pouvoir sérialiser ses objets, une classe doit implanter l'interface `serializable` définie dans le paquetage `java.io`. Soulignons que cette interface ne définit aucune méthode. Le processus de sérialisation est donc géré automatiquement par le système d'exécution et ne nécessite que peu de code utilisateur. Dans notre exemple, les deux classes `AddressBook` et `ContactDetails` implantent cette interface et nous pouvons donc enregistrer et relire leurs objets en une seule instruction.

Exercice 11.29

Modifiez le projet *TechSupport* du chapitre 5 pour qu'il lise ses mots clés et ses réponses à partir d'un fichier texte. Cela devrait permettre des améliorations extérieures et une configuration du système sans avoir à modifier les sources.

Exercice 11.30

Modifiez le projet *zuul* du chapitre 7 pour qu'il enregistre une copie des entrées utilisateur dans un fichier texte constituant ainsi une partie. Modifiez encore le projet pour qu'il puisse rejouer une partie enregistrée dans un fichier.

Résumé

Lorsque deux objets interagissent, il y a toujours un risque que quelque chose se passe mal pour de multiples raisons, par exemple :

- Le programmeur d'un client n'a pas compris l'état possible ou les capacités d'un objet serveur.
- Un objet serveur est incapable de satisfaire la requête d'un client en raison de circonstances externes.
- Un client a été mal programmé et fournit des arguments non valides à une méthode serveur.

Dans tous ces cas, ou bien le programme se terminera en erreur, ou bien il produira des résultats incorrects ou des effets indésirables. Nous pouvons prévenir efficacement de nombreuses erreurs avec le mécanisme de déclenchement (ou lancement) d'exception. Celui-ci fournit à l'objet serveur un moyen, défini avec précision, d'informer son client qu'un problème est survenu. Les exceptions interdisent au client de simplement ignorer cette information et encouragent les programmeurs à essayer de trouver des solutions lorsqu'une erreur risque de se produire.

Résumé des concepts

Exception : Une exception est un objet qui représente les informations sur une erreur dans l'exécution du programme. Une exception est déclenchée (ou lancée) lorsqu'une erreur se produit.

Exception hors contrôle : Une exception hors contrôle est une exception dont l'usage n'est pas vérifié par le compilateur.

Exception sous contrôle : Une exception sous contrôle est une exception dont l'usage est vérifié par le compilateur. En particulier, une exception sous contrôle nécessite en Java une clause `throws` et un bloc `try`.

Gestionnaire d'exception : La partie de code qui protège des instructions pouvant déclencher une exception s'appelle un gestionnaire d'exception. Elle contient du code de récupération sur erreur et/ou de signalisation d'erreur.

Sérialisation : La sérialisation permet l'écriture et la lecture d'objets et de hiérarchies d'objets en une seule opération. Les objets doivent appartenir à une classe qui implante l'interface `serializable`.

12

Conception des applications

Concepts clés de ce chapitre

- Découvrir les classes
- Fiches CRC
- Conception des interfaces
- Patrons

Notions Java

- Pas de nouvelle notion Java dans ce chapitre

Termes introduits dans ce chapitre

- Analyse et conception, méthode noms/verbes, fiche CRC, scénario, cas d'utilisation, squelette de méthode, patron de conception

Nous avons décrit dans les chapitres précédents de ce livre comment écrire de « bonnes » classes. Nous avons étudié comment les concevoir, comment les rendre fiables et faciles à maintenir, et comment elles doivent interagir. Tout cela est important, mais nous avons omis un aspect important du travail de programmation : trouver les classes.

Nous avons toujours supposé que nous connaissions plus ou moins les classes que nous devions utiliser pour résoudre le problème donné. Hors, dans un véritable projet logiciel, le choix des classes à utiliser pour implanter une solution à un problème donné est souvent une des tâches les plus difficiles. Dans ce chapitre, nous allons étudier cet aspect du processus de développement.

Ces étapes initiales du développement d'un système logiciel s'appellent l'*analyse* et la *conception* (du système) : nous analysons le système, puis nous en concevons la mise en œuvre informatique. La première phase de conception se situe à un niveau supérieur à celui de la conception des classes étudiée au chapitre 7. Nous chercherons à déterminer les classes que nous allons créer et verrons leur interaction. Ensuite seulement nous travaillerons sur la conception de chaque classe, puis sur leur implantation.

Analyse et conception

L'analyse et la conception des systèmes logiciels sont des sujets vastes et complexes. Leur étude détaillée dépasse largement le cadre de ce livre. Alors qu'il existe de nombreuses méthodologies, effectivement employées, consacrées à l'analyse et à la conception, ce chapitre est simplement une introduction aux problèmes que posent ces deux processus.

Nous utiliserons pour cela une méthode relativement simple, bien adaptée aux problèmes de taille réduite. Pour la découverte initiale des classes, nous emploierons la *méthode noms/verbes*. Nous utiliserons ensuite les *fiches CRC* pour la conception initiale.

La méthode noms/verbes

Concept

Les classes d'un système correspondent à peu près aux **noms** de sa description. Les **méthodes** correspondent aux verbes.

Cette méthode sert à identifier les classes et les objets, leurs associations et leurs interactions. Les noms dans une langue humaine désignent des « choses » : maisons, personnes, etc. Les verbes décrivent des « actions » : écrire, manger, etc. À partir de ces concepts du langage naturel, nous percevons que dans la description d'un problème de programmation, les noms correspondent souvent aux classes et aux objets, tandis que les verbes correspondent à ce que font ces objets, donc des méthodes.

Nous allons illustrer cette démarche à l'aide d'un système de réservation de places de cinéma.

Le système de réservation de places de cinéma

Pour cette étude, nous ne partons pas d'un projet existant. Nous créons une application entièrement nouvelle. L'objectif est de créer un système qui sera utilisé par un complexe cinématographique de plusieurs salles de cinéma pour gérer les réservations de places (on suppose que les gens réservent souvent leurs places par téléphone). L'application devra pouvoir trouver des places libres pour un film donné et en effectuer la réservation pour le client.

Nous supposons que nous avons eu plusieurs réunions avec les gestionnaires du complexe, au cours desquelles ils nous ont décrit les fonctionnalités attendues du système. Notez que la compréhension de ces fonctionnalités attendues, leur description, et le fait d'être d'accord avec le clients sur ces points constituent déjà un problème non évident. Ces phases du développement sortent cependant du sujet de ce livre. Voici la description du système que nous avons notée.

Le système de réservation de (places de) cinéma doit enregistrer des réservations pour plusieurs salles. Chaque salle comprend des places organisées par rangées. Les clients peuvent réserver des places, pour lesquelles on leur donne un numéro de rangée et un numéro de place. On peut réserver plusieurs places adjacentes.

Chaque réservation concerne une séance particulière (film et horaire). Les séances sont programmées à une date et à une heure données, dans une salle donnée. Le système enregistre le numéro de téléphone du client.

À partir d'une telle description, nous pouvons faire une première tentative pour découvrir les classes et les méthodes en identifiant les noms et les verbes du texte.

Découvrir les classes

La première étape pour identifier les classes consiste à parcourir le texte et à noter tous les noms et les verbes. Ce qui nous donne la liste suivante (les noms sont donnés dans l'ordre d'apparition dans le texte, et les verbes sont associés au nom auxquels ils se réfèrent) :

Noms	*Verbes*
système de réservations de cinéma	
	enregistre (des réservations de places)
	enregistre (un numéro de téléphone)
réservation de place	
salle	
rangée	
client	
	réserve (des places)
	reçoit (un numéro de rangée, un numéro de place)
	demande (une réservation de places)
numéro de rangée	
numéro de place	
séance	
	est programmée (dans une salle)
film	
date	
heure	
numéro de téléphone	

Les noms que nous avons relevés constituent une première ébauche des classes du système. Dans un premier temps, nous aurons une classe par nom. Ce procédé n'est pas à respecter strictement — nous pourrions trouver par la suite qu'il faut de nouvelles classes, ou au contraire que certains noms sont inutiles. Nous étudierons ce point un peu plus tard. En attendant, il est important de ne pas éliminer certains noms d'emblée, car nous n'avons pas assez d'informations pour en décider de manière argumentée.

Vous aurez peut-être remarqué que tous les noms sont au singulier (une salle, par exemple). C'est en général le cas pour les classes ; ce sont les instanciations de plusieurs objets d'une même classe qui rendent compte de la multiplicité (les salles 1 et 2, par exemple).

Exercice 12.1

Reprenez les projets des chapitres précédents. Certains noms de classes sont-ils au pluriel ? Si oui, en voyez-vous la raison ?

Utiliser les fiches CRC

L'étape suivante dans notre processus de conception consiste à étudier les interactions entre nos classes. À cet effet, nous allons employer la méthode des fiches CRC (Classes, Responsabilités, Collaborations)[1].

L'idée des CRC est d'utiliser une fiche cartonnée (une carte) par classe. Il est important d'employer de véritables fiches et non pas de noter les informations sur un ordinateur ou une simple feuille de papier. Chaque fiche est divisée en trois parties (figure 12.1) : on note le nom de la classe en haut à gauche. Dans la partie sous le nom, on note les responsabilités de la classe ; et dans la partie droite, on inscrit les classes qui collaborent avec la classe de la fiche.

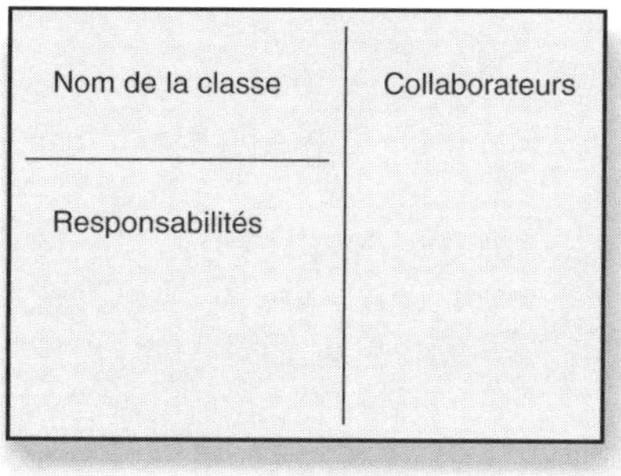

Figure 12.1 • Une fiche CRC.

1. Les cartes CRC ont été introduites dans un article de Kent Beck et Ward Cunningham, *A Laboratory For Teaching Object-Oriented Thinking* (Un atelier pour enseigner le raisonnement orienté objet). Nous vous conseillons de lire cet article en complément de ce chapitre. Il est en ligne à l'adresse suivante : **http://c2.com/doc/oopsla89/paper.html** (ou faites une recherche sur le WEB à partir du titre).

Exercice 12.2

Établissez les classes CRC pour le système de réservation de places de cinéma. Pour l'instant, ne définissez que les noms des classes.

Scénarios

Nous avons maintenant un premier ensemble de classes et leurs fiches. Pour analyser les interactions entre les classes, nous allons jouer des scénarios. Un scénario est un exemple d'actions que le système doit réaliser ou aider à réaliser. On parle aussi quelquefois de *cas d'utilisation* (« use cases »). Nous n'emploierons pas ce terme, car il correspond pour la plupart des auteurs à une description plus formelle que celle des scénarios.

La meilleure façon de jouer un scénario est de le faire en groupe. On attribue une classe (ou un petit nombre de classes) à chaque membre du groupe, et la personne responsable d'une classe énonce à haute voix l'activité en cours de la classe. Pendant le jeu, chacun note sur la fiche CRC tout ce qui concerne l'activité de la classe : ce dont elle est chargée, les classes avec lesquelles elle collabore.

Nous commençons avec un scénario simple : un client appelle le cinéma et veut réserver deux places pour *Le Fabuleux Destin d'Amélie Poulain* ce soir. L'employé du cinéma utilise le système de réservation pour répondre à la demande du client.

Puisque l'utilisateur humain interagit avec le système de réservation (représenté par la classe `SystemeReservationsCinema` — ne pas accentuer les noms de classe, variable, etc. en français dans les programmes), notre scénario commence ici. Voici ce qui pourrait se passer ensuite :

- L'utilisateur veut trouver toutes les séances du film *Le Fabuleux Destin d'Amélie Poulain* pour ce soir. Nous pouvons donc noter la responsabilité : « peut trouver les séances d'un film donné, un jour donné » sur la fiche CRC de `SystemeReservationsCinema`. Nous notons aussi la classe `Seance` comme collaborateur.
- Nous devons nous demander : comment le système trouve-t-il les séances ? À qui demande-t-il ? Une solution possible est de stocker une collection de séances. Nous avons ainsi une nouvelle classe : la collection (plus tard, elle sera implantée par une `ArrayList`, une `LinkedList`, un `HashSet` ou une autre forme de collection — notons simplement pour l'instant que c'est une collection). Nous avons là un exemple de classe qu'il faut parfois introduire lorsqu'on joue des scénarios. De temps en temps, pour des questions d'implantation, nous aurons à introduire de nouvelles classes auxquelles nous n'avions pas pensé au départ. Ajoutons « stocke une collection de séances » aux responsabilités de `SystemeReservationsCinema` et `Collection` à ses collaborateurs.

Exercice 12.3

Réalisez les fiches CRC pour les classes du système de réservation de cinéma. Pour l'instant, seuls les noms sont inscrits sur chaque fiche.

- Supposons qu'il y ait trois séances : une à 17 h 30, l'autre à 21 h et la dernière à 23 h 30. L'employé indique ces horaires au client et le client choisit celle de 21 h. L'employé doit obtenir des informations détaillées sur cette séance (Reste-t-il des places ? Dans quelle salle a-t-elle lieu ? etc.). Le `SystemeReservationsCinema` doit donc pouvoir obtenir et afficher ces informations. Jouez ce scénario. La personne qui joue le rôle du système de réservation doit demander à la personne qui joue la séance de lui fournir les détails ci-dessus. Notez ensuite sur la fiche CRC du `SystemeReservationsCinema` : « obtient et affiche les informations d'une séance », et sur la fiche CRC de la séance : « fournit les informations sur la salle et le nombre de places libres ».

- Supposons qu'il y ait des places libres. Le client choisit les places 13 et 14 de la rangée 12. L'employé effectue la réservation. Nous notons sur la fiche CRC de `SystemeReservationsCinema` : « accepte des réservations de places de la part du client ».

- Nous devons maintenant jouer exactement ce qui se passe pendant la réservation de places. Cette opération est évidemment liée à une séance particulière. Le `SystemeReservationsCinema` doit donc informer la séance de chaque réservation. Il délègue ce travail à l'objet `Seance`. Nous notons donc pour la classe `Seance` : « sait réserver des places » (vous aurez peut-être remarqué que les notions de classe et d'objet sont un peu floues lors d'un jeu de scénario CRC : la même personne représente en effet la classe et ses objets. C'est volontaire et ne pose pas de problème en général).

- Au tour de la classe `Seance` maintenant : elle a reçu une demande de réservation de place. Que fait-elle exactement ? Pour pouvoir mémoriser les réservations, elle doit avoir une représentation des places de la salle. Nous supposerons donc que chaque séance a un lien vers un objet `Salle` (notez sur la fiche de la séance : « comporte une salle » ; une `Salle` est aussi un collaborateur). La salle doit connaître le nombre exact de places qu'elle contient et leur organisation. Nous pouvons aussi noter dans notre tête ou sur une feuille de papier que chaque séance doit avoir sa propre copie de la salle concernée puisque plusieurs séances peuvent être programmées dans une même salle. Il faudra y faire attention lors de la création d'objets `Seance`. Nous y penserons plus tard lorsque nous jouerons un autre scénario — programmer de nouvelles séances. Il est donc probable qu'une séance gère une demande de réservation en la transmettant à une salle.

- La salle a maintenant reçu une demande de réservation (notez sur sa fiche : « reçoit une demande de réservation »). Comment la gère-t-elle ? Une salle peut contenir une collection de places ou une collection de rangées (chaque rangée étant elle-même un objet) qui contiennent chacune des places. Quelle est la meilleure solution ? En réfléchissant aux futurs scénarios, nous pourrions décider de choisir les rangées ; en effet, si un client demande quatre places adjacentes dans la même rangée, il sera plus facile de répondre à cette demande avec une organisation en rangées. Nous notons donc sur la fiche `Salle` : « contient des rangées » `Rangee` est maintenant un collaborateur.

- Nous notons sur la fiche `Rangee` : « contient une collection de places », et un nouveau collaborateur, `Place`.
- Revenons à la classe `Salle`. Nous n'avons pas encore expliqué en détail comment elle doit réagir à une demande de réservation. Nous supposerons qu'elle réalise les deux actions : trouver la rangée demandée, puis envoyer une demande de réservation à l'objet `Rangee` avec le numéro de place.
- Nous notons alors sur la fiche `Rangee` : « accepte une demande de réservation de place ». La rangée doit maintenant trouver l'objet `Place` approprié (nous notons cette responsabilité : « sait trouver une place par son numéro ») et effectuer la réservation. Elle le fera en indiquant à l'objet `Place` trouvé qu'il est maintenant réservé.
- Nous ajoutons maintenant sur la fiche `Place` : « accepte une réservation ». La place elle-même doit mémoriser si elle est réservée ou pas : nous notons sur sa fiche : « mémorise l'état de réservation : libre/réservée ».

Exercice 12.4

Jouez ce scénario, en groupe si possible. Ajoutez toute information qui vous semble avoir été oubliée dans notre description.

La place doit-elle aussi mémoriser qui l'a réservée ? Elle pourrait enregistrer le nom ou le numéro de téléphone du client. Nous pourrions, au contraire, créer des objets clients dès que quelqu'un demande une réservation, et stocker cet objet avec la place réservée. Nous répondrons à ces questions en jouant d'autres scénarios.

Tout cela n'était qu'un scénario simple. Il faut jouer beaucoup de scénarios pour mieux comprendre comment devra fonctionner le système.

Rappelons qu'il est préférable de jouer les scénarios en groupe, autour d'une table. Les fiches qui ont des collaborations fortes sont placées les unes à côté des autres pour refléter ce fort degré de couplage.

Parmi les autres scénarios que nous pouvons jouer, citons :

- Un client demande cinq places. Détailler comment le système trouve cinq places adjacentes.
- Un client appelle et signale qu'il a oublié les numéros des places qu'il a réservées la veille. Pourriez-vous lui donner ces numéros ?
- Un client appelle pour annuler une réservation. Il peut donner son nom et la séance, mais il a oublié les numéros de place.
- Un client veut réserver une place supplémentaire à côté de celles qu'il a déjà réservées.
- Une séance est annulée. Le cinéma veut appeler chaque client qui a réservé pour cette séance.

Avec ces scénarios, vous devriez acquérir une bonne compréhension de la partie réservation et recherche de place de l'application. Un autre groupe de scénarios concerne la configuration des salles et la gestion des séances. Donnons-en quelques exemples :

- Le système doit être configuré pour un nouveau complexe : le cinéma possède deux salles. La salle A possède 26 rangées de 18 places chacune. La salle B comprend 32 rangées : les six premières ont 20 places, les dix suivantes 22, et les autres ont 26 places.
- Un nouveau film est à l'affiche. Il sera projeté dans la salle A pendant deux semaines, trois fois par jour (à 16 h 40, 18 h 30 et 20 h 30). Il faut ajouter ces séances au système.

Exercice 12.5

Jouez ces scénarios. Notez toutes les questions sans réponse sur une feuille de papier séparée. Prenez note de tous les scénarios que vous avez joués.

Exercice 12.6

À quels autres scénarios pensez-vous ? Notez-les, puis jouez chacun d'entre eux.

Jouer des scénarios demande un peu de patience et d'expérience, mais il est important d'y consacrer suffisamment de temps : il faut par exemple plusieurs heures pour jouer les scénarios dont nous venons de parler.

Les débutants empruntent souvent des raccourcis, n'examinent pas tous les détails, ne répondent pas à certaines questions soulevées par le scénario. Ces pratiques sont dangereuses ! Nous allons bientôt aborder le développement du code Java et si nous avons laissé des questions sans réponse, il faudra fournir ces réponses pendant l'implantation, ce qui conduit en général à faire le mauvais choix.

Autre erreur classique du débutant : oublier certains scénarios. Ne pas avoir réfléchi à une partie du système et commencer la conception et l'implantation des classes peut engendrer un gros travail supplémentaire.

Exercice 12.7

Concevoir les classes d'une simulation de contrôle d'aéroport. Utilisez des fiches CRC et des scénarios. La description du système est la suivante.

Le programme est une simulation d'aéroport. Nous voulons savoir si notre nouvel aéroport doit posséder deux ou trois pistes. L'aéroport fonctionne ainsi :

Il possède plusieurs pistes utilisées pour les atterrissages et les décollages. Les contrôleurs du trafic aérien coordonnent les mouvements d'avions et les autorisent à décoller et à atterrir. Les avions doivent parfois attendre. Ils sont séparés par une certaine distance. L'objectif du programme est de simuler l'aéroport en fonctionnement.

Conception des classes

Il est temps d'aborder l'étape suivante : passer des fiches CRC aux classes Java. Au cours des exercices avec les fiches CRC, vous avez dû acquérir une compréhension de la structure de l'application et de la manière dont vos classes coopèrent. Vous avez peut-être été amenés à introduire de nouvelles classes (fréquent pour gérer les structures de données internes). Il peut aussi vous rester une fiche d'une classe jamais utilisée : supprimez simplement cette fiche.

Les classes à implanter sont maintenant connues : ce sont celles qui correspondent aux fiches. Définir l'interface de chaque classe (c'est-à-dire quelles sont ses méthodes publiques) est un peu plus difficile, mais les fiches vont nous aider. Si les scénarios ont été joués avec soin, les responsabilités notées sur chaque fiche décrivent les méthodes publiques et peut-être certains champs d'instance. Les responsabilités d'une classe doivent être examinées à la lumière des principes de conception de classes étudiés au chapitre 7 : conception guidée par les responsabilités, couplage et cohésion.

Concevoir les interfaces de classes

Avant de coder notre application en Java, nous utiliserons encore une fois les fiches CRC pour traduire les descriptions informelles en appels de méthodes avec paramètres.

Dans ce but, nous rejouons nos scénarios, mais en parlant en termes d'appels de méthode, de (valeurs des) paramètres et de valeurs de retour. La logique et la structure de l'application ne devraient plus changer, et nous notons avec précision les signatures des méthodes et les champs d'instance. Nous utilisons un nouveau jeu de fiches pour cela.

Exercice 12.8

Réalisez un nouveau jeu de fiches pour les classes que vous avez identifiées. Rejouez les scénarios. Notez cette fois le nom exact des méthodes pour chaque méthode d'une autre classe que vous appelez. Précisez en détail (nom et type) tous les paramètres passés aux méthodes, ainsi que les valeurs retournées. Notez sur les fiches les signatures de méthodes au lieu des responsabilités. Au dos de la fiche, notez les champs d'instance de chaque classe.

Après avoir réalisé l'exercice ci-dessus, l'écriture des interfaces de classes en Java est facile : il suffit de les recopier à partir des fiches. Typiquement, nous créons toutes les classes et les *squelettes de méthodes* de toutes les méthodes publiques. Un squelette de méthode contient la signature de la méthode et un corps vide (on peut ajouter une instruction de retour artificielle pour les méthodes avec retour non `void` : elle renverra `null` pour les retours d'objets et zéro ou `false` pour les types primitifs).

Beaucoup d'étudiants jugent cette activité fastidieuse. Vous apprécierez pourtant l'intérêt de ce travail à la fin du projet. De nombreuses équipes de développement logiciel ont réalisé, après coup, qu'elles avaient dû passer à corriger des erreurs ou des oublis découverts tardivement plusieurs fois le temps « économisé » durant la phase de conception.

Les programmeurs inexpérimentés considèrent que la « vraie » programmation consiste à écrire du code. La conception initiale est perçue, sinon comme superflue, au moins comme ennuyeuse, et les gens sont impatients de débuter le « véritable » travail. C'est une très mauvaise perception des choses.

La conception initiale est une des parties les plus importantes d'un projet. Vous devez prévoir de passer au moins autant de temps sur la conception que sur l'implantation. La conception d'une application n'est pas une activité préalable à la programmation, *c'est* (la partie la plus importante de) la programmation.

Les erreurs dans le code proprement dit peuvent être décelées assez facilement. Les erreurs de conception risquent, au mieux de coûter très cher, au pire d'être fatales à l'application complète. Dans les cas extrêmes, elles peuvent devenir presque impossibles à corriger (sauf à tout reprendre à partir de zéro).

Concevoir l'interface utilisateur

Jusqu'à présent, nous avons laissé de côté le problème de la conception de l'interface utilisateur[1]. À un moment donné, nous devrons préciser ce que les utilisateurs verront sur l'écran et comment ils interagiront avec le système.

Dans une application bien conçue, ces aspects sont peu liés à la logique de l'application et nous pouvons les aborder indépendamment de la conception de la structure des classes. Comme nous l'avons vu au chapitre 6, BlueJ nous permet d'interagir avec notre application avant qu'une interface utilisateur soit disponible, et nous pouvons donc nous concentrer en premier sur la structure interne de l'application.

L'interface utilisateur peut être graphique (IUG, Interface Utilisateur Graphique) avec des menus et des boutons, ou textuelle (à base de simples caractères et de lignes successives), voire simplement fondée sur les mécanismes de BlueJ lui-même.

Pour le moment, nous laisserons de côté ce problème de l'interface utilisateur, et nous emploierons BlueJ pour invoquer les différentes méthodes de notre application.

Documentation

Après avoir identifié les classes et leurs interfaces, et avant de commencer à implanter les méthodes d'une classe, nous devons documenter l'interface. Ce qui signifie écrire des commentaires pour la classe et chacune de ses méthodes, et cela pour toutes les classes.

Comme l'analyse et la conception, la documentation est aussi un domaine fréquemment négligé par les débutants. Il n'est pas facile, pour un programmeur sans expérience, de percevoir pourquoi la documentation est si importante. Les débutants travaillent en effet sur des projets en général de taille modeste, quelques classes écrites en quelques semaines ou quelques mois. Et un programmeur peut mener à bien de tels projets même avec une mauvaise documentation.

1. Notez le double sens du terme « conception d'interface » : au paragraphe précédent nous avons parlé d'intereface de classe. Ici, nous parlons d'interface utilisateur — ce que voit l'utilisateur sur l'écran et comment il peut agir sur l'application.

Même des programmeurs confirmés se demandent souvent comment il est possible d'écrire la documentation avant l'implantation. Cela prouve qu'ils n'ont pas compris que la documentation doit se concentrer sur les problèmes de haut niveau — Que fait cette classe, cette méthode ? — et pas sur des questions de bas niveau — Comment cette classe et cette méthode accomplissent leur tâche ? Ce questionnement est en fait révélateur du sentiment selon lequel l'implantation serait plus importante que la conception.

Si un développeur logiciel veut évoluer vers des activités plus intéressantes et traiter de vrais problèmes, il devra, dans certaines applications, travailler avec des dizaines d'autres programmeurs et ce, pendant plusieurs années. La solution « la documentation est dans ma tête » ne fonctionnera alors évidemment plus.

Exercice 12.9

Créez un projet BlueJ pour le système de réservation de cinéma. Créez les classes nécessaires. Créez les squelettes de toutes les méthodes.

Exercice 12.10

Documentez toutes les classes et méthodes. Si vous avez travaillé en groupe, répartissez les classes entre les différents membres du groupe. Utilisez le format javadoc pour les commentaires, avec les balises javadoc appropriées pour commenter les détails.

Coopération

Programmation en binôme

L'implantation d'une classe est généralement réalisée par un unique programmeur. Les autres programmeurs entrent en jeu lorsque l'implantation est terminée, pour tester ou relire le code.

On a récemment proposé la programmation par équipe de deux pour améliorer la qualité du code produit (meilleure structure, moins de bogues). La programmation en binôme est aussi un des aspects de la technique dite « programmation extrême » (*Extreme Programming*). Faites une recherche sur le Web pour en savoir plus.

Le développement logiciel se fait est en général en équipe. Une approche orientée objet bien conduite est adaptée au travail en équipe parce qu'elle autorise une partition du problème en composants faiblement couplés qui peuvent être implantés indépendamment.

Même si la conception initiale a été élaborée en groupe, il est maintenant temps de se séparer. Si la définition des interfaces de classes et la documentation ont été bien réalisées, une personne seule doit pouvoir implanter chaque classe. Les classes sont attribuées à un (ou une paire de) programmeur(s).

Nous ne traiterons pas de la phase d'implantation du système de réservation de cinéma dans la suite de ce chapitre. Elle met en jeu des activités que nous pratiquons depuis le début de ce livre et nous espérons que vous savez maintenant comment poursuivre par vous même.

Prototypage

Au lieu de concevoir puis construire l'application complète d'un seul trait, le prototypage permet d'étudier seulement certaines parties d'un système.

> ***Concept***
>
> Le **prototypage** est la construction d'un système partiellement fonctionnel, dans lequel certaines fonctions de l'application sont simulées. Il permet de mieux comprendre le système bien avant son achèvement.

Un prototype est une version d'une application dont une partie est simulée pour pouvoir étudier d'autres parties. Vous pouvez par exemple implanter un prototype pour tester une interface graphique. Dans un tel cas, la logique de l'application n'a pas besoin d'être complètement implantée. Vous pouvez au contraire écrire des implantations simplifiées des méthodes du système. Par exemple, la méthode qui recherche une place libre dans le système de réservation peut renvoyer systématiquement la place 3 de la rangée 15. Le prototypage permet de développer rapidement une version exécutable (mais non totalement fonctionnelle) du système, afin d'en étudier concrètement certaines parties.

Les prototypes sont aussi utiles pour les classes isolées dans un contexte de travail en équipe. Il est fréquent que les différentes classes ne demandent pas le même temps de codage, or l'absence d'une classe peut bloquer le développement et le test d'une autre. Dans ce cas, un prototype de la classe manquante peut être utile. Un prototype de classe contient l'implantation des squelettes de toutes les méthodes mais simule seulement leurs fonctionnalités. L'écriture précoce de tels prototypes devrait être possible, et les classes clientes peuvent les utiliser tant que l'implantation de la classe prototypée n'est pas terminée.

Exercice 12.11

Donnez l'architecture d'un prototype du système de réservation. Quelles sont les classes à implanter en premier ? lesquelles doivent/peuvent rester à l'état de prototype ?

Exercice 12.12

Implantez le prototype du système de réservation.

Croissance du logiciel

Il existe plusieurs modèles de la construction des logiciels. Le modèle dit de *la chute d'eau* (« waterfall »), ainsi appelé parce que l'activité progresse d'étape en étape, sans retour en arrière, comme l'eau d'une cascade est l'un des plus connus.

Le modèle de la chute d'eau

Dans le modèle de la chute d'eau, un projet est composé de différentes phases abordées dans un ordre fixe :

- analyse du problème ;
- conception du logiciel ;
- implantation des composants du logiciel ;
- tests unitaires ;
- tests d'intégration ;
- livraison du logiciel au client.

Si une erreur survient dans une phase, il peut être nécessaire de revenir à l'étape précédente pour la corriger (exemple : retour sur l'implantation si problème de test unitaire). Par contre, aucun retour sur les étapes antérieures n'est prévu.

C'est certainement le modèle le plus classique du développement logiciel, largement utilisé depuis de nombreuses années. Pour autant, au fil du temps, on a découvert plusieurs inconvénients de ce modèle. Deux de ses plus importants défauts sont d'une part qu'il suppose que les développeurs ont une connaissance exhaustive des fonctionnalités du système dès le début de l'étude, et d'autre part que le système restera figé après sa livraison.

Dans la pratique, ces deux hypothèses sont typiquement fausses. Il est très fréquent, par exemple, que la conception initiale des fonctionnalités du système ne soit pas parfaite, souvent parce que le client, qui connaît le domaine du problème, ne connaît pas l'informatique, et parce que les développeurs ne connaissent pas suffisamment le domaine.

Développement itératif

Le prototypage précoce et l'échange fréquent avec le client sont deux solutions possibles à ces problèmes du modèle de la chute d'eau. On construit des prototypes qui ne font pas grand-chose, mais donnent une idée de l'interface utilisateur du logiciel et de ce qu'il fera. Le client donne ses commentaires sur la conception et les fonctionnalités. On obtient un modèle plus « itératif » qu'avec le modèle de la chute d'eau : le développement logiciel comprend plusieurs passes du cycle analyse-conception-prototypage-implantation-retour client.

Une autre approche consiste à affirmer qu'on ne conçoit pas un logiciel, mais qu'on l'*étend* (qu'il croît, qu'il se développe). Ici, l'idée est de concevoir au départ un système réduit mais correct, et de le rendre exploitable par les utilisateurs finaux. Des fonctionnalités sont alors ajoutées (le logiciel croît) de manière contrôlée et on passe par des états finaux (dans lesquels le système est utilisable) qui se succèdent fréquemment.

En réalité, logiciel étendu et conception ne sont bien sûr pas contradictoires. Chaque extension est soigneusement conçue. Mais on ne cherche pas à concevoir d'emblée un système complet. Plus encore, la notion même de logiciel complet n'existe plus !

Le modèle de la chute d'eau a comme objectif la fourniture d'un système complet. Le modèle du logiciel que l'on étend fait l'hypothèse que les systèmes complets utilisés indéfiniment sans modification n'existent pas. Un logiciel ne peut qu'être amélioré, adapté continuellement ou disparaître.

Le choix d'un modèle de développement est au cœur de ce livre, car ce modèle influence fortement notre conception des compétences et savoir-faire d'un programmeur. Vous aurez sans doute compris que les auteurs de ce livre préfèrent de loin le modèle du logiciel qui croît[1].

Conséquence de ce choix : certaines tâches prennent plus d'importance que d'autres dans le modèle de la chute d'eau. La maintenance logicielle, la lecture de code (au lieu de la seule écriture), une conception extensible, la documentation, un codage compréhensible, et de nombreux autres points abordés tout au long de ce livre tirent leur importance du fait que nous savons que d'autres après nous devront adapter et étendre notre code.

Percevoir le logiciel comme quelque chose qui croît, change et s'adapte sans cesse, plutôt que comme une entité statique écrite et préservée comme un roman, détermine notre conception du code de qualité. Toutes les techniques étudiées dans ce livre tendent vers ce but.

Exercice 12.13

De quelle manière pourrait-on modifier ou étendre le système de réservation de cinéma dans le futur ? Quels sont les changements les plus probables ? Écrivez une liste de ces changements.

Exercice 12.14

D'autres organisations pourraient-elles utiliser un système de réservation semblable à celui du cinéma ? Quelles seraient les grandes différences entre ces systèmes ?

Exercice 12.15

Pensez-vous qu'on puisse concevoir un système de réservations « générique », applicable à un grand nombre d'organisations, moyennant des adaptations ? Si vous

---

1. Les auteurs recommandent la lecture du livre *The Mythical Man-Month*, Frederick P. Brooks Jr, Addison-Wesley, 1974. Cet ouvrage décrit les problèmes de développement logiciel et quelques approches possibles pour leur solution. Même si l'édition originale date de 1974 (deuxième édition, 1995), la lecture reste agréable et est très éclairante sur ces problèmes.

deviez créer un tel système, à quel point du développement du système du cinéma introduiriez-vous des modifications ? Pensez-vous au contraire qu'il vaut mieux repartir de zéro ?

Utiliser les patrons de conception

Nous avons étudié en détail dans les chapitres précédents quelques techniques de réutilisation de notre travail, ainsi que les moyens de rendre notre code plus compréhensible par d'autres programmeurs. Une grande partie de ces considérations concernaient le code source de classes isolées.

Au fur et à mesure que nous acquérons de l'expérience et que nous abordons de plus grands projets, le problème le plus délicat n'est plus l'implantation de classes individuelles. C'est la structure générale du système — les relations complexes entre les classes — qui devient plus difficile à comprendre et à concevoir, plutôt que le code des classes.

Il est logique d'essayer de procéder comme nous l'avons fait pour le code des classes : réutiliser ce que nous avons bien réalisé et rendre notre travail compréhensible. L'usage des *patrons de conception* (« design pattern ») va nous aider à atteindre ces deux objectifs.

Un patron de conception décrit un problème que l'on rencontre régulièrement en développement logiciel, et en décrit une solution générale qui peut être utilisée dans différents contextes. Dans le cas des patrons de conception logiciels, la solution est typiquement la description d'un ensemble réduit de classes et de leurs interactions.

Les patrons de conception nous facilitent la tâche de deux manières. D'une part, ils documentent les bonnes solutions de telle sorte que ces solutions puissent être réutilisées pour des problèmes analogues. La réutilisation n'est plus au niveau du code source mais au niveau des structures de classes.

D'autre part, ils possèdent un nom, et, de ce fait, les concepteurs de logiciel disposent d'un vocabulaire commun pour communiquer à propos de leurs réalisations. Des concepteurs chevronnés pourront ainsi affirmer : « Je pense qu'il faut utiliser un singleton dans cette situation. » Le mot singleton est le nom d'un patron de conception bien connu et si deux concepteurs connaissent ce patron, ils peuvent discuter à un certain niveau sans s'embarrasser de nombreux détails. Le langage de patrons introduit ainsi un niveau d'abstraction supplémentaire et permet d'appréhender des situations plus complexes.

Les patrons de conception logiciels ont été popularisés par un livre désormais célèbre, *Design Patterns : Elements of Reusable Object-Oriented Software*[1], qui décrit un ensemble de patrons, leur application et l'intérêt de cette approche. Ce livre constitue

1. *Design Patterns : Elements of Reusable Object-Oriented Software*, Erich Gamma, Richard Helm, Ralph Johnson et John Vlissides ; Addison-Wesley, 1995.

encore aujourd'hui la référence en matière de patrons de conception. Nous n'allons pas ici donner un aperçu complet sur les patrons de conception. Nous étudierons simplement quelques exemples de patrons pour vous faire comprendre tout l'intérêt qu'il y a à les utiliser. Vous pourrez en poursuivre l'étude en consultant d'autres ouvrages.

Structure d'un patron

Les descriptions de patron contiennent non seulement des informations sur la structure de quelques classes, mais aussi une description du problème traité par le patron et les arguments pour et contre son usage. Une description inclut au moins :

- un **nom** pour désigner le patron facilement ;
- une description du **problème** que traite le patron (souvent structurée en objectifs, motivations et applicabilité) ;
- une description de la **solution** (comprenant souvent les éléments : structure, participants et collaborations) ;
- les **conséquences** de l'emploi du patron, y compris les résultats escomptés et les compromis à réaliser.

Dans la section suivante, nous étudierons brièvement quelques patrons très fréquemment utilisés.

Le décorateur

Le patron « décorateur » (« decorator ») est utilisé pour l'ajout de fonctionnalités à un objet existant : faire en sorte qu'un objet réponde aux mêmes appels de méthode, plus de nouveaux appels ou les mêmes mais avec un comportement modifié.

Une solution consiste à utiliser l'héritage. Une sous-classe peut surcharger l'implantation de certaines méthodes et en ajouter de nouvelles. L'inconvénient est que cette solution est statique : une fois créé, l'objet ne peut plus modifier son comportement.

Un objet décorateur apporte une solution dynamique. C'est un objet qui renferme un objet existant et que nous pouvons utiliser à la place de l'original (il implante en général la même interface). Les clients communiquent ainsi (sans le savoir) avec le décorateur et non pas directement avec l'objet. Le décorateur transmet les appels de méthode à l'objet décoré, mais il peut aussi réaliser des actions supplémentaires. La bibliothèque d'entrées/sorties comprend plusieurs décorateurs. Par exemple, un `BufferedReader` est un décorateur de `Reader` (figure 12.2). Il implante la même interface mais fournit en plus la fonctionnalité de tamponnage. En résumé, au lieu d'utiliser l'héritage, les décorateurs peuvent être ajoutés aux objets existants.

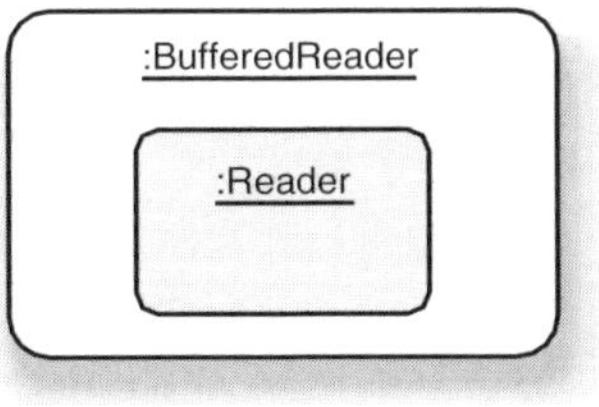

Figure 12.2 • Structure du patron décorateur.

Le singleton

Il est fréquent d'avoir des objets à instance unique dans un programme. Par exemple, dans le jeu de Zuul, nous n'avons besoin que d'un analyseur. De même, si nous réalisons un environnement de développement, il nous faut un seul compilateur, un seul débogueur.

Le patron « singleton » (« singleton ») garantit qu'une seule instance d'une classe sera créée et fournit un accès uniforme à cet unique objet. En Java, nous pouvons définir un singleton en rendant privé le constructeur de la classe : ainsi, il ne peut pas être appelé de l'extérieur de la classe et les classes clientes ne peuvent donc pas créer d'instance de cette classe. Nous pouvons donc coder le singleton dans la classe concernée elle-même : le code 12.1 correspond à l'exemple de l'analyseur.

Code 12.1 • Le patron singleton.

```
class Parser
{
    public private static Parser instance = new Parser();

    public static Parser getInstance()
    {
        return instance;
    }

    private Parser()
    {
        ...
    }
}
```

Dans ce patron :

- Le constructeur est privé, donc les instances ne peuvent être créées que par la classe elle-même. Il doit être dans la partie statique de la classe (initialisation des champs statiques et méthodes statiques) sinon aucune instance ne pourra exister.
- La classe contient un champ privé statique initialisé avec la seule instance de l'analyseur.
- La méthode statique `getInstance` procure l'accès à cette unique instance.

Les clients du singleton appellent cette méthode statique pour accéder à l'objet `Parser` :

```
Parser parser = Parser.getInstance();
```

La méthode fabrique

Le patron de « méthode fabrique » (« factory method ») permet de créer des objets mais laisse les sous-classes décider de la classe effective de l'objet créé. Typiquement, les clients attendent une superclasse ou une interface de l'objet effectif, et la méthode fabrique en fournit des spécialisations.

Les itérateurs de collections sont des exemples de méthode fabrique. Si nous disposons d'une variable de type `Collection`, nous pouvons lui demander un itérateur (avec la méthode `iterator`) puis travailler avec cet itérateur (code 12.2).

Code 12.2 • Une utilisation de méthode fabrique.

```
public void process(Collection coll)
{
    Iterator it = coll.iterator();
    ...
}
```

Du point de vue du client, nous manipulons des objets de type `Collection` et `Iterator`. En réalité, le type (fixé dynamiquement) de la collection peut être `ArrayList`, et la méthode `iterator` renvoie un objet de type `ArrayListIterator`. Mais la collection peut aussi être un `HashSet` et `iterator` renverra alors un `HashSetIterator`. La méthode fabrique est donc bien particularisée par les sous-classes pour retourner des instances adaptées du type de retour générique.

La simulation renards et lapins (chapitre 10) fournit un bon exemple d'usage de ce patron pour découpler la classe `Simulation` des classe d'animaux (rappelez-vous que, dans notre version, `Simulation` est couplée aux classes `Fox` et `Rabbit`).

Nous pouvons introduire une interface `ActorFactory` et des classes qui implantent cette interface pour chacun des acteurs (`FoxFactory` et `RabbitFactory` par exemple). Le simulateur stockera simplement une collection d'objets `ActorFactory` et demandera à chacun d'entre eux de créer des acteurs. Chaque fabrique produira des acteurs de type différent, mais le simulateur communiquera avec eux *via* l'interface `ActorFactory`.

L'observateur

Au cours de l'étude de plusieurs projets de ce livre, nous avons essayé de séparer le modèle interne de l'application de la présentation à l'écran (la vue de l'application). Le patron « observateur » (« observer ») sert à réaliser cette séparation modèle/vue.

De façon générale, le patron observateur définit une relation un à plusieurs de telle sorte que plusieurs objets (les observateurs) puissent être informés du changement d'état d'un objet donné (l'observé). Il maintient un très faible degré de couplage entre l'observé et les observateurs.

De fait, le patron observateur permet aussi d'avoir des vues non seulement découplées mais aussi différentes (simultanément ou pas) d'un même objet. Donnons un exemple d'observateur possible dans la simulation renards et lapins.

Dans cette simulation, les populations d'animaux sont représentées sur l'écran dans une grille à deux dimensions. Il existe d'autres possibilités : graphe des tailles des populations en fonction du temps, histogramme animé des populations, etc. (figure 12.3). Nous pourrions même visualiser toutes ces représentations en même temps.

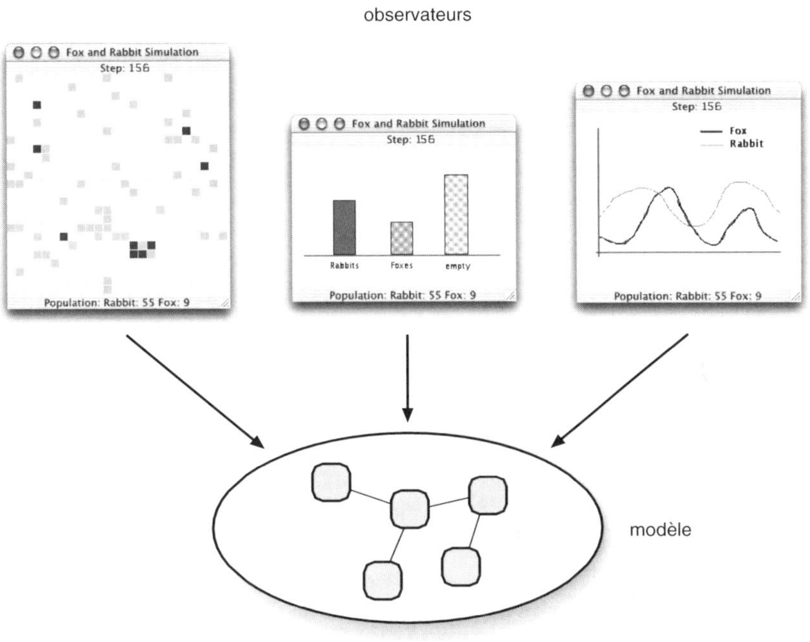

Figure 12.3 • Vues multiples d'un même sujet.

Pour réaliser le patron observateur, nous utilisons deux classes abstraites : `Observable` (« qui observe ») et `Observed` (« qui est observé ») (dans le paquetage `java.util`, `Observer` est une interface qui possède une seule méthode). L'entité observée (de type `Field` dans notre simulation) étend la classe `Observed` et l'observateur (de type `SimulatorView`) étend la classe `Observer` (figure 12.4).

La classe `Observer` fournit des méthodes pour se connecter à l'objet observé. Elle garantit que la méthode `update` de l'observateur est appelée lorsque l'objet observé appelle la méthode héritée `notify`. Les observateurs effectifs obtiennent ainsi une version mise à jour de l'état de l'objet observé.

Nous pouvons aussi utiliser le patron observateur dans d'autres situations que la séparation modèle/vue. Il entre en jeu chaque fois que l'état de un ou plusieurs objets dépend de l'état d'un autre objet.

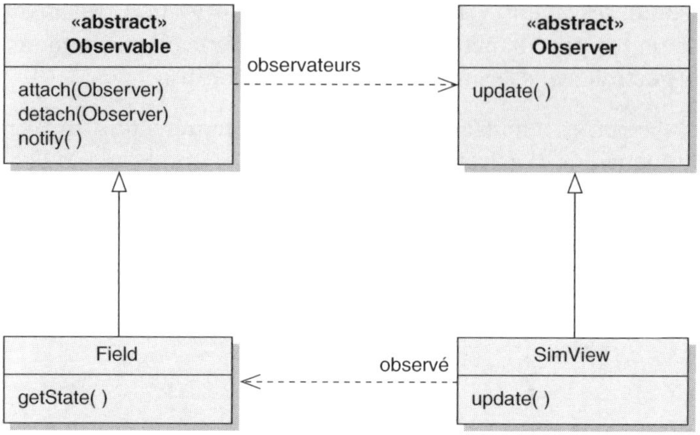

Figure 12.4 • Structure du patron observateur.

Résumé sur les patrons

Une étude détaillée des patrons de conception sort du cadre de ce livre. Nous avons simplement expliqué ce que sont les patrons de conception et nous en avons présenté quelques exemples parmi les plus courants.

Nous espérons que cette présentation vous permettra d'aller plus avant. Ayant compris comment réaliser des implantations de qualité de classes individuelles, avec des fonctionnalités clairement définies, nous devons nous focaliser sur les types de classes nécessaires à notre application et comprendre comment elles doivent coopérer. Les bonnes solutions ne sont pas évidentes. les patrons de conception décrivent des structures qui se sont révélées utiles pour résoudre des classes de problèmes dans de multiples situations. Ils nous aident à créer de bonnes structures de classes.

Plus vous acquérrez d'expérience dans le développement logiciel, et plus vous passerez de temps à réfléchir aux structures de haut niveau plutôt qu'à l'implantation de classes individuelles.

Exercice 12.16

Les patrons État (« State »), Stratégie (« Strategy ») et Visiteur (« Visitor ») sont trois patrons également très utilisés. Trouvez leur description et donnez un exemple d'application de chacun d'entre eux.

Exercice 12.17

Tardivement dans le développement d'un projet, vous constatez que deux équipes travaillant indépendamment sur des parties différentes de l'application ont implanté des classes incompatibles. Les interfaces de plusieurs des classes implantées par une équipe sont incompatibles avec celles que l'autre équipe pensait utiliser. Expliquez comment le patron Adaptateur (« Adapter ») peut vous aider dans cette situation en évitant de réécrire les classes existantes.

Résumé

Dans ce chapitre, nous avons franchi une étape en termes d'abstraction, en passant de la conception des classes individuelles (ou de la coopération entre deux classes) à la conception d'une application dans son ensemble. Le choix des classes à utiliser et la structure de communication entre ces classes constituent un des aspects essentiels de la conception des systèmes logiciels orientés objet.

Certaines classes sont relativement évidentes et faciles à découvrir. Comme point de départ, nous avons utilisé la méthode d'identification noms/verbes qui part de la description textuelle du problème. Après avoir découvert les classes, nous pouvons employer les fiches CRC et jouer des scénarios pour concevoir les dépendances et les communications entre les classes, et pour établir en détail les responsabilités de chaque classe. Les concepteurs peu expérimentés sont encouragés à jouer les scénarios en groupe.

On peut utiliser les fiches CRC pour raffiner les définitions des noms de méthode et leurs paramètres. Cela fait, nous pouvons coder des squelettes des méthodes et écrire la documentation des interfaces des classes.

En suivant cette démarche structurée, nous visons plusieurs objectifs. Nous sommes sûrs que les problèmes potentiels de la conception initiale seront découverts bien avant la phase d'implantation. Les programmeurs peuvent travailler indépendamment l'implantation de classes distinctes sans attendre que certaines classes dont ils n'ont pas la responsabilité soient codées.

La conception d'une structure de classe souple et extensible n'est pas toujours facile. Les patrons de conception sont utilisés pour documenter de bonnes structures générales qui se sont révélées utiles pour résoudre plusieurs catégories de problèmes. L'étude des patrons de conception peut apporter beaucoup à l'ingénieur logiciel pour bien structurer ses applications et lui permettre de progresser.

Plus le problème est vaste, plus la qualité de la structuration est importante. Plus l'ingénieur logiciel est expérimenté, plus il passe de temps sur la conception de la structure des applications plutôt que sur l'écriture du code.

Résumé des concepts

Noms/verbes : Les classes d'un système correspondent plus ou moins aux noms dans la description du système. Les méthodes correspondent aux classes.

Scénarios : Les scénarios (suites d'actions, aussi appelés cas d'utilisation, « use cases » en anglais) sont utilisés pour mieux comprendre les interactions dans le système.

Prototypage : Le prototypage est la construction d'un système partiellement fonctionnel dans lequel certaines fonctions sont simulées. Prototyper permet de comprendre comment le système focntionnera avant sa réalisation complète.

Patron de conception : Un patron de conception (« design pattern ») est la description d'un problème général d'informatique, et d'un petit groupe de classes et de leurs interactions qui permettent de résoudre ce problème.

13

Une étude de cas

Concepts clés de ce chapitre

- Développement d'une application complète

Notions Java

- Pas de nouvelle notion Java dans ce chapitre

Dans ce chapitre, nous mettons en jeu, avec une étude de cas détaillée, plusieurs principes de programmation orientée objet que nous avons introduits dans ce livre. Nous conduirons l'étude dans ses différentes phases : discussion initiale du problème, découverte des classes, conception et processus itératif d'implantation-test. Nous n'introduirons pas de nouveau concept dans ce chapitre. Nous souhaitons plutôt renforcer les acquis de la deuxième partie du livre, tels que l'héritage, les techniques d'abstraction, la gestion des erreurs et la conception des applications.

Étude de cas

Il s'agit d'étudier le développement du modèle d'une compagnie de taxis. La compagnie envisage d'étendre sa zone d'activité à une autre partie de la ville. Elle gère des taxis et des navettes. Les taxis déchargent leurs clients avant d'en prendre de nouveaux tandis que les navettes peuvent monter des clients en différents points sur le même trajet et les déposer tous au même endroit (par exemple des personnes qui vont de leur hôtel à l'aéroport). À partir d'estimations du nombre de clients potentiels de la zone considérée, la compagnie veut savoir si cette extension est rentable et, si oui, de combien de véhicules supplémentaires elle aura besoin.

Description du problème

Le paragraphe ci-après, établi après plusieurs réunions avec la compagnie, donne une description informelle du fonctionnement de la compagnie de taxis.

La compagnie gère des taxis et des navettes. Les taxis transportent des personnes (seules ou en petit groupe) d'un point à un autre. Les navettes chargent les personnes en différents points et les déposent à différents endroits. Lorsque la compagnie reçoit un appel d'une personne, d'un hôtel, d'une organisation de spectacle ou de tourisme, elle essaie de trouver un véhicule pour prendre le client. Si elle n'en a pas, elle ne gère aucun système de mise en attente. Lorsqu'un véhicule arrive à un point de prise en charge, le chauffeur avertit la compagnie. Le chauffeur avertit de même la compagnie lorsqu'il décharge un client.

Comme nous l'avons suggéré au chapitre 10, l'un des objectifs d'une modélisation est de mieux comprendre le système modélisé. Dans cette optique, il est important de déterminer au plus tôt les points que nous voulons particulièrement étudier, car cela influence en général la conception même de notre modèle. Par exemple, si nous voulons étudier la rentabilité de l'extension géographique de la compagnie, il faut s'assurer que nous disposerons des informations nécessaires pour évaluer cette rentabilité. Il nous faudra en particulier pouvoir répondre aux deux questions : quel est le nombre de clients « perdus » par manque de véhicule disponible ? Et, à l'opposé, combien de temps des véhicules restent à l'arrêt par manque de client ? Ces problèmes n'apparaissent pas explicitement dans la description du système, mais il faudra cependant étudier les scénarios correspondants.

Nous pourrons donc ajouter le paragraphe suivant à la description initiale :

Le système enregistre des informations sur les demandes non satisfaites. Il maintient aussi des informations sur le temps passé par chaque véhicule en transport des clients, déplacements pour prendre un client et attente d'une course.

Exercice 13.1

Pensez-vous que d'autres données du système doivent être enregistrées dans notre modèle ? Si oui, ajoutez leur description et tenez-en compte dans votre propre développement.

Analyse et conception

Nous l'avons vu au chapitre 12, il faut commencer par chercher à identifier avec la méthode noms/verbes les classes et leurs interactions à partir de la description du système.

Découvrir les classes

Nous relevons les noms suivants (données au singulier) dans la description : compagnie, taxi, navette, personne, position (lieu), destination, hôtel, organisation de spectacle, organisation de tourisme, véhicule, course, lieu de montée (ou de prise en charge), chauffeur, passager.

Premier point à noter : ce serait une erreur que d'établir tout de suite une liste des classes à partir de cette liste de noms. Les descriptions informelles se prêtent rarement à une telle traduction directe.

Un premier filtrage consiste à détecter et à regrouper les synonymes. Par exemple, les noms « personne », « client » et « passager » désignent la même entité.

Un deuxième filtrage doit éliminer les entités que nous n'avons pas besoin de modéliser. Par exemple, la description identifie quatre sources possibles de course : une personne, un hôtel, une organisation de spectacles ou de tourisme. Est-il nécessaire de distinguer ces différentes possibilités ? Cela dépend du degré de précision que nous souhaitons modéliser : oui, si nous voulons introduire des réductions pour les hôtels (qui procurent beaucoup de clients) ou si nous voulons distribuer des documents publicitaires aux entreprises de spectacle. Si ces informations ne sont pas utiles, nous pouvons là aussi regrouper toutes ces « sources de passagers » sous un nom unique.

Exercice 13.2

Analysez la réduction du nombre de noms correspondant aux véhicules. « Taxi » et « navette » sont-ils synonymes dans ce contexte ? Devons-nous distinguer les deux ? Et qu'en est-il du « chauffeur » ? Justifiez vos réponses.

Exercice 13.3

Pouvons-nous considérer que « position », « destination » et « point de montée (ou de prise en charge) » sont synonymes ?

Exercice 13.4

Identifiez les noms des extensions que vous avez ajoutées et appliquez les simplifications nécessaires.

Utiliser les fiches CRC

La figure 13.1 résume les noms et leurs verbes associés, après avoir simplifié la description initiale. Nous attribuons une fiche CRC à chaque nom et nous sommes prêts à définir les responsabilités et les collaborations.

Il ressort clairement de ce résumé qu'un taxi et une navette sont deux cas particuliers distincts d'une classe générale véhicule (`vehicle`) : contrairement au taxi, une navette peut s'occuper de plusieurs clients *indépendants* simultanément. Nous aurons donc une hiérarchie d'héritage dans laquelle taxis et navettes seront des sous-types.

Exercice 13.5

Pour pouvoir jouer les scénarios suggérés par la description du projet, créez des fiches CRC pour les noms (classes) identifiés ci-dessus.

Exercice 13.6

Faites de même pour vos extensions.

Nom	Verbes
compagnie	gère des taxis et des navettes reçoit un appel attribue un véhicule
taxi	transporte un passager
navette	transporte un ou plusieurs passagers
passager	
position	
source de passagers	appelle la compagnie
véhicule	prend une personne arrive sur le lieu de prise en charge arrive à destination informe la compagnie de l'arrivée au lieu de prise en charge informe la compagnie de la fin d'une course (arrivée à destination)

Figure 13.1 • Noms et verbes associés de la compagnie de taxis.

Scénarios

La compagnie de taxis n'est en fait pas une application très complexe. Et, en effet, nous allons constater que nous pouvons rendre compte de l'ensemble des interactions en jouant le scénario de base : « satisfaire une demande de course ». Du point de vue pratique, nous scindons ce scénario en une séquence de plusieurs étapes, depuis l'appel initial jusqu'à l'arrivée à destination.

- Nous avons décidé qu'une unique « source de passagers » crée tous les passagers du système. Cette source (`PassengerSource`) a donc la responsabilité « crée un passager » et a comme collaborateur `Passenger`.
- La source de passagers appelle la compagnie de taxis pour demander la prise en charge d'un client. Nous notons donc que `TaxiCompany` est un collaborateur de `PassengerSource` et nous ajoutons « demande une prise en charge » à ses responsabilités. De manière symétrique, nous ajoutons la responsabilité « reçoit une demande de prise en charge » à `Taxicompany`. Un passager et un lieu de chargement sont associés à la demande. `Passenger` et `Location` sont donc des collaborateurs de `Taxicompany`. Lorsqu'elle appelle la compagnie, la source de passagers pourrait transmettre séparément le passager et le lieu de chargement, mais il est préférable de maintenir un lien étroit entre les deux. `Location` sera donc un collaborateur de `Passenger` dont une responsabilité sera « fournit un point de chargement ».
- Quelle est l'origine des lieux de prise en charge ? Cet endroit et le lieu de destination peuvent être choisis lorsque le passager est créé. Nous ajoutons donc la responsabilité « génère un lieu de chargement et un lieu de destination pour un passager » à `PassengerSource` ainsi que `Location` comme collaborateur. Nous ajoutons aussi

à `Passenger` les responsabilités « reçoit les lieux de chargement et de destination » et « fournit le lieu de destination ».

- À réception d'une demande, la compagnie doit trouver un véhicule (« trouver un véhicule » est une responsabilité de `TaxiCompany`). Cela sous-entend une autre responsabilité, « maintient une collection de véhicules » et deux collaborateurs `Collection` et `Vehicle`. Puisqu'une demande peut ne pas aboutir (pas de véhicule libre), il faut renvoyer une information de réussite/échec à la source de passagers.
- Rien ne nous indique que la compagnie doit distinguer taxi et navette lors de l'attribution d'un véhicule. Nous ne gérons donc pas cet aspect. Par contre, seul un véhicule libre peut être attribué. `Vehicle` doit donc posséder la responsabilité « indique s'il est libre ou pas ».
- Lorsqu'un véhicule libre a été trouvé, il faut le diriger vers le lieu de prise en charge. `TaxiCompany` a donc la responsabilité « Dirige le véhicule vers le lieu de chargement » et de même, `Vehicle` « reçoit un lieu de chargement ». De plus, `Location` est un collaborateur de `Vehicle`.
- Le comportement d'un taxi et celui d'une navette peuvent différer lors de la réception d'une demande. Un taxi n'est libre que s'il ne roule pas vers un lieu de prise ne charge ou de destination. D'où une responsabilité de Taxi : « aller au lieu de chargement ». *A contrario*, une navette doit gérer plusieurs passagers. Lorsqu'elle reçoit une demande de chargement, elle peut avoir à choisir entre plusieurs lieux à atteindre. Nous ajoutons à `Shuttle` (navette) la responsabilité « choisit le prochain lieu à atteindre » et le collaborateur `Collection` pour maintenir l'ensemble de toutes les destinations possibles. Puisqu'un véhicule se déplace, il a la responsabilité de « mémoriser la position courante ».
- À l'arrivé au point de chargement, le véhicule (`Vehicle`) doit « avertir la compagnie qu'il est sur le lieu de prise en charge » et `TaxiCompany` est un collaborateur ; de son côté `Taxicompany` doit « recevoir l'indication d'arrivée au point de chargement ». Dans la réalité, le taxi rencontre son passager lorsqu'il arrive au lieu de chargement. C'est donc à ce moment que le taxi « reçoit » son nouveau passager. Dans le modèle, c'est la compagnie qui lui transmet le passager, qu'elle a elle-même « reçu » de la source de passagers. Nous avons donc les responsabilités : « transmet un passager au véhicule » pour `TaxiCompany`, « reçoit un passager » pour `Vehicle`. Enfin, `Passager` est également un collaborateur de `Vehicle`.
- Le véhicule demande maintenant au passager sa destination (responsabilité de `Vehicle` : « demande la destination » et responsabilité de `Passenger` : « donne sa destination »). À nouveau, taxi et navettes ont des comportements différents : le taxi (`Taxi`) « se dirige vers la destination du passager » tandis que la navette (`Shuttle`) « ajoute un lieu à la collection des lieux à atteindre » puis elle en choisit un comme destination.
- À l'arrivé à destination, un véhicule doit « décharger un passager » et « en avertir la compagnie ». La compagnie doit « recevoir l'information selon laquelle le client est arrivé ».

- La série d'étapes que nous venons de résumer constituent l'activité de base de la compagnie ; elles sont répétées pour chaque nouveau client qui demande une course. Il est important de noter que notre modèle informatique doit pouvoir lancer une nouvelle série d'étapes même si une demande précédente est encore en cours de « traitement » : au cours d'une étape, un véhicule peut arriver à un point de prise en charge, tandis qu'un autre peut atteindre un lieu de destination et qu'au même moment un nouveau client demande une course.

Exercice 13.7

Relisez la description du problème et la scénario que nous avons élaboré. Faut-il jouer d'autres scénarios avant de passer à la conception des classes ? Avons-nous traité correctement le cas où aucun véhicule n'est libre lors d'une nouvelle demande ? Complétez l'analyse et le scénario si vous le jugez nécessaire.

Exercice 13.8

Pensez-vous que nous ayons décrit le scénario à un niveau de détails adapté ? Par exemple, avons-nous introduit trop ou pas assez de détails quant à la différence entre les taxis et les navettes ?

Exercice 13.9

Pensez-vous qu'il faille s'occuper de la façon dont les véhicules se déplacent de lieu en lieu à cette étape de l'analyse ?

Exercice 13.10

Pensez-vous que de nouvelles classes risquent d'apparaître au cours du développement de l'application, des classes dont il n'est pas fait mention dans la description du problème ? Si oui, pourquoi est-ce le cas ?

Conception des classes

Nous débutons, dans cette section, la traduction d'une conception (papier-crayon) de haut niveau en une conception concrète (en machine). Dans une première étape nous réalisons une version résumée de l'application finale sous la forme d'un projet BlueJ.

Conception des interfaces de classes

Au chapitre 12, nous avons suggéré de réaliser un nouveau jeu de fiches CRC à partir du jeu initial en transformant les responsabilités de chaque classe en signatures de méthodes. Nous vous laissons mener seul cette réécriture et nous passons directement à l'écriture d'un projet BlueJ, résumé de notre application, qui contient les squelettes des classes et de leurs méthodes. Cela nous permettra d'avoir une idée assez précise de la complexité du projet et de vérifier que nous n'avons pas oublié un élément important au cours des étapes précédentes.

Il faut souligner qu'à chaque étape du cycle de vie du projet, nous devons nous attendre à trouver des erreurs ou des situations problématiques dans le travail réalisé précédemment. Cela ne remet en cause ni la validité de notre approche ni nos compétences, mais témoigne plutôt du fait que le développement d'un projet est souvent un processus de découverte : ce n'est que par expérimentation et essai de telle ou telle solution que nous acquérons une bonne connaissance de ce que nous essayons de réaliser. Découvrir que l'on a oublié un aspect du problème confirme donc le côté positif de cette approche.

Collaborations

Lorsque les collaborations entre classes sont établies, nous devons résoudre le problème des références d'un objet à ses collaborateurs. Nous avons essentiellement trois procédés qui correspondent à trois schémas d'interaction :

- Un collaborateur est reçu en argument d'un constructeur. Généralement, il est alors stocké dans un champ du nouvel objet et reste donc accessible durant toute la durée de vie de cet objet. Le collaborateur peut être partagé par plusieurs objets. Exemple : un objet `PassengerSource` reçoit l'objet `TaxiCompany` par son constructeur.
- Un collaborateur est reçu en argument d'une méthode. L'interaction avec ce collaborateur est généralement temporaire, réduite à la durée d'exécution de la méthode, bien que l'objet qui reçoit le collaborateur puisse le mémoriser dans un de ses champs pour une interaction plus longue. Exemple : `TaxiCompany` reçoit un collaborateur `Passenger` lors de l'appel de sa méthode qui gère une demande de prise en charge.
- L'objet crée lui-même le collaborateur. Ce collaborateur sera utilisé exclusivement par son créateur sauf si ce dernier le transmet à un autre objet par un des deux procédés ci-dessus. Si le collaborateur est créé par une méthode, l'interaction est typiquement de courte durée. Cependant, s'il est mémorisé dans un champ, l'interaction perdurera tout au long de la vie de l'objet créateur. Exemple : `TaxiCompany` crée une collection pour stocker les véhicules.

Exercice 13.11

Au cours de l'analyse du projet *taxi-company-outline* dans la section suivante, examinez attentivement où sont créés les objets et comment les objets qui collaborent s'identifient. Essayez de trouver un exemple de chacun des trois cas décrits ci-dessus.

L'implantation résumé

Le projet *taxi-company-outline* implante un résumé des responsabilités et des collaborations des classes telles que nous les avons définies. Le code 13.1 correspond à la classe `Vehicle`. Nous vous invitons à parcourir le code du projet et à faire la correspondance entre les classes et les descriptions de la section « Scénarios » précédente.

Code 13.1 • Un résumé de la classe `Vehicle`.

```
/**
 * Résumé de la classe 'vehicle'.
 *
 * @author David J. Barnes and Michael Kolling
 * @version 2002.06.20
 */
public abstract class Vehicle
{
    private TaxiCompany company;
    // Où se trouve le véhicule.
    private Location location;
    // Où se rend le véhicule.
    private Location targetLocation;

    /**
     * Constructeur de la classe 'Vehicle'
     * @param company La compagnie de taxis. Doit être non 'null'.
     * @param location Le lieu de départ du véhicule. Doit être non
     ➥'null'.
     * @throws NullPointerException Si la compagnie ou le lieu est
     ➥'null'.
     */
    public Vehicle(TaxiCompany company, Location location)
    {
        if(company == null) {
            throw new NullPointerException("argument 'company'");
        }
        if(location == null) {
            throw new NullPointerException("argument 'location'");
        }
        this.company = company;
        this.location = location;
        targetLocation = null;
    }

    /**
     * Informer la compagnie de notre arrivée au point de prise en charge.
     */
    public void notifyPickupArrival()
    {
        company.arrivedAtPickup(this);
    }

    /**
     * Informer la compagnie de notre arrivée au lieu
     * de destination du passager.
     * @param passenger Le passager qui est arrivé.
     */
    public void notifyPassengerArrival(Passenger passenger)
    {
        company.arrivedAtDestination(this, passenger);
```

```
}

/**
 * Reçoit un lieu de chargement.
 * La gestion dépend du type de véhicule.
 * @param location Le lieu de chargement.
 */
public abstract void setPickupLocation(Location location);

/**
 * Reçoit un passager.
 * La gestion dépend du type de véhicule.
 * @param passenger Le passager à charger.
 */
public abstract void pickup(Passenger passenger);

/**
 * @return le fait que ce véhicule est libre ou pas.
 */
public abstract boolean isFree();

/**
 * Dépose les passagers dont la destination est
 * le lieu courant.
 */
public abstract void offloadPassenger();

/**
 * @return Où est actuellement le véhicule.
 */
public Location getLocation()
{
    return location;
}

/**
 * Définit la position courante.
 * @param location Où l'on est. Doit être non 'null'.
 * @throws NullPointerException Si 'location' est 'null'.
 */
public void setLocation(Location location)
{
    if(location != null) {
        this.location = location;
    }
    else {
        throw new NullPointerException();
    }
}

/**
 * @return La destination actuelle du véhicule, ou 'null'
```

Code 13.1 • Un résumé de la classe `Vehicle` *(suite)*.

```
     *        s'il est inactif.
     */
    public Location getTargetLocation()
    {
        return targetLocation;
    }

    /**
     * Définit la destination.
     * @param location Où se rendre. Doit être non 'null'.
     * @throws NullPointerException Si 'location' est 'null'.
     */
    public void setTargetLocation(Location location)
    {
        if(location != null) {
            targetLocation = location;
        }
        else {
            throw new NullPointerException();
        }
    }

    /**
     * Met à vide la destination.
     */
    public void clearTargetLocation()
    {
        targetLocation = null;
    }
}
```

La réalisation du projet résumé a révélé plusieurs problèmes. En voici quelques-uns :

- Il faut s'attendre à des différences entre la conception et l'implantation en raison des langages de natures différentes employés pour les exprimer. Par exemple, les scénarios suggéraient que la source de passagers (`PassengerSource`) avait comme responsabilité « génère le point de départ et d'arrivée du passager » et que le passager avait, lui, celle de « recevoir un point de départ et de destination ». Une implantation plus naturelle en Java que des appels de méthodes individuels serait plutôt :

```
new Passenger (new Location(...), new Location(...))
```

- Nous avons fait en sorte que le résumé soit suffisamment complet pour pouvoir le compiler sans erreur. Ce n'est pas toujours indispensable à ce niveau, mais facilitera un peu la poursuite du développement incrémental à l'étape suivante. Notons cependant que ce choix risque de rendre plus difficile par la suite la découverte de parties de code manquantes, car le compilateur ne pourra pas nous aider.

- La différenciation (éléments communs et éléments différents) entre les classes `Vehicle`, `Taxi` et `Shuttle` ne devient effective qu'au fur et à mesure que nous détaillons l'implantation. Par exemple, la différence de réponse de `Taxi` et `Shuttle` à une demande de prise en charge est traduite par la méthode abstraite `setPickupLocation` de la classe `Vehicle`. Les deux sous-classes auront des implantions concrètes distinctes. À l'inverse, même si les taxis et les navettes ne décident pas de la même manière de leur prochaine destination, ils partagent le fait qu'ils ont une unique destination. Nous avons ainsi un champ `targetLocation` dans la superclasse.
- Un véhicule doit avertir la compagnie de son arrivée à deux endroits dans le scénario (à un lieu de prise en charge ou à une destination). Il y a au moins deux organisations possibles pour cette fonctionnalité. Le moyen direct consiste à mémoriser une référence à la compagnie. Cela implique une association explicite dans le diagramme de classes.
  Nous pouvons aussi utiliser le patron *Observateur* introduit au chapitre 12, où `Vehicle` étend la classe `Observable` et `TaxiCompany` implante l'interface `Observer`. Le couplage direct est réduit mais subsiste, et le processus de notification est un peu plus compliqué à programmer.
- Nous n'avons pas encore parlé du nombre maximal de passagers d'une navette. Les navettes ont sans doute des tailles différentes ? Ce problème sera étudié ultérieurement.

Il n'existe pas de règle absolue quant au niveau de détails à atteindre dans l'implantation résumé d'une application. L'objectif de ce résumé n'est pas de produire une implantation totalement fonctionnelle, mais de rédiger un résumé de la conception de l'application, conception développée à l'aide des fiches CRC. En relisant le code du projet résumé, vous avez peut-être le sentiment que nous sommes allés trop loin, ou, au contraire, pas assez loin. Le côté positif est qu'en créant une version sans erreur de compilation, nous avons dû réfléchir en détail à la hiérarchie d'héritage de `Vehicle` : en particulier, déterminer les méthodes à implanter complètement dans la superclasse, les méthodes à plutôt laisser abstraites. Le côté négatif est qu'il y a toujours un risque de prendre des décisions d'implantation trop tôt : par exemple, choisir un type de structures de données qu'il vaudrait mieux définir plus tard ou, comme nous l'avons fait, renoncer au patron *Observateur* et choisir une approche plus directe.

Exercice 13.12

Pour chaque classe du projet, examinez son interface et écrivez une liste de tests à utiliser pour vérifier le fonctionnement de la classe.

Exercice 13.13

Le projet *taxi-company-outline* contient une classe `Demo` pour créer un objet `PassengerSource` et un objet `TaxiCompany`. Créez un objet `Demo` et essayez sa méthode `pickupTest`. Pourquoi l'objet `TaxiCompany` ne peut-il satisfaire une demande de course à ce niveau du développement ?

Exercice 13.14

Pensez-vous que nous aurions dû, à ce niveau, développer le code pour pouvoir répondre à une demande de course au moins ? Si oui, jusqu'à quel point mèneriez-vous le développement ?

Tests

Puisque nous avons débuté l'implantation, nous devons commencer à réfléchir à la façon de tester l'application. Nous ne commettrons pas l'erreur de concevoir les tests une fois l'implantation terminée ! Nous pouvons déjà mettre en place certains tests que nous ferons évoluer en même temps que l'implantation. Faites les exercices suivants pour avoir une idée de ce qu'on peut faire dès à présent.

Exercice 13.15

Le projet *taxi-company-outline-testing* introduit une classe `OutlineTesting` qui contient quelques tests pour commencer. Ajoutez les tests que vous estimez appropriés à cette étape du développement formant la base d'un ensemble de tests pour la suite du développement. Est-il important que les tests échouent à ce moment du développement ?

Exercice 13.16

La classe `Location` ne contient pour l'instant ni champ ni méthode. Dans quelle mesure le développement de cette classe risque-t-il d'affecter les méthodes de la classe `OutlineTesting` ?

Encore quelques remarques

L'organisation de la succession des diverses activités de l'application (demande des passagers, mouvement des véhicules, etc.) est un des problèmes les plus importants que nous n'ayons pas encore abordés. De même, nous n'avons pas encore défini sous quelle forme concrète représenter un lieu, si bien que les mouvements n'ont aucun effet. La résolution de ces problèmes, et d'autres aussi, émergera au fur et à mesure du développement.

Développement itératif

Le chemin est certes encore long de l'implantation développée dans le projet *taxi-company-outline* à la version finale. Mais plutôt que d'être submergés par l'ampleur de la tâche à accomplir, nous pouvons rendre les choses plus faciles à gérer en mettant en évidence quelques étapes à franchir vers le but ultime et engager un processus de développement itératif.

Étapes de développement

La planification de quelques étapes dans le développement nous aide à réfléchir sur la manière de décomposer un grand problème en problèmes plus petits. Chacun de ces problèmes a des chances d'être moins compliqué et plus gérable que le problème global, mais ils doivent, ensemble, lui être équivalents. Lorsque nous résoudrons un petit problème, nous devrons peut-être le scinder lui-même en d'autres problèmes encore plus simples. Il se peut aussi que certaines de nos hypothèses initiales se révèlent fausses, ou que notre conception soit inadaptée. Ce phénomène de découverte procure un retour sur notre conception et nos décisions suffisamment tôt dans le développement et, combiné à une approche itérative, il constitue au final un processus de développement souple et évolutif.

La recherche d'étapes successives nous aide aussi à découvrir ou à préciser certaines formes d'interconnexions entre les diverses parties de l'application. Pour un projet important, cela permet d'identifier les interfaces entre composants. Enfin, les étapes nous aident à planifier la chronologie du développement.

Il est important que chaque étape représente un état clairement défini de l'évolution de l'application jusqu'à son développement complet. Nous devons pouvoir déterminer la fin de chaque étape. La terminaison doit être accompagnée d'une série de tests et d'une analyse des objectifs atteints pour inclure dans les étapes suivantes tout ce que nous a appris cette étape.

Voici une suite possible d'étapes pour notre application compagnie de taxis :

- traiter un seul passager : le prendre en charge et l'amener à destination en disposant d'un seul taxi ;
- disposer de suffisamment de taxis pour transporter simultanément plusieurs passagers indépendants de leur lieu de chargement à leur destination ;
- traiter un seul passager : le charger et l'emmener à destination en disposant d'une seule navette ;
- s'assurer que les informations sur les passagers refusés sont bien enregistrées ;
- avec une seule navette, prendre plusieurs clients et les transporter à leurs destinations ;
- afficher dans un environnement graphique les actions de tous les véhicules actifs et de tous les passagers de la simulation ;
- vérifier que les taxis et les navettes peuvent opérer simultanément ;
- fournir toutes les fonctionnalités manquantes, y compris la collecte des données statistiques.

Nous n'étudierons pas en détail l'implantation de toutes ces étapes, mais nous allons avancer jusqu'à un point où vous pourrez ajouter les fonctionnalités manquantes vous-mêmes.

Exercice 13.17

Évaluez la pertinence des étapes ci-dessus en pensant aux questions suivantes. L'ordre vous semble-t-il approprié ? La complexité des étapes vous paraît-elle trop élevée, trop faible, correcte ? Manque-t-il des étapes ? Modifiez la liste des étapes conformément à votre perception du projet.

Exercice 13.18

Les critères de complétude (tests de fin d'étape) de chaque étape sont-ils suffisamment explicites ? Si oui, documentez quelques tests de chaque étape.

Une première étape

Dans cette étape, nous devons pouvoir créer un unique passager, le prendre à un endroit avec un unique taxi et le déposer à sa destination. Nous allons donc devoir utiliser de nombreuses classes : `Location`, `Taxi` et `TaxiCompany`, et peut-être d'autres encore. Il nous faut aussi simuler le temps qui passe pendant le trajet du taxi. Cela nous conduit à réutiliser certaines des idées présentées au chapitre 10 concernant les acteurs.

Le projet *taxi-company-stage-one* (compagnie de taxis, étape 1) contient une implantation des fonctions de la première étape. Les classes ont été développées pour qu'un taxi prenne un client et l'emmène à destination. C'est ce que fait la méthode `run` de la classe `Demo`. Mais ce sont les classes de test `DeliveryTests` et `LocationTest` (voir précédemment la section « Tests ») qui sont vraiment les plus importantes à ce point du développement.

Plutôt que d'étudier ce projet en détail, nous décrirons seulement quelques-uns des problèmes survenus lors du développement à partir de la version résumée. Complétez cette description par une lecture attentive du code source.

Nous avons volontairement fixé un but modeste, quoique fondamental, à cette étape : transporter un client avec un taxi. Il y a de bonnes raisons à cela. En choisissant un but modeste, la tâche paraît plus accessible en un temps raisonnablement court. Mais en fixant un but significatif, la tâche nous rapproche sans équivoque de l'objectif final. De tels facteurs stimulent notre motivation.

Nous avons repris le concept d'acteur du projet *foxes-and-rabbits* du chapitre 10. Dans cette première étape, seuls les taxis doivent être des acteurs, *via* leur superclasse `Vehicle`. À chaque étape, un taxi se déplace vers sa destination ou bien est au repos (code 13.2). Bien que nous n'ayons pas de statistiques à enregistrer dans cette phase du développement, il est plus simple et plus pratique que les véhicules enregistrent (dès maintenant) le nombre de pas (de simulation) pendant lesquels ils sont inactifs. Notons que nous anticipons ainsi sur une partie du travail d'une prochaine étape.

Code 13.2 • La classe `Taxi` comme acteur.

```
/**
 * Un taxi peut transporter un seul passager.
 *
```

```
 * @author David J. Barnes and Michael Kolling
 * @version 2002.07.02
 */
public class Taxi extends Vehicle
{
    private Passenger passenger;

    /**
     * Constructeur des objets de la classe Taxi
     * @param company La compagnie de taxis. Doit être non 'null'.
     * @param location Le point de départ du véhicule. Doit être non
     ➥'null'.
     * @throws NullPointerException Si 'company' ou 'location' est 'null'.
     */
    public Taxi(TaxiCompany company, Location location)
    {
        super(company, location);
    }

    /**
     * Gère les actions du taxi.
     */
    public void act()
    {
        Location target = getTargetLocation();
        if(target != null) {
            // Trouver où aller maintenant.
            Location next = getLocation().nextLocation(target);
            setLocation(next);
            if(next.equals(target)) {
                if(passenger != null) {
                    notifyPassengerArrival(passenger);
                    offloadPassenger();
                }
                else {
                    notifyPickupArrival();
                }
            }
        }
        else {
            incrementIdleCount();
        }
    }

    /**
     * @return Si oui ou non le taxi est libre.
     */
    public boolean isFree()
    {
        return getTargetLocation() == null && passenger == null;
    }
```

Code 13.2 • La classe `Taxi` comme acteur *(suite)*.

```
    /**
     * Reçoit un lieu de prise en charge qui
     * devient la destination.
     * @location Le lieu de prise en charge.
     */
    public void setPickupLocation(Location location)
    {
        setTargetLocation(location);
    }

    /**
     * Reçoit un passager.
     * Définit sa destination comme le lieu à atteindre.
     * @param passenger Le passager.
     */
    public void pickup(Passenger passenger)
    {
        this.passenger = passenger;
        setTargetLocation(passenger.getDestination());
    }

    /**
     * Déposer (décharger) un passager.
     */
    public void offloadPassenger()
    {
        passenger = null;
        clearTargetLocation();
    }

    public String toString()
    {
        return "Taxi en " + getLocation();
    }
}
```

La nécessité de modéliser le mouvement nous a forcés à détailler l'implantation de la classe `Location` par rapport au projet résumé. À première vue, `Location` devrait être une simple mémoire contenant une position dans une grille à deux dimensions. Mais en pratique, elle doit aussi pouvoir tester l'égalité de deux positions et fournir à un véhicule le moyen de déterminer ses déplacements à partir de la position courante et de la destination. Dans cette première phase, il n'y a pas de contrainte sur la position possible (sauf d'avoir des coordonnées positives), mais nous devrons, au cours d'une étape ultérieure, mémoriser les limites de la zone d'opération de la compagnie.

L'un des principaux problèmes que nous avons dû résoudre concerne la gestion de la relation entre un passager et un véhicule entre la demande de course et l'arrivée du véhicule au lieu de prise en charge. Bien que nous ne gérions, pour l'instant, qu'un seul passager et un seul taxi, nous avons tenu compte du fait que, par la suite, nous pourrions avoir plusieurs demandes en même temps. Précédemment, dans la section « Scénarios », nous avons décidé qu'un véhicule « reçoit » son passager lorsqu'il avertit la compagnie qu'il est arrivé au lieu de prise en charge. La compagnie doit donc mémoriser l'association passager-véhicule dès qu'elle reçoit cette information. Nous avons choisi la solution suivante : la compagnie stocke les couples (passager, véhicule) dans un objet de type `Map`. Lorsque le véhicule avertit la compagnie, celle-ci lui transmet le passager qui correspond à ce véhicule. Plusieurs raisons rendent cependant imparfaite cette solution, et nous approfondirons ce point dans les exercices ci-après.

Le fait qu'un véhicule arrive à un lieu de prise en charge où il n'y a pas de client est une situation d'erreur, qui ne peut que résulter d'une erreur de programmation. Nous avons donc défini la classe d'exception hors contrôle `MissingPassagerException`.

Comme nous n'avons qu'un seul passager dans cette première étape, nous avons renvoyé le développement de la classe `PassengerSource` à une étape ultérieure. Les passagers sont directement créés dans la classe `Demo` et dans les classes de test.

Exercice 13.19

Si vous ne l'avez pas encore fait, examinez attentivement le code du projet *taxi-company-stage-one*. Assurez-vous que vous avez compris comment le mouvement du taxi est réalisé par sa méthode `act`.

Exercice 13.20

À votre avis, l'objet `TaxiCompany` doit-il maintenir des listes séparées de véhicules libres et occupés pour améliorer l'efficacité de leur gestion ? À quels moments un véhicule passerait-il d'une liste à l'autre ?

Exercice 13.21

L'étape d'implantation suivante doit mettre en jeu plusieurs taxis et transporter simultanément plusieurs passagers. Relisez le code de `TaxiCompany` dans cette perspective. Pensez-vous que cette fonctionnalité est déjà présente ? Sinon, quels changements opérer ?

Exercice 13.22

Regardez comment les associations véhicule-passager sont stockées dans la variable `assignements` de `TaxiCompany`. Voyez-vous des inconvénients à cette approche ? Peut-on charger plusieurs clients au même endroit ? Est-il nécessaire qu'un véhicule puisse être présent dans plusieurs associations ?

Exercice 13.23

Si vous avez détecté un problème dans la solution actuelle de mémorisation des associations véhicule-passager, estimez-vous qu'un identifiant unique pour chaque association (un numéro de réservation, par exemple) permettrait de résoudre ce problème ? Si oui, faut-il changer une(des) signature(s) de méthode(s) dans la hiérarchie de `Vehicle` ? Implantez une version améliorée conforme aux exigences de tous les scénarios dont vous disposez.

Tester la première étape

Dans l'implantation de la première étape, nous avons développé deux classes de test : `LocationTests` et `DeliveryTests` (tests de transport, de livraison). La première teste les fonctionnalités de base de la classe `Location`, classe essentielle pour les mouvements corrects des véhicules. La seconde teste si la prise en charge du client et son transport à destination prend le bon nombre de pas et que le taxi est libre immédiatement après. Pour écrire le second jeu de tests, nous avons dû ajouter la méthode `distance` à la classe `Location` pour calculer le nombre de pas nécessaires au déplacement entre deux positions (nous nous attendons à ce qu'elle serve plus tard dans la stratégie qui consiste à choisir le véhicule le plus proche pour prendre un client).

En mode normal, l'application s'exécute silencieusement, et sans interface utilisateur graphique, nous ne pouvons pas contrôler l'évolution d'un taxi. Nous pourrions ajouter des instructions `print` aux méthodes les plus importantes des classes `Taxi` et `TaxiCompany`, par exemple. Autre méthode possible, BlueJ nous permet de poser des points d'arrêt dans la méthode `act` de la classe `Taxi`, par exemple. Nous pouvons ainsi « observer » les mouvements du taxi en consultant ses champs.

Comme nous avons acquis une certaine confiance dans l'implantation actuelle, nous avons simplement placé des instructions `print` dans les méthodes de notification de la classe `TaxiCompany`, ce qui procure un minimum d'informations à l'utilisateur.

Preuve de l'intérêt des tests développés en même temps que l'implantation, il faut souligner que ces classes de test permettent de déceler et de corriger deux erreurs graves dans le code.

Exercice 13.24

Relisez les tests implantés dans les classes `LocationTests` et `DeliveryTests`. Pourrons-nous les utiliser comme tests de non-régression dans les étapes suivantes ou devrons-nous les modifier profondément ?

Exercice 13.25

Implantez les tests supplémentaires qui vous semblent nécessaires pour accroître la confiance que vous avez dans l'implantation. Corrigez les erreurs que vous avez découvertes.

Une étape ultérieure du développement

Nous n'allons pas étudier en détail l'ensemble du développement de l'application, ce qui ne vous apporterait pas grand-chose. Par contre, nous présenterons rapidement l'application à une étape avancée de son développement et nous vous encourageons à terminer, à partir de là, l'implantation complète.

La version plus avancée correspond au projet *taxi-company-later-stage*. Cette version gère plusieurs taxis, plusieurs passagers, et dispose d'une interface utilisateur graphique (figure 13.2) qui procure une vue animée de la simulation. Voici un résumé de quelques-uns des développements les plus importants par rapport à la première version.

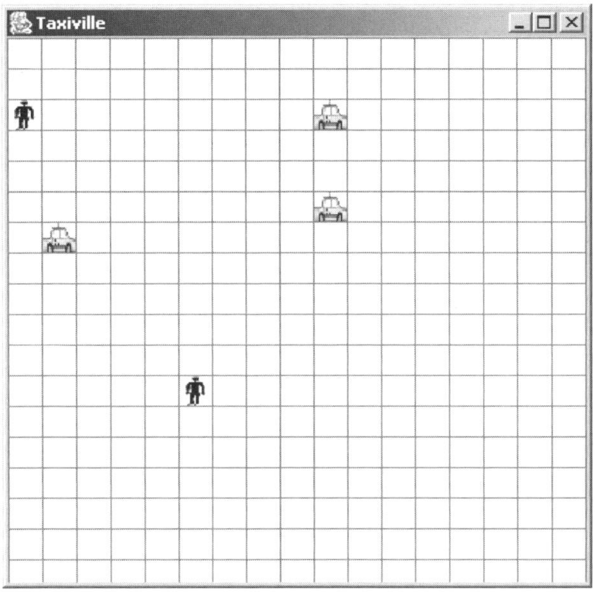

Figure 13.2 • Une vue de la ville.

- Une classe Simulation gère maintenant les acteurs, comme dans le projet *foxes-and-rabbits*. Les acteurs sont les véhicules, la source de passagers et une interface utilisateur graphique fournie par la classe `CityGUI`. Après chaque pas, la simulation marque une pause de telle sorte que le dessin ne change pas trop vite.
- Nous avions déjà perçu le besoin, dans l'étape 1, d'une classe pour la ville. Un objet de la classe `City` définit les dimensions de la grille de la ville et contient une collection de tous les éléments pertinents de la ville : les véhicules et les passagers.
- Les éléments de la ville peuvent éventuellement implanter l'interface `Drawable Item`, ce qui permet à l'interface graphique de les afficher sous la forme d'images. Ces images de véhicules et de personnes sont dans le sous-répertoire images du projet.
- La classe `Taxi` implante l'interface `DrawableItem`. Elle renvoie des images différentes à l'interface utilisateur graphique selon que le taxi est libre ou occupé. Même chose pour les navettes.
- La classe `PassengerSource` a été profondément remaniée par rapport à l'étape 1, en raison de son rôle d'acteur. Elle maintient de plus, pour les analyses statistiques, le nombre de demandes non satisfaites.
- C'est la classe `TaxiCompany` qui est responsable de la création des taxis de la simulation.

En parcourant le code source du projet *taxi-company-later-stage*, vous trouverez des illustrations de nombreux sujets que nous avons abordés dans la seconde partie de ce livre : héritage, polymorphisme, classes d'abstraction, interfaces et gestion d'erreurs.

Exercice 13.26

Ajoutez des contrôles de cohérence avec déclenchement d'exception dans chacune des classes du projet. Par exemple, contrôlez qu'un passager n'est jamais créé avec des lieux de prise en charge et de destination identiques ; vérifiez qu'on ne demande jamais à un taxi de prendre un client lorsqu'il a déjà une destination à atteindre, etc.

Exercice 13.27

Réalisez un compte rendu des statistiques collectées par les taxis et la source de passagers : temps d'inactivité et demandes non satisfaites. Faites des essais en changeant le nombre de taxis pour étudier comment varient ces deux ensembles de valeurs.

Exercice 13.28

Modifiez les classes de véhicules afin d'enregistrer le temps passé pour aller aux points de prise en charge et celui passé pour atteindre les destinations des clients. Voyez-vous un conflit potentiel pour les navettes ?

D'autres idées de développement

Le projet *taxi-company-later-stage* constitue une étape significative dans le développement de l'application. Il reste malgré tout beaucoup à faire. Par exemple, nous avons à peine développé la classe `Shuttle` et il y a un grand nombre de problèmes à résoudre pour terminer son implantation. Souvenez-vous que la principale différence entre taxi et navette est qu'une navette peut transporter plusieurs passagers. Elle peut donc charger un nouveau client pendant qu'elle en transporte un autre vers sa destination. Une navette peut même accepter un nouveau passager alors qu'elle est en route pour une prise en charge. Toutes ces possibilités soulèvent la question des priorités entre les activités d'une navette. Un passager peut-il passer son temps dans la navette (et même ne jamais arriver à destination !) pendant que celle-ci va d'un endroit à un autre pour satisfaire d'autres clients ? Que signifie le fait qu'une navette n'est pas libre ? qu'elle contient le maximum de passagers ? qu'elle a suffisamment de demandes en cours pour atteindre ce maximum ? Si l'un des futurs passagers peut atteindre sa destination avant que tous les clients à charger soient dans la navette, doit-on accepter plus de demandes que la capacité de la navette ?

Un autre domaine à développer est la gestion des véhicules, gestion que la compagnie de taxis n'assure pas de manière particulièrement intelligente pour l'instant. Comment choisit-elle le véhicule à envoyer lorsqu'il y en a plusieurs qui sont libres ? Actuellement, elle ne tient pas compte des distances entre taxis libres et lieux de prise en charge. La compagnie pourrait utiliser la méthode `distance` de la classe `Location` pour choisir le taxi le plus proche. Cela changerait-il significativement le temps moyen d'attente des passagers ? D'ailleurs, comment collecter les données pour calculer le temps d'attente des passagers ? Est-il judicieux d'envoyer les taxis libres en centre-ville pour attendre leur prochaine course, afin de réduire le temps moyen d'attente ? La taille de la ville a-t-elle une influence sur l'efficacité de cette stratégie ? Par exemple, dans une grande ville, est-il préférable de positionner les taxis libres éloignés les uns des autres ou groupés au centre-ville ?

Pouvons-nous utiliser cette simulation pour modéliser plusieurs compagnies de taxis concurrentes dans la même zone urbaine ? Nous pourrions créer plusieurs objets `TaxiCompany` et la source de passagers attribuerait les passagers à la compagnie la plus rapide à charger ce client. Une telle modification est-elle trop fondamentale pour pouvoir s'appuyer sur l'application existante ?

Réutilisation

Jusqu'à présent, notre objectif a été de simuler le fonctionnement des véhicules pour évaluer la viabilité commerciale d'une entreprise de taxis. Vous avez peut-être remarqué cependant que des parties importantes de l'application peuvent être utiles lorsque l'entreprise est en activité.

Si nous avons développé un algorithme intelligent d'ordonnancement des véhicules pour choisir le véhicule qui répond à un appel donné, et si nous avons trouvé une bonne méthode pour décider où placer en attente les véhicules libres, nous pouvons employer ces mêmes algorithmes pour le fonctionnement réel de la compagnie. La visualisation de la position de chaque véhicule pourrait aussi aider à ce fonctionnement.

En d'autres termes, il est possible de transformer la simulation de compagnie de taxis en un système d'aide à la gestion d'une compagnie réelle. Évidemment, la structure de l'application changera : le programme ne contrôlera ni ne déplacera les taxis, mais enregistrera leurs positions, qu'il pourrait recevoir grâce à un équipement GPS (*Global Positionning System*) dans chaque véhicule. Pour autant, un nombre important de classes développées pour la simulation peuvent être réutilisées avec peu ou pas de changements. Nous avons là un exemple du pouvoir de réutilisation d'une bonne structure de classes et d'une bonne conception de classes.

Un autre exemple

Vous pouvez travailler sur beaucoup d'autres projets avec une démarche analogue à celle que nous avons utilisée pour l'application compagnie de taxis. La gestion des ascenseurs d'un grand immeuble est aussi un exemple très employé. La coordination entre ascenseurs joue ici un rôle très important. De plus, dans un immeuble isolé, on peut estimer le nombre de personnes de chaque étage et donc anticiper la demande. On peut également prendre en compte les heures de la journée : arrivées le matin, départs le soir, mouvements pour le déjeuner. Utilisez l'approche que nous avons esquissée dans ce chapitre pour implanter une simulation d'immeuble avec un ou plusieurs ascenseurs.

Pour aller plus loin

Nous ne pouvons aller plus avant en vous présentant nos propres idées de projet et en vous expliquant comment les développer. Vous vous apercevrez que vous pouvez aller beaucoup plus loin si vous développez et implantez vous-mêmes vos propres projets. Choisissez un sujet qui vous intéresse et travaillez les étapes que nous avons présentées : analysez le problème, jouez quelques scénarios, esquissez une conception, planifiez quelques étapes de conception, et commencez l'implantation.

Concevoir et implanter des programmes est une activité passionnante et créative. Comme toute activité complexe, elle demande du temps et de la pratique pour devenir compétent. Ne vous découragez pas si vos premiers efforts semblent ne pas payer ou aboutissent à des erreurs. C'est normal, vous progresserez avec l'expérience. Ne soyez pas trop ambitieux au début et attendez-vous à devoir retravailler vos idées. Tout cela fait partie du processus normal d'apprentissage.

Et, le plus important, amusez-vous !

III

Annexes

A

Travailler avec un projet BlueJ

Installer BlueJ

Pour travailler avec BlueJ vous devez installer un kit de développement logiciel (*Software Development Kit*, SDK) pour Java 2 Standard Edition (J2SE) et l'environnement BlueJ. Nous vous conseillons d'installer une version 1.4.x au moins du J2SE SDK.

Vous trouverez le J2SE SDK à la page Web :

http://java.sun.com/j2se

L'environnement BlueJ se trouve sur le CD du livre et sur le site de BlueJ :

http://www.bluej.org

Sur le CD, deux versions de BlueJ sont disponibles (répertoires *bluej121* et *bluej130*). La version 1.2.1 correspond exactement à la version anglaise du livre. La version 1.3.0.beta2 est une pré-version de la version 1.3 de BlueJ. C'est la version la plus récente disponible à la date d'édition de ce livre. Chacune des versions contient une francisation de l'interface du logiciel (fichier *french.zip*) (voir l'annexe F, Configuration de BlueJ). Pour installer BlueJ, suivez les instructions sur le CD.

Ouvrir un projet

Pour utiliser un projet exemple du livre, vous devez le copier du CD sur un disque où le système peut écrire (BlueJ doit écrire des informations dans le répertoire du projet).

Le plus simple est de copier le répertoire (de nom *projets*) contenant tous les projets du CD sur un disque dur.

Après installation de BlueJ et des projets, lancez BlueJ en double-cliquant sur son icône et choisissez Ouvrir… dans le menu Projets. Naviguez dans les répertoires des projets pour sélectionner un projet. Vous pouvez ouvrir plusieurs projets simultanément.

Vous trouverez plus d'informations sur l'utilisation de BlueJ dans le tutoriel disponible en français (et en anglais) sur le CD et dans le menu Aide de BlueJ, après installation (voir l'annexe F pour installer le tutoriel).

Le débogueur BlueJ

Vous trouverez des informations sur le débogueur de BlueJ dans le tutoriel (voir l'annexe F pour installer le tutoriel en français).

B

Types de données Java

Java connaît deux types de données : les types primitifs et les types objet (ou types par référence). Les types primitifs sont stockés directement dans (la zone mémoire) des variables, et ont une sémantique par valeur (la valeur est recopiée lors d'une affectation). Les types objet stockent une référence à l'objet (et non l'objet lui-même) : lors d'une affectation, c'est la référence qui est copiée et pas l'objet.

Types primitifs

Le tableau suivant donne la liste de tous les types primitifs de Java :

Nom du type	**Description**	**Exemple d'écriture**		
Nombres entiers				
`byte`	entier sur 8 bits	`24`		`-2`
`short`	entier court (16 bits)	`137`		`-119`
`int`	entier (32 bits)	`5409`		`-2003`
`long`	entier long (64 bits)	`423266353`		`55L`
Nombres réels				
`float`	virgule flottante simple précision	`43.89F`		
`double`	virgule flottante double précision	`45.63`		`2.4e5`
Autres types				
`char`	un unique caractère (16 bits)	`'m'`	`'?'`	`'\u00F6'`
`boolean`	booléen (vrai/faux)	`true`		`false`

Notes :

- Un nombre sans point décimal est généralement interprété comme un `int`, mais il est automatiquement converti en `byte`, `short` ou `long` lors d'une affectation (avec adaptation de la longueur). Vous pouvez déclarer une écriture (un litteral) comme `long` en ajoutant un « L » à la fin du nombre. (« l » fonctionne aussi mais ne l'utilisez pas à cause de la confusion avec le chiffre 1).
- Un nombre avec un point décimal est un `double`. Vous pouvez spécifier un `float` en ajoutant « F » ou « f » à la fin du nombre.
- Un caractère peut être écrit sous la forme d'un caractère Unicode à quatre chiffres, entouré d'apostrophes ou comme une valeur Unicode précédée de « \u ».
- Les deux valeurs littérales boléennes sont `true` et `false`.

Puisque les variables de types primitifs ne sont pas des objets, elles ne possèdent aucune méthode.

Types objet

Tous les types qui ne sont pas listés dans la section « Types primitifs » sont des types objet. Cela inclut les classes et interfaces de la bibliothèque standard (`string`, par exemple) et les types définis par l'utilisateur.

Une variable de type objet contient une référence (un pointeur) à (sur) un objet. Les affectations et les passages de paramètres ont une sémantique par référence : la référence et copiée, pas l'objet. Après une affectation d'une variable à une autre, les deux variables font référence au même objet. On dit qu'elles ont des alias pour le même objet.

Les classes sont des modèles d'objets. Une classe définit les champs et les méthodes de chacune de ses instances (chaque objet de cette classe).

Classes enveloppes

À chaque type primitif correspond une classe, dite classe enveloppe qui représente le même ensemble de valeurs mais qui est une « vraie » classe. Cela permet d'utiliser des types primitifs là où un objet est nécessaire. Le tableau suivant donne la correspondance entre type primitif et classe enveloppe. Ces classes sont définies dans le paquetage `java.lang`. Sauf pour `Integer` et `Character`, les noms sont identiques, mais avec une première lettre en majuscule pour les classes enveloppes.

Type primitif	Classe enveloppe
`byte`	`Byte`
`short`	`Short`
`int`	`Integer`
`long`	`Long`
`float`	`Float`
`double`	`Double`
`char`	`Character`
`bolean`	`Bolean`

C

Structures de contrôle Java

Instructions de sélection

if-else

L'instruction `if-else` (si-sinon) peut prendre deux formes :

```
if (expression) {
    instructions
}
```

```
if (expression) {
    instructions
}
else {
    instructions
}
```

Exemples

```
if (field.size() == 0) {
    System.out.println("Le champ est vide.");
}

if (number < 0) {
    reportError();
}
else {
    processNumber(number);
}

if (n < 0) {
    handleNegative();
}
else if (number == 0) {
    handleZero();
}
else {
    handlePositive();
}
```

switch

L'instruction switch (sélection, aiguillage) sélectionne les instructions à exécuter selon la valeur d'une expression comparée à une ou plusieurs valeurs constantes. Les deux formes possibles sont :

```
switch (expression) {
    case valeur: instructions;
                 break;
    case valeur: instructions;
                 break;
    //*** autres 'case' possibles
    default: instructions;
             break;
}
```

```
switch (expression) {
    case valeur1:
    case valeur2:
    case valeur3:
                  instructions123;
                  break ;
    case valeur4:
    case valeur5:
                  instructions45;
                  break;
    //*** autres 'case' possibles
    default:
              instructions6;
              break;
}
```

Notes :

- Une instruction switch peut avoir un nombre quelconque d'étiquettes case.
- L'instruction break après chaque case est nécessaire, sinon l'exécution se poursuit dans le case suivant. La seconde forme ci-dessus utilise cette propriété : les trois premières valeurs provoquent l'exécution des instructions123, et les deux autres valeurs provoquent l'exécution des instructions56.
- Le case default est optionnel. S'il n'y pas de default, il se peut qu'aucune instruction ne soit exécutée.
- L'instruction break en fin de default (ou après le dernier case s'il n'y a pas de default) n'est pas obligatoire, mais est considérée de « bon style ».

Exemples

```
switch (day) {
     case 1: dayString = "Lundi";
     case 2: dayString = "Mardi";
     case 3: dayString = "Mercredi";
     case 4: dayString = "Jeudi";
     case 5: dayString = "Vendredi";
     case 6: dayString = "Samedi";
     case 7: dayString = "Dimanche";
    default: dayString = "jour non valide";
}

switch (month) {
     case 1:
     case 3:
```

```
        case 5:
        case 7:
        case 8:
        case 10:
        case 12:
            numberOfDays = 31;
            break;
        case 4:
        case 6:
        case 9:
        case 11:
            numberOfDays = 30;
            break;
        case 2:
            if(isLeapYear()) //année bissextile
                numberOfDays = 29;
            else
                numberOfDays = 28;
            break;
}
```

Boucles

Java dispose de trois boucles : `while`, `do-while` et `for`.

while

Une boucle `while` exécute un bloc d'instructions tant qu'une expression donnée est vraie. L'expression est évaluée avant l'exécution du corps de boucle ; il est donc possible que le corps ne soit jamais exécuté.

```
while (expression) {
    instructions;
}
```

Exemples

```
int i = 0;
while(i < text.size()) {
    System.out.println(text.get());
    i++;
}

while(iter.hasNext()) {
    processObject(iter.next());
}
```

do-while

Une boucle `do-while` exécute un bloc d'instructions tant qu'une expression donnée est vraie. L'expression est évaluée après l'exécution du corps de boucle ; le corps est donc toujours exécuté au moins une fois.

```
do {
   instructions;
} while (expression);
```

Exemple

```
do {
   input = readInput();
   if(input == null) {
       System.out.println("Essayez à nouveau");
   }
} while (input == null);
```

for

Une boucle `for` exécute un bloc d'instructions tant qu'une *condition* est vraie. Avant que la boucle ne commence, une instruction d'*initialisation* est exécutée une unique fois . La condition est évaluée avant chaque exécution du corps ; le corps peut donc n'être jamais exécuté. Une instruction d'*incrémentation* est exécutée après chaque exécution du corps.

```
for (initialisation; condition; incrémentation) {
    instructions;
}
```

Exemple

```
for (int i = 0; i < text.size(); i++) {
    System.out.println(text.get(i));
}
```

Exceptions

Déclenchement et capture d'exceptions forment un autre couple de constructions pour modifier le flot d'exécution.

```
try {
    instructions
}
catch (type-exception nom) {
    instructions
}
```

```
finally {
    instructions
}
```

Exemple

```
try {
    FileWriter writer = new FileWriter("toto.txt");
    writer.write(text);
    writer.close();
}
catch (IOException e) {
    Debug.reportError("Erreur en écriture sur fichier");
    Debug.reportError("L'exception est : " + e);
}
```

Une instruction exception peut avoir plusieurs clauses `catch`. Celles-ci sont évaluées dans l'ordre d'écriture et seule la première clause compatible est exécutée ; une clause est compatible si le type dynamique de l'objet exception déclenché est compatible au niveau affectation avec le type d'exception déclaré dans la clause `catch`. La clause `finally` est optionnelle.

D

Opérateurs Java

Expressions arithmétiques

Java possède un très grand nombre d'opérateurs à la fois pour les expressions arithmétiques et les expressions logiques. Les principaux opérateurs arithmétiques sont l'*addition* (+), la *soustraction* (-), la *multiplication* (*), la *division* (/) et le *reste de division entière* (*modulo*) (%). En présence de plusieurs opérateurs dans une expression, des règles de priorité précisent l'ordre du calcul. En Java, la multiplication, la division et modulo ont la (même) plus haute priorité, suivies de l'addition et de la soustraction (même priorité). Ainsi les deux expressions suivantes donnent le même résultat (100) :

```
51 * 3 - 53
154 - 2 * 27
```

Lorsqu'il faut modifier l'ordre normal d'évaluation, on utilise des parenthèses. Par exemple, les deux expressions suivantes donnent encore le même résultat (100) :

```
(205 - 5) / 2
2 * (47 + 3)
```

Expressions booléennes

Dans les expressions booléennes, les opérateurs sont utilisés pour produire la valeur `true` (vrai) ou `false` (faux). On utilise les expressions booléennes essentiellement dans les tests des instructions `if-else` et les tests de boucles.

Les opérateurs relationnels prennent en général deux opérandes arithmétiques. Les opérateurs relationnels de Java sont *égal-à* (==), *non-égal-à* (!=), *inférieur-à* (<), *supérieur-à* (>), *inférieur-ou-égal-à* (<=) et *supérieur-ou-égal-à* (=>).

Les opérateurs booléens combinent deux expressions booléennes pour produire une nouvelle valeur booléenne. Ces opérateurs sont *et* (`&&`), *ou* (`||`) et *ou-exclusif* (`^`). De plus, l'opérateur *non* (`!`) qui prend un seul opérande, transforme `true` en `false` et réciproquement.

E

Utiliser Java sans BlueJ

Dans ce livre nous avons utilisé BlueJ pour développer et exécuter nos applications Java. Il y a une bonne raison à cela : BlueJ fournit plusieurs outils qui rendent le développement très facile. En particulier, nous pouvons facilement exécuter des méthodes de classes et d'objets de manière interactive, facilité extrêmement utile pour mettre au point une nouvelle section de code.

Nous scindons le problème du travail hors BlueJ en deux parties : exécuter un programme Java en dehors de BlueJ et développer un programme sans BlueJ.

Exécution de programme Java sans BlueJ

Lorsqu'une application est distribuée aux utilisateurs finaux, elle est habituellement exécutée différemment. Elle possède un unique point de départ qui définit où l'exécution doit commencer lorsqu'un utilisateur lance l'application.

La procédure exacte pour lancer l'application dépend du système d'exploitation. Dans un environnement graphique, il suffit en général de double-cliquer sur l'icône de l'application ; dans un environnement en ligne de commande, on entre le nom de l'application à l'invite de commande. Le système d'exploitation doit alors savoir quelle méthode de quelle classe invoquer pour démarrer le programme.

En Java, ce problème est résolu par une convention : le nom de la classe de démarrage est donné en paramètre de la commande de lancement et le nom de la méthode à exécuter est fixe : c'est toujours `main`. Par exemple, entrons la commande (fenêtre de terminal Windows ou Unix) :

```
java Game
```

Le système lance la machine virtuelle Java. Ce logiciel fait partie du Java Software Development Kit (SDK) qui doit être installé sur votre système. `Game` est le nom de la classe de démarrage.

Le système Java cherche alors dans la classe `Game`, une méthode dont la signature est exactement :

```
public static void main(String[] args)
```

Cette méthode doit être publique pour pouvoir être appelée de l'extérieur de la classe. Elle doit être statique puisque aucun objet n'existe lorsqu'on l'appelle. Nous n'avons en effet initialement que des classes. Typiquement, cette méthode `main` crée alors le premier objet de l'application. Le type de retour est `void` puisque cette méthode ne retourne rien. Le nom « main » a été choisi par les développeurs de Java (en référence au langage C) : il est arbitraire mais vous devez utiliser ce nom.

Le paramètre est un tableau de chaînes (`String[]`). L'utilisateur peut ainsi passer des arguments supplémentaires à l'application. Dans notre exemple, le tableau sera de longueur zéro (aucun argument). Dans le cas général, il est possible de passer des arguments, par exemple :

```
java Game 2 Pierre
```

Chaque mot de la ligne de commande après le nom de la classe sera lu comme une chaîne (`String`) et sera transmis à la méthode `main` dans un élément du tableau `args`. Dans l'exemple, `args` contiendra deux éléments, les chaînes `"2"` et `"Pierre"`. Notez que les paramètres de ligne de commande sont assez peu utilisés en Java.

Le corps de la méthode `main` peut en théorie contenir n'importe quelle instruction. Il est cependant de bon style d'écrire une méthode `main` la plus courte possible. En particulier, elle ne devrait contenir aucun élément lié à la logique de l'application.

Typiquement, la méthode `main` devrait faire exactement ce que vous faites en interactif dans BlueJ lorsque vous démarrez la même application. Si, par exemple, vous créez un objet de la classe `Game` et que vous invoquiez sa méthode `start` pour lancer l'application, vous devez ajouter la méthode `main` suivante à la classe `Game` :

```
public static void main(String[] args)
{
    Game game = new Game();
    game.start();
}
```

L'exécution de la méthode `main` produira le même effet que le lancement interactif.

Les projets Java sont en général rangés dans des répertoires distincts, un par projet. Toutes les classes du projet sont dans le même répertoire. Lorsque vous lancez une application en ligne de commande, assurez-vous que le répertoire de l'application est le répertoire courant de votre fenêtre de terminal. Sinon, Java ne trouvera pas les classes de l'application.

Si la classe donnée en ligne de commande ne peut être trouvée, la machine virtuelle Java génère un message d'erreur du genre :

```
Exception in thread "main" java.lang.NoClassDefFoundError : Game
```

Si vous voyez un message comme celui-ci, vérifiez que vous avez tapé le bon nom de classe et que le répertoire courant contient bien cette classe. Les classes (compilées) sont stockées dans des fichiers d'extension `.class`. Le code de la classe `Game`, par exemple, est dans le fichier `Game.class`.

Si la classe est trouvée mais qu'elle ne contienne pas de méthode `main`, ou si elle contient une méthode `main` avec une signature incorrecte, vous obtiendrez un message comme :

```
Exception in thread "main" java.lang.NoSuchMethodError : main
```

Vérifiez dans ce cas que la classe contient une méthode `main` correcte.

Créer des fichiers `jar` exécutables

Un projet Java est typiquement stocké dans plusieurs fichiers d'un même répertoire. Nous passons rapidement en revue ci-dessous ces différents fichiers.

Pour distribuer une application à d'autres utilisateurs, il est souvent plus pratique de tout regrouper dans un seul fichier. Le mécanisme Java utilisé s'appelle le format Java Archive (`jar`). Tous les fichiers sont placés dans un seul fichier qui est encore exécutable (si vous avez l'habitude du format de compression `zip`, sachez que le format `jar` est en fait le format `zip` : les fichiers `jar` peuvent être ouverts avec un programme `zip` et réciproquement).

Pour construire un fichier `jar` exécutable, il faut préciser la classe de démarrage quelque part (rapellez-vous que la méthode lancée est toujours `main`, mais que nous devons indiquer la classe à lancer). La classe de démarrage est signalée dans un fichier texte (le fichier `manifest`). BlueJ peut préparer ce fichier pour vous.

Pour créer un fichier `jar` exécutable dans BlueJ, utilisez la fonction Projet-Exporter et précisez, au cours du dialogue, la classe qui doit être lancée au démarrage (vous devez cependant avoir écrit une méthode `main` comme expliqué ci-dessus).

Voir le tutoriel de BlueJ pour les détails de la fonction Exporter (menu Aide-tutoriel dans BlueJ).

Lorsque le fichier `jar` exécutable a été créé, vous pouvez lancer l'application en double-cliquant dessus. Le système d'exploitation doit disposer du JDK (*Java Develelopment Kit*) ou du JRE (*Java Runtime Environment*) installé et les fichiers`.jar` doivent être associés à l'un ou à l'autre.

Développer sans BlueJ

Si vous souhaitez non seulement exécuter, mais encore développer vos programmes sans BlueJ, vous devrez éditer (créer/modifier le texte source) et compiler vos classes. Le code source d'une classe est stocké dans un fichier d'extension`.java`. Par exemple, le code de `Game` est dans `Game.java`. Il existe de nombreux éditeurs de texte gratuits ou peu chers. Nous vous conseillons d'utiliser un logiciel spécialisé dans l'édition de sources de programmes et non pas un traitement de textes comme OpenOffice Write. Les traitements de texte ne stockent pas les données sous forme de texte simple, ils rajoutent des codes de contrôle, qui empêchent le système Java de fonctionner.

Les fichiers source peuvent être compilés en ligne de commande avec le compilateur Java, de nom `javac`, inclus dans le JDK. Pour compiler `Game.java`, par exemple, entrez la commande :

```
javac Game.java
```

Cette commande compile la classe `Game` et toutes les classes dont elle dépend. Elle crée un fichier `Game.class`. Ce fichier contient le code exécutable par une machine virtuelle Java. Pour l'exécuter, lancez la commande :

```
java Game
```

Remarquez que le suffixe `.class` n'est pas ajouté au nom de la classe.

F

Configurer BlueJ

Généralités

De nombreux paramètres de fonctionnement de BlueJ peuvent être configurés par l'utilisateur. Certains sont accessibles *via* le menu *Outils-Préférences* de BlueJ, mais la plupart sont définis dans le fichier texte `bluej.defs` situé dans le répertoire `<bluej_home>/lib`, (`<bluej_home>` désignant le répertoire d'installation de BlueJ). Notez que les modifications de ce fichier ne seront prises en compte qu'au prochain lancement de BlueJ.

Les détails de configuration sont expliqués dans les archives « trucs et astuces » (Tips archive) du site de BlueJ accessible à l'URL suivante :

http://www.bluej.org/help/archive.html

Notez cependant que le fichier texte est lui-même suffisamment commenté pour permettre des modifications simples sans consulter le site.

Vous pouvez en particulier :

- Choisir le langage de l'interface de BlueJ.
- Définir l'emplacement de la documentation Java. Par défaut BlueJ tente une connexion sur le site de Sun Microsystems pour accéder à la documentation de l'API Java. Vous pouvez copier cette documentation sur votre ordinateur et indiquer à BlueJ de l'utiliser : vous pourrez ainsi y accéder plus vite et hors ligne.
- Ajouter des items dans le menu Aide, par exemple pour accéder à vos pages de cours.
- Consulter le fichier `bluej.defs` pour plus de détails.

Version française

BlueJ est installé d'origine en version anglaise. Pour utiliser BlueJ en français vous devez installer la version française de l'environnement que nous avons écrite ainsi que celle du tutoriel (qui a été traduit par l'équipe SIGMA de l'ENSEEIHT). Consultez le fichier `install_fr.htm` du CD.

Nous avons préparé un fichier `bluej.defs` pour un usage français : interface BlueJ en français, tutoriel en français sur le disque local. Vous devrez cependant éventuellement changer le nom du navigateur Internet utilisé pour consulter le tutoriel et la documentation de l'API Java.

Index

Symboles

A

B

C

D

E

F

G

H

I

J

L

M

N

O

P

R

S

W

Dépôt légal : 3e trimestre 2003
IMPRIMÉ EN FRANCE

Achevé d'imprimer le 18 août 2003
sur les presses de l'imprimerie «La Source d'Or»
63200 Marsat
Imprimeur n° 9562